Ernest Jouhy   Bleiche Herrschaft – Dunkle Kulturen

Ernest Jouhy
Bleiche-Herrschaft— Dunkle Kulturen
Essais zur Bildung in Nord und Süd

Vorwort: Prof. Dr. Dietrich Goldschmidt, Berlin
Graphiken von Sabine Seehausen, Frankfurt

Verlag für Interkulturelle Kommunikation, Frankfurt

CIP-Kurztitelaufnahme der Deutschen Bibliothek

Jouhy, Ernest:
Bleiche Herrschaft - dunkle Kulturen : Essais
zur Bildung in Nord u. Süd / Ernest Jouhy. Vorw.:
Dietrich Goldschmidt. Graphiken: Sabine Seehausen.
- Frankfurt (Main) : Verlag für Interkulturelle
Kommunikation, 1985.
    ISBN 3-88939-129-X

© IKO-Verlag für Interkulturelle Kommunikation
    Postfach 900965
    D - 6000 Frankfurt 90

Umschlagentwurf: Bernd Wendt, 5223 Berkenroth
Umschlaggraphik: Sabine Seehausen, 6000 Frankfurt
Herstellung: F.M. Druck, 6367 Karben 2

Inhaltsverzeichnis

III Zur Dialektik von Entwicklung und Bildung

IV Realtität und Fiktion in der politischen Strategie

Dietrich Goldschmidt

Wahlverwandschaft mit Ernest Jouhy und mit diesem Buch

„Jede Deutung der Existenz bedeutet, ihr einen Sinn geben. Sinn heißt dann nicht mehr aber auch nicht weniger als Mitwirken an der Erhaltung und Entfaltung des Lebens". (E. Jouhy: „Eine Auseinandersetzung mit der Resignation". In: Der Architekt, 1/1984, S. 40)

Lieber Freund Ernest Jouhy!

In Kenntnis vieler Erfahrungen und Einsichten, die uns einander nahegebracht haben, - nicht zuletzt in Beschäftigung mit der Dritten Welt -, hast Du mich eingeladen, Deinen theoretischen Reflexionen über unser Verhältnis zu ihr und über die Bildungsproblematik ihrer Völker einige Sätze über mich, über meine Erfahrungen und Überlegungen vorauszuschicken. Haben wir doch beide immer wieder den Fragen Jüngerer standzuhalten. Sie sollten wissen, woher wir Kraft und Mut nehmen, gegenwärtig nicht zu resignieren sondern uns immer wieder zu engagieren, immer wieder wie Sisyphus Steine den Berg hinaufzustemmen und gegen alle Gleichgültigkeit zu denken, zu handeln und zu schreiben. Diesen Fragen standzuhalten heißt, „mit dem Pfunde wuchern"; und das wiederum kann nur bedeuten, unsere bittere Erfahrung und unser kulturelles Erbe in alle Lösungsversuche mit Vernunft einzubringen. Denn nicht nur unsere deutschen und europäischen Studenten stellen uns mit dem vollen Recht ihres Wissens um die Bedrohung der Zukunft die Frage, sondern gerade und insbesondere die Wissenschaftler und Bildner aus der Dritten Welt. Sie verweisen auf die zunehmende Verelendung fast aller Länder Afrikas, Asiens und Lateinamerikas, auf verhängnisvolle Entwicklungen in den internationalen politischen, wirtschaftlichen und kulturellen Beziehungen, auf das Scheitern sozialer Revolutionen und schließlich auf die Rückwärts-Wende und die Dauerarbeitslosigkeit aus fortschreitender kapitalistischer Rationalisierung hierzulande. Auch verweisen sie auf das psychische Elend, das mit Technik, Comics und TV-Programmen, insbesondere aber mit dem was Bildungshilfe genannt wird, sich über die Dritte Welt ausbreitet. Was Vernunft zu einem universalen Humanum macht und was sie gerade darum nur in ethnozentrischen, ja egozentrischen Begriffen zu fassen vermag, behandelst Du ausführlich im Kapitel I, 3.

I

Was könnte mich mithin in unserer Beziehung mehr freuen und mehr herausfordern als daß wir gemeinsam zu Zeugen unseres Erbes werden? Gehören wir doch – Du Jahrgang 1913, und ich 1914 – der gleichen Generation an, und zählten wir doch –Du „voll", ich „halb" – zu den Untermenschen, die auszurotten man sich zu dunkler Zeit vorgenommen hatte. Und setzten wir nicht beide – apokalyptischem Geschehen entronnen – im Mai 1945 Hoffnungen auf eine erneuerte Welt? Hofften wir nicht auf eine neue Epoche der Weltgeschichte, eine Zeit der Verständigung der Völker, des Aufbaus in allen Regionen der Welt, des Friedens in Koexistenz der Systeme, kurz: des nahenden *Shalom?* Was ist daraus geworden? Müssen wir heute einräumen, daß die Ereignisse der Jahre 1933 bis 1945, die über 50 Millionen Toten, die sie forderten, womöglich nur die dramatischste unter den seither zu verzeichnenden mörderischen Episoden gewesen ist auf dem Weg der Menschheit in ihr Verderben?

In diesen vierzig Jahren konnten und wollten wir eine geradlinige Karriere nicht aufbauen. Wir haben ein Leben mit etlichen Sprüngen geführt. Immer wieder haben wir neu angesetzt, wenn wir überzeugt waren, unabweisbar vor eine neue Herausforderung gestellt zu sein. Du hast davon in dem ausführlichen Gespräch berichtet, das Ursula Menzemer und Herbert Stubenrauch in der Einleitung zu Deinen ausgewählten Schriften „Nicht auf Tafeln zu lesen" wiedergegeben haben. Ich bin sehr berührt davon, wie Du Deine Lebenssituation zuerst gezwungen, dann aber freiwillig gewechselt, dauernde Mittelpunktverschiebungen vom 15. bis zum 65. Jahr vorgenommen hast. Immer wieder fühltest Du Dich von einem neuen Ruf getroffen, waren Dein politisch-pädagogisches Engagement und Deine wissenschaftliche Neugier herausgefordert, setztest Du Deine Prioritäten anders. Gerade darum durchschautest Du auch die Brüchigkeit illusionärer Ideologien, insbsondere Deiner eigenen. Aus der als öde und faul empfundenen bürgerlichen Existenz vor 1933 wurdest Du in Berlin Kommunist, noch bevor Du Marxist warst; doch 1952 brachst Du mit der Kommunistischen Partei, und von den engagierten Studenten, um derentwillen Du 1970 an die Universität nach Frankfurt gingst, mußtest Du Dich „Scheiß-Liberaler" schelten lassen. Die Vernunft erlaubt Dir keine Engagements mehr, bei denen Du das von Dir anvisierte Humanum würdest verleugnen müssen.

Und so ist es fesselnd, auch die Verschiebungen zu verfolgen, die Du in Deinen Tätigkeiten vornahmst, sobald Du vor Aufgaben gestellt wurdest oder später Dich Situationen als Aufgaben reizten, denen Du Dich nicht entziehen wolltest: 1938 nach der Reichsprogromnacht zunächst die Leitung der Kinderrepublik, die bei Paris deutsch-jüdische Kinder zusammenführte; 1942 im französischen Nazi-K.Z. der mißlungene Versuch jüdische Kinder vor der Vergasung zu retten; 1943 der gelungene mit anderen in die Wälder zu gehen, Dein Kampf als Soldat der Réstistance.

Treue Freunde begleiten Dich seither auf den Windungen Deines Weges. Nach dem Kriege folgten die pädagogische Leitung der Heime für Kriegsopferkinder, die Beteiligung an der Gründung der Internationalen

II

Gesellschaft für Heimerziehung (F.I.C.E.) in Frankreich. Sie brachte Dich 1952 zurück nach Deutschland an die Odenwaldschule. Deine Tätigkeit dort als Studienleiter des Gesamtschulmodells brachte die Berufung als Erziehungswissenschaftler an die Universität Frankfurt (1969). Dort hast Du schließlich 1976 die Studienrichtung „Pädagogik in der Dritten Welt" geschaffen.

Immer wieder Wechsel, die – wie Du meinst – Dich daran gehindert haben, je für irgendein Gebiet wirklich Experte zu werden und zu bleiben, ich möchte sagen: zum Fachidioten zu werden. Die unfreiwilligen Mittelpunktverschiebungen und aus ihrem Erleben die späteren freiwilligen, haben uns und manche Schicksalsgenossen zu *Generalisten* unterschiedlicher, kranker Situationen werden lassen, als welche wir – so sage ich ebenso anmaßend wie bedrängt – unsere unverwechselbare Lebensleistung zu erbringen haben.

Deine Aufsätze in diesem Band zu so weitgestreuten Fachgebieten wie dem des Sprachproblems in der Dritten Welt (Kap. III, 2), der modernen Werttheorien als ökonomisches und als sozialpsychologisches Problem der Nord-Südbeziehungen (Kap II), die neuen Medien in der Dritten Welt (Kap. III, 3), die technische Revolution im ruralen Bereich (Kap. I, 4) beweisen, wie dringend *Generalisten* in der internationalen Forschung benötigt werden und wie relevant ihre Kritik und ihre weiterweisenden Überlegungen sind. Daß Du als Generalist insbesondere auch die Forschungs*methoden* kritisch unter die Lupe nimmst und dabei neue Wege der Handlungsforschung beschreibst (Kap. III, 1) ist folgerichtig und – so meine ich – von großer Wichtigkeit für unser Forschungsgebiet.

Laß mich nun einige meiner Erfahrungen den Deinen an die Seite stellen: Ich komme aus einem zwar christlichen aber auch weitgehend säkularisierten Elternhaus. Es ging dort – in Potsdam – nicht öde doch solide national-liberal zu. Wie Du bei den Kommunisten, so fand ich bei Studenten der Bekennenden Kirche Anerkennung meiner Person, Suche nach Anfängen unserer kulturellen, besonders christlichen Tradition und Ansätze zum politischen Protest. Deiner Beschäftigung mit den Quellen des Judentums im Kreis der Dir anvertrauten jüdischen Kinder und Deiner Auseinandersetzung mit dem Marxismus dürfte wohl diese Zeit bis hin zu schrittweiser Lösung aus pietistischer Befangenheit und nationalem Denken verwandt sein.

Als sich für mich 1945 keine Tätigkeit als Ingenieur – meinem gelernten Beruf – bot, glaubte ich, als Assistent an der Universität Göttingen promovieren zu können. Doch der dortige Professor Ernst Wolf, bewährter Theologe der Bekennenden Kirche, machte mir klar, daß ich bei der in Gründung befindlichen Göttinger Universitätszeitung gebraucht würde, wenn diese wirklich zu einem Organ der Erneuerung werden solle. Und so machte ich mit einigen Freunden vier Jahre lang Zeitung – auf Kosten meiner Promotion, ähnlich wie Du, nach Deiner Emigration, drei Jahre Deines Studiums für revolutionäre Tätigkeit hergabst. So war der Ingenieur zum kritischen „Experten" für Hochschulprobleme geworden.

III

1957 hatte ich als Dozent für Soziologie an der Berliner Pädagogischen Hochschule mein erstes Semester absolviert, da kamen zwei Studentinnen zu mir: „Sie haben uns enttäuscht: Wir hatten erwartet, Sie würden eine Lehrveranstaltung über Antisemitismus machen". Hier gab es kein Kneifen. Erst von nun an, aber dann auch intensiv, ist mir die sozialpsychologische und theologische Beschäftigung mit Judentum, christlichem Antijudaismus und Antisemitismus so zur Aufgabe geworden, wie es die persönliche Betroffenheit allein bis dahin nicht vermocht hatte. Ich holte halbwegs nach, was Dir seit langem vertraut war. Seit ihrer Gründung 1961 arbeite ich in der „Arbeitsgemeinschaft Juden und Christen" beim Deutschen Evangelischen Kirchentag mit. 1977 begegneten wir uns dort, und ich lernte von Dir: „Die Sinngebung der individuellen Existenz liegt „für den Juden der biblischen Zeit" in der Erfüllung des göttlich-geschichtlichen Auftrags". Ein Satz, der sicher Deine und meine Lebensauffassung berührt; doch – so führtest Du damals aus - das Sendungsbewußtsein, sein Leben als gottgesandtes Instrument der Heilsgeschichte zu betrachten kann ideologieverdächtig und oppressiv werden. Du kommentiertest das Hohe Lied als Gegenstück zum geschichtlichen Auftrag, als Bestätigung der Wertwelt vergänglicher, sinnlicher Bindungen. So sollte es in jedem Leben Momente geben, in denen wir – durch das „vivre au présent" – zur erlebnishaften Gewißheit gelangen: Ich kann jetzt und heute, bei diesem Tanz, in dieser Musik, mit diesem Partner, die Erfüllung, den Sinn meiner eigenen, ja der Existenz schlechthin finden.

Haben nicht gerade die vorindustriellen Kulturen der Dritten Welt in überzeugender Weise die Verknüpfung des Sinnlichen mit dem Sinn schlechthin, der intensiv gelebten Gegenwart mit den Rythmen des Kosmos und der Geschichte gedanklich und künstlerisch gestaltet?!

Auch um diese Dialektik zwischen der industriellen Kultur und dem Reichtum des Denkens in den Traditionen des Ostens und Südens geht es in fast jedem Deiner Beiträge in diesem Buch. In dieser Dialektik liegt sicher ein Teil der Antwort an unsere jungen Herausforderer, von denen ich eingangs schrieb. Wir sind nicht so alt, als daß wir nicht bis heute immer wieder solche Höhepunkte unseres Lebens erführen. Sie erleichtern es uns, die im geschichtlich übergreifenden Ganzen sich uns stellenden Aufgaben geduldig zu übernehmen.

Anfang der sechziger Jahre bat mich James Conant, damals Berater für das Bildungswesen in West-Berlin als Bildungsforscher, für den Vorsitz des Erziehungsdirektoriums der deutsch-amerikanischen Schule zu kandidieren; so geschah es. Sieben Jahre lang habe ich mich dann bemüht, beim Aufbau einer binationalen, bikulturellen Schule im Dienst internationaler Verständigung mitzuwirken. Erst seitdem weiß ich wirklich, was Schule ist – und nun gar eine demokratische, stets im Kampf um Eigenständigkeit gegen selbstherrliche staatliche Bürokratie! Die Schule sollte eine Art Gesamtschule werden; wir sahen uns damals nach Vorbildern um und blickten u. a. auf die Odenwaltschule. Der Name des dortigen binationalen, bikulturellen Lehrers Ernest Jouhy wurde uns als der eines anregenden Autors bekannt.

(1)

IV

Ähnlich unvorbereitet wurde ich aufgefordert, mich mit der Dritten Welt zu beschäftigen. Im April 1970 wurde ich aus dem Bundesministerium für Wirtschaftliche Zusammenarbeit angerufen, ich möge zusammen mit zwei Ingenieurkollegen einen Plan für die Errichtung einer Ingenieurfakultät in Dar-es-Salam machen. Meine Bedenken – es gab einen Dritte-Welt-kundigen Soziologen, der gerade in Dar-es-Salam gelehrt hatte, ich aber war ein grennhorn – verfingen nicht. Eine neue Welt tat sich mir auf, ein neues Engagement fing an, in dem ich nachholte, was Du schon begonnen hattest zu lernen, als Du Dich bereits in den dreißiger Jahren in Paris und der „Internationalen Studentenbewegung für Frieden, Freiheit und Fortschritt" mit Menschen und Problemen der damaligen Kolonien Indonesien, Senegal, Tunesien intensiv zu befassen hattest. Als Du Dein altes Interesse mit der Durchsetzung des Aufbaustudienganges „Pädagogik: Dritte Welt" 1976 in ein neues Engagement einbrachtest, begann ich, den eurozentristischen Hintergrund „weißer" Bildungshilfe im schwarzen Erdteil zu hinterfragen. Ich war betroffen, entdecken zu müssen, daß die Bundesrepublik viele Millionen für diese Hilfe ausgab, ohne sich je durch intensive Forschung vergewissern zu wollen, welches die eigentlichen Bedürfnisse der infrage stehenden Länder seien, und vor allem, welche Dialektik für die Vermittlung zwischen den Kulturen zu entwickeln sei.

So trafen wir uns in der 1976 ins Leben gerufenen „Arbeitsgruppe Deutsche Erziehungswissenschaft und internationale Bildungsforschung" (ADEIB), später Kommission „Bildungsforschung Dritte Welt" (BDW) in der Deutschen Gesellschaft für Erziehungswissenschaft. Zusammen entwickelten wir 1980 auf der Mauritius-Konferenz Vorschläge für Projekte der Bildungsforschung, die von deutschen und afrikanischen Forschern gemeinsam ausgeführt werden sollten – leider fast folgenlos, da – unbeschadet der immer fließenden Bildungs*hilfe* für Bildungs*forschung* – noch dazu in Partnerschaft mit Ausländern – abgesehen von Bagatellförderung keine Finanzierung zu erreichen ist.

Damit komme ich zur Gegenwart. Die Kommission BDW zog vor einigen Jahren Bilanz deutschsprachiger erziehungswissenschaftlicher Forschung über Länder der Dritten Welt. Unsere Diskussionen führten dazu, daß Du Dich bereit fandest, für den Berichtsband „Die Dritte Welt als Gegenstand erziehungswissenschaftlicher Forschung", den ich herausgab (Z. f. Päd., 16. Beiheft, 1981), im theoretischen Teil jenen Beitrag über *Bildung und Herrschaft* zu schreiben, der im vorliegenden Band an erster Stelle steht (Kap. I, 1). Dort sprichst Du das Dilemma an, das sich im Titel dieses Buches ausdrückt: „Bleiche Herrschaft – dunkle Kulturen". Du analysierst was uns beide umtreibt, ohne daß wir einer Lösung gewiß sind: Gibt es einen Weg, auf dem einerseits die Völker der Dritten Welt sich viel an moderner „Entwicklung" aneignen können, daß sie neben den Industriestaaten bestehen können, aber andererseits auch so aus eigener inspiration und Kraft, daß eine Amalgamierung mit ihren je eigenen Kulturen stattfinden kann?

Wir machen uns keine Illusionen: Der universale pragmatisch-rationale

Druck der Industriestaaten, Hand in Hand mit deren ökonomischem und dadurch auch politischem Herrschaftsanspruch, ist immer, ja, wird womöglich immer mehr nicht nur zur tödlichen Bedrohung traditioneller Kulturen, sondern des materiellen Überlebens von zwei Milliarden Menschen. Zugleich erkenne wir das Illusionäre in all jenen gut gemeinten Ideen von Entschulung (I. Illich) oder autochthoner Entwicklung der Drittweltländer. Ihre Verwirklichung würde angesichts des Bevölkerungswachstums und der zunehmenden Ausbreitung von Hunger und Krankheit weniger zur Lösung als zur Festigung von Abhängigkeiten führen. Die Räder der Geschichte lassen sich nicht zurückdrehen. Wissenschaft und Bildung in europäischer Tradition, Technik und Technologie können und sollen nicht verleugnet, sondern von den Völkern der Dritten Welt verarbeitet und gemäß ihren Bedürfnissen genutzt werden. Dazu sagst Du in Kapitel IV, wie Du das Verhältnis von Realität und Fiktion politisch einschätzt.

Sicher kann eine Wende, entgegen den vorherrschenden politischen Tendenzen, von keiner Ecke der Dritten Welt allein bewirkt werden. Nur in engem und gleichberechtigtem Zusammenwirken der Industriekulturen mit denen der Dritten Welt liegt die Chance einer gemeinsamen Lösung. Was also kann hier geschehen? Auf Dich und mich zugespitzt: Woher nehmen Du und ich den Mut, wenigstens das unsere zu tun als einen Beitrag, den Rädern eine etwas andere Richtung zu geben?

Wie so manche andere, die das Weltgeschehen mit wachsender Sorge beobachten, berufen wir uns zunächst auf die Hoffnung, daß das Humanum Vernunft das Schlimmste zu verhüten vermöge. Darum treten wir für ihre Dominanz ein, wo immer wir gefragt sind. Durch mühselige Arbeit in Lehre und Forschung suchen wir Menschen zur Erkenntnis ihrer Situation zu bringen, damit wir gemeinsam universaler Vernunft – und nicht Zweckrationalität – zu weltweiter Wirksamkeit verhelfen. Doch reicht dies aus gegen unsere eigene Skepsis, gegen die Versuchung zu resignieren?

In Deiner „Auseinandersetzung mit der Resignation" („Der Architekt" 1/ 1984) sprichst Du vom Urvertrauen in die Entfaltung menschlicher Gemeinschaft, in ein Universum, dem ihr Leben, Fühlen und Denken entsprungen sind. Es trägt Dich durch die schrecklichen Anfechtungen von Völkermord, Ausbeutung, Entrechtung und Entwürdigung; auch diese Menschenwerk!

Ich spreche von Thora, der Weisung, die mir nicht erlaubt, müde zu werden. Mein Freund, der Rabbiner Robert Raphael Geis hat sie schon vor fünfzehn Jahren auf unsere Situation hin so ausgelegt, als wäre es heute:

„Die unter uns, die im Kampf gegen Reaktion in jeder nur möglichen Form geeint sind, verstehen Oekumene als die Erlaubnis, das Leben der kommenden, erhofften, ersehnten Welt hier und heute zu leben. Politik als Prüfstein für die Ernsthaftigkeit unseres gläubigen Tuns, einen anderen Weg vermögen wir nicht zu sehen." (2)

Mir ist auch, wie Dir, der schlichte Satz von Matthias Claudius gegenwärtig: *„Es ist Krieg, es ist Krieg und ich begehre, nicht schuld daran zu sein"*. Zugleich teile ich Dein Unvertrauen. Es macht mich ruhig, weil ich weiß, daß ich in allem nur so weit gefordert bin, wie ich leisten kann, ohne mich aufzugeben, und daß ich in einer weltweiten Gemeinschaft arbeite, die selbständig denkt und wirkt. Mein Engagement, meine Bereitschaft, immer wieder Aufgaben anzupacken, ist – aus diesem Unvertrauen heraus – gepaart mit Gelassenheit. Gelingt so manches nicht, so war mein Unterfangen doch nicht vergebens: wir verlieren nicht den Mut zum Leben und zum Wirken.

Die Wurzeln, die jeden von uns beiden tragen, sind einander sehr ähnlich; der Sturm der Geschichte, der uns zaust, ist der gleiche; die Triebe, die aus unseren alt gewordenen Stämmen wachsen, streben dem Gleichen zu und die wenigen Früchte, die wir hervorbringen, haben den gleichen Geschmack. Das bestätigt mir dieses Buch, dem ich – um unser beider willen – Beachtung wünsche! Ich freue mich unserer Wahlverwandtschaft, die mich im eigenen Denken bestätigt und fördert.

---

1) „Psychologie in der Schule" (Frankfurt 1968), „Politische Erziehung in der Schule" (Frankfurt 1969), „Das Unbehagen in der Schule" (Zeitschr. 'Merkur', Göttingen 1968), Demokratisierung des Bildungswesens, ein widerspruchsvoller Prozeß" (Zeitschr. 'Gesellschaft, Staat, Erziehung', Frankfurt 1970)

2) R.R. Geis: Leiden an der Unerlöstheit der Welt 1906 - 1972, München 1984, S. 308

Teil I Zur historischen
Dialektik von
Entwicklung
und Macht

»Wir brachten euch den rechten Glauben«

1

Bildung – Blendwerk der Herrschaft

Die Geschichte aller formalen Bildung seit Entstehung der Hochkulturen ist eng mit der Entstehung von herrschenden Gruppen und Klassen bzw. mit der herrschaftlichen Organisation der gesellschaftlichen Wirtschafts-, Sozial- und Kulturprozesse verbunden. „Die herrschenden Ideen sind immer die Ideen der herrschenden Klasse" sagte Marx, was bei Betrachtung und Analyse der Entwicklung pädagogischer Ideen ohne Zweifel nachgewiesen werden kann und - insbesondere in den letzten 50 Jahren - auch auf den verschiedensten Gebieten der Sozialisations-, Erziehungs- und Bildungsforschung belegt wurde.

Aber die These ist trotz ihrer scheinbaren Evidenz zweideutig. Die herrschenden Ideen sind nämlich in jeder Hochkultur insofern widersprüchlich, als die Mitglieder der herrschenden Klassen sowohl traditionelle wie auch innovatorische Gedanken und Bildungsvorstellungen formulieren. Wie könnte es auch anders sein, wenn für die Produktion von Ideen ebenso eine Verfügungsgewalt über das akkumulierte Wissen und Können der Zeit ausgeübt werden muß, wie über die materielle Produktion. Die herrschenden Klassen aller antiken Hochkulturen waren - unter anderem - *leisure classes,* d. h. ein Teil dieser herrschenden Gesellschaftgruppen hatte die materielle Möglichkeit, das kulturell-ideologische Erbe zu bearbeiten und zu nutzen, ohne durch andere Arbeitsaufgaben der materiellen oder politischen Herrschaft „behelligt" zu werden. Nur so ist es zu verstehen, daß Ideen der herrschenden Klasse, oder genauer: Ideen, die den Reihen der Herrschenden entsprangen, die Inhalte und Formen der herrschenden gesellschaftlichen Organisation in Frage zu stellen vermochten und den jeweils tradierten Ideologien im Bereich der gesellschaftlichen Interaktion den versteckten oder offenen Kampf ansagten.

Echnaton widersprach seinen Ammonpriestern wie alttestamentliche Propheten den etablierten Cohen und Leviten, die Sophisten der Agäis den aristokratischen Traditionalisten, Sokrates der konformistischen Bildung der athenischen Eliten, Buddha der hinduistischen Priesterkaste. Laotse appellierte an die Fähigkeit des Menschen, sich der ewig wandelnden Essenz der Welt zuzuwenden und wandte sich gegen die Textgläubigkeit von Recht und Ordnung. Der Nazarener setzte den Glauben gegen die Buchstabender herrschenden Schriftgelehrten. Hus, Calvin, Luther und Münzer verwiesen gegen die klerikale Dogmatik auf die umwälzende Macht der Evangelien. Die Ideen der herrschenden Klasse sind also sowohl als die Ideen der etablierten Herrschaft zu verstehen wie auch als diejenigen, die sich aus den Reihen dieser Klassen kommend, gegen den Inhalt und die Form des etablierten Denkens und Verhaltens auflehnen.

Gewiß sind die Widersprüche der geistigen Welt in ihrer religiös-philosophischen und ihrer sozial-politischen Formulierung nicht aus der Selbstbewegung des „Weltgeistes" heraus zu verstehen, sondern nur im Zusammenhang mit der materiellen Geschichte der Gesellschaft, in denen sie entstehen. Fast erübrigt sich eine solche Feststellung hundertdreißig Jahre nach Marx' und Engels' „Kritik der deutschen Ideologie", aber es scheint mehr als notwendig, die Verbindung von Herrschaft und Ideenbildung - insbesondere im Bereich der Erziehung und Bildung - in ganz anderer Weise zu analysieren als die Vertreter des „realen Sozialismus" und andere mehr oder weniger simplifizierende „Marxisten" es tun, die - um mit Engels (1953, S. 456 f.) zu sprechen - „die materialistische Geschichtsauffassung ... in eine nichtssagende, abstrakte, absurde Phrase" [verwandeln].

Alle Analysen der Wechselwirkung von ökonomisch-sozialer Macht und der in ihrem Rahmen entwickelten und herrschaftlich vermittelten Ideen müssen davon ausgehen, daß sie selbst Teil des widersprüchlichen gesellschaftlichen Prozesses sind, den sie theoretisch zu fassen suchen, daß sie mithin selbst Macht sind und Teil an der Herrschaft suchen, auch und gerade dann, wenn sie die bestehenden Verhältnisse umzuwälzen zum eigentlichen Gegenstand ihrer geistigen Produktion machen. Das gilt ganz besonders für die pädagogische Theoriebildung im komplexen Macht- und Herrschaftsgefüge der heutigen Weltgesellschaft.

So wie die pädagogische Philosophie der Aufklärung an der Entfaltung der bürgerlich-kapitalistischen Gesellschaft Europas und Nordamerikas herrschaftsbildenden Teil hatte, so geht die Erziehung- und Bildungstheorie der letzten hundert Jahre sowohl in die Durchsetzung der imperialistischen Verhältnisse als auch in ihre geistige und materielle Anfechtung in höchstem Maß widersprüchlich ein. Die kritische Auseinandersetzung mit der kolonialistischen Kulturpolitik erfolgte und erfolgt durch die gleichen Intellektuellen, die dem kolonialistischen Bemühen um den herrschaftlichen Kulturtransfer zum Zweck der Organisation ökonomisch-politischer Abhängigkeit ihrer Sprache, ihrer Begriffe und ihrer anti-imperialistischer Zielsetzung verdanken. Mit anderen Worten, die Herrschaft des Imperialismus alter und neuer Form, also die Abhängigkeit der Dritten Welt im Bereich der geistigen Produktion, äußert sich ebenso im Transfer der formalen

Bildung und ihrer materiellen, klassenbildenden Organisation wie in den populistischen oder marxistischen Ideen und pädagogischen Praktiken ihrer Gegner. So richtig also die Analyse eines Freire oder Illich, eines Fanon oder Nyerere sind, so notwendig ihr Bemühen um die Durchbrechung der wirtschaftlich-kulturellen Herrschaft des Imperialismus im Bildungswesen der Dritten Welt ist, so unausweichlich abhängig sind ihre Ideen und die Organisation ihrer Durchsetzung von eben den Voraussetzungen materieller und geistiger Produktion, die dieser Kolonialismus und Imperialismus erst geschaffen hat. Wenn mithin wahr ist, daß die politischen Interessen der euro-amerikanischen Macheliten die Bildungsbemühungen der Dritten Welt entscheidend beeinflußt haben und im wesentlichen für die „Kultur des Schweigens" der verelendeten Massen verantwortlich zu machen sind, so ist nicht weniger richtig, daß der gewaltige Anstoß zur Massenbildung und zur Emanzipation erst durch die materielle und geistige Entwicklung der Produktivkräfte unter der Herrschaft des Imperialismus in Gang gekommen ist und weder Bildungsinhalte noch Bildungsformen und -prozesse ohne seine Ergebnisse denkbar sind.

Somit bleibt ein Hauptproblem der Bildungsforschung in der Dritten Welt einerseits die empirisch-historische Herausarbeitung der Dialektik von „herrschenden Ideen" zum Thema autozentrierter, anti-imperialistischer Entwicklung und andererseits die Dialektik der antagonistischen Modernisierungstendenzen, die Abhängigkeit und neo-imperialistische Herrschaft ebenso verfestigen wie sie neue Herrschaft auf der Basis revolutionärer Diktaturen etablieren können. Diese Problematik ist durch keine Denunzierung des imperialistischen Charakters der bisherigen „Bildungshilfe" aus der Welt zu schaffen, so nötig diese kritische Analyse auch immer bleibt. Darum sollen nachfolgend einige Anmerkungen gemacht werden, die Evidentes mit weniger Evidentem zu verbinden suchen, um die bestürzende Ähnlichkeit der Problematik in „sozialistischen" wie „kapitalistischen" Entwicklungsländern zu unterstreichen und damit ihren Gründen, also den Strategien des Bildungstransfers, näherzukommen.

Diese kritische Auseinandersetzung ist seit den Anfängen der 60er Jahre mit wachsendem Erfolg unternommen worden und hat viel dazu beigetragen, die missionarische Bildungszuversicht und die Vorstellung von der „uneigennützigen" Bildungshilfe der Industrienationen zu erschüttern. Die Gleichläufigkeit von Modernisierung des Erziehungs- und Bildungswesens in der Dritten Welt mit den wirtschaftlichen und politischen Interessen der Macheliten in den Industrienationen wurde und wird zunehmend aufgedeckt und durch die Vielzahl der empirischen und kritischen Forschungsergebnisse der letzten 15 Jahre belegt (vgl. etwa Hanf et al. 1977). Die Lektüre von Freire, Illich und Nyerere[1] wie auch der deutschen Autoren (vgl. etwa Senghaas 1977 und Nuscheler 1974) vermittelt den Eindruck, daß „Modernisierung" und „Humankapitalismus" bzw. die entsprechenden Theorien vor allem Instrumente wären, um die wirtschaftlich-politische Abhängigkeit der Drittweltländer durch die Zulieferung entsprechend qualifizierter Arbeitskräfte zu zementieren und die Ausbildung neuer, west- oder osthöriger *Power-Elites* zu fördern.

Der empirische Nachweis dieser vorherrschenden Tendenz der Bildungspolitik der Industrieländer gegenüber der Dritten Welt ist im wesentlichen geleistet und gelungen, wenn er auch aus ökonomisch-politischen Gründen in den bildungspolitischen Entscheidungsgremien der internationalen Organisationen und der Drittweltländer nicht verarbeitet wird. Diese folgen vielmehr weiterhin Strategien, deren Umsetzung das Elend der Massen nicht behoben hat, wohl aber einer Minderheit den Zugang zum individuellen und egoistischen *take off* mit Hilfe internationaler Bildungsinvestitionen ermöglichte. Aber der kritische Nachweis der Interessengebundenheit dieser Strategien an die Herrschaftsstrukturen der Industrieländer läßt wesentliche Fragen im Schatten der Betrachtung. So gilt dieser Beitrag einer gewissen theoretischen Erhellung der historischen und aktuellen Beziehung von Herrschaft und Bildung in der Dritten Welt. Er setzt die Erkenntnis bisheriger und emanzipatorischer Analysen voraus, u. a. die von Dias in der Zeitschrift für Pädagogik (16. Beiheft, S. 33-49), hält sie aber nicht für erschöpfend. Eine solche Ergänzung beginnt mit einfachen ökonomischen Betrachtungen (vgl. etwa Bohnet 1971, S 50 ff., S. 81 ff.).

Der Prozess der Modernisierung bedeutet ökonomisch den Übergang von regionaler, homöostatischer und vorwiegend ruraler Subsistenzwirtschaft zu nationaler und internationaler, hochgradig arbeitsteiliger Marktwirtschaft mit spiralhafter Entwicklung der argrarischen und manufakturellen bzw. industriellen Produktion. Die Entfaltung der Produktivkräfte bedeutet ihrerseits die Öffnung der Schere zwischen Gebrauchswert und Tauschwert der Produktion der Drittweltländer und dies sowohl auf ihrem jeweiligen Binnenmarkt als auch - und vor allem - auf dem Weltmarkt: Der Marktwert der Drittweltproduktion agrarischer und mineralischer Produkte liegt unter ihrem Gebrauchswert in den Industrieländern. Gleichzeitig liegen die Weltmarktpreise für Industrieprodukte über ihrem Gebrauchswert für die Bedarfsdeckung der Produktion und des Konsums in den Drittweltländern.

Daraus resultiert die Schere zwischen der steigenden wissenschaftlich-technischen Kompetenz und ökonomischen Macht der privat- oder staatskapitalistischen Industrienationen gegenüber der wachsenden wirtschaftlichen Marginalisierung und politischen Abhängigkeit der Drittweltländer. Dieses Machtgefälle nimmt dauernd zu, weil sich der verfügbare Reichtum (das Mehrprodukt) in der Verfügungsgewalt der Machteliten der Industrienationen anhäuft und deren wissenschaftlich-technologische Überlegenheit verfestigt.Dieser Prozeß drückt sich u. a. in der Aus- und Aufrüstung der Drittweltländer durch die Machteliten der Industrienationen aus. Damit vertieft sich auch die Kluft zwischen der wissenschaftlich-technologischen Dynamik der Industrieländer und der vornehmlich rezeptiven und unproduktiven Assimilation ihrer Ergebnisse in den Schulen, Universitäten und ökonomisch-politischen Zentren der Dritten Welt.

6

Die Machteliten in der Dritten Welt selbst, die einen gewissen Grad wissenschaftlich-technischer Kompetenz mit Hilfe kopierter Bildungs- und Planungsorganisation erworben haben, zementieren damit ihre Abhängigkeit nach außen und ihren Machtanspruch nach innen. Gerade durch den Bildungsprozeß entfernen sie sich ökonomisch, sozial und kulturell immer weiter von den bäuerlichen und städtischen Massen. Diese sind ihnen umso stärker ausgeliefert, je mehr die neugebildeten einheimischen Machteliten diese „kopierte" Modernisierung vorantreiben. Praktisch vertieft sich die Kluft zwischen Mächtigen und Abhängigen, weil die effektive Kompetenz als Voraussetzung für die gesellschaftliche und individuelle Produktionsleistung sich zunehmend bei den Machteliten konzentriert, seien diese die neuen Kompradorenbourgeoisie oder national-revolutionäre Militäreliten. Im allgemeinen haben sich auch letztere als unmotiviert und unfähig erwiesen, dieseKompetenz an die abhängige Masse weiterzugeben bzw. eine der arbeitenden bäuerlichen und städtischen Bevölkerung adäquate Kompetenz zu entwickeln.

Gleichzeitig vertieft sich durch den technisch-ökonomischen Transfer der Produktions- und Konsumweisen der Industrieländer in die Dritte Welt dort die Kluft zwischen Stadt und Land, zwischen den „neuen" Bedürfnissen und den traditionellen Möglichkeiten, sie zu befriedigen. In der Stadt – mit ihren importierten Lebensweisen, ihren Ideen und technischen Medien – entfalten sich Bedürfnisse der Massen weit schneller als die materiellen Möglichkeiten des Konsums. Die Stadt bietet auf dem Sektor des Konsums und der zwischenmenschlichen Verhältnisse eine Vision des „modernen" Lebens, aber nur eine dünne Machtelite lebt entsprechend dieser Vision, während die Masse der Menschen in Stadt und Land ihr Elend gerade durch die kollektive Unmöglichkeit und individuelle Inkompetenz erfährt, die Güter und Dienstleistungen selbst zu erstellen, die diese Vision zur eigenen Wirklichkeit werden ließe[2].

Die Schere zwischen Stadt und Land öffnet sich auch deshalb, weil die traditionelle ländliche Produktion für den Eigenbedarf der Produktion für den Weltmarkt geopfert wird. Die sich schnell erweiternden Bedürfnisse der mittellosen Massen, die sich an der Bedürfnisstruktur der Industrienationen orientieren, stehen dann einer binnenwirtschaftlichen Produktionsstruktur gegenüber, die nicht einmal die elementarsten Bedürfnisse nach Nahrung, Unterkunft, medizinischer und kultureller Versorgung befriedigen kann.

Zusammengefaßt läßt sich feststellen: Die Schere zwischen individuellen und kollektiven Bedürfnissen einerseits und den ökonomisch-sozialen Voraussetzungen zu ihrer Befriedigung öffnet sich in den Ländern der Dritten Welt weit schneller als in den Industrienationen. Damit aber wächst dort das absolute, wie das relative Elend sowohl in seinen physischen Dimensionen (Ernährung, Unterbringung, Gesundheit) wie auch in seiner psychischen (Desorientierung durch das Zerbrechen tradierter Wert- und Normsysteme, durch zunehmende Inkompetenz der arbeitenden Bevölkerung gegenüber den Anforderungen der ökonomischen, sozialen und politischen

Entwicklung).

Es hieße, die Augen vor der Wirklichkeit zu verschließen, wenn man diese Entwicklung als das alleinige Ergebnis der privatkapitalistisch-oligopolistischen Produktions- und Verkehrsformen Nordamerikas, Westeuropas und Japans und aus ihrem imperialistischen Ausbreitungsinteresse ableiten wollte. In der Tat verläuft die oben skizzierte Entwicklung in Drittweltländern mit ökonomisch-politischer Abhängigkeit vom Westen und denen, die ein Bündnis mit den Industrienationen des „realen Sozialismus" eingegangen sind, in auffallend ähnlicher Weise. Die Programme der Machteliten, die durch den antiimperialistischen Kampf in die Schlüsselpositionen ihrer Gesellschaft gekommen sind - mögen sie religiös-sozialistisch, leninistisch oder sozial-demokratisch orientiert sein – bewirken frappierend ähnliche Phänomene des ökonomisch-sozialen und kulturellen Umbruchs, wie die, die von der Kompradorenbourgeoisie oder den Militärs halbfeudaler Provenien – mit der Unterstützung des westlichen Imperialismus entworfen wurden. Unleugbar ist das Bestreben der einen wie der anderen, den Prozeß der Modernisierung voranzutreiben und eine gewisse nationale Identität und Autonomie zu erreichen. Damit vertiefen sich aber gerade die oben aufgeführten Tendenzen der Entstehung von Machteliten, die Kapital, Technologie, *Know-how* und Ideologien importieren und assimilieren und Modernisierung nach amerikanischem und sowjetischem Muster von oben nach unten dekretieren. Viet-Nam wie Indonesien, Cuba wie Brasilien, Angola wie Zaire - sie alle versuchen gleichermaßen sich die materielle und ideelle Produktionsweise der Industrieländer anzueignen. Überall führt dies notwendigerweise zur Zerstörung traditioneller Produktions- und Verkehrsverhältnisse, unabhängig davon, ob der Prozeß von revolutionären oder von imperialistischen Machteliten in Gang gesetzt wurde. Im einen wie im anderen Typ der Drittweltgesellschaft sind diese Eliten mit öffentlichen und privaten Privilegien ausgestattet, von denen eines der wesentlichen der Zugang zu Informationen und Bildung ist. *Es muß illusionslos festgestellt werden, daß die Eingliederung der Völker der Dritten Welt in das ökonomische, politische und kulturelle Geflecht der Weltgesellschaft nicht von den manifesten oder latenten Bedürfnissen der überwiegend agrarischen Massen, sondern von den Interessen und Vorstellungen der alten oder neuen Machteliten gesteuert wird.* Dabei verschlingt die Eroberung und Absicherung dieser Machtinteressen einen unverhältnismäßig hohen Anteil des Sozialprodukts in doppelter Form: einmal durch eine statusorientierte Bildung, ein andermal durch den aufgeblähten bürokratischen Apparat für Rüstung, Militär, Polizei und Verwaltung.

Das Herausstellen dieser fundamentalen Gemeinsamkeiten bedeutet selbstverständlich nicht die Gleichsetzung der national-revolutionären und der halb-feudalen bzw. neo-imperialistischen Eliten. Die Brutalität der Unterdrückung zu Somozas Zeiten in Nicaragua darf mit der in Kambodscha nicht nur von der gemeinsamen Unmenschlichkeit ihrer Erscheinung aus betrachtet werden; die Entwicklungspolitik Algeriens darf nicht gleichgesetzt werden mit der Marokkos, die Revolution Kubas nicht mit dem Militärfaschismus Argentiniens, Brasiliens oder Chiles. Der revolutionäre Antiimperialismus hat die furchtbarsten Probleme, die der Imperialismus aufgeworfen hat, Hunger, Ausbeutung, Hoffnungslosigkeit und Zerstörung der tradierten Sozialbeziehungen zwar nicht gelöst, aber die Voraussetzung für ihre Lösung geschaffen, während der Imperialismus durch Verhinderung der Agrarreform, Unterordnung der Wirtschaft und Politik unter die Interessen des kapitalistischen bzw. „sozialistischen" Weltmarktes ihre Überwindung verhindert.

Dennoch ergeben sich wahrhaft fundamentale Gemeinsamkeiten aus der Explosion der Produktionsweisen und der Produktivkräfte, die von den Mobutus genauso in Anspruch genommen werden müssen wie von einem Nyerere, gerade weil die jeweilige Macht nur über Assimilation bzw. Entwicklung moderner Produktionsweisen erobert und bewahrt werden kann. Damit verquicken sich in dichotomischem Gewand in der Dritten Welt – und gerade bei den Machteliten – die Funktionen rationaler, fortschrittlicher und demokratisch-emanzipatorischer Vorhut mit denen des Klassen- oder Gruppenegoismus, der den Massen die „Kultur des Schweigens" (Freire) aufzwingt.

Gerade dieser Doppelcharakter der Machtelite und insbesondere ihrer Modernisierungs- und Bildungpolitik kommt in den meisten kritischen Analysen nicht klar genug zum Ausdruck. Selbst eine so überzeugende und umfassende Analyse wie die von Dias zeigt hier einen blinden Fleck, wenn es darin heißt:

> Zu beobachten ist ein „überproportionales Anwachsen von Privilegien der oberen und mittleren Schichten ... da die technologisch-bildungsökonomische Manpowerbedarfsplanung *ohne grundlegende gesellschaftliche Strukturveränderungen* [Hervorhebung hinzugefügt] vorgenommen wurde. Da die Macht-, Status- und Geldhabenden die Möglichkeit erhielten, wirtschaftliche und politische Institutionen - darunter Erziehung - zu ihren Gunsten zu manipulieren, ist zu erwarten, daß zusätzliche Investitionen - die auch von den Armen mitfinanziert werden - sich einseitig zu Gunsten der *Power*-Eliten auswirken werden.

Nun haben aber Kuba und Nord-Korea, Algerien und Tansania, Sambia und Angola, Süd-Jemen und Viet-Nam - um nur einige zu nennen - „grundlegende gesellschaftliche Strukturveränderungen" in national-revolutionären Prozessen vorgenommen, so daß sich dort eigentlich die Modernisierungsbestrebungen nicht in der „Manipulation zu Gunsten der *Power*-Eliten" auswirken dürften. Es stellt sich aber auch dort die Frage, ob nicht trotz „grundlegender gesellschaftlicher Strukturveränderungen" in diesen Ländern - der ökonomische, kulturelle und politische Aufwand, „der von den Armen mitfinanziert wird", erstrangig der neuen Machtelite und der Absicherung ihres Führungsanspruchs zugute kommt. Geht die faktische *Entmachtung der Abhängigen* nicht auch dort Hand in Hand mit der Entstehung technischer Eliten, mit der unerläßlichen Investition in die ökonomische Infrastruktur? Macht nicht auch dort, trotz revolutionärer politischer Veränderungen, die Eingliederung in die weltwirtschaftliche Kooperation und Konkurrenz Bildung und Erziehung zu einem sozial selektiven Mechanismus, der sich von emanzipatorisch-demokratischen Zielsetzungen in der Praxis brutal abhebt (vgl. Lerys 1977)?

Die hier nur angedeuteten Tendenzen der Entwicklung in Drittweltländern haben tiefgehende Konsequenzen für Theorie und Praxis der Erziehung und Bildung im Weltmaßstab. Es kann für eine theoretische Bewältigung der Bildungsproblematik der Dritten Welt nicht genügen, die katastrophalen Folgen des universalen Umbruchs nur den Herrschaftsformen des Imperialismus zuzuschreiben, ohne sich an die Wurzeln der Verbindung vorzugraben, die zwischen Herrschaft und Modernisierungskompetenz bestehen. So bedeutende Bildungstheoretiker wie Freire und Illich schärfen zwar den Blick für das zweckrationale Herrschaftsinteresse der imperialistischen Modernisierung, aber im Grunde weisen sie keinen Weg zu seiner Überwindung auf, weil sie die Gründe des Elends allein den Produktions- und Herrschaftsverhältnissen zuschreiben, ohne diese mit der *weltweiten Explosion der Produktionsweisen,* also mit dem Umbruch der Produktions-, Verkehrs-und Lebensverhältnisse duch Wissenschaft und Bildung der herrschenden Industriekultur selbst in direkte Verbindung zu setzen. Der Imperialismus ist der grausame Agent dieses Umbruchs, aber eben nur sein vorläufiger Agent, der eine materielle und kulturelle Revolution von solch gewaltigem Ausmaß auslöst, daß die eigentlichen Probleme erst dort voll sichtbar werden, wo radikale, politisch-soziale Revolutionen sie freilegen[3]. Es kann nicht genügen, die ökonomisch-kulturelle Mutation unserer *einen* Welt allein vom Blickfeld einer Bildungsphilosophie aus zu betrachten, die ihre bildungspolitischen Konsequenzen nur aus den Formen der imperialistischen Herrschaft ableiten und gerade dadurch eine radikalkritische Infragestellung des Kulturtransfers verhindert. Schließlich beruht die „Kultur des Schweigens" nicht nur auf dem Herrschaftsmonopol der Gebildeten, sondern ebenso auf deren Perspektivlosigkeit, also der „Sprachlosigkeit" der herrschenden Bildungsideen gegenüber den Problemen, die die technisch-wissenschaftliche Kultur im Weltmaßstab erzeugt. Die „Kultur des Schweigens" ist auch die der Sprachlosigkeit bzw. des phrasenhaften Schein-Sagens der Gebildeten, ob sie nun im Interesse der Herrschaft oder der Revolution argumentieren. Darum können Illich und Freire, Che Guevara und Mao Tse Tung, Nyerere und Cabral bestenfalls Wegbereiter einer kritischen Pädagogik sein, nicht ihre Leitdenker.

Meiner Meinung nach muß Nuscheler (1978, S. 26) im folgenden Punkt voll zugestimmt werden: „... *ich stimme nicht über das übliche Requiem auf die modernisierungstheoretische Leiche ein ... und lasse mich nicht davon abhalten, die Modernisierungstheorien nach brauchbaren analytischen und therapeutischen Elementen abzuklopfen. Wenn diese Bankrotterklärung [sc. der Modernisierungstheorie] forsch-lapidar damit begründet wird, die Moder-*

nisierungstheorien seien widerlegt" [Ich würde hinzufügen: oder sie hätten den zerstörerischen und zynischen Charakter macht- und profitverschleiernder Ideologien, E. J.], *„dann muß ich den Verdacht haben, daß hier mit progressiv erscheinenden Kraftworten das Unvermögen zur differenzierenden Auseinandersetzung verdeckt wird".* Die „notwendige Zunahme an Rationalität" (Nuscheler) bedeutet zwar, daß die *„Schule die Tugenden der Industriegesellschaft ins Gehirn prügelt: Pünktlichkeit, Zuverlässigkeit, Fleiß, Disziplin und Verantwortung, Organisationstalent, Sauberkeit und Ordnung. Schule schafft so ein neues Verhältnis des Menschen in den Entwicklungsländern zu sich selbst: er entdeckt sich als Einzelner, Selbstverantwortlicher, der sich durch Leistung in seiner Gesellschaft durchzusetzen hat"* (Bosse 1977, S. 58), aber dies „prügeln ins Gehirn", eben jener „Tugenden", auf denen die „notwendige Zunahme an Rationalität" ebenso beruht wie der Ausbruch irrationaler Verzweiflung der Massen, bildet eine Minderheit heran, die die Voraussetzungen mitbringt, eine kompetentere neue herrschende Klasse zu bilden. Es ist gerade dieses Ineinandergreifen von weltweitem Triumpf rationalistischer, technisch-wissenschaftlicher Kultur und Bildung und der Geburt neuer, höchst inhumaner Herrschaftseliten, die den Umbruch von den traditions- zu den evolutionsorientierten Gesellschaften unserer Welt in all ihren Teilen charakterisiert. *Eine an der Rationalität und der Beherrschbarkeit von Natur und Mensch orientierte Erziehung und Bildung hat mit gesellschaftlicher Notwendigkeit die Ausbildung von Qualifikationen einer Minderheit zur Folge, die zu moderner, meist verstümmelnder Abhängigkeit der Mehrheit der arbeitenden Gesellschafter führt.* Das klingt wenig zuversichtlich und resignativ - doch nur für den, der davon ausgeht, daß der Übergang „vom Reich der Notwendigkeit ins Reich der Freiheit" in einem einzigen Sprung erfolgen kann.

Eine Bildungstheorie, die die Überwindung dieser gesellschaftlichen Bewegung bzw. ihrer ökonomisch-kulturellen Folgen zum übergreifenden politisch-didaktischen Ziel hat, darf diesen barbarisch erscheinenden Widerspruch von Entfaltung moderner Produktivkräfte und Zerstörung traditioneller Kommunikation und Identität nicht idealistisch verbrämen oder scheinradikal überspringen wollen. Sie muß im Gegenteil davon ausgehen, daß die Verflechtung der wirtschaftlich-sozialen und der kulturellen Entwicklung aller Teile unserer Welt zu einer nicht umkehrbaren Entfaltung materiell-psychischer Bedürfnisse bei den Massen der Arbeitenden führt, die deren eigentliche Bildungsmotivation ausmacht (und gerade unter den Bedingungen zweckrational organisierter Herrschaft und Macht und insbesondere über die wichtigen wissenschaftlich-technischen Instrumente und Qualifikationen, die diese Entwicklung steuern). Diese neuen Bedürfnisse laufen der Emanzipation (im Geiste der Aufklärung) gleichzeitig zuwider und befördern sie[5].

Kuba und China haben unter Beweis gestellt, daß die Entfaltung der Bedürfnisse auf der Basis der modernen, rational-wissenschaftlichen Entwicklung der Wirtschaft und Gesellschaft vordergründig den „kapitalistischen

Weg" einschlagen läßt. Doch einerseits kann keine ideologische Mobilisierung die Verbindung von individualistisch-konkurrentiellen Anreizen und Modernisierung verhindern; andererseits entwickelt aber die Ausbildung solcher Bedürfnisse bei den Massen in ungeahnter Weise auch deren Fähigkeit zur Entfaltung der Produktivkräfte. Darum ist nicht „von den Bedürfnissen der unterdrückten bäuerlichen Massen" in der Erziehung und Bildung auszugehen, sondern von den Bedürfnissen, die ihre Unterdrücker erst zu erzeugen im Begriff sind, d. h. von den Bedürfnissen einer hochgradig arbeitsteiligen, rational gesteuerten, wissenschaftlich-technisch entfalteten Gesellschaft.

Bildungstheorie in der Dritten Welt - wie in der unseren - hat mithin die Frage zu stellen und mit Hilfe empirischer Forschung schrittweise zu beantworten, welche Befähigung in bezug auf welche erst zu entwickelnden Bedürfnisse Erziehung und Bildung zu bewirken hat, welche Fähigkeiten und Kenntnisse notwendig sind, um den Gruppen und Individuen, den Ausgang aus der traditionellen und der imperialistischen Misere zu ermöglichen. Die Erstellung einer solchen Theorie ist ohne heftige Kontroversen, ohne mühselige Überprüfung der kulturpolitischen und pädagogischen Erfahrung, ohne Aneignung der gesellschaftswissenschaftlichen und pädagogischen Kultur der Industrienationen nicht möglich. Sie ist aber auch nicht möglich, wenn sie mit scheinradikaler Katastrophenangst und Horror vor dem menschlichen Elend angegangen wird. Davon waren die Intellektuellen der europäisch-amerikanischen Emanzipationsbewegung schon einmal erfaßt – zu Beginn des Industriezeitalters –, und zu Recht provozierte dies den Voltaireschen Sarkasmus gegen das Rousseausche Menschenbild. Die Menschenrechte – und damit die humane Erziehung – werden ihrer Durchsetzung nicht durch das Jammern über ihre tägliche zynische Verletzung nähergebracht, sondern ausschließlich über die rationale Analyse ihrer Voraussetzungen und durch die mühseligen praktischen Versuche, die Menschen zu befähigen, sie als Bedürfnis zu erfahren und selbst darum zu kämpfen.

Die angedeutete Aufgabenstellung bedarf zunächst einer historischen wie einer aktuell bildungspolitischen Ausdifferenzierung. Es muß mithin versucht werden zu umreißen, welches der historische Standort des Betrachters ist, mit welchen Tendenzen der Erziehung und Bildung wir es auf Grund der antagonistischen Entwicklung der Nord-Süd-Beziehungen zu tun haben und schließlich, wie diesen Widersprüchen in Forschung und Lehre methodisch so begegnet werden kann, daß aus ihnen ein Weg in eine lichtere Zukunft erkennbar wird.

2

Vom ursprünglichen Machtgefälle der Generationen zum Kulturimperialismus

Zunächst ist zu verdeutlichen, was Theorie und Praxis der Pädagogik generell für Fragen aufwerfen, die unserer und der Dritten Welt gemeinsam sind. Dies kann geisteswissenschaftlich-definitorisch erfolgen oder aber historisch-gesellschaftlich. Erziehung ist ein anthropologisches Faktum aller menschlichen Gesellschaft und gerade darum historisch nur so faßbar, daß das Allgemeine und Gemeinsame als Manifestation des jeweilig Besonderen und Einmaligen erscheint. Jede, auch die primitivste Gesellschaft erzieht. Aber zunächst vollziehen alle Kulturen diesen fundamentalen Akt der Menschwerdung, genau wie die Prozesse gesellschaftlich materieller Produktion ohne ihre Arbeit explizit zu reflektieren. So haben Ethnographie und Anthropologie Systeme der Erziehung von Frühkulturen dargestellt, die diesen als solche nicht bewußt sind. Die Einübung von Einstellung, Verhalten und produktiven Techniken, die Strukturen der Kommunikation und Interaktion, die Übermittlung der Vorstellungswelt über das Verhältnis zur Natur und zu den Anderen stellen auch in den Frühkulturen ein komplexes und in sich sinnvolles System der Erziehung dar. Der Forscher, der es von außen betrachtet, d. h. mit Kriterien rationaler Wissenschaft nach einem System der Zusammenhänge und Anordnungen der Erscheinungen sucht, abstrahiert die implizite erzieherische Praxis, die er beobachtet. Erst diese Abstraktion sei im folgenden als *Pädagogik* angesprochen, nicht die implizite Struktur von Erziehung und Sozialisation, obschon diese Einschränkung lediglich heuristischen Charakter hat, und dies auch nur im Zusammenhang mit unserer besonderen Problematik.

Im Sinne dieser Definition von Pädagogik ist sie für die Dritte Welt ein Importprodukt des Kulturtransfers im Schlepptau der ökonomischen und politischen Veränderungen der Gesellschaftsstrukturen durch Kolonialisierung und Imperialismus. Wie immer brutal, leidvoll und zerstörerisch diese Veränderungen für die Masse der Bevölkerung auch waren und sind, sie haben einen derart tiefen Strukturwandel in Gang gesetzt, daß - ohne wissenschaftliche Reflexion und entsprechende institutionalisierte Planung - Erziehung und Bildung dort ebensowenig ihre gesellschaftliche Funktion der Reproduktion der Arbeitskräfte und ihrer sozialen Kompetenz erfüllen können wie in den Industrieländern.

Doch gerade weil die Pädagogik in der Dritten Welt ihre besondere Aufgabenstellung den gesellschaftlichen Verhältnissen verdankt, die aus der imperialistischen Vergewaltigung früherer, autonomer Kulturen hervorgegangen sind, kann leicht übersehen werden, daß ihre wissenschaftliche Ausgangsbasis auf der kritischen Analyse eben jener Kultur beruht, die auch Kolonialismus und Imperialismus hervorgebracht hat. Um das pädagogische Verhältnis als historisches zu begreifen, und damit auch die pädagogischen Verhältnisse und Verhalten in der Dritten Welt, scheint es unerläßlich, zunächst auf seine universale, gattungsgeschichtliche Basis einzugehen, die in der gesellschaftlichen Ungleichgewichtigkeit der Generationen zu Tage tritt.

a) In allen Kulturen beruhen die Systeme der Sozialisation und Erziehung auf einem fundamentalen Gefälle zwischen ungleichen Potentialen: Auf der einen Seite die übermächtige Potenz der Gesellschaft als strukturiertem und strukturierendem Wirkungszusammenhang zwischen ihren Gliedern; auf der anderen Seite das einzelne Individuum, das nur mit Hilfe der gelernten psychischen Ausstattung sich in diesen gesellschaftlichen Wirkungszusammenhang sich einfügen kann. Je weniger entfaltet die Produktionsweise der Gesellschaft ist, je geringer also die Arbeitsteilung, desto übermächtiger ist die Gesellschaft gegenüber dem Einzelnen. Dementsprechend ist das Erziehungssystem in voragrarischen Frühkulturen auf die größtmögliche Identifizierung des Einzelnen mit den Handlungsmustern des Systems abgestellt und erträgt nur einen äußerst geringen Spielraum individueller Selbständigkeit.

Da aber dort alle Glieder der Gruppe in gleicher Weise der Übermacht der Gruppenstruktur gegenüberstehen, wird das Machtgefälle zwischen Erwachsenen und Kindern nicht auf die induviduelle Autorität bezogen, sondern auf die mythische und tabuisierende Macht des Stammes und seiner Strukturen. Das Verhältnis der Erziehenden zu den Zöglingen ist damit eher das unter Gleichen. Zwar legt das System sehr ungleiche Kompetenzen und Handlungsmuster für die Generationen bzw. die Geschlechter streng fest, aber die höhere Kompetenz oder Macht ist nicht Resultat individuell-konkurierender Fähigkeiten oder Verdienste, sondern wird einer universalen Ordnung von Natur und Menschenwelt zugeschrieben, die weder Verdienst noch Versagen als Ergebnis individueller Bemühungen versteht.

Daraus ergibt sich ein frappierend „nicht-autoritäres" Verhältnis zwischen der erziehenden und der zu erziehenden Generation, unabhängig vom Wert und Erziehungssystem der Gruppe. Dieses Grundmuster der Verarbeitung des Gefälles zwischen den Polen der Gesellschaftlichen Struktur und den Individuen, die in ihrem Rahmen sich verhalten und han-

14

deln, setzt sich weit hinein in die traditionsgeleiteten Hochkulturen fort und bleibt bis heute ein wesentliches Merkmal erzieherischer Interaktion in den sozialen Mikrostrukturen der Dritten Welt, selbst dort, wo die ökonomisch-sozialen Erschütterungen der Subsistenzwirtschaft durch den Imperialismus dieser erzieherischen Brüderlichkeit bereits den gesellschaftlichen Boden entzogen haben.

Auch in diesen Kulturen nämlich, in denen das historisch spezifische Machtgefälle der ökonomischen, politischen und kulturellen Klassen bereits das kollektive und individuelle Schicksal bestimmt, wird diese Klassenstruktur nicht als historisch gewordenes und von menschlicher Interaktion abhängiges System begriffen. So wird beispielsweise das patriarchalische Verhältnis der Geschlechter mit seiner oft grausamen Verfügungsgewalt der Männer über die Frauen von beiden Geschlechtern als unveränderbares Phänomen erfahren, als eine unabwendbare Naturgegebenheit. Damit entbehren Kommunikation und Interaktion zwischen den individuellen Geschlechtsangehörigen der Spannungen zwischen unterschiedlich Mächtigen, wie sie die Frauenemanzipation auf der Grundlage der industriellen Entwicklung in den Industrieländern kennzeichnet. Das Bewußtsein von der systematischen Veränderbarkeit der Verhältnisse und des Verhaltens setzt erst ein - und mit ihm die Entstehung einer kontrafaktischen Pädagogik -, wenn soziale und politische Kräfte mit den Möglichkeiten und Notwendigkeiten einer Neuordnung der mikrostrukturellen Machtgefälle aufkommen, die eine Umstrukturierung des makrogesellschaftlichen Systems erforderlich machen.

So können wir in einer sehr großen Reihe der Gesellschaften der Dritten Welt beobachten, daß der Sozialisationsprozeß, die Zuweisung der Geschlechterrollen, das Verhältnis der Geschwister- und Generationsgruppen zueinander, weitgehend konfliktlos und harmonisch verläuft, trotz oft uralter Klassen- und Herrschaftsstrukturen der vorkolonialen Gesellschaftssysteme. Das Machtgefälle zwischen Gesellschaft und Individuum erweist sich im Bereich der Sozialisierung und Erziehung als derart verwoben mit den familialen Strukturen der Produktion und gesellschaftlichen Interaktion, daß es keiner abgesonderten Instutionalisierung und keines expliziten Rechtssystems zu seiner Absicherung bedarf. So fehlten für die breiten Massen der bäuerlichen Bevölkerung in den Ländern der Dritten Welt bis in die jüngste Vergangenheit hinein die ausgegliederten, institutionalisierten Funktionen des Erziehers und Lehrers als einer besonderen Berufsgruppe mit eignem sozialen Status, eigner Kompetenz und ausgeprägten Rollenerwartungen.

Das besondere Charakteristikum der Länder der Dritten Welt auf dem Gebiet der Erziehung und Bildung besteht nun gerade darin, daß dieses traditionelle Verhältnis der Generationen und ihrer Erziehungsnormen auf Grund exogener Dynamik von einem neuen Typ institutionalisierter Kompetenzbildung überlagert und zersetzt wird. Dieser, den Betroffenen meist unverständlich anmutende Wandel zu einem System ausgegliederter Bildungsinstitutionen geht in ihren Augen einher mit ökonomisch-sozialen Umwälzungen, als deren noch schweigende Opfer sie sich selbst erfahren. Die Beziehungen zwischen den makrogesellschaftlichen Umwälzungen und den mikrosozialen und individuellen Erschütterung der Normen und Wertstrukturen werden von den Betroffenen dabei meist nicht wahrgenommen, so daß das neue Herrschaftssystem der Bildung und Erziehung mit seinen Inhalten und in seiner Organisation genau so fatalistisch erfahren und erduldet wird wie vordem das der „naturwüchsig" familären oder tribalen Sozialisation.

Damit kommen wir zu einer zweiten Polarität, deren Problematik die zentrale Komponente der theoretischen Vorklärung aller Pädagogik insbesondere in der Dritten Welt ausmacht. Da sie nicht wie die oben analysierte universell, sondern gerade systemspezifisch ist, bedarf es zu ihrer kritischen Erfassung einer neuerlichen historischen Herleitung dessen, was gesellschaftliche Interaktionssysteme, insbesondere im Bildungsprozeß kennzeichnet, nämlich der *Herrschaft*.

Die klassischen Hochkulturen des südamerikanischen und euroasiatischen Raums sind durch eine historisch neue Funktionsteilung gekennzeichnet, die sich von der Arbeitsteilung und Tribalstruktur der Frühkulturen dadurch unterscheidet, daß eine herrschende Minderheit die Mehrheit instrumentalisiert. Zur Beherrschung der „Menschen als Werkzeug" muß sie Kompetenzen ausbilden, die sich in der herrschaftlichen Ausdifferenzierung von Religion, Recht, Literatur und Kunst niederschlagen.

Die Ausbildung von Herrschaftssystemen, also von Verfügungsgewalt über diejenigen, die den physischen Prozeß der Produktion bewältigen, bedeutet mithin immer die Entstehung eines Systems der Kultur und Bildung, das die Herrschenden befähigt, diese Verfügungsgewalt produktiv nutzen zu können. Ohne diese Kompetenz degradiert Herrschaft zum gewaltsamen Raub der akkummulierten Produkte und wird in kürzester Zeit hinfällig. So geht auch die Machtergreifung infolge gewaltsamer Unterjochung durch kriegerische Stammesgruppen der Ausbildung von umfassenden, weiträumigen Herrschaftssystemen vorraus, die ihrerseits erst die tiefgreifende Veränderungen der Produktionsweisen und Produktionsverhältnissen bewirken, auf denen die Hochkulturen beruhen. Das für alle geschichtliche Entwicklung fundamentale Verhältnis von Herrschaft nimmt seinen Ursprung in der Ungleichzeitigkeit und Uneinheitlichkeit der Produktivkräfte, der Produktions- und Lebensweisen verhältnismäßig benachbarter Gesellschaften (wie etwa der Berg- und Steppenvölker einerseits, die Jäger sind, für die also Waffen das wesentliche Werkzeug darstellen, und Hochtal-und Deltenbewohner, die vom Sammeln zum Anbau und von der Jagd zur Viehzucht übergehen). Kriegerische Nomaden und friedensbedürftige Seßhafte sind wahrscheinlich die beiden Gruppen, deren Verschmelzung durch Unterwerfung der zweiten unter die erste die Grundlage jener klassengespaltenen Gesellschaften abgibt, in denen die Verfügung über Menschen für die Herrscher zur Grundlage aller Motivation und allen Handelns wurde. Mit dieser Verfügungsgewalt, mit der Technik der Herrschaft erst wird die Periode der Hochkulturen eingeleitet, wird es möglich, Produktionsweisen (Ackerbau, Handwerk, Handel) zu entwickeln, deren Produktion materieller Güter den Bedarf der abhängigen bäuerlichen Produzenten übersteigt und die Bildung von Städten, die Ernährung einer nicht mehr agrarischen Handwerkerschaft, vor allem aber einer herrschenden „leisure class" von Kriegern, Priestern, Handelsunternehmern und Verwaltern ermöglicht. Erst diese institutionalisierte Verfügungsgewalt einer Gruppe über die Masse der Produzenten läßt das fundamentale Problem aufkommen, das Theorie- und Praxisentwicklung der Pädagogik seit ihren ersten Manifestationen in den Schriftdenkmälern der antiken Hochkulturen anhaftet.

Diese herrschende Gruppe ist nämlich zunächst *allein* fähig, Inhalt und Form der zu vermittelnden Vorstellungen, Werte, Normen, Erkenntnisse und technischen Praktiken begrifflich so zu strukturieren, daß sie zu Inhalten des spezifischen Autoritätsverhältnisses von Educator und Educandus werden. Erst die ideologische Kompetenz, die im Schoße einer herrschenden Klasse oder Gruppe ausgearbeitet wird, hebt der Autorität des Erziehers von jenen Erscheinungsformen der Autorität ab, die in aller Sozialisation sonst wirksam sind; der der Gruppenerwartung und Gruppennorm einerseits, der des persönlichen Charismas, des „pädagogischen Eros" auf der anderen Seite.

Erst die Etablierung einer herrschenden Klasse, die für die Planung des gesellschaftlichen Geschehens Macht und Kompetenz vereint, macht die Ausdifferenzierung einer pädagigischen Sachautorität und eines pädagogischen Berufes notwendig, der die Adressaten, zunächst Söhne der herrschenden Klasse selbst, inhaltlich und methodisch auf die Erfüllung dieser Aufgaben vorzubereiten im Stande ist. Selbstverständlich erfolgt diese theoretische Leistung im Interesse der Aufrechterhaltung der Privilegien, die die Herrschaft materiell und sozialpsychologisch garantieren soll. Die Pädagogik der Herrschaft ist damit auch immer ein Instrument ihrer Verfestigung und der Unterdrückung der „Knechte". Ob Hammurabi oder Ramses II., ob die Theokraten Israels oder die Priesterkaste des Sanskrit ein zusammenhängendes Bild von den Verhältnissen in der Natur- und Menschenwelt entwerfen, sie tun es nicht nur als die materiell privilegierten Herren ihrer jeweiligen Gesellschaft, sondern auch als die kompetente Elite, die die Sozialtechniken beherrscht (z. B. die Schrift), um das herrschende System der Werte und Normen, des Rechts und der Rechtsprechung, der Vermittlung mit den schicksalentscheidenden Gottheiten zu formulieren. Sie besitzen die Autorität der Wissenden, die ihr Wissen als *Herrschaftswissen* den ihnen ausgelieferten „Unwissenden", also zunächst den Kindern der eigenen Klasse, zu übermitteln haben. Aber nicht nur ihnen! Wissen und Können (etwa in der Form der herrschaftlichen religiösen Riten oder der Rechtsprechung oder der wirtschaftlich-sozialen Organisation) sind direkte Machtmittel gegenüber den beherrschten Bauern, Handwerkern, Sklaven, weil sie deren tägliche Bedürfnisse und die Verfahren zu ihrer Befriedigung allein explizit interpretieren und ausrichten.

Die „Beherrschung" der Produktion von Ideen ermöglicht, den Beherrschten manipulativ vorzuschreiben, was für sie selbst gut oder böse, heil- oder unheilbringend ist, ob bei der Arbeit oder im Verhältnis von Mann und Frau, Kind und Erwachsenem, Produzenten und Händler, usw. usw. So verquicken sich Herrschaft im materiell-gesellschaftlichen Bereich und geistige Elite im kulturellen.

Die Entfaltung der „Produktivkraft Mensch", die Entwicklung der schöpferischen Fähigkeiten einer ganzen Gesellschaft, lag bislang in der Geschichte nicht bei der Masse der beherrschten Produzenten, sondern bei der kleinen Minderheit, die mit der Macht durch die herrschaftlichen Institutionen auch die zeitliche und materielle Möglichkeit besaß, das akkumulierte kulturelle Kapital mehr oder weniger schöpferisch zu nutzen. Voraussetzung solcher Nutzung war aber die Aneignung von historisch akkumuliertem Wissen und Können bzw. die Kunst oder Wissenschaft seiner Übertragung. Der Prozeß dieser Aneignung ist das *Lernen*, der der Übertragung das *Lehren*, wobei unerheblich ist - im Zusammenhang dieser historischen Übersicht mindestens -, ob die Inhalte, die hier für Wissen und Können stehen, techischer oder ideologischer Natur sind, ob es sich um mystische Weisheiten oder algebraische Regeln, um die Thora oder den Code des Justinian handelt, um die Medizin der Magier oder die der klinisch-experimentellen Wissenschaft.

So entwickelte sich Pädagogik zunächst als das herrschaftliche Bedenken dieser Vermittlung, als Bedenken darüber, wie die Adressaten zu befähigen seien, die Gegenstände pädagogischer Vermittlung im Sinn und im Geist der Vermittler zu nutzen. Dieses Bedenken erfolgte immer bei den Lehrenden, also denen, die selbst Macht und Wissen besaßen. Sie interpretierten die Lernfähigkeit und die Bedürfnisse der Adressaten mit eben der Macht und Autorität, die die Verfügung über das bislang historisch akkumulierte Kapital an Denken und Wissen verlieh. Das gilt auch für die moderne anti-autoritäre und anti-imperialistische Pädagogik, die die Bedürfnisse der Adressaten sowie der Inhalte und Formen der Erziehung auf der Basis von akkumulierten Erkenntnissen der Philosophie, Psychologie, Soziologie und Pädagogik interpretiert, die gerade in ihrem radikalen Widerspruch zu herschenden Ideologie die Gemeinsamkeit des historisch-kulturellen Nährbodens manifestiert, auf dem sich die herrschenden und die anfechtenden Ideen historisch in Europa und Nordamerika erhoben haben. *Es bleiben immer die Erziehenden, die definieren, was den Zu-Erziehenden frommt*, ob im Sinne der herrschenden Ideen oder als ihre Antagonisten. Das Gefälle zwischen Educator und Educandus wird nicht aufgehoben, sondern vertieft sich materiell und psychisch, je ausdifferenzierter und damit auch widerspruchsvoller die gesellschaftliche Produktion der materiellen und geistigen Kultur wird. Der Beruf des Erziehers - und das ist gerade in den Ländern der Dritten Welt deutlich - hebt sich unwiderruflich ab von der Handarbeit, von den Berufen materieller Produktion, Dienstleistung und Verwaltung, zu denen er qualifiziert. Diese Ausgliederung erfolgt unabhängig davon, ob der Educator sich als Anwalt der herrschenden Kultur oder als den des Wandels der wirtschaftlichen und politischen Herrschaft im Interesse der arbeitenden Massen versteht.

Diese globale historische Herleitung schließt die Entstehung einer herrschaftskritischen, sog. emanzipatorischen oder revolutionären Pädagogik nicht nur nicht aus, sondern im Gegenteil vermag erst ihre Bedeutung und ihre Grenzen zu definieren, d. h. über die Illusionen, in denen diese befangen sind, hinauszuweisen.

Die Bedeutung und Begrenztheit solch herrschaftskritischer Pädagogik gerade in der Dritten Welt sei am historischen Beispiel des Sokrates exemplifiziert. Sokrates, als Prototyp der antik-herrschaftlichen Pädagogik, formulierte als erster das bis heute wirksame *Hebammenprinzip*. Dieses pädagogische Interaktionsmodell ist im Zusammenhang unserer Überlegungen zur Pädagogik in der Dritten Welt so gewichtig, daß zu seiner historischen Grundlage und seiner damit gegebenen Begrenzung einiges gesagt werden muß, wenn wir Paolo Freire oder Nyerere, Che Guevara oder Mao in ihrem Ansatz verstehen wollen.

Bei einer solchen Interpretation kann es selbstverständlich nicht darum gehen, das Phänomen des pädagogisch oder philosophisch kreativen Denkens (wie des kreativen Denkens überhaupt) psychologisch abzuhandeln, sondern lediglich darum, die historischen Bedingungen zu erhellen, die ihm seine spezifische Ausrichtung gaben und heute geben, nicht also Sokrates (oder Paolo Freire oder Che Guevara) als denkende und handelnde Personen zu erklären, sondern nur die gesellschaftlichen Voraussetzungen und die kulturellen Folgen ihres Bildungskonzeptes zu verdeutlichen.

Historisch setzt das Phänomen Sokrates bzw. seine historische Wiederholung und die Grundidee der Hebammenfunktion mindestens zweierlei voraus:
- Eine tiefe Wandlungskrise der Gesellschaft
- Die Möglichkeit der Interpretation dieser Krise auf Grund der bis dato akkumulierten Ideen und kollektiven wie individuellen Praktiken.

Die Krise der athenischen Gesellschaft ist durch Aufstieg, Entfaltung und die politisch-sozialen Auseinandersetzungen der perikleischen Demokratie umschrieben, durch den ökonomisch-politischen Machtanspruch des attischen Seebundes und seines Niedergangs im peloponnesischen Krieg, mit dem entsprechenden kulturellen Anspruch auf universelle Geltung der athenischen Kultur in ihren religiös-rechtlichen, wissenschaftlichen und philosophischen Ausformungen. Damit ist die Herrschaft und sind die herrschenden Klassen selbst kontradiktatorisch, und diese Widersprüchlichkeit ist der Grund ihrer Entfaltung und ihrer Krise zugleich. Wir dürfen nämlich nicht vergessen, daß die athenische Gesellschaft als ganze – vom Grundeigentümer über den Kaufmann bis zum Matrosen – von der Arbeit und dem Wertprodukt der 80 % Sklaven und Metöken in Athen selbst und der

Herrschaft und materiellen Ausbeute des gewaltigen attischen Seebundes lebt. Die Teilnahme des Bauern-Bürgers an den Angelegenheiten der Herrschaft, die Demokratie also, setzt noch die Herrschaft aller athener Bürger über die ungeheure Mehrheit der arbeitenden Bevölkerung vorraus!

Geistig drückt sich der Umbruch im zeitgenössischen Weltbild von den Sophisten und Philosophen Anaxagoras und Protagoras bis hin zu den dichterischen Interpretationen der individuellen und gesellschaftlichen Existenz vom traditionsverhafteten Äschylos über Sophokles bis zum traditionskritischen Euripides aus.

Der gesellschaftliche Wandel beginnt mit der Ablösung der Herrschaft der agrarisch zentrierten Aristokratie seit Solon durch die gesellschaftliche und geistige Entfaltung des seefahrenden, gewerbe- und handeltreibenden reichen Bürgertums einerseits, das zunächst die Polis verwaltet, und den plebeischen Schichten der Schiffbauer, Matrosen, Bauleute und Handwerker, die an dieser Verwaltung zunehmend Anteil nehmen. Diese gesellschaftliche und geistige Entfaltung ist mit Notwendigkeit in sich kontradiktorisch. Denn wenn Rechtsprechung, außenpolitische Entscheidungen, religiöse Angelegenheiten (wie die großen Feste, militärisch-ökonomische Politik) von den Bürgern demokratisch geregelt werden sollen, (und sie wurden es unter Perikles), so setzt das voraus, daß jede der sozialen Klassen ihr eigenes unmittelbares Interesse zu vertreten in der Lage ist, gleichzeitig aber auch das umfassendere der Polis als der allgemeinen gesellschaftlichen Voraussetzung der spezifischen Existenz der jeweiligen Klassen und ihrer partikularen Interessen. *Herrschaft ist hier als permanente Auseinandersetzung konkurrierender Mächte konzipiert, und somit als rationaler (und nicht mehr unbefragt tradierter) Anspruch.* Die Auseinandersetzung der Klassen muß mithin im Raum der Abstraktion erfolgen, d. h. der Rede, des Disputes, der Argumentation, bevor sie in den Bereich der materiellen Wirklichkeit hineinwirkt (x).

Das setzt *Bildung* voraus. Sophisten lehren den Kaufmann argumentieren, Dichter den Matrosen das religiös-ethische und moralische Weltbild der Mythologie sich anzueignen als gesellschaftlich relevante Interpretation des Verhaltens und der Verhältnisse.

Erziehung und Bildung dieser Bürger muß erreichen, daß alle tradierten Kenntnisse und Werte vom Individuum selbständig und gesellschaftlich kreativ genutzt werden können, d. h. gleichzeitig traditionsbewußt und traditionskritisch. *Von den traditionellen Gremien der materiellen und kulturellen Herrschaft wird die Handlungsfähigkeit in die Urteilskraft des zum*

---

x) Popper hat mit Recht darauf hingewiesen, daß die rationale Auseinandersetzung, also die Konfrontation im Raum der Interpretation von Wirklichkeit, die Erarbeitung von Projekten und Hypothesen, eine immense gesellschaftliche Einsparung von Energie und materiellen Einsatz darstellt.

Bürger avancierten Individuums verlagert. Die Parallelität zu fundamentalen Erscheinungen der jüngsten Geschichte der Dritten Welt drängt sich auf, obschon diese sich auf so gänzlich anderen Grundlagen entwickelt. Die Andersartigkeit der vergleichbaren pädagogischen Problematik der 3. Welt ist fundamental dadurch gekennzeichnet, daß die Krise des gesellschaftlichen Wandels nicht endogen, also aus der eigenen Geschichte und Kultur, sondern aus exogener, kolonialistischer und imperialistischer Durchdringung und Herrschaft hervorgeht.

Auch in den Ländern der 3. Welt nimmt - wie in Athen - die städtische Bevölkerung, vom elenden Gelegenheitsarbeiter bis zum Angestellten eines nationalen oder multinationalen Betriebes, an einer krisenhaften, ökonomisch-sozialen Umwälzung unmittelbar, wenn auch nur leidend, Anteil, während die überwältigende Mehrheit der agrarischen Bevölkerung in zunehmender materieller und psychischer Verelendung an den Rand der Gesellschaft gedrängt wird.

Mit dem Ende des Kolonialismus und der Ausdifferenzierung von nationalen Herrschaftsgruppen und deren Einbeziehung in internationale Herrschaftsbeziehungen wird die Konfrontation von tradierter und moderner Kultur, in ihren materiell-ökonomischen wie im kommunikativ-geistigen Bereich, zum Kennzeichen der gesellschaftlichen Entwicklung, deren Zentrum die Stadt ist. Diese Konfrontation auf allen Ebenen der Produktion, der Konsumausrichtung, der Verfügung über Kapital, Arbeitskräfte und *Technologie bedarf der differenzierten* Bildung städtischer Eliten, aber auch elementarer Alphabetisierung der Massen. Die Investition in die elementare oder entfaltete Kompetenz der potentiellen Arbeitskraft wird zur Voraussetzung der Ausbildung einer technologischen Infrastruktur, die ihrerseits Kapitalnutzung erfordert und ermöglicht. Die Handlungsfähigkeit, die materielle Produktivkraft der arbeitenden Bevölkerung ist für die Privilegien der herrschenden Gruppen selbst dann noch unerläßlich, wenn sie - durch die sich parallel entwickelnde soziale und politische Kompetenz der Abhängigen - die Verfügungsgewalt der privilegierten Klassen aufs äußerste gefährdet. So entwickelt sich gleichzeitig eine explosive, fortschrittliche und eine regressive, autoritäre Pädagogik und ein entsprechendes Bildungssystem mit einerseits „Hebammen"-tendenzen (funktionale Alphabetisierung) und andrerseits autoritär-mechanistischer Vermittlung von importierten Techniken und ausgehöhlten Bruchstücken aus dem tradierten, eigenen Kulturgut. Für die Masse der noch in agrarischer oder nomadisierender Subsistenzwirtschaft beschränkten Bauern werden Inhalt und Form dieser Bildungsbewegung nur insofern relevant, als ihre Produktion progressiv in den Markt einbezogen und ihre traditionelle, gesellschaftliche Existenz damit zerstört wird.

So wurde damals in Athen und wird heute in der Dritten Welt von den „sokratischen" Interpreten des Wandels jene in der urbanen Gesellschaft erforderliche Kompetenz zu urteilen und mitzubestimmen zum „wahren Wesen" des Menschen, zu seiner eigentlichen „Natur" erhoben. Der sokratische Daimon, bzw. die ethisch-moralische „Natur" des Bürgers, als gebildet-handelndem Individuum, der sich über die geistig blind vegetierende Masse der „Knechte" erhebt, kann und muß durch Bildung erweckt und entwickelt werden, denn weder Tradition noch physische Herrschaftsgewalt genügen, um handeln zu können. Erst auf Wissen begründete Urteilsfähigkeit befähigt zur Verfügung über die komplexe Wirtschaftsgesellschaft. Sie zu bilden ist die Aufgabe des Pädagogen. Dabei leistet er nur Hebammendienste, denn die gesellschaftliche - wie die individuelle Zukunft liegen schon in der gegenwärtigen sozialen Existenz beschlossen, gehören gleichsam zur Natur der Gesellschaft und offenbaren sich im Dialog von Educator und Educandus. Die Gebildeten, sofern Bildung die Fähigkeit zur Erkenntnis der „wahren" Bestimmung der Gesellschaft und des Individuums bedeutet, sollen zu den Trägern politischer Macht werden. Denn im entfalteten Denken und Können der zu erziehenden Bürger liegt schon die entfaltete Zukunft der Polis beschlossen, Pädagogik ist dann die Kunst der sokratischen Methode, die bereits im Bürger verborgene, in seinem bürgerlichen Menschsein angelegte Fähigkeit zum wahren Denken, Fühlen und Handeln herauszulocken. Bilden heißt also nicht übermitteln, was kulturell akkumuliert ist, sondern vermitteln, wie der junge Mensch das Erbe der Vergangenheit im Anblick der Gegenwart sich selbst erwerben soll.

Auch in der Pädagogik in der Dritten Welt ist diese Grundidee das Leitmotiv aller Erzieher, die sich als kritische, aktive, verantwortungsbewußte Mitgestalter der Gesellschaft und ihrer Menschen verstehen. Es gibt keinen internationalen oder nationalen Kongreß, kein offizielles oder kritisches Dokument, das nicht in seinem programmatisch-bildungspolitischen Teil die „natürliche" Bestimmung des Volkes als Ganzem - und seiner individuellen Glieder - zur Entfaltung seiner guten, ethischen, auf das Gemeinwohl gerichteten göttlichen oder historischen Anlage unterstreicht und in der Durchführung dennoch immer wieder darauf hinausläuft, Erziehung und Bildung von den herrschenden Bedürfnissen, Interessen und Ideen für die „Noch-Unmündigen" manipulativ zu planen.

Sokrates weist in voller Überzeugung die Anklage seiner Richter, d. h. seiner Mitbürger zurück, er habe die Jugend verführt, da er ja keine der in Athen geltenden Werte im Dialog mit den Jugendlichen niederzureißen und damit auch keine „verführerische", staatsfeindliche Lehre zu vermitteln suchte. Aber gerade darin lag seine Gefahr - und liegt sie bei aller kritischen Pädagogik heute, insbesondere in der Dritten Welt -: er suchte den Bürger- zum institutionsunabhängigen Handeln zu befähigen, in der tiefen Überzeugung, daß er damit auch der Polis selbst, dem Staatswesen der so organisierten Gesellschaft diene.

Im Zusammenhang mit unserer Thematik ergeben sich daraus thesenhaft die folgenden kritischen Fragen:

– Ist die sokratische These von der im Adressaten „natürlich" schlummernden Wahrheit, die nur erweckt werden müsse, richtig, insbesondere unter Ansehung der zur „Kultur des Schweigens" (P. Freire) verur-

22

teilten Massen der Unterdrückten in der 3. Welt?

– Ist also unter den konkreten Verhältnissen dort und hier die sokratische Dialog-Pädagogik unverzerrter Kommunikation zwischen Erziehern und Zu-Erziehenden, das Bewußtmachen der nur noch nicht artikulierten, aber grundsätzlich „wahren" Interessen der Unterdrückten der eigentliche Gegenstand befreiender Pädagogik?

– Muß dieses pädagogische Verhältnis, um eben Hebammendienste der „Bewußtwerdung" zu leisten, soweit als möglich aus der herrschaftsabhängigen, institutionalisierten und damit autoritären Schule herausgehalten und direkt mit der individuell erlebten, elenden Wirklichkeit der Adressaten kurzgeschlossen werden?

Die Beantwortung dieser drei Fragen führt mitten in die aktuellen Auseinandersetzungen über Sinn und Ausrichtung von Erziehung und Bildung in der Dritten Welt hinein.

Zur ersten Frage:

Die erste der gestellten Fragen, so philosophisch-abstrakt sie erscheinen mag, impliziert unmittelbar politische Entscheidungen, so wie sie es bereits im Prozeß des Sokrates offenbart hat. Die Grundthese nämlich, daß in den Kindern, den Jugendlichen, den noch nicht von der Herrschaftsstruktur Verformten der Drang zum Wahren, Guten und Schönen ruhe, zur göttlichen Bestimmung des Individuums, zu einer gerechten und harmonischen Gesellschaft, begleitet die herrschaftsanfechtende Pädagogik von Sokrates über Jesus („Werdet wie die Kinder, denn ihnen steht das Himmelreich offen"), Rousseau, Rosa Luxemburg bis zu Freire und Illich.

Der gute Mensch, der „neue Mensch", die richtige Gesellschaftsordnung ist dort, im Keime schon immer vorhanden, nicht das „Ensemble gesellschaftlicher Verhältnisse" (Marx), sondern menschliche Natur und Bestimmung. Sie ist es durch metaphysische Bestimmung bei den einen, durch immanent und materiell historisch bestimmten Gang der Geschichte als Entfaltung des Humanen bei den anderen. Die dem Individuum innewohnenden Anlagen zum guten Individuum und Bürger bedürfen nur der Entfaltung, der Geburtshilfe, des Schutzes vor der herrschaftlichen, manipulativen, eindimensionalen Verzerrung, Verfälschung und Vernichtung durch das materielle und kulturelle Establishment. Ganz eigentlich liegt die individuelle und kollektive Wahrheit dann immer beim Schwachen, Unterdrückten, beim Leidenden, bei den Massen, denen die etablierten Herren den direkten Zugang zur Gottheit, zur immanenten Humanität aus wie immer interpretierten „teuflischen" Interesse versperren. Herrschaft ist von „Natur" böse, so wie der Unterdrückte von „Natur" aus gut und nur durch die Geschichte „böse" geworden ist. Die Unterdrückung selbst erzeugt den Drang nach der kollektiven und individuellen „Erlösung", nach Gott, nach

23

der befreienden und gerechten Tat, nach Wissen und Weisheit, die dem „Herrschaftswissen" entgegenstehen. Das Leid als Motor (oder wie Marx sagt: „Die Geschichte schreitet immer durch ihre negative Seite fort"), und somit auch als erkenntnisförderndes Element, erhält durch dieses Konzept einen metaphysisch veredelnden, rechtstiftenden Charakter.

Unverkennbar liegt in dieser Sicht von Menschentum, und damit von der Pädagogik, ein gewaltiger, Individuen und Gesellschaft umwälzender Kern historisch und aktuell faktisch nachweisbarer Wahrheit. So ist nachweisbar, daß alle Herrschaft, also auch die institutionalisiert-pädagogische, die Herrschenden dazu führt, die Abhängigen vor allem nach ihrem „Nutzen für das Ganze" einzuschätzen und zu behandeln, wobei dieses Ganze materiell und kulturell von der Interessenlage der Herrschaft aus gesehen wird. Sind diese Interessen auch weitgehend ökonomisch und materiell, so sind sie doch auch mit Notwendigkeit auf die ganze Gesellschaft und ihre Entwicklung bezogen als dem eigentlichen Objekt des herrschenden Klassensubjekts. Sie sind geboren aus der historisch beschränkten Klassenlage heraus, aber sie umfassen im Selbstverständnis immer die ganze Gesellschaft des jeweiligen Herrschaftsbereichs. Religion, Ethik, Moral, Rechtswesen und dementsprechend Pädagogik sind zwar Ausfluß der Klassenlage der Herrschenden über eine Gesellschaft mit historisch beschränkter Produktionsweise, in der die einen die Werte produzieren, über die die anderen verfügen, aber sie sind weit mehr als nur der Spiegel dieser Verhältnisse, weil mehr sind als nur „ideologische Verbrämung zur Aufrechterhaltung von Privilegien". In den Köpfen der antiken „leisure class", der modernen Bourgeoisie und des gegenwärtigen ökonomisch-politischen Managements in Ost und West spielt sich weit mehr ab als nur die ideologische Verteidigung etablierter Klasseninteressen, Gedanke und Entwurf, ob ökonomisch-sozial-politisch oder wissenschaftlich-technologisch und philosophisch, stellen den mächtigsten Faktor gesellschaftlicher und individueller Geschichte dar, auch – und gerade weil die existentiellen Interessen im Kopf bewegt und gestaltet werden, bevor sie zum Plan des Handelns derjenigen werden, die über die Macht zum Handeln durch entsprechende Kompetenz verfügen. So ist auch die „Interessenlage" der Herrschenden nie objektiv und völlig abgehoben oder ausschließlich im Widerspruch zu der der Abhängigen auszumachen, weder von den Herrschenden selbst, noch von denen, die ihnen die Verfügungsgewalt über die Arbeitskraft, das Verhalten und das Leben der Abhängigen streitig machen. Objektiv ausmachbar ist zunächst nur das ungeheure und stetig wachsende Gefälle von Handlungskompetenz zwischen Herrschenden und Abhängigen, von Planungskompetenz über Ziele und Möglichkeiten der gesellschaftlichen Entwicklung.

Diese Entwicklung selbst zu bestimmen und über ihre ökonomische und politische Grundlage zu verfügen, d. h. über die Produktionsmittel und die arbeitenden Menschen, ist das alle anderen Privilegien übergreifende Interesse der Herrschenden, bzw. aller an der Herrschaft Beteiligten. Natur und Menschen als Objekte behandeln bzw. „bilden" zu können, ist ein so mächtiger individueller und kollektiver Antrieb für die, die über diese Macht durch die historisch-gesellschaftliche Entwicklung verfügen, daß selbst die engeren ökonomischen Interessen, die soziale Selbstsucht weit dahinter zurückstehen. Der gewaltigen Befriedigung, Macht über Abhängige auszuüben, selbst als Subjekt mit ihnen wie mit einem technischen Instrument umgehen zu können, die Gesellschaft als bearbeitbare, gestaltbare Natur zu behandeln, stellt fast alle materiellen Vorteile, die mit Macht und Herrschaft verbunden sind, in den Schatten. Die Askese der Herrscher, puritanische Verdrängung materieller Befriedigung seitens einer ganzen Klasse sind direkter Ausfluß dieses fundamentalen Interesses an der Macht über Menschen als Macht der Gestaltung vorfindlicher Bedingungen.

Gerade diese Motivationslage der Herrschenden - und nicht nur ihr ökonomisch-soziales Interesse an der materiellen Ausbeutung der Arbeitskraft allein - machen ihren pädagogischen Anspruch so wirkungsvoll, aber auch so verdächtig. „Die herrschenden Ideen", die „die Ideen der herrschenden Klasse" sind (Marx), beinhalten den Widerspruch von partieller, klassenbeschränkter Erfassung der Wirklichkeit im Interesse der herrschenden Minderheit einerseits und andererseits von Erkenntnissen und Wertvorstellungen, die auch für die Abhängigen gültig sind, die die abhängigen, arbeitenden Massen mangels Kompetenz aber nicht selbständig - und in ihrem Interesse weiterentwickeln können.

So ist alle Wissenschaft und Technologie der Kolonialisten und Imperialisten gleichzeitig partikulares und an den Interessen der Herrschenden ausgerichtetes Instrumentarium der Unterdrückung und universal umwälzendes Werkzeug der Entwicklung und Entfaltung der Völker der Dritten Welt.

Die Macht der Kompetenz ist eine herrschaftliche Macht *über* Menschen, aber auch *für* sie. Dann nämlich, wenn ihr partielles Ziel pädagogisch darauf abzielt, die Kompetenz zur Arbeits- und Lebensplanung der Abhängigen zu entfalten. Pädagogik beinhaltet mithin Verfügungsgewalt über Menschen auf Grund von Kompetenz, um Ziel und Weg der individuellen und kollektiven Entwicklung interpretieren und übermitteln zu können. Die Adressaten sind die Objekte der erzieherischen Macht. Und das bleiben sie auch, wenn sie deren Ziele und Absichten verinnerlichen, wenn also schließlich, ohne den Druck pädagogischer Sanktionen, das von der Herrschaft definierte Ziel und die zu seiner Erlangung notwendigen Fähigkeiten von ihnen „aus eigenem Antrieb"verfolgt werden. Herrschaftliche Erziehung kann somit erst als gelungen angesehen werden, wenn ihre Adressaten sich mit den herrschenden Erkenntnissen, mit den „herrschenden Ideen" identifizieren und aus dieser Sicht die Welt und die eigene Existenz anschauen, wenn sie ihre eigene soziale und individuelle Lage mit den Augen der Klasse und der Erzieher betrachten, die Gewalt über sie haben.

Genau diese Zielsetzung charakterisiert das Bildungsdenken, das in die Dritte Welt importiert wird. So orientiert sich Bildungsplanung dort an den Erfordernissen und Erwartungen der Industriekulturen von West und Ost. Eine dünne Schicht einheimischer Lehrer, die selbst diese Ideen verinnerlicht haben, die auch zunächst der privilegierten Ober- und Mittelschicht entstammen, definiert die Lernziele und organisiert die Lernprozesse so, daß sich die Massen so weit als möglich die Bedürfnisse, Erwartungen und Einstellungen zu eigen machen, die dem Produktions- und Konsumverhalten, den Statusvorstellungen und Loyalitäts- und Rechtsbegriffen der Industriekulturen entstammen. Diese Bildungsplaner messen ihren Erfolg mithin nicht an den effektiven ökonomischen, sozialen und politischen Möglichkeiten und Bedürfnissen der abhängigen, überwiegend argrarischen Massen, sondern an deren Nützlichkeit für einen gesellschaftlichen Entwicklungsprozeß, der den Interessen und Privilegien der alten und der neuen Machthaber dient. Aber eben diese Interessen - in diesem Fall der privat-bzw. staatskapitalistischen herrschenden Klassen der Industrieländer - beinhalten auch die objektive Entfaltung der Produktivkraft des „human factor". Die Entwicklung von Technologie und industrieller Produktion, die rationelle Nutzung der natürlichen Ressourcen und damit Revolutionierung der Produktionsweisen, also auch der Produktionsverhältnisse, zerstören und vergewaltigen die traditionellen Lebensbedingungen, die Kommunikations- und Interaktionsmuster jahrtausendealter Kulturen, aber sie repräsentieren auch die gewaltigen Möglichkeiten einer humaneren Zukunft.

Daraus ist zu erklären, daß die pädagogischen Ideen in der Dritten Welt diesen Antagonismus in sich tragen. Das oben genannte Ziel der Bildungsplaner, die Kultur Europas und Nordamerikas von außen nach innen, von oben nach unten zu transferieren, die betroffenen Massen als Objekte ihrer Pädagogik zu behandeln, trifft auf die Gegnerschaft der sokratischen Pädagogen, die die Unterdrückten zur Selbstbewegung erziehen wollen.

Freire wie Illich zeigen auf, wie dieser Transfer wirkt, wie er Elend, Abhängigkeit, irrationale Vergeudung und Zerstörung natürlicher und menschlicher Ressourcen zur Folge hat, wie Erziehung und Bildung nach dem Muster der Industrienationen zum Hemmschuh der materiellen Entwicklung der Drittweltländer wird.

Aber so überzeugend die Analyse dieser Kultur der Herrschaft und der „Kultur des Schweigens" auch ist, sie krankt an der Beschränktheit, nicht die Dialektik von Entwicklung und Unterdrückung, nicht die Widersprüche von Zerstörung der ökonomisch-sozialen und kuturellen Lebensgrundlage einerseits und der Entfaltung gewaltiger, produktiver und humanerer Produktionsweisen und Produktionsverhältnisse andererseits erfassen zu können. Ähnlich wie die anarchistischen Denker des XIX. Jahrhunderts, wie die antiautoritäre Jugendbewegung damals und heute *verabsolutieren sie den Widerspruch von Herr und Knecht zum Grundwiderspruch und nehmen nicht wahr, daß dieser Antagonismus auf der Grundlage einer universalen Revolution der Produktionsweisen, der Produktionsverhältnisse und damit der tiefgreifenden Umstrukturierung der Klassen und Gruppen erfolgt,* daß also der Charakter der herrschenden wie der abhängigen Klassen und ihr Verhältnis zueinander sich dauernd und schnell verändern. Pädagogisch heißt das: sie vertrauen auf den fortschrittlichen Charakter bestehender Bedürfnisse und

Erwartungen bei den verelendenden Massen und mißtrauen der Technologie der Herrschaftswissenschaften, die in die geplante Bildung einfließen soll. Diese idealistische Beschränktheit hindert in keiner Weise - ganz im Gegenteil fördert in ihrem emanzipatorischen Pathos - die rationale Erkenntnis und Analyse der fundamentalen Fakten neo-imperialistischer Herrschaft und der Funktion ihrer formalen Bildungssysteme. Die Marginalisierung der Länder der Dritten Welt, die der Neo-Imperialismus ökonomisch und kulturell bewirkt, wird z. B. von Freire mit brillanter Schärfe analysiert. Diese Kritik deckt sich weitgehend mit der Analyse der metropolen kapitalistischen Wirtschaft und Kultur bei Marcuse und Fromm bzw. mit der, die die anti-autoritäre Studentenbewegung der 60er Jahre an der Kultur des Establishment geübt hat.

Mit anderen Worten: „die Kultur des Schweigens", als Folge des imperialistischen Kulturtransfers wird von Freire sehr wohl herausgearbeitet und mit Recht wird die Notwendigkeit demonstriert, von den Bedürfnissen eben dieser zum Schweigen verurteilten Massen auszugehen, um die Verinnerlichung der Unterdrückerideologie im eigenen Bewußtsein zu überwinden.

Aber im Grunde nicht analysiert und idealistisch verfärbt bleibt die Struktur der fundamentalen Gesetzmäßigkeiten eben jener ökonomisch-sozialen Marginalisierung die Teil der wissenschaftlich-technischen, sozialen und politischen Umwälzung ist, die die Voraussetzungen für ihre Überwindung schafft. Wenn auch ohne Bewußtwerdung des eigenen Leids und der Zerstörung der kollektiven und personalen Identität durch die Kultur der industriellen Güter- und Dienstleistungsgesellschaft keine Überwindung ihrer zerstörenden Dynamik in Gang gesetzt werden kann, so auch sicher nicht, ohne daß das Bewußtsein der Unterdrückten all die materiellen und ideellen Kompetenzen sich aneignet, die die wissenschaftlich-technische Revolution in den Industrienationen entwickelt hat. *Eine Pädagogik, die diese Einsicht in ihre Dialektik und Methodik nicht einbezieht, muß schließlich in ihrer emanzipatorischen Wirkung so verpuffen wie alle anarchistische Ideologie.*

Diese gedanklich-pädagogische Beschränktheit rührt letztlich von dem gleichen Bedürfnis nach Macht her, von dem auch die herrschaftliche Erziehung gespeist ist. Der Pädagoge als Anwalt der Unterdrückten denkt, spricht, handelt für sie und, wo irgend möglich, „in ihrem Auftrag", auch wenn er vermeint, nur „Hebammendienste" an ihrer Bewußtwerdung zu leisten. Er ist bemüht, sie gegenüber der Herrschaft mündig zu machen. Aber er spielt mit Notwendigkeit die Rolle des Bewußtseinsbildners, des „Maitre à penser", so daß eben die Vorstellungen von Freiheit, Gerechtigkeit, Selbständigkeit, von Kommunikations- und Handlungskompetenzen, die ihm selbst als allgemeingültige wissenschaftliche oder philosophische Wahrheiten erscheinen, zum Inhalt des Bewußtseins und damit der Wertskala der Adressaten werden. Er hat die Macht in gewissem Sinne, „Menschen nach seinem Ebenbilde" zu formen, in der metaphysischen Gewißheit, daß dieses Bild der „eigentlichen" Bestimmung des Menschen schlechthin entspricht.

So fühlt er sich in ganz besonderer Weise mächtig. Nicht als Beauftragter einer herrschenden Klasse, denn er wagt ihr entgegenzutreten, sondern als Anwalt Gottes selbst, oder – was das Gleiche ist – des Demiurgen Geschichte, die „der Arbeiterklasse" oder „den unterdrückten Kolonialvölkern im Bündnis mit der Arbeiterklasse" die Aufgabe erteilt hat, „den neuen Himmel und die neue Erde", den neuen Menschen in der gerechten Gesellschaft revolutionär zu verwirklichen. Als Erzieher und Anwalt der Unterdrückten ist er Prophet, Interpret der Zukunft, Interpret der Bewegung, die in diese Zukunft führt.

Die kapitalistisch-industrielle Revolution hat unter anderem bewirkt, daß die Legitimation der herrschaftlichen wie der humanistischen Pädagogik sich nicht mehr aus Glaubenssätzen allein herleiten kann, sondern eine nicht nur zweckrationale, sondern schlechthin vernünftig erscheinende Herleitung ihrer Ansprüche und ihrer Praxis liefern muß, um die Adressaten zum Lernprozeß ihrer Aneignung zu motivieren. Denn die industrielle Revolution und das bürgerliche Gesellschaftsgefüge machen es erforderlich, daß die Masse der Produzenten, wenn auch in klassenspezifisch unterschiedlicher Weise, die Einstellungen, Kenntnisse und Perspektiven der herrschenden Klasse, bzw. der zur Herrschaft drängenden „Anwälte der Unterdrückten" sich zu eigen macht. Was gestern für die notwendige Ausbildung und Bildung der arbeitenden Bevölkerung in Europa galt, gilt heute für die der Dritten Welt. Und die Illusionen von der befreienden Wirkung der Massenbildung, die die „Anwälte" der Aufklärung und der Klassik mit der konkreten Utopie einer demokratischen Gesellschaft und eines mündigen Individuums verbanden, schlägt heute voll bei den meisten großen Anwälten der Pädagogik der Unterdrückten in der Dritten Welt durch.

Zur zweiten Frage:

So muß auch vor der Illusion aller der pädagogischen Aussagen gewarnt werden, die die Überwindung herrschaftlich-manipulativer Erziehung vor allem in der geeigneten, „funktionalen" Anwendung der sokratischen Methode „unverzerrter Kommunikation" sieht. Es ist Illusion und Ideologie, Erzieher und Zu-Erziehende in einem gesellschaftlichen Freiraum der Bildung in ein besonderes „pädagogisches" Verhältnis der Gleichheit erheben zu wollen, in ein Verhältnis, das angeblich von den manipulativen Bedürfnissen der herrschaftlichen Erziehung befreit ist, in dem der Erzieher nur der Katalysator wäre, der den spontan angelegten revolutionären Prozeß des Wandels lediglich auslöst, indem er den Massen zum Bewußtsein ihrer historischen Interessen, ihrer wirklichen „Bestimmung" verhilft.

Wirkt dieser illusionäre Anspruch schon in der formalen und nicht-formalen Bildung in den Kulturen der nördlichen Hemisphäre auf Erzieher und Zu-Erziehende gleichermaßen entmutigend, weil wirklichkeitsfremd, so muß er in seiner Anwendung in der Dritten Welt nicht nur entmutigend,

sondern in der gefährlichsten Weise entmündigend wirken. Dort besteht
– wie noch zu zeigen sein wird – ein qualitativer, schichtenspezifischer
Sprung zwischen den Trägern erzieherischer und bildnerischer Planung auf
der einen Seite und den Massen als ihren Adressaten auf der anderen. Denn
denen, die über die Kompetenzen kritischer Kreativität nicht verfügen,
nahe bringen zu wollen, daß ihre Erzieher und sie selbst eigentlich als
Gleiche kommunizieren (wie Sokrates mit den jungen Vollbürgern Athens),
heißt, sie ganz ebenso - und mit noch gefährlicheren Illusionen über sich
selbst und ihre Herrscher - zu manipulieren, wie die autoritären Lehrmeister
der traditionellen oder modernen herrschaftlichen Bildung im jeweiligen
Drittweltland.

Hinzu kommt, daß die industrielle Kultur, die sich der Drittweltländer
bemächtigt (und die nicht mit ihrer privatkapitalistischen oder staatskapitalistischen Form gleichgesetzt werden darf), Autorität und Macht in zunehmenden Maß an Kompetenzen knüpft, die einer mehr oder weniger langen
Bildung bedarf, um sich zu entfalten. Dieses Gefälle zwischen Kompetenz
und weniger Kompetenten wird auch zu einem pädagigischen Verhältnis,
weil der Kompetente (z. B. Techniker, Arzt) nicht ohne die Herausbildung
der weniger Kompetenten arbeiten kann.

Die entscheidende Frage ist also nicht die, wie Pädagigik in der Dritten
Welt sich von der Autorität der wissenschaftlich-technischen Kompetenz
distanzieren soll, um „humane Vernunft" an die Stelle der „Zweckrationalität" zu setzen, sondern wie die Kompetenz im rationalen Umgang mit Natur
und Gesellschaft bei den Massen entwickelt werden kann, und zwar nicht
nur über Berufspädagogen, sondern über alle in einem Bereich Kompetenten, die zusätzlich zu ihrer technischen Kompetenz die Fähigkeit (also auch
Kompetenz) pädagogischer Kommunikation erlernen müssen!

Es gilt, nicht die gewaltige Macht zu leugnen und sich selbst zu ver-
schleiern, die die bildende Sozialisation der Erzieher über die Adressaten
verschafft, sondern vielmehr ungeschminkt zu analysieren, wem sie dient
und wie sie in den Dienst der Zu-Erziehenden gestellt werden kann. Die
Verzerrung der Kommunikation durch das klassenbedingte Machtgefälle
zwischen Hochschulabsolventen und arbeitenden Massen in der Dritten
Welt kann für beide Teile gerade zur emanzipativen Motivation beitragen,
weil beide Seiten den Abstand und das Machtgefälle, das sie trennt, als ein
schmerzhaftes Hindernis für den Wandel der Zustände empfinden, unter
denen sie, wenn auch unter ganz verschiedenen Voraussetzungen auf
Grund der internationalen bzw. nationalen Herrschafts- und Machtverhältnisse leiden.

Zur dritten Frage:

Schließlich muß auch der dritten Fage, bzw. Schlußfolgerung aus der
„antiautoritären" Pädagogik in ihrem gleichzeitig fortschrittlichen und illu-

sionären Charakter begegnet werden, jener also, die die formale Bildung, die an Schule und andere Bildungseinrichtungen geknüpft ist, generell als Instrument herrschaftlicher Bildung ablehnt und in einem entschulten, nichtformalen Rahmen Erzieher und Zu-Erziehende miteinander in „herrschaftsfreie" Verbindung bringen will.

Mit der Entwicklung von Wissenschaft und Technik im Laufe der ersten, besonders aber der zweiten industriellen Revolution, hat das rationale Denken und Planen auf allen Gebieten eine weitgehende Eigendynamik im gesellschaftlichen Gesamtkontext erfahren. Dies gilt ganz besonders für die Humanwissenschaft, die unmittel- oder mittelbar die Erziehung und Bildung als eine der Hauptgrundlagen der Entfaltung der Produktivkraft Mensch zum Gegenstand hat. Diese Eigendynamik macht sich im materiellen und im Statuswert der Bildungswissenschaften gegenüber den direkten Verwaltern ökonomischer, politischer oder kultureller Herrschaft geltend. Materiell in den prozentual immer steigenden Aufwendungen der öffentlichen und privaten Haushalte für Erziehung und Bildung, aber auch in der erhöhten Abhängigkeit aller ökonomisch-politischen Herrschaftsfunktionen vom gesellschaftlichen Gewicht der Bildung als Voraussetzung aller modernen Produktion und Dienstleistung, und als herrschaftskritisches, ökonomisches, politisches und sozial-kulturelles Bewußtsein.

Die wissenschaftlich-technische Revolution bewirkt, daß ein erhablicher Teil aller Investitionen in die Planung und Planungsforschung fließt, daß also die Planer, diejenigen, die auf rationaler und wissenschaftlich-kontradiktorischer, kritischer Grundlage die immer steigenden Mittel der Macht und Herrschaft verwalten, eine herrschaftsbeteiligte, aber auch herrschaftskritische Funktion ausüben, insofern sie die langfristigen Bedürfnisse des gesellschaftlichen Ganzen notwendigerweise höher stellen als die Interessen der jeweiligen Fraktionen und Lobbies ökonomischer, politischer oder kultureller Herrschaft. Die Gegensätze, Widersprüche und Konflikte, die dadurch zwischen ökonomisch-politischer und wissenschaftlich-technischer, bzw. wissenschaftlich verwaltender und managerialer Macht entstehen, finden ihren besonderen Niederschlag in der Pädagogik als der besonders langfristig planenden Wissenschaft von der Bildung und Ausbildung der fundamentalen Produktivkraft „being man himself" (Marx).

Die Verfügungsgewalt, die mit Hilfe des gewaltigen Apparates der Erziehung und Bildung durch die Institutionen der Schule, der außerschulischen Institutionen des „long-life-learning", der sozialpädagogischen Institutionen der Vorsorge, zwischen ökonomisch-politischer und wissenschaftlich-technischer, bzw. wissenschaftlich verwaltender und managerialer Macht entstehen, finden ihren besonderen Niederschlag in der Pädagogik als der besonders langfristig planenden Wissenschaft von der Bildung und Ausbildung der fundamentalen Produktivkraft „being man himself" (Marx).

Die Verfügungsgewalt, die mit Hilfe des gewaltigen Apparates der Erziehung und Bildung durch die Institutionen der Schule, der außerschulischen Institutionen des „long-life-learning", der sozialpädagogischen Institutionen der Vorsorge, Behandlung und Rehabilitation abweichenden Verhaltens sich in den Händen der Planer und Verwalter konzentriert, setzt den dauernden Ausbau, die Verzweigung, Spezialisierung und erhebliche ökonomisch-soziale Selbständigkeit dieses ungeheuren Apparates der Erziehung und Bildung voraus, wobei das gesellschaftliche Gewicht des Bildungsmangements in starkem Maße von der *Effektivität* der bildenden Wirkung dieses Apparates abhängt. Die Kritik der pädagogischen Humanisten (wie z. B. die von Ivan Illich) an der bildungssterilisierenden Wirkung und am unwirtschaftlichen Leerlauf des bürokratisierten Bildungswesens, insbesondere in den Gesellschaften in der Dritten Welt, basiert somit gleichzeitig auf auf einer zutreffenden und einer irrigen Analyse dieser Wirklichkeit.

Zutreffend, insofern dieser Apparat formaler Bildung mit seinen komplexen, hierarchisierten Institutionen, seiner systemstabilisierenden Selektion und seinen wirklichkeitsfremden Inhalten eine immense Vergeudung von pädagogischer Arbeitskraft darstellt, die weit mehr der Statuszuweisung der Adressaten als der Entwicklung ihrer materiellen und geistigen Entfaltung dient. Irrig aber in der Vernachlässigung der Tatsache, daß diese Vergeudung und weitgehend anti-emanzipativen Manipulation der Betroffenen, ob Lehrer und Erzieher oder Zu-Erziehenden, nicht durch das Negieren oder gar die Zerstörung des bestehenden Bildungswesens oder der Institutionen nicht-formaler Bildung begegnet werden kann, sondern nur duch die Nutzung der gewaltigen Sprengkraft, die im Wissen, Können und Denken beschlossen ist, in den Materialien gleichsam, die dieser Apparat mit Notwendigkeit an seinen Adressaten zu übermitteln hat.

Es ist gewiß richtig, wie Hanf u. a. für die Dritte Welt nachweisen und wie es Illich für die pädagogische Entwicklung beider Hemisphären verallgemeinert, daß „Erziehung in Afrika und Asien zum Entwicklungshindernis geworden ist", weil die Kenntnisse und Fähigkeiten, die sie vermittelt, weitgehend von den Adressaten nicht verwertbar sind, daß weiterhin dieser Transfer europäisch-amerikanischer Bildungsziele und -methoden in Länder der Dritten Welt dort eine neue Privilegiertenschicht erzeugt, die die Stabilisierung der bestehenden ökonomisch-politischen Verhältnisse eher begünstigt, als zu ihrer Veränderung im Interesse der Abhängigen beizutragen. Aber dennoch bleibt zu bedenken, worauf Koneffke schon vor zehn Jahren hingewiesen hat: Industrialisierung und Demokratisierung sind in der Dritten Welt so wie in der unseren „ohne literacy education" – also formale Allgemeinbildung durch einen planenden Bildungsapparat – nicht denkbar. Gerade die anscheinend „unproduktive" Elementarbildung, so situationsfremd und abgehoben von den Bedürnissen der Adressaten sie auch erscheinen mag, bleibt eine der unerläßlichen Voraussetzungen für jede Art von Entwicklung der gesellschaftlichen Verhältnisse und der Handlungsfähigkeit der Individuen, indem sie ort-, zeit- und situationsübergreifende Kompetenz vermittelt, auch dann, wenn diese Vermittlung autoritären und dressurähnlichen Charakter annimmt. So ist die Vorstel-

31

lung illusorisch, es könne, hier oder in der Dritten Welt, eine gleichsam herrschaftsunabhängige Organisation von Erziehung und Bildung geben, die auf dem spontanen Lernbedürfnis der Massen gründet und der wissenschaftlich fundierten Planung entraten könne. Ob Freires Ansatz oder der Nyereres, ob Fidel Castros oder der der indonesischen Planungsbehörde: die Erarbeitung einer Bildungsplanung setzt den gewaltigen Apparat der wissenschaftlich-technischen Institutionen, ihres Budgets und ihrer mehr oder minder qualifizierten pädagogischen Organe und Erzieher voraus, bzw. deren dauernd weitere Ausbildung, und dies sowohl quantitativ als qualitativ.

ENTWICKLUNG UND BILDUNG

Die Aufgaben von Forschung und Lehre der Pädagogik in der Dritten Welt können nicht sinnvoll umrissen werden, ohne die Grundfrage der Entwicklung zu stellen, auf die sie abzielt. Ohne Reflexion über die Zielsetzung bleibt alle wissenschaftliche und pädagogische Forschung und Praxis letztlich unwirksam, oder genauer, trägt nur zur Vergrößerung des Prozesses der Verschwendung und Vernichtung menschlicher Produktivkraft bei, die oben angedeutet und durch die pädagogische Entwicklung der Länder der Dritten Welt gerade im Vollzug der pädagogischen Entwicklungshilfe der letzten 10 Jahre bestätigt wurde.

Bei einer solchen Reflexion sollen keine neuen Illusionen erweckt werden. Etwa in der Richtung, daß das rationale, wissenschaftlich kritische Bedenken der pädagogischen Zielsetzung allein schon die Entwicklungstendenzen umwerfen könne, die sich aus dem ökonomischen, sozialen und kulturellen Wandel unter den Bedingungen des westlichen und östlichen Neo-Imperialismus und den Strukturkrisen der Weltgesellschaft ergeben. Aber angesichts des oben angedeuteten gesellschaftlichen Schwergewichts der Erziehung und Bildung - und damit ihrer individuellen und kollektiven Produzenten - bedeutet die Untersuchung der manifesten Ziele und der latenten Kräfte, die ihre praktische Verfolgung auslöst, weit mehr als eine theoretische Befriedigung des kritisch-humanen Moralismus. Solche Reflexionen stellen vielmehr eine höchst effektive Beeinflussung des schnellen und revolutionären Wandels dar, gerade weil sie kritisch auf die ökonomischen, sozialen, politischen und kulturellen Faktoren der Entwicklung zurückwirken.

Es ist wohl das umfassendste Ziel der Pädagogik in der Dritten Welt, die Menschen dort zu befähigen, den radikalen Wandel ihrer Lebensbedingungen selbst zu bewältigen, mit anderen Worten, zur Mündigkeit der Völker beizutragen. Kaum formuliert, wird schon fragwürdig, was denn - unter den ökonomischen und politischen Bedingungen der Gegenwart – die „Mündigkeit der Völker" inhaltlich besagt. Auch diese Frage ist im Bereich der Pädagogik universell und bezieht sich nicht nur auf die Dritte Welt. Das Charakteristikum aller herrschaftlich bestimmten, darüber hinaus aber auch aller aufklärerisch-humanistischen Pädagogik ist es gerade, die Mündigkeit dann erreicht zu sehen, wenn die Adressaten der Pädagogik befähigt und willens sind, selbständig diejenigen materiellen und kulturellen Ziele zu verfolgen, die ihren Erziehern vorschweben. Man könnte das Gleiche auch so formulieren: Pädagogen teilen mit allen Theoretikern und Praktikern ihrer eigenen Kultur zwar widersprüchliche, doch letztlich gemeinsame Vorstellungen vom Gang und Ziel der Entwicklung der Gesellschaft und des Einzelnen in ihr.

So war den Humanwissenschaften im Rahmen europäischer Tradition das eine gemeinsam, so sehr sie sich auch in Theorie und Praxis widersprachen: Entwicklung als Aufwärtsbewegung der Menschheit von Natur zur Kultur folgte den Gesetzen, die die europäische Geschichte bestimmt hatten, und galt als das objektive Modell historischer Entwicklung überhaupt. Zwar wurde im 18. Jh. ebenso dem Kind wie dem nicht-europäischen Volk eine entwicklungsfähige Natur und damit die Berechtigung eingeräumt, die universelle Bestimmung dieser Natur auch verwirklichen zu können. Aber diese Bestimmung lag auf der historischen Linie, die die europäische Kultur verfolgt hatte. In gewisser Hinsicht galten Kinder und „Naturvölker", da der Natur selbst noch näher, weil von der Zivilisation weniger verdorben, als der Wahrheit und dem Menschentum weit offener als die moralisch verderbte Schicht der Gebildeten. Doch gerade diese anscheinend so kritische Sicht der europäischen Kultur diente praktisch nicht dem Verständnis des objektiv Anderen, sondern der Bestätigung des eigenen aufklärerischen Denkens. Ob der französischen Gesellschaft des 18. Jh. Montesquieu den Spiegel ihres unvernünftigen Zustandes mit den „Lettres Persanes" vorhält oder Chateaubriand in „Atala" und „René" um die Jahrhundertwende vom 18. zum 19. Jh. den „Wilden" als den besseren, edleren, im Grunde „christlicheren" Menschen darstellt, das Ziel des Humanen und aller „wahrhaft humanen" Entwicklung, alle vermeintliche und wirkliche „Barbarei", in Übersee wie im sozialen Sinne in Europa selbst, wird am Maßstab einer Vernunft gemessen, die sich eben im europäischen Denken vorbildlich und vorteilhaft zu manifestieren schien.

Ob Kants, Hegels, Marxens oder Auguste Comtes Analysen zur Entwicklung des Menschengeschlechts, ob Burckhardts, Mommsens, Rankes oder Michelets Geschichtsbild der europäischen und der Weltgeschichte, immer gibt es eine phylogenetische und historische Aufwärtsentwicklung, die, in aller Widersprüchlichkeit und bei allen Rückschlägen, doch ökonomisch und kulturell Europa und die USA an der Spitze des Fortschritts sieht. Wenn auch im kolonialistischen Umgang Europas mit der übrigen Welt anderen Kulturen eigenständige Qualitäten zuerkannt wurden, an der eigenen Überlegenheit, an der eigenen Höherentwicklung wurde, ob mit liberalem Selbstbewußtsein oder revolutionärer Anklage gegen diese Entwicklung, nicht gerüttelt und der Führungsanspruch in der Weltentwicklung der Bourgeoisie oder des Proletariats von eben dieser Überlegenheit der Industriegesellschaft abgeleitet. So galt und gilt auch weitgehend heute die technisch-wissenschaftliche Entwicklung der materiellen Produktivkräfte als Ziel universellen Fortschritts und die eigene Befähigung der „Entwicklungsländer" zur Meisterung dieser Entwicklung als deren ökonomische Mündigkeit. Zwischen kapitalistischen und sozialistischen Konzeptionen gibt es in dieser Hinsicht im Grunde keinen Unterschied. Beide erachten die Völker für emanzipiert und mündig, wenn sie gemäß dem liberalen, bzw. dem sozialistischen Konzept ihr materielles und geistiges Sozialprodukt regelmäßig steigern und international vermarkten können.

Im Sinne dieser Befähigung wird von beiden Industriesystemen den Ländern der Dritten Welt ökonomische, aber insbesondere auch pädagogische Hilfe angeboten und geleistet. Formale und nicht-formale Bildung, Schulzeitdauer und Fächerkanon werden in ihrem „Fortschritt" an den Kriterien der Industrienationen genauso gemessen, wie die Fortschritte der Industrialisierung und Produktvermarktung.

Der besonders dynamische Charakter der kapitalistischen Expansion hat aber mit der Durchsetzung seiner Maßstäbe der Wirtschaft, Politik und Kultur auch die Gegenkräfte in den Ländern der Dritten Welt hervorgerufen, ja erst geschaffen, die heute nicht nur die Abhängigkeit von der wissenschaftlich-technischen und ökonomischen, mithin kulturellen Vorherrschaft der Industrienationen in Frage stellen, sondern die Maßstäbe selbst, an denen diese die Entwicklung messen.

Die Besinnung auf die eigene Kultur und Vergangenheit, auf die eigenen ökonomischen, sozialen und kulturellen Strukturen, so wie sie vor ihrer Einbeziehung in den Weltmarkt als Zulieferer der Rohstoffe und Arbeitskräfte sich endogen entwickelt hatten, nährt weitgehend den Widerstand gegen den Anspruch der beiden industriellen Gesellschaftssysteme.

Der Blick zurück auf die präkolumbianischen Verhältnisse, auf den Islam, den Buddhismus, Hinduismus oder die „Négritude" eines Senghor legen davon Zeugnis ab.

Den heterogenen Faktoren des äußerst schmerzhaften Wandlungsprozesses der eigenen Gesellschaft, den Kolonialismus und Imperialismus in der Dritten Welt eingeleitet haben und immer weiter wirken lassen, stellen starke Kräfte der noch europäisch geschulten Intelligenz (aber auch der noch aktiven traditionellen Lehrmeister) die möglichen endogenen Kräfte der eigenen Gesellschaft als Gegenmodell zur europäischen Kultur entgegen.

Aus all dem ergibt sich ein äußerst widersprüchliches Bild der pädagogischen Zielsetzung in allen Ländern der Dritten Welt, also auch in denen, die die Strategie und Taktik des antiimperialistischen Kampfes aus dem Marxismus-Leninismus heraus entwickeln.

Auf der einen Seite nähren sich die antiimperialistischen Strömungen und ihre pädagogischen Ideen und Praktiken von den großen Ideensystemen und wissenschaftlich-technischen Methoden Europas und der USA. Die den Antiimperialismus tragende Idee der Nation und der nationalen

Selbständigkeit, die Idee des Sozialismus und des Anspruches aller auf gleichen Zugang zu den materiellen und kulturellen Möglichkeiten, die Vorstellung von der Machbarkeit und Veränderbarkeit der Gesellschaft und des Individuums, von der prinzipiellen Gleichheit der Geschlechter, von der Notwendigkeit einer „cultural literacy" für die gesamte Bevölkerung, ebenso auch die ökonomischen Maßstäbe von Produktivität und Leistung haben ihre Wurzel im kulturellen Nährboden, aus dem auch der Imperialismus selbst hervorwuchs.

Getragen werden diese Ideen von eben den kleinen Minderheiten der ehemaligen Kolonien, die sie an den Schulen Europas oder seiner kolonialen Ableger studieren konnten und die Ideen der Entwicklung gegen die Privilegien derer einsetzen, die sie lehrten. Meist in der Sprache der europäischen Kultur, immer in direkter Übernahme ihrer rational-wissenschaftlichen Denkstrukturen und entsprechender Begrifflichkeit, in den gesellschaftlichen Denksystemen des Pragmatismus oder des Marxismus, mit der naturwissenschaftlichen Methode und Logik, die den Siegeszug der technisch-wissenschaftlichen Revolution ermöglichten, wenden sie sich der Analyse der Entwicklungsmöglichkeiten ihrer eigenen Völker und deren Geschichte zu. Dabei bleibt das Prestige ihrer Lehrmeister auch dann unvermindert bestehen, wenn sie die erworbene Bildung im Kampf um ihre Unabhängigkeit einsetzen.

Ihre eigene Bedeutung und ihr Einfluß auf die gesellschaftliche Bewegung im eigenen Land sind sogar aufs engste mit dieser ihrer Bildung verbunden. Als Planer und Verwalter des Erziehungs- und Bildungswesens ihres Landes und in meist linearer und unkritischer Weiterführung der liberalen oder revolutionären Ideen ihrer Lehrmeister Europas und der USA, stehen sie unter dem Druck der materiell-kulturellen Erfolgsbilanz nach den Entwicklungskriterien der Industrienationen einerseits, gleichzeitig aber vor dem Anspruch ihrer Völker auf Befreiung vom traditionszerstörerischen Einbruch der Industriekultur, von der die Massen bislang nur die negative Seite erfahren konnten. So produziert das Schul- und Universitätssystem eine intellektuelle Oberschicht, die gleichzeitig Verachtung für die elende Lebensweise ihrer Völker empfindet und die „Annehmlichkeiten" industrieller Kultur für sich in Anspruch nimmt, ebenso aber die eigene Tradition mehr oder weniger unkritisch verehrt und dazu verwendet, die politische Loyalität der Massen ihnen gegenüber zu verfestigen. Gleichzeitig produziert das von diesen Eliten geplante und organisierte System elementarer Bildung mehr Bedürfnisse und Aufstiegsillusionen bei den abhängigen Massen, die es erfaßt als Kompetenz für den ökonomischen, sozialen und politischen Wandel und die Überwindung des eigenen Elends. Die soziale Kluft zwischen Kopf- und Handarbeit scheint nirgends so tief und so empörend steril als in den Ländern, in denen der Imperialismus sie in der angedeuteten Weise aufgerissen hat.

Das Anknüpfen an die traditionellen, vorkolonialistischen Ströme der eigenen Kultur (z. B. den Islam) bedeutet jeweils auch die mehr oder weniger enge Koalition mit deren Trägern, den religiösen „opinion-leaders", denen wenig an der anti-imperialistischen, viel aber an der anti-rationalistisch-anti-europäischen Ausrichtung der Erziehung und Bildung liegt, und die den wesentlichen kulturell-politischen Vorstellungen der genannten intellektuell-politischen Elite offen feindselig gegenüberstehen (z. B. der Emanzipation der Frau).

Die Verbindung von ethnozentrierter Entwicklung und ethnozentrischer Tradition bleibt darum ein bisher ungelöstes theoretisches und praktisches Problem der Pädagogik in der Dritten Welt. Gegen eine wirkliche Lösung sprechen massive ökonomisch-soziologische Gründe. Sie werden sowohl von Senghaas als von Nohlen und Nuscheler in der post-kolonialen ökonomischen und Sozialstruktur dieser Länder selbst gesehen, die Ausfluß der Interessen und der Politik der Metropolen darstellt. Die Verflechtung der Ökonomien der Drittweltländer mit den Industrienationen ist, auf der Seite der letzteren, selbstverständlich durch das Interesse an der ökonomischen Beherrschung, gleichzeitig aber durch die politische Konkurrenz und Gegnerschaft der privatkapitalistischen, oligopolen Systeme des nördlichen Westens und der staatskapitalistisch-dirigistischen Systeme des nördlichen Ostens charakterisiert, der selbst erst nach der Oktoberrevolution zur stürmischen Entfaltung seiner Produktivkräfte gekommen ist. Dieses Interesse führt zu charakteristischen Wandlungsprozessen in den Drittweltländern, die eben das besondere Merkmal ihrer sozialen und kulturellen Struktur ausmachen. Es bilden sich in allen drei Sektoren der Wirtschaft (Agrar-Industrie-Dienstleistungen) Inseln der materiellen und kulturellen Produktion gemäß den Bedürfnissen, Anforderungen, Methoden, Erfahrungen und Ratschlägen der Industrienationen. Die diesen Sektoren zugeordneten Gruppen, von der nationalen Bourgeoisie oder den sozialistischen Managern über die privaten oder staatlichen Agrarmanager auf exportorientierten Großgütern bis hin zur gesamten technisch-wissenschaftlichen Intelligenz an den Universitäten, in den wirtschaftlichen, sozialen, administrativen Dienstleistungsbetrieben - diese Gruppen existieren in einer zwiespältigen, oft geradezu schizophrenen Einstellung sowohl zu den Herrschaftsgruppen der Industrienationen als zu den Massen der eigenen Bevölkerung. Diese Schizophrenie mag illustriert werden etwa an der Einstellung zur Arbeit: die autochtone, manuelle, physisch schwere Arbeit der bäuerlichen Massen wird zwar als die notwendige Grundlage aller Produktion und Entwicklung anerkannt, aber gleichzeitig statusmäßig als besonders „niedrig" eingestuft. Diejenigen Gruppen also, zu denen insbesondere auch die Lehrer zählen, die sich vornehmen, eine leistungsorientierte Mentalität bei der Masse der Produzierenden zu erziehen, haben einen sozialen Horror davor, diese Art von Leistung sich selbst abzuverlangen, und sei es nur, auf dem Dorf und nicht in der Stadt zu leben.

Man darf wohl sagen, ohne den Verdacht ideologische Verzerrung zu erregen, daß genau an diesem Punkt der fundamentale Unterschied zwischen den sozialistischen Regimen Chinas und Kubas einerseits und fast allen anderen Gesellschaften der Dritten Welt andrerseits liegt. Denn in diesen beiden Ländern - in China insbesondere durch die Kulturrevolution - ist diese Einstellung praktisch unmöglich gemacht. Die für die Entwicklung verantwortlichen Eliten müssen ihre positive Einstellung zur manuellen Arbeit und zum physischen Einsatz praktisch beweisen, unabhängig davon, ob sie es aus Überzeugung oder unter sozialem und politischem Druck tun. Von diesen Ausnahmen abgesehen (Vietnam, Laos und Kambodja vermag ich in dieser Hinsicht nicht zu beurteilen) leiden alle anderen Länder der Dritten Welt an der oben skizzierten Schizophrenie.

Die Folgen für die Pädagogik sind schwerwiegend: ähnlich wie in den Industrienationen *gilt alle Bildung, ob formal oder nicht-formal erworben, als Mittel und als Statussymbol des sozialen Aufstiegs.* Aber hier unter historisch und aktuell vollkommen anderen Voraussetzungen als in den Industriekulturen. Die durch Bildung sich vom Bauern und Arbeiter abhebende Mittelklasse hat einen unvergleichlich geringeren Stellenwert in der Produktion. Während in Europa und Nordamerika Bildung ein Mittel für Leistungsfähigkeit und ökonomisch-politische Durchsetzungsfähigkeit eben der Klasse war, die sie nicht nur passiv erwarb, sondern in theologischen, philosophischen, literarischen und vor allem naturwissenschaftlichen Konflikten mit der traditionellen Bildung der klerikalen, feudalen bzw. absolutistischen Schichten entwickelte, wird hier – in Ländern der Dritten Welt – Bildung in ihren Inhalten und ihrer Ausrichtung importiert, und ihre gesellschaftliche Bedeutung stammt nicht von der Klasse, die sie erwirbt, sondern von ihrer Verwertbarkeit für fremde ökonomische oder politische Interessen im eigenen Land.

Kein Wunder darum, daß kritische Forschung an den Universitäten und Didaktik in den Sekundarschulen weit hinter dem Stand zurückbleibt, den sie bei weit geringerem Mitteleinsatz in vergleichbaren Entwicklungsperioden in Europa erreichten. Die „assoziativ-kapitalistische Entwicklung" der Gesamtgesellschaft (wobei unter Assoziation eben die Verflechtung mit den dominanten Interessen der weltbeherrschenden ökonomischen und politischen Mächte angesprochen ist) führt zu einer „strukturellen Verkrüppelung", die sich in der Struktur des Bildungswesens genau so manifestiert wie in denen der Wirtschaft und Politik.

Aber es gibt, gerade auf Grund der geschilderten Abhängigkeitsverhältnisse und der inhaltlich-didaktischen und methodischen „*Verkrüppelung*" ebenso mächtige Tendenzen der *Innovation* und der aktiven Suche nach eigenständigen Wegen der Bildung. Das hat seinen wesentlichen Grund in der Tatsache, daß die politische Selbständigkeit der Länder der Dritten Welt, ihr leidvoller Wandel, das Ergebnis eines langen Kampfes gegen den Kolonialismus darstellt, eines Kampfes, dessen Träger eben jene Gebildeten waren und sind, die in die Schule der Kolonialherren gingen, aber auch in die des gemeinsamen Kampfes mit den Bauern und der armen städtischen Bevölkerung ihres Landes. Die Studenten und höheren Schüler, die Professoren, Ärzte und Techniker, die Administratoren und Juristen sind darum sowohl durch die oben aufgeführten negativen Einstellungen motiviert als durch ihr hohes Engagement für die Selbständigkeit und Unabhängigkeit ihres Landes und seiner Entwicklung. Das macht sie immer wieder bereit, in Theorie und Praxis Wege zu beschreiten, die nicht von den Traditionen und Erfahrungen der Industrienationen vorgezeichnet sind. Vom Lehrer und Agronomen bis zum Erziehungs- und Landwirtschaftsminister, vom lokalen Richter oder Polizeichef bis zu den obersten juristischen Instanzen ist ein auch noch so egozentrisches Karrieredenken und die engstirnigste Statusüberheblichkeit verbunden mit dem Streben, die materielle und kulturelle Bevormundung durch die exogenen Mächte der alten Metropolen, die die Kolonialherrschaft immer wieder in Erinnerung rufen, abzuschütteln. Daraus entsteht eine nicht nur verbale, sondern effektive Progressivität, die den oben aufgeführte Tendenzen materieller und kultureller „Verkrüppelung" in antagonistischer Weise entgegensteht.

So muß auch die Einstellung, die Motivation, die Praxis der mit der Entwicklung unmittelbar verbundenen, autochtonen Eliten insbesondere in ihren „volksbildenden" Initiativen unter Berücksichtigung der antagonistischen Kräfte ihres eigenen Werdegangs analysiert werden.

Dabei steht heute bereits für diese autochtonen Verantwortlichen eines fest: Angesichts der explosiven Generationsstruktur ihrer Länder, angesichts des Elends, das aus der rapiden und anarchischen Urbanisierung weit schneller wächst als der kleine oder provokant enorme Wohlstand der Gruppen, die von der exogenen Wirtschaftsentwicklung assoziativ profitieren, kann weder die von ihnen zu verantwortende formale, noch die nichtformale Bildung der Massen und der technisch-wissenschaftlichen Intelligenz die Wege gehen, die die Industrieländer im Laufe der letzten 10 Jahre pädagogisch eingeschlagen haben. So gibt es in vielen Ländern der Dritten Welt, im einen oder anderen Sektor des Bildungswesens, etwa bei den Bemühungen um funktionale Alphabêtisierng, bedeutsame Ansätze zur Überwindung des Imports von Ideen, Planung, Didaktik und Methoden. Die Drop-out-Rate, das bedrohlich heranwachsende intellektuelle Proletariat, der „Brain-drain", die geringen Erfolge, ein eigenes wissenschaftlich-technisches Know-how in der Produktion und in den fundamentalen sozialen Dienstleistungen zu produzieren, machen die selbständige pädagogische Forschung, Planung und Erfahrung zu einer unabweisbaren Notwendigkeit, und dies umso mehr, als ein sehr hoher Anteil des öffentlichen Haushalts in Bildungsinvestitonen fließt, die sich bislang im angeführten Sinne als weitgehend unproduktiv erwiesen haben.

Diese Bemühungen kreisen alle mehr oder weniger um Fragen, die nicht technisch-pädagogischer Natur sind, sondern die Gesamtheit der Beziehungen zwischen Bildung und Gesellschaftsstruktur betreffen. Dazu gehört vor allem die Frage nach den *Einstellungs- und Motivationsvoraussetzungen,* die ein Bedürfnis nach aktiver Aneignung von produktiver Kultur bei den Massen erzeugen können. Es werden also die Kriterien gesucht, die ein kulturelles „Take-off" aus endogenem Antrieb ermöglichen.

Das umfassende Ziel, dem diese Motivationsbildung zu genügen hätte, ist in den Grundstrukturen des ökonomisch-sozialen Wandels nicht nur der abhängigen Drittweltländer, sondern der Weltgesellschaft begründet. Der Trend dieses Wandels, der in Europa schon seit 400 Jahren wirksam ist und dort im Privat- oder Staatskapitalismus seine heutige Ausformung erhielt, kann grosso modo durch die folgenden Aspekte gekennzeichnet werden:

– Die gesamtgesellschaftliche Arbeitsleistung, die den Gerbrauchs- und Tauschwert von Produkten und Dienstleistungen hervorbringt, verlagert sich stetig von der unmittelbaren, physisch-manuellen Bearbeitung der Natur in die zerebral-rationale Vorbereitung des materiellen Arbeitsaktes. Mit anderen Worten: Die Wertschöpfung verlagert sich von der Hand in den Kopf, von der manuellen Arbeit am jeweilig begrenzten Naturgegenstand in die intellektuelle Analyse der nutzbaren Qualitäten der Natur als materiellem Gesamtzusammenhang und damit vom Acker und der Werkstatt in die Laboratorien, technischen Büros, Planungsinstanzen des Arbeitsprozesses usw. usw.

– Dies bedingt und hat gleichzeitig zur Folge, daß immer weitere Gebiete der individuellen Existenz den Notwendigkeiten der sich qualifizierenden arbeitsteiligen Produktion unterliegen, d. h. daß mit Ablösung der Subsistenzwirtschaft durch Massenproduktion und Markt auch all die Bereiche in den Prozeß der wirtschaftlich bewertbaren Produktion einbezogen werden, die früher auch nicht im entferntesten zur „Arbeit im Schweisse des Angesichts" gerechnet werden konnten: *Austausch* und *Kommunikation, Feste, Spiel, Kunst,* vor allem aber Grundleistungen der Gruppensolidarität: *Aufzucht der Kinder, Krankenbehandlung* und *-pflege, Rechtsschutz* und *Konfliktregelung.* Für jede dieser Bereiche gliedern sich marktorientierte, spezialisierte Berufe aus, d. h. ein Arbeitsmarkt, ein Produktions- bzw. Dienstleistungsbereich mit Arbeitsleistungen, die nach wirtschaftlichen Prinzipien, ob kapitalistisch oder sozialistisch, bewertet und entlohnt werden. Erziehung und Bildung, medizinische und soziale Betreuung, Freizeitangebot und -organisation gehören dazu ebenso wie Wissenschaft und Kunst, Kirche und Partei, Rechtswesen, Strafvollzug und Rehabilitation.

– Damit verlagert sich die „naturwüchsige" Reproduktion der gesamtgesellschaftlichen und der individuellen Arbeitskraft vom mikro- in den makrostrukturellen Bereich, von den Entscheidungsfeldern der Kleingruppe (Familie, Clan, Nachbarschaften etc. etc.) in die Entscheidungsbereiche großräumiger Planung, von der face-to-face-Interaktion in komplexe, sekundäre Kommunikationssysteme, von traditionsstrukturierter Solidarität in vermarktete Dienstleistungen.

– Dieser ganze Prozeß ist begrifflich auch zu fassen unter der Vokabel der *Ausbreitung der industriellen Kultur* und ihrer Voraussetzung der industriellen Produktionsweise. Die Voraussetzung für eine selbständige Industrialisierung der Drittweltländer ist mithin die Mobilisierung der eigenen Bevölkerung in ihrer Gesamtheit, als „Gesamtarbeiter" (Marx), zur Bereitschaft, die tradierte Arbeits- und Lebensweise zugunsten einer rational-organisierten, geplanten Produktion und Reproduktion der gesellschaftlichen und individuellen Arbeitskraft aufzugeben.

Die Motivationsbildung, die dieser Grundanforderung entspräche, stößt gerade in den Drittweltländern, bzw. bei ihrer vor allem agrarischen Bevölkerung auf zwei Hindernisse, die aus der kolonialistisch-imperialistischen Vergangenheit und Gegenwart rühren:

– Die durch die Industrialisierung der fortgeschrittenen Länder geschaffenen Bedürfnisse nach Gütern der „conspicious consumption" werden systematisch von den wirtschaftlich und politisch Herrschenden dort und den ihnen assoziierten Schichten in den Ländern der Dritten Welt geschürt und erweitert. Sie verdecken und überwiegen die Bedürfnisse nach gesellschaftlichem Strukturwandel, der mit hohen Opfern und Anstrengungen verbunden wäre. Die gegebene Produktions- und Sozialstruktur läßt die Massen den noch verhältnismäßig leicht erreichbaren Plunder der Massenproduktion weit eher anstreben als die für sie unüberschaubaren Güter der produktiven Infrastruktur.

– Die Voraussetzungen für eine im gesellschaftlichen Gesamtinteresse erbrachte, arbeitsteilige und traditionsbrechende Leistungsmentalität würden erst durch Erfahrung und durch eine adäquate Bildung geschaffen, mit Hilfe derer diese Erfahrung rational und emotional, gesellschaftlich und individuell verarbeitet werden kann. Diese Voraussetzungen sind bisher in den meisten Drittweltländern nur ansatzweise geschaffen worden.

– So ist diese Motivationsbildung nur dort weiter fortgeschritten, wo der nationale Befreiungskampf über einen längeren Zeitraum hinweg die Massen mobilisiert und zur rationalen, militanten und militärischen Organisation veranlaßt hat. *Die nationalen Befreiungsbewegungen – und Kriege – stellen somit einen pädagogischen Faktor ersten Ranges insofern dar, als sie eine kollektive, das Dorf erfassende Motivation ausbildeten, sich die industrielle Produktionsweise rationaler erfolgsausgerichteter und kollektiver Leistung auf der Basis neuer Kommunikations- und Interaktionsformen anzueignen. Die militärischen Notwendigkeiten der jeweiligen Befreiungskriege haben mehr zur Überwindung tribaler Verhaftetheit, patriarchalischer Unterdrückung der Frau, Ablösung traditioneller Autoritäten getan, mehr zum Bedürfnis beigetragen, Lesen, Schreiben, Rechnen, Hygiene, technische Fertigkeiten zu lernen, sich eine überregionale Sprache für Kommunikation und Organisation anzueignen, als alle kolonialen Bildungsbestrebungen und -institutionen zuvor.* Ob in Tunesien und Algerien oder in Indonesien und Cuba: die eindrucksvollen Erfolge der Beschulung und funktionalen Alphabetisierung dort sind ohne die voraufgegangenen opferreichen Befreiungsbewegungen nicht verständlich.

Aber so wichtig diese Motivationsbildung durch den Befreiungskampf auch sein mag, sie kann weder dort, wo sie einmal erfolgte, die oben aufgeführten Tendenzen zur Ausbildung neuer Herrschaftsbildung verhindern, noch für die schnell nachwachsenden jungen Generationen ausreichen. Die Forschung und Praxis neuer Wege der Motivationsbildung zur Erzeugung einer Arbeits- und Lebensmentalität wirklicher, dauerhafter und sozial einigermaßen gerechter Produktivität im materiellen, politisch-sozialen und kulturellen Sinne bleibt eine ungelöste Aufgabe.

Aus der Vielzahl und der Widersprüchlichkeit der aufgezeigten Faktoren, die zum sozio-kulturellen Hintergrund der Pädagogik in der Dritten Welt gehören, lassen sich einige generelle Folgerungen für Lehre und Forschung ziehen.

– Als Wissenschaft kann die Pädagogik ebensowenig allein Sache der Länder der Dritten Welt sein, in der und für die sie arbeitet, wie nur eine Angelegenheit spezialisierter Forschung in den Industrieländern. Es entspricht der universellen gesellschaftlichen Verwobenheit, auf der alle Kulturen der Gegenwart basieren, das Gefälle zwischen Forschung und Lehre in den Industrienationen einerseits und den Bildungsbemühungen in den Drittweltländern andererseits abzubauen. Darum muß auch einer Ausrichtung entgegengewirkt werden, die indische oder tansanianische, maghrebsche oder ibero-amerikanische Pädagogik allein und nur „aus eigener Tradition" zu entwickeln bestrebt ist, obschon eine solche Auffassung von der berechtigten Befürchtung herrührt, die Zusammenarbeit mit den Pädagogen der Industrieländer könne hintenherum die neo-imperialistische Dependenz verfestigen.

Die Aneignung der Wissenschaft und Technik, des philosophisch-kritischen Gedankenguts der Industrienationen ist für die Entwicklung und damit für die Massenbildung der Dritten Welt ebenso unerläßlich wie deren selbständige Verarbeitung und Weiterführung vor Ort für die wissenschaftliche und gesellschaftliche Entwicklung Europas und Nordamerikas. Die Bildung und Erziehung in den Kulturen der nördlichen Hemisphäre hängt in ihrer Weiterentwicklung ebenso von der der Drittweltkulturen ab wie umgekehrt, denn ohne ein radikales Umdenken ihrer Ziele und Mittel führt sie in eine gesellschaftlich bedrohliche Sackgasse. Haben Sozialisation, Erziehung und Bildung das Bewußtsein bislang im wesentlichen auf der Grundlage der nationalen, bestenfalls der internationalen Industriekulturen und ihrer klassengespaltenen Geschichte entwickelt, so wird es heute unerläßlich, ihre Inhalte um das die Erfahrungen der Dritten Welt gerade bei den Massen der Industrienationen zu erweitern.

Was eine solche Notwendigkeit für Konsequenzen für das Bildungswesen der entwickelten Industriekulturen haben wird, ist vorläufig kaum absehbar, jedenfalls aber können fruchtbare pädagogische Konsequenzen ohne Zusammenarbeit mit Forschung und Lehre in den Drittweltländern gar nicht erst ins Auge gefaßt werden.

Angesichts der sprunghaften, krisenhaften Entwicklung der Weltgesellschaft auf Grund der Ungleichmäßigkeit der historisch-herausgebildeten Produktivkräfte, angesichts der Notwendigkeit, das daraus entstandene Gefälle ökonomischer, politischer und inbesondere kultureller Macht abzubauen, scheint es unerläßlich, die *Produktivkraft Wissenschaft* gerade auf dem Gebiet der Entfaltung der individuellen und kollektiven Fähigkeiten *politisch gezielt, solidarisch international und ohne dogmatische Abkapselung* zu entwickeln. Wissenschaft ist und bleibt nur insofern die bedeutendste Produktivkraft im internationalen Maßstab, als sie sich ihre Aufgabenstellung, ihre Probleme und die Ausrichtung ihrer Forschung gerade von der Widersprüchlichkeit der Wirklichkeit im Spannungsfeld der unterschiedlichen Kulturen zufallen läßt.

– Forschungsplanung und Forschungsmethoden müssen also auf dauernder Kooperation zwischen den Zentren in den Industrieländern und denen der Dritten Welt beruhen. *Dabei sollten alle Forschungsprojekte vom Ansatz der Handlungs- und Feldforschung ausgehen,* also das Feld der Wirklichkeit in der aktiven Auseinandesetzung mit den Mächten und Menschen erfahren, deren Studium sie sich zuwenden. Forschung in Kooperation zwischen Wissenschaftlern der Industrieländer und denen der Dritten Welt muß aus den universitären Zentren hinein in die soziale und kulturelle, konfliktuelle Wirklichkeit im wahrsten Sinne „vor Ort" geraten, muß bemüht sein, die Barrieren zwischen Disziplinen, zwischen Professoren und Studenten, zwischen Universitäten und Dorf oder Slum oder Schule und Radiostation einzureißen, um in partizipativer Handlungsforschung die jeweiligen Probleme auszuloten und ihrer Lösung zuzuführen.

– Die Forschung selbst muß mithin dazu beitragen, was Roger Bastide und André Gunder Frank, auf den er sich bezieht, für alle Entwicklunspolitik und Pädagogik in der Dritten Welt als Hauptaufgabe vorschlagen: „Persönlichkeitsstrukturen herauszubilden, die des Fortschritts fähig sind." Die wissenschaftliche Kooperation hat wesentlich zum Inhalt die Schaffung eines Wissenschaftlers neuen Typs, der fähig wird, sich erst von seinem „Objekt" her als „forschendes Subjekt" zu konstituieren, als Teil des Feldes und der Gesamtstruktur zu denken und zu analysieren, zu der er selbst gehört.

– Eine solche anspruchsvolle Umorientierung der Drittweltforschung hat aber eine ebenso anspruchsvolle Voraussetzung. „Zum Fortschritt fähig" im Feld der Forschung selbst ist nur der, der mit dem bisherigen theoretischen, empirisch-analytischen, rational-systematischen Wissen und Können ausgerüstet ist, das die übrigen Glieder des Feldes, d. h. die Adressaten der Pädagogik gar nicht besitzen können. Wenn Marx richtig davon spricht, daß „die Wissenschaft zum Konkreten aufsteigen muß", so ist das konkrete Handlungsfeld, in dem Handlungsforschung betrieben wird, ohne die Aneignung der bisherigen theoretischen Ergebnisse, der systematisierten Ergebnisse internationaler Forschung und Theoriebildung der Vergangenheit und Gegenwart gar nicht zu erreichen. In diesem Sinne muß die Pädagogik in der Dritten Welt als interdisziplinäre Wissenschaft einerseits die Geschichte der pädagogischen Interaktion auf der Grundlage der vorfindlichen Kulturen analysieren und andrerseits die universelle, soziologische und psychologische Forschung der Entwicklung von Einstellung, Fähigkeiten und handelndem Verhalten zur Basis der Erziehungs- und Bildungsplanung machen. Ohne diese Prämisse sperrt sich Handlungsforschung in das empirische Feld allein ein und gerät in unkritische Abhängigkeit von der vorfindlichen Wirklichkeit, zu deren Überwindung sie doch beitragen soll.

Die programmatische Aufforderung zu kritischer Theoriebildung in der internationalen pädagogischen Forschung und Lehre bliebe ein idealistischer Appell im negativen Sinne des Wortes, würde nicht bedacht, daß alle Theorie, auch und gerade die der Emanzipation, ihre Wurzeln nicht in der reinen Vernunft des Weltgeistes und seiner dialektischen Entfaltung findet, sondern genährt und geformt wurde auf dem historischen Boden einer spezifischen und ethnisch beschränkten Kultur. Dabei bezeichnet „Ethnie" nichts anderes als das, was Alfred Adler „die Gemeinschaft" nennt, also den Nährboden aller Erziehung und Bildung, gleichzeitig auch ihren Zielpunkt, ihren Sinn. Der kognitive Prozeß, der sich in der Konfrontation der Ideen niederschlägt, setzt sozialpsychologisch einen anderen voraus, der im kollektiven Gewebe von Kommunikation und Interaktion erst die Motivation und individuelle wie ethnische Energie ausbildet, die ihn speist. Zu dieser Problematik das folgende Kapitel.

»Wir brachten euch Friede, Ordnung und Recht«

3

Ethnozentrismus und Weltgesellschaft

Vorspann

Ethnozentrismus gilt, wie Egozentrismus, als negativ zu bewertende Beschränktheit, als Vorurteil gegenüber einer als universal geltenden, zeitlosen, humanen Wahrnehmung und rationalen Logik. Doch eben die Vorstellung, es gäbe einen universal gültigen Maßstab des Verständnisses von und des Umgangs mit Natur und Menschenwelt, also so etwas wie eine vorurteilsfreie Wissenschaft, die allen vorangegangenen Denk- und Bewußtseinsformen überlegen ist, diese Art des euro-amerikanischen Denkens ist selbst ethnozentrisch und befindet sich in einer tiefen Krise. Nun hat sich der europäische Anspruch der Universalität des rational-wissenschaftlichen Denkens und Handelns bzw. dessen, was dieses Denken als Irrationalität und ethnozentrische Beschränktheit einstuft, nicht allein Kraft seiner überlegenen Logik ausgebreitet, nicht dank des „Sieges der Vernunft", sondern im Gefolge des ökonomisch-politischen Ausgriffs von Kolonialismus und Imperialismus auf die Welt.

Die Ideen der Aufklärung und der französischen Revolution wurden im wahrsten Sinne des Wortes „herrschende Ideen", mithin die Ideen einer herrschenden Gruppe. Sie sind somit selbst gruppenzentriert, ethnozentrisch. So umwälzende und heute weltweit gültige Begriffe wie Entwicklung, Fortschritt, Emanzipation, Freiheit, Selbstbestimmung und „Individuelle Autonomie", ebenso wie die wissenschaftlich-technischen Denkmodelle und Verhaltensweisen, die ihnen vorgeschaltet sind, wurzeln im gleichen europäischen Bürgertum, das durch die Praxis seiner Theorien ökonomisch, politisch und kulturell die Vormacht in der Welt errungen hat. Die vorindustriellen Hochkulturen in allen Erdteilen, die östlichen und präkolumbianischen, die nahöstlichen, die griechische, römische, die christlich-mittelalterliche erhoben mit der Macht ihrer ethnischen und sozialen Träger, – jedoch mit ganz anderen Deutungen von Mensch und Natur als denen der europäischen Wissenschaft, – den gleichen Anspruch auf universelle Gültigkeit ihrer Weltsicht und Wertordnung. Gleichzeitig aber finden sich in allen menschlichen Kulturen im „wilden Denken" wie im wissenschaftlichen, fundamentale Gemeinsamkeiten, die darauf deuten, daß in allen ethnozentrisch beschränkten Aussagen etwas Allgemeingültiges sich ausdrückt. Das Intersubjektive und Interethnische liegt darin, daß *bewußt* wahrgenommen und beurteilt wird. Für alle Kulturen gibt es richtig und falsch, Wahrheit und Lüge, gut und schlecht. Daß Natur und Mensch *wertend* angegangen werden, ist die universelle Gemeinsamkeit aller Kulturen.

Das Problem stellt sich also, ob es trotz der historisch-ethnozentrischen Beschränkung allen Bewußtseins, die Möglichkeit gibt, unsere eigenen rational-wissenschaftlichen Aussagen über andere zu bewerten? Sind die Maximen der europäischen Aufklärung, der französischen Revolution, der industriellen, westlich-kapitalistischen bzw. östlich-staatskapitalistischen Gesellschaften nur Ausdruck der Macht, die hinter ihnen steht und die sie ja mit begründet haben, oder haben sie Anspruch auf Raum und Zeit überspannende, nicht ethnozentrische Gültigkeit? Genauer: inwieweit können alle ethnozentrischen Kulturen über sie hinausweisende Werte erzeugen und vertreten?

Die Beantwortung dieser Frage kann auf mehreren Wegen gesucht werden. Wie Ribeiro und Diamond - und im vorigen Jahrhundert Hegel und Marx - kann nach dem weltweiten historischen Prozeß der Zivilisation gefragt und daraus eine Antwort auf die oben gestellte Frage abgeleitet werden. Obschon die Antworten bei Ribeiro und Diamond sehr unterschiedlich ausfallen (ebenso unterschiedlich wie bei Hegel und Marx), haben sie den großen Vorteil, zwischen Ethnozentrismus und Universalismus eine Brücke zu schlagen, die nicht spekulativ, sondern durch historische Forschung begründet wird.

Die Antwort kann auch – wie im Strukturalismus – im wesentlichen auf die Konstanz aller historischen Ausformungen der Wert- und Normensysteme der „*herrschenden*" wie der „*marginalen*" Kulturen hinauslaufen, weil das menschliche Denken durch alle Zeiten und Räume in gleichen Strukturen den Umgang mit der Natur und mit der Gesellschaft steuert. Sie kann auch – wie in den besten Ergebnissen der Ethno-Psychoanalyse – aufzeigen, wie universelle Gesetze individual-psychologischer Entwicklung unter den konkreten, ethnischen Bedingungen der Kultur konkrete Möglichkeiten und Grenzen des Wandels und der Entfaltung des Individuums im Rahmen konkreter Gesellschaften und ihrer Wertsysteme ermöglichen.

Im vorliegenden Essay wird versucht, die Antwort auf einem Weg zu erreichen, der sich sowohl der Teleoanalyse der adlerianischen Tiefenpsychologie als der historisch-kausalen von Marx verpflichtet weiß.

Wir dürfen - von der Empirie belehrt - davon ausgehen, daß alle gesellschaftlichen - und damit auch individuellen - Muster der Wertungen einen Doppelcharakter tragen:

- Einmal ordnen sie Erfahrung, so wie sie unter gesellschaftlich-historischen Bedingungen ethnozentrisch bzw. egozentrisch gemacht wurden, in eine Struktur von Wahrnehmung, Gefühl und Denken ein, um derart Verhalten und Handeln der Individuen und Gruppen überhaupt zu ermöglichen. Damit dienen sie funktional der Existenzbewältigung konkreter Gesellschaften und mithin den Macht- und Herrschaftsstrukturen, die sie entwickelt haben, und auf denen sie ökonomisch, sozial und politisch beruhen. Alle verinnerlichten Wertsysteme dienen somit den Gruppen oder Ethnien, die die Macht haben, andere zu instrumentalisieren.
- Ein anderes Mal aber sagen diese Denksysteme und Bewertungsmuster etwas über Mensch und Natur aus, das die eben genannte Funktionalität der Instrumentalisierung überschreitet. Denn jedweder bewußte, objektivierende Umgang mit der erscheinenden Wirklichkeit schließt mit Notwendigkeit die Potentialität des Nicht-mehr-Erscheinenden, des Noch-nicht-Erschienenen, des Zu-befürchtenden oder Zu-hoffenden ein. Jede Wertung einer Situation, ob einer historisch-gesellschaftlichen oder einer biographisch-individuellen, richtet sich nicht nur an der gegenwärtigen Wirklichkeit aus, sondern an der Eerwartung, Befürchtung und damit der bewußten Vorwegnahme einer zukünftigen. Bereits die Wahrnehmung der Wirklichkeit beinhaltet die ethnozentrische Erfahrung und den Entwurf. Der tätige Umgang mit dem Wirklichen ist ohne Einbeziehung akkumulierten Wissens und Könnens ebensowenig möglich wie ohne gedankliche Vorwegnahme der zu bewirkenden Zukunft. Zielgerichtetheit der Wertungen ist mithin ein konstituierendes Element jeder Kultur, jeder Klasse und jeden Individuums. Gerade aus der Zielstrebigkeit des individuellen wie des kollektiven Verhaltens sind die jeweiligen Bewertungen zu verstehen, mit der das individuelle bzw. das ethnische „Ego" den „Alter" die Fremdgruppe als hilfreiche, freundliche, oder im Gegenteil als bedrohliche Wirklichkeit und Macht wahrnimmt.

Dafür stellen die Verwertungen europäischer Ideen durch die Völker und die Individuen der Dritten Welt ein ebenso gutes Beispiel dar, wie die heutige Rezeption afrikanischer, asiatischer und präkolumbianischer Muster von Einstellung, Empfindung und Existenzbewältigung in den alternativen Bewegungen der industriellen Gesellschaft. Die Aneignung europäischer Wertvorstellungen wie „Nationale Selbständigkeit", „Gleichberechtigung", „Entwicklung", von Wissenschaft, Technik, Ökonomie und Politik durch das kolonisierte Bewußtsein der Dritten Welt stellt die Voraussetzung für ihre Zielvorstellungen von Selbständigkeit und Eigenwert, von Aufbegehren und Antiimperialismus dar. Umgekehrt erscheinen in den Industriekulturen die gleichen Zielvorstellungen bereits als brüchig und fragwürdig, so daß hier das Empfinden und Denken der einstmals eroberten und unterdrückten außereuropäischen und vorindustriellen Kulturen der Dritten Welt als Denkanstöße und mögliche Alternativen zur beängstigenden Krise der kapitalistischen oder „sozialistischen" Entwicklung, und ihrer Zweckrationalität rezipiert werden.

So stellt sich hier wie dort die Frage, wie die weltweit konfrontierten Wertmuster zur Identitätsfindung der einen und der anderen beitragen können bzw. inwieweit sie die Ausbildung des individuellen wie des kollektiven Subjekts beeinträchtigen.

Ohne Ausbildung ethnischer und individueller Identität, ohne Bewußtsein vom abgegrenzten und begrenzten Selbst gibt es keine produktive, zielgerichtete Tätigkeit, denn durch die Unsicherheit des eigenen Standorts, der eigenen Zielstrebigkeit wird der Andere oder das Andere zur Bedrohung. Und auf Bedrohung wird mit irrationaler Aggressivität geantwortet.

Darum sind Einstellung und Bewußtsein der Angewiesenheit auf die anderen Ethnien bzw. die anderen Individuen, die Grundvoraussetzung für eine Meisterung des Dilemmas von Ethnozentrismus und Universalismus. Diese Akzeptanz von eigener Angewiesenheit auf die anderen muß aber das Bewußtsein von der eigenen Beschränktheit durch die historisch-ethnische wie durch die biographische Vorgegebenheit beinhalten. Gleichzeitig schafft sie aber auch das Vertrauen in die Veränderbarkeit des natürlich oder gesellschaftlich Bedingenden. Ein solches Vertrauen und der Mut, der aus ihm erwächst, wird erst über die Erfahrung *vernunftgeleiteter Solidarität* erworben. Gleichzeitig aber wird dies Vertrauen und der Mut zum Handeln notwendigerweise auch immer wieder erschüttert durch die „unvernünftigen" Folgen vernünftig konzipierter Strategien. Ohne Urvertrauen bzw. „Gemeinschaftsgefühl" wächst sich diese Erschütterung zur kollektiven und individuellen Neurose, zur „Irrewerdung" der Gruppe und des Individuums aus.

Das Ich als Objekt wissenschaftlicher Forschung

„Wo *icke* bin, is *richtig*", heißt es im Berliner Jargon. Die psychologische Wissenschaft bezeichnet diese Einstellung als Egozentrismus, die soziologische als Ethnozentrismus.

Damit einer sagen kann, „wo icke bin, is richtig" bedarf es zweier Voraussetzungen. Das Individuum muß sich als „icke" sehen, und muß über einen Maßstab verfügen, der ihm erlaubt, das Richtige vom Falschen zu unterscheiden. In wissenschaftlicher Terminologie trägt die erste Voraussetzung die Bezeichnung „Ich-Identität" und die zweite die der „Werturteilsfähigkeit". Beide Voraussetzungen werden in der individuellen Entwicklung erst erworben. Die Tatsache, daß das „Icke" nicht *selbstverständlich* jeder individuellen Existenz angehört, daß Ich-Identität erst erworben wird und verloren gehen kann (z. B. in der Krankheit der Persönlichkeitsspaltung = Schizophrenie) ist eine uralte Vorstellung aller Kulturen und eine gleichzeitig sehr neue, kaum hundert Jahre alte Erkenntnis der europäischen Psychologie. In allen Weltreligionen, die auf den sogenannten „Naturreligionen" vorhistorischer Kulturen gründen, bedeutet das Ich die unverwechselbar individuelle „Seele", die dem Körper innewohnt und ihn lenkt, nicht aber sich durch und mit ihm verändert oder gar mit dem physischen Tod vergeht. „Die Seele von Janze" ist das Wesen des Individuums (zu deutsch: des Unteilbaren), das in allen Kulturen als unerwerbbar und unzerstörbar galt (Namensgebung, Taufe, Totenkulte, Seelenwanderung, Belohnung und Bestrafung in einem wie immer vorgestellten Jenseits, Himmel-Hölle, Wiedererweckung der Toten, Auferstehung etc. etc.). Die im Verhältnis dazu sehr junge Wissenschaft vom Menschen (Anthropologie, Psychologie, Soziologie) sieht dagegen die „Seele", das unverwechselbar Individuelle, nicht „als ein dem Individuum innewohnendes Abstraktum"[2] an, sondern als eine Erscheinung von Einstellung und Verhalten, die in ihrer Entstehung rational-empirisch erkennbar, und somit objektiv, d. h. überprüfbar dargestellt werden kann.

Diese Darstellung oder wissenschaftliche Deutung des „Ich" macht aus jener einst geglaubten und unverwechselbaren „Seele" ein Objekt, das zu behandeln, zu verändern, zu verbessern oder - was den gesellschaftlichen Hintergrund, nämlich die bürgerlich-kapitalistische Gesellschaft angeht - nutzbringend brauchbarer zu machen ist, z. B. durch Erziehung und Bildung. Dies eben ist das Grundlegende der europäisch-wissenschaftlichen Forschung über die Ich-Bildung, daß jenes Berliner „Icke" als ein *Objekt* gesehen wird, das über eine gesellschaftliche und persönliche Geschichte erst ausgebildet wird, bzw. von ihr in seiner potentiellen Entfaltung gestört oder gebrochen werden kann.

Zur gesellschaftlichen Ausbildung gehört die Kulturgeschichte und damit die Geschichte schlechthin, zur persönlichen Geschichte gehört die der körperlich-geistigen Beziehungsfähigkeit des Kindes zu seiner individuellen und menschlichen Umwelt.

Auf dem Hintergrund dieser Gemeinsamkeit humanwissenschaftlicher Forschung gegenüber der aller vorwissenschaftlichen Glaubensvorstellungen vom *„Wesen des Menschen"*, erheben sich grundsätzlich verschiedene anthropologisch-soziologische, bzw. psychologische Richtungen, von deren Erkenntnissen und Widersprüchen sich der hier vorliegende Essay nährt und an deren Weiterführung er teilzunehmen vorhat.

Die Fähigkeit, zu bewerten

Ganz ähnlich wie mit dem Axiom des Ich erging es historisch der zweiten Voraussetzung des „wo icke bin, is richtig", nämlich dem Werturteil „richtig".

Die Voraussetzungen, die jedem Wertsystem zugrunde liegen, galten allen Kulturen vor der europäisch-bürgerlichen als unbefragte Überlieferung

oder als kirchenstiftende Offenbarung - die dann missionarisch oder gewalt-
tätig verbreitet wurde. Dieser Ethno- und Egozentrismus des Urteilens besteht weitgehend auch gegenwärtig noch, und zwar nicht nur gegenüber den
sogenannten Vorurteilen der *ungebildeten, bzw. nicht-emanzipierten, unauf-
geklärten Massen,* sondern in Einstellung, Problemstellung, Forschung und
Verhalten der modernen Wissenschaftler selbst.

Zwar beginnt in Europa der Zweifel an der Universalität des eigenen
Wertsystems und damit der Beurteilung der Wirklichkeit bereits mit Montaigne. Dennoch blieb die moderne Philosophie und Wissenschaft, vom Humanismus bis zur Gegenwart, von der einzigartigen Richtigkeit ihres empi-
risch-rationalen Denkens überzeugt. Angesichts der Entwicklung einer
Weltkultur mit gemeinsamer ökonomischer, sozialer und politischer Problematik entstehen heute Fragen, Forschungen und Theorien, die über die
eurozentrische Ausrichtung des wissenschaftlichen Bewußtseins hinaus-
weisen. Die neue Infragestellung der Kriterien des Bewußtseins hat sich aus
der Dialektik des europäischen Denkens selbst ergeben, vor allem aber aus
den Rückwirkungen seines materiell-imperialistischen Ausgreifens auf und
der Zerstörung von unterschiedlichsten Kulturen in allen Teilen der Welt.

Die *endogene* Dialektik des wissenschaftlichen Denkens zeigt sich in den
Widersprüchen, in denen sich Forschung und Theoriebildung bewegen.
Diese Widersprüche wirken als Infragestellung nicht nur der *Ergebnisse,*
sondern auch der historisch-anthropologischen *Voraussetzungen* unserer eigenen Einstellungen, unseres Empfindens, Erlebens und Handelns. *Exogen*
rührt die Infragestellung der universellen Gültigkeit des europäischen Bewußtseins von der Ausbildung des Widerstands der unterdrückten, aber
gleichzeitig zutiefst zuverwandelten Kulturen der Dritten Welt her. Die Besinnung auf die eigenen Quellen der tradierten Wertsysteme begleitet dort den
politischen Widerstand gegen den Imperialismus und führt zu einer grundsätzlichen Kritik der Grundlagen, auf dênen sich die ökonomisch-politische
wie auch die kulturelle Vormacht und Herrschaft der kapitalistisch-westli-
chen und sowjetkapitalistisch-östlichen Industriekultur bislang durchsetzte.

Die widersprüchliche Entwicklung in der Kritik
Nord und Süd

Die Entwicklungen der endogenen und der exogenen Widersprüche haben
die Tendenz, ihrerseits in Widerspruch untereinander zu geraten. Während
die euroamerikanische Wissenschaft und Philosophie den Grundlagen gegenüber, denen sie ihre Vormachtstellung im Weltmaßstab verdankt, zunehmend kritisch gegenübersteht, während vom „Club of Rome" bis
Prigogin, von Lévy-Strauss bis Diamond und Illich, von Duhm zu Bahro und
Garaudy, von den „Grünen" und „Alternativen" zu den Aufbruchsbewegun-
gen der protestantischen und katholischen Kirche, die ethnozentrisch-histo-
rische Beschränktheit des rationalistischen Entwicklungs- und Fortschritt-

denkens einer Fundamentalkritik unterzogen wird, verschreiben sich die Intellektuellen der Dritten Welt in ihrer kreativen Auseinandersetzung mit der Vormachtstellung der euro-amerikanischen Wissenschaft in verstärktem Maße dem Erbe der europäischen Kulturgeschichte. Ribeiro und Freire in Lateinamerika, Nyerere und Senghor in Afrika, bedeutende Humanwissenschaftler aus dem islamischen Kulturbereich, chinesische, vietnamesische, indische und indonesische Intellektuelle gehen ihr eigenes geschichtliches Erbe und die antiimperialistische Zukunft ihrer Völker mit tiefem Vertrauen in die Kraft und in die umwälzende Macht rationaler Natur- und Geisteswissenschaft an.

Während sich in Europa und Nordamerika die Abkehr vom eigenen kulturellen Erbe des 18. und 19. Jahrhunderts häufig in der Verschreibung an esoterische, sektiererische und offen wissenschaftsfeindliche Richtungen vollzieht, erwachen in der Dritten Welt Richtungen aller Art, die Kant, Hegel, Kierkegaard, Marx, Freud und Lenin denkerisch und praktisch kreativ umsetzen und durch das eigene Erbe bereichern und verwandeln.

Dieser Widerspruch äußert sich deutlich in den gesellschaftlichen Perspektiven der jungen Generation an den euro-amerikanischen Universitäten einerseits und denen der Dritten Welt andererseits. Die Wertmaßstäbe widersprechen sich, obschon - *oder gerade weil* - das rationale Instrumentarium bei den einen wie bei den anderen das gleiche ist. Die euro-amerikanische junge Intellektuellengeneration schaut mit mißbilligender Kritik, ja Verachtung, auf die Bemühungen der Drittweltwissenschaft, sich die wissenschaftlich-technische Kompetenz und Performanz anzueignen und die Werte zu verinnerlichen, die den „Fortschritt" zur Industriekultur der nördlichen Halbkugel bewirkt haben. Sie erblicken in den traditionellen Stammeskulturen, in den gesellschaftlichen und individuellen Strukturen der vorindustriellen Psyche die wesentlichen Botschaften zur Überwindung der heimischen Misere.

Ganz im Gegenteil versteht die junge intellektuelle Generation der Dritten Welt die euro-amerikanische Natur- und Geisteswissenschaft als ein gewaltiges Kapital, das vom kapitalistischen und „real-sozialistischen" System des Imperialismus vergeudet, verfälscht und manipuliert wurde und seine volle, vernünftige Wirksamkeit erst durch seine konsequente Anwendung und Durchsetzung auf dem Boden der autonomen, anti-imperialistischen Kulturen der Dritten Welt erfahren kann, da die euro-amerikanische geistige Führung versagt und ihr Erbe verraten hat.

Besonders deutlich wird das hier wie dort an der Einstellung zu Marx einerseits, zu den Quellen des Evangeliums und des Islams andererseits. Nach einer kurzen Periode der Renaissance marxistisch-kritischen Denkens in den Industrienationen während der sechziger und zu Anfang der siebziger Jahre, gingen in den letzten Jahren immer mehr jüngere Autoren, insbesondere im deutschsprachigen Raum, dazu über, metaphysische und religiöse Quellen als Deutungsmuster aller Vorgänge in Gesellschaft und Individuum zu suchen, um die euro-amerikanische Entwicklungs- und Fortschrittsideologie anzugreifen. Die materialistische Dialektik von Marx galt ihnen von nun an als oberflächlich, einseitig und blind für die eigentliche Problematik. Dieser euro-amerikanischen, jungen Generation schien sie nicht vorrangig in der kapitalistischen Ausbeutung, also in den Produktionsverhältnissen des Imperialismus zu liegen, sondern in der Sinnlosigkeit und der zerstörerischen Wirkung der wissenschaftlich-technischen Revolution selbst.

In umgekehrter Richtung bewegten sich die jungen Intellektuellen der Dritten Welt. Meist ausgehend von religiösen und ethnisch-traditionellen Denkansätzen wurde ihr Antiimperialismus zunehmend beeinflußt und bestimmt von der historisch-soziologischen Dialektik von Marx und von einer national-revolutionären Ummünzung der Lenin'schen Formel von 1923 „Sozialismus, das ist Sowjetmacht plus Elektrizität". Damit nimmt die Kritik an der traditionellen „Weisheit" der eigenen Kultur, sei sie animistisch, hinduistisch, islamisch oder katholisch, Formen des europäischen Aufklärungs- und Entwicklungsdenkens an.

Diese Einstellung äußert sich als sarkastische Kritik der im eigenen Land politisch verfolgten Intellektuellen am Irrationalismus und an der Romantik der euro-amerikanischen intellektuellen Jugend ebenso wie am servilen Transfer der Abfallprodukte euro-amerikanischer Technologie und Ökonomie durch die einheimische, neue, skrupellos herrschende Klasse.

Während also den europäisch-amerikanischen Intellektuellen die Wurzel des Elends unmittelbar in der Ausrichtung der europäischen Wissenschaft, Rationalität und Technik zu liegen scheint, gilt der jungen geistigen Vorhut der Dritten Welt die konsequente Rezeption der Wissenschaft und Technik als das sicherste Mittel, das Elend, das durch die imperialistisch-strukturelle Rückständigkeit des eigenen Volkes verursacht ist, zu überwinden.

Auf eine vereinfachte Formel gebracht: Das euro-amerikanische Wahrnehmen, Denken und Fühlen begreift das eigene kulturelle Erbe zunehmend als Last oder als Sackgasse, die ins Elend sowohl unserer als der Dritten Welt führt. Ihr Blick richtet sich hoffnungsvoll auf das Erbe außer-europäischer Kulturen, um zu den verschüttet geglaubten Quellen individueller und kollektiver Sinnhaftigkeit, Lebenskraft und Beglückung vorzustoßen.

Umgekehrt bewegt sich das Wahrnehmen, Empfinden und Denken in der Dritten Welt auf eben die Werte zu, die den Euro-Amerikanern als fragwürdig erscheinen. Beiden entgegengesetzten und doch politisch miteinander verbrüderten Bewegungen scheint der Ethnozentrismus nicht in der eigenen, sondern in der anderen Welt und Kultur zu liegen.

Die Zerstörung der vor-industriellen Kulturen der Dritten Welt erscheint den direkten Erben der Aufklärung in Nordamerika und Europa als Folge des eigenen Irrwegs des natur- und humanwissenschaftlichen Denkens und Handelns. Dagegen stellt sich den jungen Intellektuellen, die sich des euro-amerikanischen Denkens und seiner wissenschaftlich-technischen Ergebnisse in der Dritten Welt bemächtigen, das Hauptproblem darin zu liegen, diese philosophische, wissenschaftliche und technische Umwälzung nun ökonomisch und politisch eigenständig anzuwenden und weiterzuführen, also die umwälzende Macht der wissenschaftlich-technischen Revolution gegen die imperialistischen Eigentümer ihrer Quellen einzusetzen.

Jede dieser Bewegungen sieht sich im eigenen Land einer mächtigen Tradition gegenüber, die zu brechen sie antritt. Die alternative, grüne, die eskapistisch-romantische wie die sozialkritische, psychoanalytische Bewegung in unserem Kulturkreis sieht sich, trotz Wirtschaftskrise und Rüstungswettlauf, einer Mehrheit der Bevölkerung gegenüber, die nicht vergessen will, daß sie ihre Bedürfnisse an Essen, Trinken, Wohnen, Wärme, Kleidung, Freizeitangebot, Ferien, Bewegungsfreiheit, sozialem Prestige eben jenem wissenschaftlich-technischen Denken, eben jenem linearen, profit- und leistungsorientiertem Handeln des Establishments verdankt, dessen Abwesenheit in den Ländern der Dritten Welt und des „realen Sozialismus" sie Hunger und Katastrophen im Weltmaßstab zuschreibt.

Die intellektuelle Jugend der Dritten Welt dagegen steht im Kampf gegen den neo-imperialistischen Transfer von Bedürfnissen, Wertmaßstäben und Kompetenzen, die zwar die vor- und kolonialistischen gesellschaftlichen Verhaltensmuster wie die erstarrten ökonomisch-sozialen Strukturen zerstören, nicht aber zur Befreiung der Massen in Dorf und Vorstadtslum, sondern zur Bereicherung und zum Machtzuwachs einer neuen farbigen herrschenden Klasse führen.

Obschon politisch weder in den Industrie- noch in den Drittweltländern erfolgreich, werfen die gleichsam komplementären Minderheitenbewegungen hier wie dort ganz grundsätzliche Fragen der Orientierung des Denkens im Weltmaßstab auf. Diese Fragen stehen in unmittelbarem Zusammenhang mit der eingangs erwähnten Grundeinstellung „Wo icke bin, is richtig", denn sie betreffen die beiden entscheidenden Voraussetzungen allen gesellschaftlichen - und damit auch individuellen - Verhaltens und Handelns: *Identität und Wertmaßstab.*

Drei Grundfragen

Die angedeuteten Tendenzen der geistigen Ausrichtung in Nord und Süd lassen drei Fragen in bezug auf Identität und Wertmaßstab in der Krise der Weltgesellschaft aufkommen:

1. Die erste Frage ist eine methodisch-wissenschaftliche: *Kann man die Probleme kultureller Identität und historisch erwachsener Wertmaßstäbe mit dem Instrumentarium eines kausal operierenden Rationalismus lösen?* Ist das kausal wissenschaftliche Denken nicht selbst das Ergebnis einer historisch beschränkten Kultur, nämlich der bürgerlich-europäischen, ist also die Herangehensweise an die Problematik einer Weltgesellschaft nicht etwa universal, sondern historisch beschränkt?

2. Die zweite Frage ist sozialpsychologisch: *Ermöglichen rational-abstrakt erstellte Wertmaßstäbe, mit Anspruch auf unparteiische Objektivität,* so

wie sie aus dem Umgang unserer wissenschaftlich-technischen, bzw. imperialistischen Gesellschaft hervorgehen, so etwas wie *Identifizierung, d. h. Verinnerlichung* und dadurch *engagiertes Handeln?*

3. Die dritte Frage, die ganz besonders die Pädagogik als Wissenschaft zu beschäftigen hat, könnte in etwa lauten: *Kann aus der rational-wissenschaftlichen Analyse der bestehenden Weltgesellschaft, aus der Erkenntnis ihrer ökonomischen, politischen, sozialen, kulturellen und damit psychologischen Bewegungsgesetze ein universell gültiges Menschenbild entwickelt werden, das, von den USA bis nach Tasmanien, die Fähigkeiten, Kenntnisse und Einstellungen definiert, die Erziehung und Bildung bei allen Adressaten bewirken sollen?*

Zur ersten Frage

Beginnen wir, uns mit dem ersten der drei Problemkreise zu beschäftigen. Strenge Kausalität ist der eigentliche, fest und sicher erscheinende Grund, auf dem sich das gewaltige Gebäude europäischer Wissenschaft und Technik seit Aristoteles erhebt. Sie besagt - in ihrer spezifisch europäischen Ausbildung - daß jede Erscheinung der menschlichen oder der außermenschlichen Natur durch vorhergehende, prinzipiell rational erfaßbare Ursachen bestimmt wird. Was die physische Natur angeht, so reduzierten europäische Wissenschaft und Philosophie in jahrhundertelanger empirischer und analytischer Forschung diese Kausalfaktoren auf einerseits die der Physik, d. h. auf „Energie und Materie und ihre Interaktion" (Encycl. Britannica), auf andererseits die der „Eigenschaften der Materie (substances) und ihrer Umwandlungen (Encycl. Britannica)". Das Instrumentarium zur Erfassung der Kausalbeziehungen reicht dabei von der Beobachtung und dem Experiment bis zum mathematisch-eindeutig formulierbaren Gesetz von Ursache und Wirkung.

Die Grundprämisse dieses naturwissenschaftlich-mathematischen Umgangs mit den Erscheinungen sieht dabei von jeder Finalität oder metaphysischen Gerichtetheit der Natur und des Menschen ab und verzichtet damit auf jede *Wertung* der Erscheinungen, die sie untersucht. Um ein einfaches Beispiel für diese Prämisse zu nennen, sei an das Erdbeben erinnert, das 1755 Lissabon zerstörte. Seine 30 000 Opfer waren keine „Strafe Gottes", ihr Tod hatte keinen „Sinn", sondern sie waren die „wertfreie" Folge physikalisch-tektonischer Ursachen.

Diese Prämisse der Wertfreiheit wurde in der Folge der Naturwissenschaft auf die „lebende Materie" übertragen (das Tier als komplexe Mechanik bei Descartes), dann auf den Menschen als biologisches Wesen (Darwin's „Entstehung der Arten") und auf die Humanmedizin seit Claude Bernard, schließlich auf menschliche Psyche und Gesellschaft (z. B. die Psychoanalyse Freuds und die Entwicklungsgesetze des Kapitalismus bei Marx und Engels) M. Weber hat sie für die Gesellschaftswissenschaften vertieft begründet.

Gerade die kritische Explosivkraft dieser wertfreien Objektivität machte die europäische Wissenschaft so unerhört fruchtbar und erfolgreich und erweiterte den instrumentalen Umgang mit der Natur, vor allem aber auch mit den herrschaftsabhängigen Klassen und Individuen bis hin zur gegenwärtigen wissenschaftlich-technischen Revolution. Ihre Wirksamkeit erwies sich als ungleich größer als die aller vorbürgerlichen und außereuropäischen Systeme der Interpretation der Natur und des Menschen.

Und dennoch stößt heute diese, ihrem Anspruch nach allgemeingültige, wissenschaftliche Interpretation nicht nur auf ihre praktischen Grenzen durch ihre unermeßlich zerstörerischen Konsequenzen für die Biosphäre und die menschliche Gesellschaft, sondern auch auf ihre theoretischen. Die exakte Wissenschaft triumphierte durch das Prinzip der Verifizierbarkeit bzw. Falsifizierbarkeit ihrer Aussagen und Gesetze. Aber gerade dieser methodologische Anspruch stößt heute auf seine Grenzen in der theoretischen Physik ebenso wie in der Molekularbiologie und auf den Gebieten der Medizin, der Psychologie und aller Humanwissenschaften erweist er sich als Hemmnis, ja als Vorurteil.

Auf so verschiedenen Gebieten wie denen der Mikrobiologie (Genforschung), der Medizin, der Ökonomie, der Soziologie und der Psychologie hat die streng kausale Methode der Forschung zwar einen gewaltigen Reichtum an Ergebnissen zu verzeichnen, deren Bestand unverzichtbar ist, doch hat sie auf eine grundlegende Frage keine Antwort zu geben, nämlich wie es zur *Zielgerichtetheit aller Lebensprozesse* kommt, von der bewußtseinslosen der Pflanzen und Tiere bis zur bewußten in der Geschichte der menschlichen Gesellschaften und Individuen. Sie hat bislang keinen theoretischen Zugang zur Interpretation der Tatsache gefunden, daß sich das Leben zwar unter den Bedingungen der physikalisch-chemisch-biologisch-psychisch-sozialen Gesetze entwickelt, aber sein entscheidendes Merkmal darin besteht, *daß es sie nutzt, um ihren Determinismus gegen Umwelt und Zerstörung für die individuelle und die Arterhaltung durchzusetzen, daß alle Lebewesen an der Aufrechterhaltung und Fortentwicklung ihrer spezifischen Strukturen arbeiten.*

Alle physikalischen und bio-chemischen Strukturen, die die Arten in der halben Milliarde Jahren ausgebildet haben, seit sich ihre Urformen aus der anorganischen Materie entwickelten, sind vornehmlich durch ihre Funktion zu verstehen, durch den *Zweck, den sie als Teil der ganzen Struktur erfüllen und nicht aus den Bedingungen, die sie zielstebig nutzen.*

Wir wollen in diesem unendlich weiten Problemkreis nur einer Frage nachgehen, nämlich: erklärt die Analyse der gesellschaftlich-historischen Bedingungsfaktoren die ideologischen Strukturen einer Ethnie, einer Klasse oder einer Nation und damit das gesellschaftlich-historische Geschehen selbst? Ist z. B. aus den Bedingungen ökonomisch-sozialer Produktions- und Austauschverhältnisse, wie Engels sagt, „in letzter Instanz" das historische Versagen der Arbeiterklasse gegenüber dem Imperialismus bei Ausbruch des 1. Weltkriegs bzw. in den dreißiger Jahren gegenüber dem Hitlerfaschismus kausal deterministisch zulänglich zu deuten? Die Fragestellung kann auch so lauten: *sind die Gesetzmäßigkeiten kollektiven und individuellen Verhaltens aus der Summe ihrer bedingenden materiellen Faktoren derart abzuleiten, daß die Entwicklung der ökonomischen, sozialen, politischen und damit kulturellen Interaktion ein zielgerichtetes pädagogisch bzw. politisches oder psychotherapeutisches Entwerfen und Handeln ermöglicht?* In bezug auf unser anfängliches Beispiel vom „Wo icke bin, is richtig" bedeutet dies: *kann die Konstitution des Ich und seines Wertbewußtseins kausal deterministisch allein vom materiellen Bedingungszusammenhang abgeleitet werden, der vor seiner Ausbildung besteht?* Hierbei ist selbstverständlich der Begriff „materiell" sehr weit zu fassen, d. h. er bezieht die biologischen, die biophysischen Voraussetzungen der Identitätsbildung und der Werturteilsbildung ebenso ein, wie die ökonomisch-sozialen und historisch-politischen.

Ein Blick auf die Forschungsergebnisse allein der Ethnologie läßt die Problematik des wissenschaftlichen Umgangs mit der Realität deutlicher werden. Die Imperialismusforschung ebenso wie die Ethnopsychoanalyse, der französische Strukturalismus wie die „Angewandte Anthropologie" eines Roger Bastide leiten das jeweilige ethnische Bewußtsein und Verhalten aus einer Reihe determinierender Faktoren ab, die sich die jeweilige Forschung als materiell-begriffliche Grundvoraussetzungen des Bedingungszusammenhangs ausgewählt hat. Damit befriedigt die kausal-deterministische Methode in diesem Bereich der Humanwissenschaften zumindest *ein* Grundbedürfnis jedes Individuums und jeder Kultur, nämlich: die gesellschaftlichen Erscheinungen, die kollektiven wie die individuellen Erfahrungen einer logischen, intersubjektiven Deutung zugänglich zu machen.

Aber die Befriedigung eines solchen Deutungsbedürfnisses (das ja seinerseits kausal, also sozio-psychologisch und historisch abzuleiten wäre) kann nicht genügen, da die kausal abgeleiteten Gesetzmäßigkeiten, im Unterschied zu den Deutungsmustern religiöser oder anderer metaphysischer Art, keine Zielrichtung individuellen und kollektiven Verhaltens, also zukünftiger Interaktion ermöglicht. Die „sich hinter dem Rücken" der Individuen durchsetzende „notwendige" Abfolge der Erscheinungen, also der kausale Bedingungszusammenhang erlaubt nicht, die Entwicklung des Ich-und-des-Wertbewußtseins so vorauszusagen, daß aus der wissenschaftlichen „Theorie" eine politische oder pädagogische Orientierung des tätigen Eingreifens in diesen Ablauf abzulesen wäre.

Weiter kommen wir, wenn wir mit Alfred Adler auf ein heuristisches Prinzip zurückgreifen, das den objektiven Bedingungszusammenhang, unter dem eine Verhaltensstruktur zustande kommt, als zweitrangig, dagegen die jeweilige ethnische, klassenspezifische, *subjekive Wertung der Wirklichkeit als erstrangig determinierend* angehen. Es muß dann ausgegangen werden von den Bedürfnissen, Absichten, Zielen der Gruppen wie der Individuen und erst zweitrangig von dem Bedingungszusammenhang, der sie ausgebildet hat.

Auf unser Problem angewandt bedeutet dies: erstrangig ist zu fragen nach der Finalität des Selbstbewußtseins und erst dann nach dem Bedingungszusammenhang, also den historisch-biografischen Verhältnissen, die dieses spezifische Selbst, ob kollektiv oder individuell, haben entstehen lassen. Dabei bedeutet „Finalität" des Selbstbewußtseins kein hypothetisches Konstrukt wie etwa eschatologische Deutungen historischer Entwicklung. Ganz im Gegenteil handelt es sich um empirisch faßbare Fakten. Die bewußten Artikulationen von Absichten, Einstellungen, Ideologien wie ihre unbewußten Korrelate sind gerade in ihrer Funktion, ihrem Sinn für die jeweilige gesellschaftliche oder individuelle Existenz präzise und empirisch-analytisch erfaßbar. So liegt die wesentliche Funktion des Selbstbewußtseins in der zielgerichteten Steuerung der historisch-gesellschaftlichen bzw. der psycho-organischen ganzheitlichen Struktur der Ethnie, der Klasse, Gruppe, der Gemeinschaft bzw. der Person, in seinem Raum und in seiner Zeit. Sein Raum ist der physische und vor allem gesellschaftliche Bedingungszusammenhang, in den es hineingeboren ist: seine Zeit ist die strukturindividuelle Lebenszeit ebenso wie die gesamtgesellschaftliche der Epoche.

Die Zielstrebigkeit menschlicher Kommunikation und Interaktion ist dabei zu einem Teil bereits organisch bzw. phylogenetisch (=arttypisch) festgelegt. So etwa die organischen Funktionen, die der Aufrechterhaltung des physiologischen Metabolismus dienen, so die Etappen der senso-motorischen Funktionen, einschließlich der Reifung der linguistisch-intellektuellen Zentren in der Großhirnrinde. Doch ist der weitaus größte Teil individueller und kollektiver Zielstrebigkeit durch Lernen und Erfahrung erworben. Gerade hierin liegt die Besonderheit der menschlichen Gattung, daß sie nämlich die kollektive und individuelle Zielstrebigkeit gesellschaftlich- bzw. individual-historisch - und nicht wie die übrigen Gattungen - organohistorisch ausbildet. Nichts anderes besagt die Marxsche Feuerbach-These: „Das Wesen des Menschen ist kein dem Individuum innewohnendes Abstraktum, es ist vielmehr das Ensemble der gesellschaftlichen Verhältnisse."

Zwar ist unleugbar, daß die artmäßige sich entwickelnde Struktur des Individuums, einschließlich seiner erblich bedingten, individuellen Abnormalitäten, zu seinem Wesen gehören, daß „Instinkte" oder „Anlagen" in seine Zielstrebigkeit phylogenetisch eingehen, aber sein *Wesen erschließt sich erst in der kultur- und eben nicht in der naturbedingten Zielstrebigkeit.*

Das Bedinungsgefüge, in dem sich die bewußte wie die unbewußte Zielstrebigkeit kulturell ausbildet (Adler nennt ihre systematische Verfolgung unter verschiedensten Bedingungen den „Lebensstil"), ist durch zwei fundamentale Strukturen gekennzeichnet, die sich ihrerseits objektiv-kausal untersuchen lassen: Einmal die historische Konstellation, in der sich die Gruppe, bzw. das Ich und ihre Zielstrebigkeit ausbildet, zum anderen die jeweils einmalige, konkrete Situation, in der sie sich - auf Grund der voraufgehenden Konstellation - zu verhalten haben.

Gegenüber der Persönlichkeits- bzw. der Gruppenexistenz besitzen die Strukturen der Konstellation den Charakter einer übermächtigen Faktizität: kein Individuum und keine Gruppe wählen oder beeinflussen Raum und Zeit, Ort und Epoche der Abfolge von Situationen, in denen sie zu leben haben, in denen sie ihre Zielstrebigkeit lernen und ihre Absichten verfolgen. Man wird mit seinem Geschlecht und seiner ganzen organischen Befindlichkeit in eine Familie hineingeboren, die - als Gruppenindividuum - wiederum von einer Kulturgeschichte ihre Vorbilder, ihre Normen und Werte des Verhaltens bezieht.

Die Struktur des jeweiligen Lebensraumes, also die physische und gesellschaftliche Konstellation, innerhalb derer sich die Menschen als Individuen und als Gruppen bewegen, ist einer rational-kausal-empirischen Abgrenzung und Untersuchung zugänglich: Das Bedingungsgefüge, mit dem das kollektive wie das individuelle Sein und Bewußtsein konfrontiert sind, kann in all seiner physischen und gesellschaftlichen, historischen und biografischen Dimension intersubjektiv und mit dem Anspruch auf universale Geltung wissenschaftlich dargestellt werden.

Zur Faktizität der Konstellation innerhalb derer die Gruppe wie die Individuen auf ihre konkreten Lebenssituationen antworten, gehört das überlieferte kollektiv-kulturelle Bewußtsein, das in unserem Kulturkreis tiefgehend von der rational-empirisch, wissenschaftlich-technischen Bildung geprägt wurde. Es beinhaltet in der jeweiligen Kultur die *Vorstellungen von dem, was kollektiv oder individuell in einer gegebenen Situation bewirkt werden kann,* was machbar bzw. unveränderbar ist, was vorgegeben und was übermächtig.

Dieses Bewußtsein, bzw. die gesamte komplexe sozial- wie individualpsychologische Struktur der Gruppen und Personen, also ihr Wahrnehmen, Empfinden und Denken bewirkt letztendlich das reale Geschehen in der konkreten Situation. Von diesem konkret historisch wie biografisch ausgebildeten Selbstbewußtsein hängt es ab, ob das kollektive oder persönliche Individuum, diese unverwechselbare ganzheitliche Einheit, sich den geschlechtlichen, generationsspezifischen, sozialen und kulturellen Bedingungen gegenüber wert- und normenkonform, anerkennend, resignierend, aufbegehrend, rational, emotional, „vernünftig" oder „irre" einstellt und verhält. Das Geschick, sagen wir die Perspektive der Entwicklung, *hängt von der Ausbildung der individuellen und der kollektiven Selbsteinschätzung und damit von deren Zielvorstellungen ab,* die mehr oder weniger realistisch, mehr oder weniger fiktiv sein kann.

Hier liegt die immense Bedeutung der adlerianischen Gedankengänge für unser erstes wissenschaftsmethodisches Problem. Das Bewußtsein, gebildet über die Wahrnehmung jeder Lebenssituation, die *Apperzeption der Wirklichkeit* sind aus der physischen und gesellschaftlichen, aus der historischen und biografischen Situation im Prozeß der Kommunikation und Interaktion abzuleiten, von Educator und Educandus rational zu bilden und zu entwickeln. Denn die „Einsicht in die Notwendigkeit" (Engels) hängt nicht so sehr von der objektiven Notwendigkeit, als vielmehr von der Art der „Ein-Sicht" ab. „Seid realistisch, verlangt das Unmögliche" hieß es in der Pariser Studentenrevolte von 1968. Was möglich und was unmöglich ist, was „realistisch" oder „fiktiv", mithin die „Einsicht in die Notwendigkeit" einer konkreten historischen oder personalen Situation, ist keine kausal-mechanistische Folge objektiver Faktoren der physischen und historisch-gesellschaftlichen Konstellation, sondern das Ergebnis der aktiven sozial- wie individualtätigen Auseinandersetzung mit ihr. Von dieser „Einsicht" aber hängt die relative Macht oder Ohnmacht der Individuen und der Kollektive gegenüber den zu meisternden gesellschaftlichen wie personalen Situationen ab.

Es sind also nicht erstrangig die objektiv und universal-rational verifizierbaren Faktoren des bedingenden Zusammenhangs der vorgegebenen Situation, auf die es ankommt, sondern ihre Einschätzung, die Vorstellung, die sich die Ethnien und die Individuen von ihr machen. Ihre emotional-affektiven Rückwirkungen bewirken die objektive Entwicklung in die eine oder in die andere Richtung. Diese Fähigkeit zur Einschätzung von Konstellationen und Situationen als erstrangig bedingender Faktor dessen, was als schicksalhafte Realität wahrgenommen und erfahren wird, ist ein Ergebnis der ethnischen und der individuellen Geschichte.

Sie ist eminent veränderbar und alle Erziehung, Bildung, Aufklärung, Psychotherapie haben an dieser „Ausbildung der Einbildung", an dieser Fähigkeit der richtigen Einstellung zur Wirklichkeit einen entscheidenden Anteil. Diese Plastizität und Formbarkeit des Subjekts, ob Gruppe oder Individuum, ermöglicht zwar gänzlich verschiedene Lösungen situationaler Probleme, resignierende wie revolutionäre, wirksame wie unwirksame, aber sie setzt dennoch nie die Übermächtigkeit der objektiv bedingenden Faktoren außer Kraft. Weder Kollektive noch Individuen können die kausal vorgegebenen Abhängigkeiten ihrer Existenz durch bloße Vorstellung oder Bewußtseinsveränderung überwinden. Tun sie es dennoch, so verfolgen sie - nach Adler - ein „fiktives Ziel". Aber statt der vorgestellten Ohnmacht oder Allmacht gegenüber den objektiven Faktoren der Wirklichkeit können die Ethnien wie die Individuen auch „trainieren" (Adler), die eigenen Möglichkeiten zur materiellen Veränderung neu einzuschätzen.

Beantworten wir also die erste Frage nach der kausalen und finalen Deutung standortbeschränkter Einstellung (Ethnozentrismus), so kommen wir zu folgendem Ergebnis:

Gerade die kausal-deterministisch zu untersuchende *Vorgegebenheit,* unter der die Ethnien wie die Individuen ihr Bewußtsein von der Wirklichkeit entwickeln, vermittelt dem Forscher wie dem handelnden Pädagogen das Verständnis für die Absichten und Zielsetzungen seiner Adressaten. Erst über dieses Verständnis wird das Training kontra-faktischer Einstellung und Verhalten pädagogisch wie politisch möglich.

Schon das Spiel des Kleinkindes vermag uns diesen pädagogischen Ansatz zu verdeutlichen. Das Kind setzt Möglichkeiten als Spielerfindungen, gegen die physische und soziale Übermacht seiner Lebensbedingungen ein;

die Ziele und Absichten seines Spiels liegen in der Überwindung der vorge-'
gebenen Wirklichkeit. Das Steckenpferd, auf dem es reitet, stellt die Fiktion
dar, mit deren Hilfe es seine motorisch-soziale Bewegungsbeschränkung
überwindet. Diese Überwindung der vorgegebenen Beschränktheit ist das
Ziel des Reiterspiels. Erkenne ich dieses Ziel, so verstehe ich sein Spiel. Vermittelt ihm seine Erfahrung bzw. Erziehung nicht, daß es nur Spiel und noch
nicht reale Überwindung seiner Unfertigkeit ist, so entwickelt es ein fiktives
Selbstbewußtsein. Ähnlich steht es mit den Fiktionen der Gruppen und Individuen vorindustrieller Kulturen, die wir – im Zuge von Humanismus und
Aufklärung – als kindlich und in widersinnigen Vorurteilen befangen einzuschätzen gewohnt waren. Ihre Vorstellungen, Riten, Verhalten sind Werkzeuge, um individuell oder kollektiv die Ohnmacht zu überwinden, die sich
als physische und soziale Konstellation der Bewältigung ihrer jeweiligen Situation entgegenstellt. Erst die Erkenntnis dieser Funktion ihrer Kultur,
insbesondere in der heutigen Periode des Umbruchs, befähigt uns, mit ihnen - und nicht gegen sie oder an ihrer Stelle - die Einstellung und das Verhalten zu trainieren, das den kontrafaktischen, zielstrebig zukunftsorien-
tierten Umgang mit ihrer Wirklichkeit ermöglicht.

Zur zweiten Frage

Wenn wir uns mit unserer zweiten Frage beschäftigen, *wie nämlich die
Beschränktheit des jeweiligen traditionellen Bewußtseins mit der universalen
Rationalität in Einklang zu bringen sei,* wie also Subjektivität der Gruppe und
des Individuums, ego- bzw. ethnozentrisches Bewußtsein, mit einer objektiven universalen Aussage identifizierbar wird, so soll uns die Sprache als De-
monstrationsobjekt dienen. Um mit mir selbst als Beispiel zu beginnen, so
spreche ich als Autor dieses Aufsatzes aus meiner historischen und biografischen Konstellation heraus und mit Hilfe der Begriffe, die ich von meiner
Kultur gelernt habe. Doch wäre es nicht mein Elaborat, würde ich nicht meine Gedanken als richtig und über ihren Bedingungszusammenhang hinaus
als gültig ansehen. Ich identifiziere mich also in dem, was ich mitteile mit einem „Über-Ich", mit einem Entwurf von möglicher Wirklichkeit, einem Bewußtsein von überindividueller „objektiver Wahrheit".

Diese doppelte Verankerung jeder Aussage sei an dem konkreten und
fundamentalen Problem des Konfliktes Nord-Süd illustriert, wie er sich in
der dominanten Sprache der Alphabetisierung und ihrem Verhältnis zu den
muttersprachlichen Idiomen auswirkt.

Die Sprache als das wichtigste Mittel menschlicher Kommunikation ist
gleichzeitig universell als arteigenes Vermögen der Kommunikation und
doch jeweils ethnisch beschränkt. Universell insofern, als emotionale und
kognitive Erfahrungen prinzipiell in allen Sprachen ausgedrückt und vermittelt werden können, wenn auch Ausdruck und Vermittlung bei der Übersetzung von einer in die andere Sprache nicht deckungsgleich sind. Be-

schränkt sind alle Sprachen in ihrer historisch-sozialen Reichweite. In ihrer Universalität wie in ihrer Beschränkung sind sie direkter Ausdruck eines Ethnozentrismus, sei er der der Sprache der Kolonialherren oder der der Kolonisierten.

Jede Sprache ist aber über ihre Struktur und Semantik zugleich *realitätsbezogenes* und *fiktives* Kommunikations- und Interaktionsmittel. Sie ist *realitätsbezogen,* insofern jede Aussage - und sei sie nur ein emotiver Ausruf - mit dem lauthaften Symbol auf eine Wirklichkeit hinweist und sie vermittelt, die individuell oder kollektiv erfahren wurde. Sie ist *fiktiv* insofern die sprachlich-gedankliche Verknüpfung, so wie sie durch die Sprachstruktur vorgegeben ist, sowohl beim „Sender" als beim „Empfänger" der Aussage nicht etwa nur einen objektiven Tatbestand (z. B. der Angst, der Drohung, der sachlichen Erklärung etc. etc.) wiedergibt, sondern eine Deutung einschließt. Diese Deutung ist zielgerichtet; sie stellt den Sinn des Sprechens (langage) dar, wohingegen die historisch vorgegebene Sprache (langue) nur das Mittel ist, um das Ziel der Kommunikation zu ermöglichen. Hinter dem sprachlichen Ausdruck, beispielsweise der Angst, der Drohung oder der sachlichen Erklärung stehen die gesellschaftlich-individuellen Beziehungsstrukturen von Sprecher und Hörer, handle es sich um kommunizierende Individuen in einem hierarchisch gegliederten Personenverband oder um herrschende und abhängige Gruppen in der Gesellschaft. Die jeweilige Sendung, bzw. ihr Empfang ist auf die Realität der Beziehungen bezogen und dennoch insoweit fiktiv, als die Wertung oder Absicht der interagierenden Individuen oder Gruppen mehr oder weniger weit über die sachliche Mitteilung hinausweist, also eine jeweilige absichtsvolle Deutung der Beziehungen einschließt.

Jede Sprache stellt dem Sprechenden grammatisch-semantische Strukturen zur Verfügung wie z. B. imperative, fragende, aussagende, gegenwarts-, vergangenheits-, zukunfts-, möglichkeits-, begründungs- und einschränkungsbezogene Aussageformen. Jeder dieser Formen ist ein Deutungsmuster von Wirklichkeit. *Das im Sprechakt gewählte Deutungsmuster, also die Aussageform, hängt von der Situation der Kommunikation, d. h. nicht erstrangig von der historisch vorgegebenen Sprachstruktur und der Kompetenz und Performanz ihrer Beherrschung ab, sondern von den bewußten oder nicht bewußten Zielen und Absichten der kommunizierenden und interagierenden Gruppen und Individuen. Nicht die „objektive Wirklichkeit" finden wir im Dialog abgebildet, sondern die Vorstellungen, die sich die Beteiligten von dieser Wirklichkeit machen, von ihrer Mächtigkeit oder Veränderbarkeit, von ihren Möglichkeiten, sie zu bewältigen oder ihr zu entgehen.*Die sozio-historische Gemeinsamkeit solcher Erwartungen zwischen den kommunizierenden Mitgliedern einer gesellschaftlichen Gruppe sind die wichtigsten Voraussetzungen der Verständigung, nicht also die sprachlichen Mittel, mit denen diese Erwartungen oder Ziele ausgedrückt werden.

So ist, z. B. für den Sinn oder den Erfolg einer Alphabetisierungskampagne nicht erstrangig ausschlaggebend, ob sie in der „Muttersprache" oder in der Sprache der früheren Kolonialherren erfolgt (zweitrangig mag das durchaus wichtig werden), sondern, ob die Ziele und Absichten der Lehrenden und der Lernenden, der sprachlichen „Botschafter", bzw. „Hörer" deckungsähnlich sind. Mit anderen Worten: die Motivation, etwas zu vermitteln und jene, etwas sprachlich vermittelt zu bekommen, hängen erstrangig von den Vorstellungen ab, die sich die Vermittelnden und ihre Vermittlungsempfänger vom jeweiligen Wert der Kommunikation für die Bewältigung der gesellschaftlichen und individuellen Situation machen. Ist dieser Wert vom Lehrer und Lernenden gleichzeitig akzeptiert, so spielen die Methoden der Vermittlung, also die sprachliche Didaktik und Methodik eine nur untergeordnete Rolle.

Verfolgen wir diese Problematik von Wert oder Unwert der Alphabetisierungssprachen in der Dritten Welt.

Über die jeweilige tribale oder provinziale Muttersprache fühlt, denkt und verhält sich das Kind kognitiv-sozial gemäß dem Wert- und Normenkodex einer Art autonomer Subsistenzkultur. Emotionen und Gedanken werden in die Strukturen einer traditionalen und (meist im Umkreis weniger hundert Kilometer) gültigen Sprachen gegossen. Oft bestehen in einem Dorf mehrere soziale Gemeinschaften mit verschiedenen Stammessprachen nebeneinander, und über die jeweils eigene Sprachgemeinschaft ordnet sich das Individuum eng einer der Gruppen zu, in die es hineingeboren wurde. Dabei versteht es die Sprache mindestens einer der anderen Gruppen ebenfalls (Sprachkompetenzerwerb). Dennoch ist die andere Sprache, die es passiv und aktiv beherrscht, nicht „seine" Sprache.

Die traditionalen Erfahrungswerte werden über eben diese Muttersprachen in Lied, Märchen, Spruchweisheiten, sprachlichen Riten der Verbindungsaufnahme etc. etc. als Sprach- und Denk- bzw. Gefühlsmuster weitergegeben. Sie bilden somit einen entscheidenden Teil jener Ich-Identität und jenes Werturteilsvermögens aus, das Kommunikation und Interaktion auf die sichernde Grundlage eines ethnisch beschränkten Standortes stellen. „Icke" spricht, „wie ihm der Schnabel gewachsen ist". Er kommuniziert und verhält sich „natürlich", d. h. aber auch *beschränkt* in seinen Vorstellungen, Erwartungen, Verhaltensmustern, also ethnozentriert.

Noch einmal: gerade die Beschränktheit des ethnosprachlichen Standortes gibt der Gruppe, wie jedem der ihr zugeordneten Individuen, die Macht, alle anfallenden Situationen mit der jeweiligen kontrafaktischen Fiktion der ethnisch-sprachlichen Tradition anzugehen. So anscheinend „irrational", also fiktiv, die Vorstellungen, Erwartungen, Riten des Umgangs in der eigenen Sprachwelt dem „objektiven Geist" des Europäers auch erscheinen mögen, sie sind nicht trotz, sondern wegen ihres möglicherweise fiktiven Charakters wirksam. Das erweist sich in der Beziehung der Geschlechter zueinander, in der der Generationen, im Umgang mit den existenziellen Problemen von Geburt, Tod, Krankheit oder mit denen der Erwartungen an Kompetenz im Bereich von Arbeit, Großfamilie oder sozialem Ansehen. Die kausal-historischen Gründe, die die Beschränktheit der Sprache, ihrer Begriffe und der über sie vermittelten Gefühls- und Bewußtseinsstrukturen ausmachen, erklären zwar die Beschränktheit des ethnozentrischen Standpunktes, nicht aber seine Gruppen und Individuen stabilisierende Wirkung. Gerade sie ist aber im Umgang mit den Alphabetisierungskampagnen, von denen gleich zu sprechen sein wird, von grundlegender Wichtigkeit: Mit anderen Worten: „Aufklärung" in der Sprache des Imperialismus und der Wissenschaft über den fiktiven Charakter einer tribalen Vorstellung, mag für den „Aufklärer" befriedigend sein, sie hat jedoch zunächst einmal für den „Aufgeklärten", d. h. den Alphabetisierten die Wirkung von Zerstörung der sinngebenden Fiktion seines Kultur- und Sprachraumes.

Hinter dem Sprachdenken, der Begrifflichkeit und dem kommunikativen Geltungsbereich der Hochsprache, ob im afrikanischen Dorf, im lateinamerikanischen oder südostasiatischen Slum, stehen die technologische Rationalität und die Mentalität des Weltmarktes und der vom Norden beherrschten Weltgesellschaft mit ihrem Markt, ihrem „Warenfetischismus", ihrer Konzeption von Leistung und Wert, von „objektiven Fakten" und Machbarkeit, von Hierarchie und Ordnung.

Dieses Sprachdenken wird durch die Alphabetisierung vermittelt, ob in der neu entwickelten Nationalsprache, z. B. Bahasa Indonesia oder in einer der Weltsprachen des Kolonialismus. Lehrer und Schüler partizipieren über ihren Gebrauch an der Motivationsstruktur, an der Wert- und Normenwelt, an den Zielen und Zwecken jener historisch beschränkten „Unbeschränktheit" des industriellen Rationalismus, der die Alphabetisierung in Gang gesetzt hat. Gleichzeitig haben sie, über ihre Muttersprachen, seien sie Stammes- oder Klassensprachen, sowohl die ethnozentrische Tradition als den universalen Widerstand gegen die Vorherrschaft des industriell-rationalistischen Ethnozentrismus Europas und Nordamerikas verinnerlicht. Zwischen der zerbröckelnden Sicherheit, die ihnen die Sprachgemeinschaft ihrer Herkunft vermittelt und den Verlockungen der Zukunft, die sich in der jeweiligen Hochsprache der Alphabetisierung manifestiert, sind die Ethnien wie die Individuen hin- und hergerissen. Die Schriftsprache und ihre Wahrnehmungs- und Begriffsstruktur ist eurozentrisch, auch wenn sie in der „einheimischen" Sprache vermittelt wird. Über sie sind Lehrer und Schüler, Erwachsene wie Kinder mit der ökonomischen, sozialen, politischen Zielsetzung verbunden, die die europäische und nordamerikanische bürgerliche Gesellschaft mit dem Anspruch der Universalität entwickelt hat. Fanon, Freire, Illich, Nyerere und viele andere haben das daraus erwachsene psychische Elend der Dritten Welt - neben dem ökonomisch-politischen - ins Bewußtsein gerückt. Aber auch ihre bewußt radikale Anfechtung der imperialistischen Kultur trägt den Widerspruch der Sprachen in sich: Die fundamentale Kritik am Kulturimperialismus äußert sich in den Denkmustern, in der Begrifflichkeit, aber damit auch im Empfinden, Erwarten, Leiden und Hoffen, die in den europäischen Hochsprachen ihren Ausdruck gefunden haben.

Nun werden Einstellung und Verhalten der Alphabetisierung, wird der historisch-gesellschaftliche Antagonismus, der sich in der „Doppelsprachlichkeit" als sozialpsychologischer Konflikt zwischen Zielsetzung der Industriegesellschaft und vorindustriellen Lebensvorstellungen äußert, nicht einfach durch „Aufklärung" über seine Entstehung, über die Verantwortung der Herrschenden „geheilt". Der Freiresche Prozeß der „Bewußtwerdung" kann nicht lediglich zur rationalen Wiederentdeckung oder künstlichen, folkloristischen Erweckung der muttersprachlichen Kultur führen. Die ausgebeuteten, hungernden, revoltierenden, sich auch gegenseitig zerfleischenden Völker der Dritten Welt, eignen sich praktisch bereits die Weltsprachen und das Denken ihrer Kolonisatoren an. Ihre Absichten, Ziele, Wertvorstellungen haben bereits die ökonomischen, sozialen, politischen und kulturellen Strukturmerkmale der euro-amerikanischen Kultur und Sprache verinnerlicht, etwa so wie das europäische Proletariat im 19. Jahrhundert die des kapitalistischen Bürgertums.

Was also als „Sprachkonflikt" kollektiv wie individuell in der Dritten Welt in Erscheinung tritt (die ganze Spann- und Konfliktbreite zwischen den tribal-regionalen Muttersprache und der Alphabetisierungs- bzw. Kultur- und Hochsprache), erweist sich im Wesen als eine Bewertungs-, als eine Wertfrage. Die Wertwelten der Subsistenzwirtschaft kleinräumiger vorindustrieller Gesellschaften und die der weltumspannenden Marktwirtschaft, bzw. ihrer ökonomisch-sozialen Voraussetzung von nationalen, großräumigen, planenden Märkten, finden im Spannungsfeld Muttersprache/Hochsprache ihren unmittelbaren, konfliktuellen Ausdruck. Dieser Konflikt wird häufig als lediglich durch die Verhältnisse von Macht und Herrschaft bedingt angesehen, also als im engeren Sinne ökonomisch-sozial bedingt.

Aber die Geschichte unseres europäischen Kontinents und seiner Kulturen beweist, daß es sich beim Sprachproblem um das der relativen Höheroder Minderwertigkeit der in den Sprachen sich niederschlagenden ökonomisch-sozialen, der juristischen, geistig kognitiven Ordnungen der Gesellschaften handelt. Rom hat Gallien politisch erobert und seine Sprache durchgesetzt (aus der das Französische entstanden ist). Hier hat der Herr dem Knecht seine Sprache auferlegt. Aber auch die germanischen Franken haben Gallien erobert. Doch sie haben die Sprache ihrer Knechte angenommen und alt-französisch zu sprechen begonnen, sie haben das Christentum angenommen und nicht ihre eigene kulturelle Tradition durchgesetzt. Die ursprünglich skandinavisch-germanisch sprechenden Normannen haben sich die Sprache ihrer gallischen Untertanen zu eigen gemacht und nach England gebracht, und wenn diese sich gegen die der vorherigen anglosächsischen Herren nicht einfach durchgesetzt hat, also wenn englisch die Synthese von germanischer und romanischer Sprache ist, so nur, weil das gesamte ökonomisch-soziale Wertsystem der Normannen dem der anglosächsischen Herren weder eindeutig überlegen war (wie das der Römer in Gallien) noch unterlegen (wie das der Franken in Gallien), sondern in etwa gleichwertig.

Dieser historische Rückgriff soll hier nur dazu dienen, die Überlegenheit der Sprachen europäisch-kolonialistischer oder voreuropäischer Penetration (wie z. B. des arabischen Islam in Sprache und Wertordnung Nordafrikas oder Nordindiens) nicht lediglich als kausal bedingtes Herrschaftsverhältnis zu betrachten, sondern als ein Problem kollektiver Wertungen ökonomischer, sozialer, politischer und juristischer Ordnung, mit denen die Herrscher die Beherrschten konfrontieren.

Dies findet seine unmittelbare Parallele im psycho-sozialen Bereich des *Verhältnisses der erziehenden Generation zu ihren Kindern.*Ob sich die Wertwelt der erziehenden Erwachsenen gegenüber den Kindern und Jugendlichen durchsetzt, oder ob im Gegenteil von den Kindern und Jugendlichen die Infragestellung der Wertwelt der Erwachsenen erfolgt, ist nicht durch eine rein kausal-deterministische Ableitung der Machtverhältnisse in der Erziehung zu interpretieren, so viel überzeugendes Material die Sozialisationsforschung auch immer für die Durchsetzung der jeweiligen Sprach-und Denkkultur der nachfolgenden Generation durch die der Eltern zu Tage gefördert hat. Die Umbrüche zu Gunsten des machtlosen Kindes zur Zeit Jesu oder Rousseaus oder der 68er Bewegung sind nicht allein von der kausal zu erforschenden Konstellation der Macht der Erwachsenen her zu verstehen, also von den Produktions- und Herrschaftsverhältnissen, sondern von der historisch bedingten Gültigkeit des Wert- und Normensystems im Bewußtsein der agierenden Gruppen für das die erziehende, bzw. die zu erziehende Generation standen.

Die Finalität des Verhältnisses von Educator und Educandus hatte sich grundlegend geändert und dies hat die historischen Wirkungen hervorgebracht, die die Stellung des machtlosen Kindes in der mächtigen Gesellschaft veränderten. Die kausal zu erforschenden sozio-ökonomischen, kulturellen und politischen Gründe des Umbruchs der Finalitäten bleibt - wissenschaftlich gesprochen - in der individuellen wie in der sozialen „Therapie" der Kulturschäden eine unersetzbare, aber gleichzeitig auch unzureichende Methode. Denn die Wirkung von Jesus, Mohamed, Montaigne, Hobbes, Rousseau, Pestalozzi, Marx und Freud ist weniger an die Bedingungen der Entstehung ihrer Ideen geknüpft als an den historischen Wert ihres jeweiligen Entwurfs für die, die ihn als Individuen wie als Ethnien in ihrer konfliktuellen Existenz rezipiert haben.

Ob sich Jesus gegenüber der jüdischen Tradition, ob Rousseau gegenüber der absolutistischen, Mao gegenüber der konfuzianistischen Ideologie im Fühlen, Denken und Handeln ihrer Adressaten durchsetzten, ob Spanisch oder Englisch, Französisch oder Hindi zur dominanten Kultur- und Alphabetisierungssprache wurden, *hing stärker vom Wert des Entwurfs ab, den sie transportierten als von der historischen Konstellation der Machtverhältnisse.* Diese Wertigkeit des Entwurfs bzw. der Tradition, also ihre historische und biografische Wirkung, ist ihrerseits nicht an ihrem empirisch verifizierbaren, rational-logischen Wahrheitsgehalt zu messen. Der sinngebende Wert einer Kultur war und ist stets historisch-ethnozentrisch beschränkt, weil die alte oder die neue Wahrheit von Völkern, Klassen und Individuen als orientierendes, sinngebendes System der Wahrnehmung und des Verhaltens *benötigt wird* und nicht weil sie ein jeweils „objektives" Abbild eines wertfreien Kosmos von Ursache und Wirkung darstellt.

Ob also - wie in Ostafrika die Ausschneidung der Klitoris oder wie im Iran die khomeninische Vorschrift des Schleiers „objektiv" eine anti-imperialistische und fortschrittliche Nutzung der Tradition darstellt, oder ein reaktionäres „falsches Bewußtsein" hängt nicht vom ökonomisch-sozialen und politischen Bedingungszusammenhang ihrer historischen Entstehung ab, sondern von der konkreten Situation, in der diese Ideologien für bestimmte Gruppen, Klassen bzw. Individuen handlungsorientierend funktional werden. Gerade darum gilt etwa für die Kompradorenbourgeoisie der Dritten Welt das Festhalten an den Stammessprachen als rückschrittlich, für die Bevölkerung der Dörfer u. U. aber als Widerstandspotential.

Die Vorstellung von der Rolle der Frau im schiitischen Islam bzw. in der amerikanischen Leistungsgesellschaft ist jeweils ethnozentrisch beschränkt. Aber das Urteil über das, was das jeweilige „Vorurteil" darstellt, kann nicht relativistisch, „tolerant" und letztlich entscheidungslos gefällt werden, so wenig wie die Frage, ob·es für ein Kind entwicklungsfördernd oder -hemmend sei, die Werte und Normen seiner Eltern und Lehrer zu verinnerlichen. Es muß Maßstäbe geben, nach denen der eigene Standort als nicht nur kausal verständlich und darum akzeptierbar, sondern in bezug auf die Zielsetzung und Sinngebung des gesellschaftlichen wie des kollektiven Verhaltens und Handelns auch als höher- oder minderwertig, als fortschrittlich oder reaktionär, als emanzipatorisch und befreiend oder als beschränkt und entwicklungshemmend eingestuft wird.

Von ihrem jeweiligen gesellschaftlich-historischen Standpunkt aus sind Hitler und Stalin, Pol Pot und Idi Amin kausal als „ethnozentrisch-beschränkt" verständlich. Ebenso die chilenische, die argentinische oder die salvadorianische Militärjunta. Ihre historische Wirksamkeit hängt mit der Konstellation und der Situation zusammen, in der sie ihre Vorstellung, wie mörderisch immer, „an den Mann brachten oder bringen". Das gleiche gilt für den amerikanischen „Auftrag" in Vietnam, den französischen im Algerienkrieg. Aber es genügt nicht, diese politischen Richtungen historisch-kausal zu verstehen, so notwendig dies Verständnis für eine Wertung auch bleibt. Es gilt vielmehr, diese Systeme und Personen engagiert selbst zu bewerten.

Allein aus der willkürlichen Auswahl der angesprochenen Probleme geht zweierlei hervor. Zum einen: der Wertmaßstab kann nicht mit einem „entweder" „oder" erstellt werden. Ein andermal: die notwendige Beschränktheit und historische Fehlerhaftigkeit der „ethnozentrischen" Entscheidung muß rational-kritisch überprüfbar gemacht werden. Beide Gesichtspunkte erinnern an Grundlagen der adlerianischen Deutung individuellen Verhaltens und an den individualpsychologischen Umgang mit gesellschaftlichen Konflikten und Emotionen.

Zur dritten Frage

Damit wären wir beim dritten Punkt unserer Fragestellung. Die historisch-gesellschaftliche wie die kreatürliche Beschränktheit der individuellen und der kollektiven Voraussetzung jeder Einschätzung des Selbst und der Anderen muß als Grundlage aller pädagogischen Zielsetzungen akzeptiert werden. Sie ist ihr Ausgangspunkt! Nur über die Einsicht, daß ich erst dann physisch und psychisch, individuell und gesellschaftlich lebens- und handlunsfähig bin, daß ich erst dann Identität erworben habe, wenn ich im Bewußtsein meiner existentiellen und historischen Genese lebe und urteile, also nur wenn mir mein Ethnozentrismus nicht nur als Hindernis, sondern geradezu als Voraussetzung meines Verhaltens und Wirkens erscheint, werde ich auch fähig, mich und andere zu orientieren, zu erziehen und zu bilden. Dann werde ich nicht länger der Fiktion meiner rationalen Allmacht oder der Fiktion vom besonderen Wert meiner „Ichstärke" und kompetitiven Durchsetzungsfähigkeit unterliegen. Diese Fiktion vom absoluten Wert des Selbst und der Eigengruppe, die Verleugnung der notwendigen individuellen wie historisch-ethnozentrischen Beschränktheit führen individuell in die Neurose, gesellschaftlich in politisch-soziale Katastrophen.

Jedoch verpflichtet die Einsicht in die Beschränktheit des ethnozentrisch eigenen Standpunktes auch zur zielstrebigen und „parteiischen" Wertung des Verhaltens und des Handelns anderer Individuen und Gruppen. Ohne eigene Wertung und Zielsetzung, ohne Dominanz einer eigenen Ausrichtung ist weder individuelles noch kollektives Handeln möglich. Der Verzicht auf Entscheidung in Pädagogik oder Politik bedeutet Flucht vor und aus der Wirklichkeit, in die man durch die historische Konstellation gestellt ist; Flucht also in die tröstenden Höhen fiktiver Möglichkeiten, an deren Verwirklichung uns die „Niederungen der garstigen Realität" hindern. Das ist, im individuellen wie im gesellschaftlichen Leben, eine der verhängnisvollsten Fiktionen.

Zur Illustration diene uns noch einmal das Beispiel des Kulturtransfers und der Alphabetisierung.

Es erscheint wohl heute unerläßlich, daß sich die Kulturen der Dritten Welt die Ergebnisse rationaler Begrifflichkeit und wissenschaftlich-instrumentellen Denkens aneignen, wie sie auf dem historischen Boden Europas ethnozentriert gewachsen sind. Es gilt also sich wertend zu entscheiden, ob die euro-amerikanische Wissenschaft, Philosophie, Literatur, Kunst und Musik als erziehendes und bildendes Instrumentarium humaner Entwicklung einen höheren Stellenwert einnehmen sollen als die jeweiligen autochtonen, vorindustriellen Kulturtraditionen. Es ist nicht möglich, jedenfalls aber nicht sinnvoll, Erziehung und Bildung in der Dritten Welt - wie übrigens in der unseren - zu planen und zu realisieren *ohne eine grundlegend positive, wenn auch kritische Bewertung der Kultur Europas und Amerikas als*

Orientierungsrahmen der Erwartungen an die formale und die non-formale Erziehung und Bildung zu legen. Das beginnt bei der Wahl der Sprache und setzt sich in allen didaktischen und methodischen Bereichen fort.

Gewiß kann man sich bei einem Teil der Linken in den Industrienationen und bei vielen Pädagogen der Dritten Welt der Einsicht verschließen, daß die technisch-wissenschaftliche Revolution nicht umkehrbar ist. Aber dann handelt man von einer Fiktion aus. Sie läßt romantische Tröstungen in einer tribal beschränkten Schau der jeweiligen ethnozentrierten Vergangenheit finden, die sie idealisiert und zur antiimperialistischen Zukunftsvision hochstilisiert.

Bei den Pädagogen, konkret den Alphabetisatoren, muß dagegen das Vertrauen bestehen und die Überzeugung obwalten, daß ihre Adressaten mit den Problemen der Entwicklung fertig werden können, die von dieser euroamerikanischen Revolution imperialistisch in Gang gesetzt wurde. Vertrauen in die Adressaten setzen heißt, daß sie die Lösung ihrer eigenen Probleme selbst kooperativ zu lösen fähig sind. Ohne den Beitrag der jeweils anderen ethnozentrischen Identität der „muttersprachlichen" Tradition ist ein Herauswachsen aller Beteiligten aus der Ohnmacht der Weltkonstellation, ist eine Aneignung von gemeinsamer Kompetenz zur Bewältigung der Weltsituation nicht möglich.

Alphabetisierung kann also weder die Fortsetzung jener eurozentrischen Methoden sein, aus der die „Kultur des Schweigens" der Unterdrückten hervorgeht, noch die Beschränkung auf eine islamische, hinduistische oder „afrikanische" Identität, die sich den ökonomisch-sozialen Traditionen vor Einbruch des Kolonialismus sprachlich verpflichtet glaubt; sie muß in der Dritten Welt zur Aneignung der fortgeschrittensten euro-amerikanischen, insbesondere kritischen Kompetenzen führen, die weder „Ohnmachtsgefühle" und politisch-neurotische „Kompensationen", noch eurozentrisch-rationalistische Allmachtsfiktionen aufkommen läßt.

Exkurs

Daß so scharfsichtige und gesellschaftskritische Analytiker wie Parin/ Morgenthaler dem freudianischen Deutungskonzept, trotz vieler Detailkritik, in der Interpretation ihrer reichen Beobachtungen so grundsätzlich zustimmen, scheint mir ein Beleg für die oben aufgeführten Gedankengänge über die ethnozentrische Relativität wissenschaftlichen Urteilens zu sein.

A. Adler geht davon aus, daß für die Psyche und ihre Entwicklung das grundlegende Faktum nicht in der artspezifischen Triebstruktur zu suchen sei, sondern in der Angewiesenheit eines jeden auf seine soziale Umgebung. Bei seiner Geburt ist das Kind total abhängig. Seine Reifung und Entwicklung, die Herausbildung seines „Ich", läßt sich als eine fortschreitende Überwindung seiner Abhängigkeit und Machtlosigkeit deuten. Dies also, die Überwindung der kausal vorgegebenen Ohnmacht, stellt das Ziel der individuellen Entwicklung dar und macht ihren dialektischen Fortgang verständlich. Die Ausbildung der somato-psychischen Mittel und kulturellen Kompetenzen dienen diesem obersten Ziel der Bewältigung der Situationen durch Kommunikation und Interaktion mit dem Milieu. Diese Mittel sind ihrerseits jeweils beschränkt durch den Grad der Reifung wie durch die sozial-familiale Sozialisationsbedingungen. Sie entwickeln sich über den Erwerb einer Sprache, eines Wert- und Normenkodex bis hin zur ethnischen und sozialen Enkulturation, also zum kognitiven Erwerb der jungen Fähigkeiten, die die gesellschaftliche Funktionsfähigkeit ausmachen. Beschränkt sind diese Mittel vor allem im Vergleich zur Unbeschränktheit vorgestellter Bedürfnisse und Möglichkeiten. Die spezifische Beschränktheit der Mittel, also der motorischen, sprachlichen, kognitiven Kompetenzen, die im zielgerichteten Umgang mit den jeweiligen Situationen einzusetzen sind, stellt einen wesentlichen Teil dessen dar, was als die *Konstellation* des Individuums anzusehen ist. Die organischen Voraussetzungen, (Gesundheit, Veranlagung, Ernährung), die familiale, soziale, nationale, die geschlechtliche und epochale Konstellation, also die konkret historische Bedingtheit der Entwicklung und des Lernens von Kompetenzen zur Bewältigung der jeweiligen *Situationen,* sind die kausal-deterministisch erforschbaren Gründe für die kulturelle bzw. die individuelle Ausbildung der Vorstellungen von der „objektiven" Wirklichkeit, vom Nicht-Ich bzw. vom alter ego, oder genauer noch von der eigenen Macht bzw. Ohnmacht, mit ihnen umzugehen. Da diese Vorstellung in ihren bewußten wie unbewußten Komponenten sich dialektisch in Raum und Zeit entwickelt, da alle Einstellung zu sich selbst wie zum anderen gelernt wird, muß die Analyse diese Entwicklung des individuellen wie des sozio-kulturellen Individuums wie eine historisch-biografische Kausalkette verfolgen.

Aber -wie schon angedeutet - ist die konkrete Zielsetzung der individuellen oder ethnischen Person durch diese Kausalkette, durch die Konstellation ihrer Generallinie nicht festgelegt und nicht eindeutig ablesbar.Der wohl entscheidende Grund hierfür liegt in der Beschränktheit der eigenen Macht oder Ohnmacht. Es kommt darauf an, ob die Bewältigung der jeweiligen Situation, ob die Erfüllung einer sozial bedingten Erwartung dominant vom Vertrauen in die Solidarität der Gemeinschaft geprägt ist, oder ob sie im Gegenteil abhängig bleibt von der „aggressiven" Durchsetzungsfähigkeit des individuellen Ego oder der ethnischen Gruppe *gegen* die Bezugspersonen bzw. Bezugsgruppen. Diese Einschätzung entscheidet über die Dominanz der jeweiligen Bedürfnisse und Ziele der individuellen wie der Gruppenpsyche. Welche der Einstellungen zur „Lebenslinie" wird, ob das Vertrauen in die Tragfähigkeit und Tragwilligkeit der Gemeinschaft gegenüber der Bedürftigkeit des „Ich", oder aber die Fiktion von der eigenen Allmacht gegenüber einer als gefährdend bzw. feindlich wahrgenommenen Umwelt, das ist aus der Kausalkette von Bedingungen der Entwicklung nicht deterministisch ableitbar. Das Umschlagen dominanten Vertrauens in aggressives Mißtrauen, die Verwandlung von Allmacht in Ohnmachtfiktionen, oder umgekehrt die Verwandlung des Gefühls der Verlassenheit in das des Vertrauens und der Verläßlichkeit bleibt stets an die Erwartungen gebunden, die in objektiv komplexen Situationen an die Person bzw. die Ethnie gerichtet sind. *Die Bezugsgruppe kann unterfordern wie überfordern, ermutigen oder entmutigen.* Egozentrismus und Gemeinschaftsgefühl, Ethnozentrismus und Universalismus sind in jedem einzelnen wie in jedem kollektiven Individuum zu einer widersprüchlichen Einheit dominanter und latenter Gefühle und Vorstellungen verschmolzen.

Jede Ethnie ist nun dadurch gekennzeichnet, daß sie von ihren Individuen die Dominanz ganz bestimmter Einstellungen erwartet. Religion, Ethik, Moral, Rechtswesen bewerten und belohnen jeweils andere Einstellungen und Verhalten als gut oder böse, als gesund oder neurotisch. Ohne diese Wertmaßstäbe gäbe es keine ökonomische, politisch-soziale Ordnung, und damit kein existentiell unerläßliches System der Kommunikation und Interaktion. Alle Pädagogik beruht auf dieser ethnozentrisch beschränkten Wertung dessen, was dominant werden *soll,* welche Einstellung und Verhaltensmuster erstrebenswert sind, welche Bedürfnisse und welche Mittel der Befriedigung „realistisch" und welche anderen als „illusionär", „fiktiv", „irrsinnig" zu gelten haben.

Wenn aber die wissenschaftliche Prämisse von einer objektiven, wertfreien Einschätzung der Zielsetzung und der Entwicklung des individuellen wie des kollektiven „Ich" ihrerseits einer ethnozentrischen Fiktion unterliegt, wenn das Urteil darüber, was „gesunde Ichstärke" bzw. was „gemeinschaftsgefährdender Egoismus" sei, wann denn die hingebungsvolle Identifizierung mit einer „Bewegung", mit den Ideen der Klasse, Nation, der Religion ethisch höchstes Ziel oder abscheulichen Irrsinns darstelle, dann muß wohl die Einsicht in die Beschränktheit des eigenen Standpunkt und des ethnozentrischen Apperzeptionsschemas aller Analysen der Beginn jeder politischen, pädagogischen und damit auch therapeutischen Einsicht sein.

Dieser Exkurs zum Problem des ethnozentrischen Standortes allen Bewußtseins und gesellschaftlichen Verhaltens kann nicht abgeschlossen werden, ohne einige Überlegungen anzustellen zum Grundverhältnis des „Ich„ als einmaliger Person und des „Wir" als Gruppe, als Kultur, als „ethnische" Einheit.

Die Ich-Identität bildet sich von der körperlichen Konstitution her aus. Die Wahrnehmung der eigenen Körperfunktionen (Interozeptivität) geht zur Wahrnehmung der eigenen, motorischen Reaktionen (Propriozeptivität) über und mündet in die Objektwahrnehmung (Exterozeptivität). Das „Icke" bleibt Zeit seines physisch beschränkten Lebens erstrangig an die proprio-interozeptiven Wahrnehmungen gebunden. Es empfindet sich als körperlich reagierend, lustvoll, schmerzvoll, kraftvoll, schwach, krank etc. Alle durch Sozialisation und Erziehung ausgebildeten Strukturen des Gefühls und des Bewußtseins haben als Gewebeketten diesen organrezeptiven Hintergrund, so daß jenes „Ensemble der gesellschaftlichen Verhältnisse", das nach Marx das Wesen des Humanen ausmacht, gleichsam den *Schuß* dieser somatisch-psychischen *Kette* jenes Gewebes ausmacht, das sich als „Icke" erlebt.

Die Identität der gesellschaftlichen Gruppe hingegen und ihre Existenzdauer ist nicht natürlich sondern historisch beschränkt. Ethnie steht hier für diese historisch-kollektive Person. Sie hat keine organische Basis, kein Geschlecht, ist nicht gezeugt. Sie existiert nicht mit dem Bewußtsein ihrer notwendigen physisch-zeitlichen Beschränktheit, sondern im Gegenteil mit dem der zeitlichen Unbeschränktheit; so als hätte sie immer existiert und hätte einen Anspruch auf Ewigkeit. Ihre „Kette" ist eben jene Kultur, die die Gesamtheit der gesellschaftlichen Verhältnisse, der „Konstellation" beinhaltet, und erst die Moderne weist die historische Genese jeder Kultur und aller ihrer ökonomische, sozialen, politischen „Kettenfäden" nach. Das Gruppen-Ich bezieht seine Kraft gerade aus dem ethnozentrischen Bewußtsein, das die Gesamtheit der Zukunft, Ewigkeit, die der gesellschaftlichen „Kette" des Gewebes beinhaltet.

Den *Schuß* des gesellschaftlichen Gewebes bildet dabei die Gesamtheit der aktuellen Beziehungen, die die Individuen und „Subkulturen", die Klassen und Schichten, die Geschlechter und Generationen in der jeweiligen Situation miteinander konfliktuell und kooperativ verbindet. Gerade dieser aktuelle, situationsbezogene *Schuß* ist es, den die jeweiligen Individuen als das Feld ihrer Absichten, Pläne, ihrer Macht bzw. Machtlosigkeit erleben. Der Schuß ist paradigmatisch gleichbedeutend mit der Kommunikation und der Interaktion der Sprechakte, die Kette dagegen mit der Struktur der Sprache selbst. Dabei schließen soziale Kommunikationssysteme die Nutzung aller kulturspezifischen Ausdrucksmöglichkeiten ein, also nicht nur die verbalen, sondern auch die der Körpersprache, des Tanzes, der Kunst und der Musik.

Um bei den Paradigmen der Kommunikationstheorie zu bleiben, so wäre die Kommunikation des Ich mit seiner organischen Kette „analog" das gesamte Symbolgewebe gesellschaftlicher Kommunikation dagegen „digital". *Die Empfindungen besitzen für ihren Ausdruck zunächst nur organische, analoge Mittel: den Schrei oder die Grimasse für Schmerz, das Lächeln oder die Umarmung für Lust. Die kognitiven Verhalten dagegen bedürfen der gesellschaftlichen, digitalen Symbole.*

*Die Gefühle benötigen für ihren Ausdruck sowohl der analogen wie der digitalen Zeichen.*Die Empfindungen und Emotionen verfügen über einen beschränkten, *analogen* Symbolschatz, eben den der Körpersprache, während die vergesellschafteten Gefühle eine sich historisch ausweitende Palette *digitaler* Symbole in Dichtung, Tanz, Musik und bildender Kunst entwickeln, die wir *Stile* oder kulturelle Strukturen nennen.

Die rein kognitiven Tätigkeiten erst schaffen mit den Sprachen eine nahezu unbegrenzte Anzahl von Worten, Begriffen, mathematischen, wissenschaftlichen, religiösen Superzeichen, die die Werkzeuge der gesellschaftlichen Interaktion abgeben. Sie bilden ethno- bzw. klassen- und gruppenspezifische Mittel der Verständigung und des gesellschaftlichenHandelns, also ein vollständiges Gewebe aus historisch-kultureller *Kette* und individuellem *Schuß.*

So ist das Individuum einerseits über seine *Empfindungen analogisch* an seine einmalige organische Existenz, andererseits durch das *Bewußtsein digital* an seine gesellschaftliche Tätigkeit gebunden. Die gesellschaftliche, historisch geknüpfte Kette der digitalen Sprachen bedarf der Sprechakte der Individuen als Schuß des Gewebes jeder Kultur. Dieser individuelle jeweils einmalige subjektive Schuß ist ein organisch-biografisch gesponnener Faden von Wahrnehmungen, Bedürfnissen, Triebregungen, die der menschlichen Gattung durch ihre biologische Geschichte eigen sind. *Behagen und Unbehagen, Lust und Unlust, Schmerz und Wohlbefinden sind die Rohstoffe des individuellen, subjektiven Schusses im gesellschaftlichen Gewebe der Kultur,* gleichzeitig aber auch die Energiequelle, die das Weben der Interaktion speist.

Das Paradigma des Gewebes aus historisch-gesellschaftlicher Kette und subjektivem Schuß bedarf aber einer wesentlichen Ergänzung, bzw. Korrektur. Gerade die Gestalttheorie und die Individualpsychologie bestehen auf der Einsicht, daß *das organische wie das gesellschaftliche Gewebe als Ganzes mehr ist als die Summe seiner Teile,* also als Kette und Schuß. Ein Ballen Tuchgewebe ist beliebig aufteilbar, ein organisches oder historisch-kulturelles Gewebe aber nicht! Als Individuum oder Ethnie ist ihm eine hierarchische Ordnung eigen, in der die Teile funktional dem Ganzen ein- und untergeordnet sind, also auch nur über das Ganze verstanden werden können. Gerade durch diese hierarchische Überordnung des Ganzen über seine Teile, des Organismus über die Organe, der Gesellschaft über ihre Gesellschafter, der Person über ihre biologischen und psychischen Konstituanten, erlangen die organischen wie die gesellschaftlich-ethnischen „Individuen" gegenüber der Umwelt ihr Durchsetzungsvermögen, ihre Fähigkeit, die Umstände der materiellen Konstellation und Situation zu nutzen, statt ihnen nur passiv ausgeliefert zu sein. Die Zielstebigkeit des Ganzen beherrscht die Zielstrebigkeit der Teile, ist von diesen organisch bzw. psychisch oder ethnisch-gesellschaftlich verinnerlicht.

Nun haben wir es ja bei jedem Gesellschafter als Person mit jenem „unteilbaren Ganzen" zu tun, das seine Konstituanten funktional integriert und ausrichtet. Gleichzeitig aber ist gerade das gesellschaftlich übergeordnete Ganze - die kulturelle Ethnie - Teil der Person, ja ihr Wesen als „Ensemble der gesellschaftlichen Verhältnisse".

Das komplexe Verhältnis von Individuum und Gruppe läßt sich mithin so ausdrücken: *Die Gruppe als übergeordnetes Ganzes kann nur in dem Maße existieren, als die Individuen, die Zielstrebigkeit der Gruppe als verinnerlichtes Wert- und Normensystem ihrerseits zu ihrer jeweils individuellen Verhaltensnorm machen.* Da diese Verinnerlichung aber eine besondere Dualität hat, nämlich die der individuell-psychischen Apperzeption des ethnischen Ganzen, bleibt in der menschlichen Gesellschaft das Verhältnis des individuellen Teils zum gesellschaftlichen Ganzen ein grundlegend anderes als das des tierischen Individuums zu seiner Gattung. *Die Zielstrebigkeit einer Ethnie erscheint nur jeweils gebrochen in der Psyche jedes ihrer individuellen Teile.* Die Erwartungen der Gruppe, also das Wert- und Normensystem, das das Individuum als Lernprozeß verinnerlicht, stellen zwar ein übergeordnetes, objektiv analysierbares Ganzes, mit einer eigenen, historischen, gesellschaftlichen Gesetzmäßigkeit dar, wird aber nicht „objektiv", sondern „subjektiv" verinnerlicht und ändert damit die Dualität der übergeordneten Einheit der „Ethnie".

Je übersichtlicher, kleiner und weniger komplex die „Ethnie", umso eher decken sich die Erwartungen der Gruppe mit dem Apperzeptionsschema der Individuen. Was heißt, daß in vorindustriellen, traditionsgeleiteten Gesellschaften das Wert- und Normensystem der Gruppe mit dem der individuellen Wahrnehmung der Wirklichkeit und des Verhaltens weitgehend übereinstimmt. „Ich" und „Wir" bilden eine Art Einheit, der einzelne ist in weit stärkerem Maße als in der modernen Gesellschaft typisch für seine Gruppe (Geschlecht, Generation, soziale Hierarchie). Der Mensch der vorindustriellen Kultur ist ganz in seiner Ethnie beheimatet mit allem was Heimat an Sicherung und Beschränkung des Individuums gleichzeitig beinhaltet.

Dennoch nehmen sich bereits in den frühesten Kulturen die Individuen als solche wahr, d. h. gleichsam als Interpreten der gesellschaftlichen Erwartungen. Sie messen sich selbst an einem verinnerlichten, zwar gesellschaftlich bedingten Maßstab, aber eben an einem, der als verinnerlicht eigener erlebt wird. Mit anderen Worten: Sie bewerten sich und ihre Gruppe, sie erleben Zurücksetzung, Bestätigung, Anerkennung oder Ungerechtigkeit nach Maßstäben des ethnischen Ganzen, aber dennoch gemäß dem subjektiven Apperzeptionsschema, das aus dem einmaligen individuellen Erfahrungs- und Lernprozeß, aus der jeweiligen Biographie, entsteht.

Egozentrismus als moderner Ethnozentrismus

Im Verlauf der Entwicklung der europäischen bürgerlichen Gesellschaft entstand eine zunehmende Ausdifferenzierung der individuellen Apperzeptionsschemata genau in dem Maße, in dem die Erwartungen der bürgerlichen Gesellschaft an die Individuen sich vervielfältigen und immer komplexere Kompetenzen bei den einzelnen Gesellschaften ausgebildet werden mußten, um das dynamische System des Kapitalismus zu entfalten. Damit wurden Ich-Stärke, Selbstwertbewußtsein und Egozentrismus zur individuellen Vorbedingung der sozialen Existenz. Die Ich-zentrierte Einstellung, die psychische Dynamik des aufgeklärten Individuums war also Teil eines ethnozentrischen, euro-kapitalistischen Klassenbildes von individueller und gesellschaftlicher Existenz. Mit anderen Worten: das, was als ich-bezogene und ich-begrenzte Apperzeption, also als *Narzismus* erscheint, ist gleichzeitig die Voraussetzung für gesellschaftliche Interaktion, gilt - wie die unternehmerische Persönlichkeit - als gemeinschafts- und gesellschaftsfördernd, also als sozial wertvoll. Je selbstbewußter die Person, desto förderlicher ist sie für die kompetitive Gesellschaft. Das Streben, „Persönlichkeit" zu verkörpern, ist also ein ethnozentrisches, europäisch-bürgerliches Ideal, dessen universelle Gültigkeit von ihr als selbstverständlich angenommen wird. Es erscheint als gesellschaftlich-pädagogische Erwartung der modernen, industriellen Ethnie an ihre Individuen, an ihre Einstellung und an ihr Verhalten.

Zu dieser ethnozentrischen Ausformung egozentrischer Individuen gehört aber gerade auch die Selbständigkeit gegenüber dem Konformitätsanspruch der Ethnie, erscheine sie in der Form der Familie, der Peer-group, der Schul-, Ausbildungs- oder Berufsinstanz, als gewerkschaftliche, kirchliche, oder politische Gruppe, oder schließlich als die „Superethnie" Nation, innerhalb derer sich die anderen Gruppen konfliktuell und kooperativ bewegen. Zur Entfaltung der Industriegesellschaft als übergeordnetem Ganzen bedarf es insbesondere in ihrer herrschenden Klasse solcher Individuen, die genügend „Ich-Stärke" gegenüber dem tradierten Schema der Wahrnehmung und des Verhaltens entwickeln, also genügend *Subjektivität*, um im Denken und Handeln nonkonformistisch, konkurrentiell und innovatorisch auftreten zu können. Zum Helden wird - insbesondere in der USA-Kultur - derjenige, der sich erfolgreich gegen die „Beschränktheit" seiner Ethnie durchsetzt, seiner Gemeinde, seiner Klasse und Schicht, seiner Geschlechts- oder Generationsgruppe gegenüber zu bestehen sucht. Er ist als Bild des Helden das typische Produkt einer kapitalistischen „Ethnie" und gilt nicht zufällig als Träger des „American way of life".

Die Ethnie des industriekapitalistischen Europa entwickelt auf diese Art ein Leitbild des Verhältnisses von Individuum und Gesellschaft, in dem ein hohes Maß von Egozentrismus wert- und normenkonform ist. Die euroamerikanische Ethnie und ihre Kultur befreit mithin das Individuum von den Zwängen der traditionellen Identifizierung mit ihren eindeutigen Denk-und Verhaltensmustern, um es auf einer entwickelteren Stufe gesellschaftlicher Norm wieder den übergeordneten Zielen der „Profitmaximierung", bzw. des „realen Sozialismus" durch Verinnerlichung des Wertkodex ein-und unterzuordnen. Das Streben nach permanentem Fortschritt auf allen Gebieten der Wirtschaft, der Technik, der Kultur, die Nötigung, sein Selbstwertgefühl über herausragende Leistungen zu gewinnen, stellen heute einen ebenso hohen ethnozentrischen Zwang für das Individuum dar wie alle traditionellen ethnozentrischen Systeme der Vergangenheit. Im triumphierenden euro-amerikanischen Ego, in seinem Streben nach individuellem Lustgewinn und leidlosem Glück triumphiert in Wahrheit die konkurrentiell angelegte Ethnie mit ihrem „Warenfetischismus", ihrem Leistungs- und Konsumzwang „von der Wiege bis zum Grabe".

Doch nimmt dieser Gruppenzwang zur sozialen und psychischen Zentrierung auf das „Ich", auf das „Werde, der du bist" ganz neue und weltgeschichtlich ebenso *frucht-* wie *furcht*bare Formen an, die keine der traditionellen Ethnozentrismen der Vergangenheit aufzuweisen hatten. Ebenso fruchtbar für das gesellschaftliche Ganze, für die Ethnie wie für die individuellen Gesellschafter erweist sich das Wertsystem konkurrierender und dennoch prinzipiell gleichberechtigter - weil gleichwertiger - Klassen, Gruppen, Nationen, Kulturen, Weltanschauungen, Wertsysteme. So schlägt es sich in der Erklärung der Menschenrechte politisch nieder. Dort wird zum allgemeingültigen Prinzip erhoben, daß es kein unantastbares allgemeines Wertsystem gibt, daß die „Superethnie", lies die nationale oder Weltgesellschaft, ihre Lebensfähigkeit gerade aus der Eigenständigkeit und der konkurrentiellen Leistungsfähigkeit jeder einzelnen Klasse, Gruppe, Nation, Kultur, Denkrichtung bezieht. So wird es theoretisch ebenso wie praktisch politisch möglich, daß die nach Interessen, Zielen und Methoden divergierenden, ja antagonistischen Ethnien, die Klassen, Gruppen, Generationen, Geschlechter, die Völker und Nationen, die Religionen und Weltanschauungen das Recht auf Individualität und moralisch wie rechtlich gesicherter Eigenständigkeit zugesprochen bekommen.

Wenn aber die Allgemeingültigkeit im Geist des euro-amerikanischen Ethnozentrismus der industriellen Gesellschaft gerade in der Aufhebung der Allgemeingültigkeit tradierter Wert- und Normensysteme besteht, wenn das Gültigkeitssiegel der Wahrheit nur der *Erfolg* der jeweils koalierenden Individuen darstellt, wenn die Maxime des Handelns - wie im kategorischen Imperativ - in das freie Individuum verlegt werden, so werden notwendigerweise Ethnozentrismus und Gruppenegoismus theoretisch wie praktisch zu den einzigen „heiligen Gütern" der Gesellschaft erhoben. Wertvoll ist, was sich im Rahmen der Spielregeln machtvoll durchsetzt, ob wissenschaftlich, ökonomisch, sozial oder politisch. Marginal und wertlos wird dagegen, was einem traditionalistischen oder einem post-rationalistischen „Vorurteil" unterliegt. Die furchtbaren Folgen dieser Einstellung mag man vom II. imperialistischen Weltkrieg, von Auschwitz bis zu den stalinistisch-maoistischen Individual-und Völkermorden, bis zu Kennedys Vietnam-Krieg und Reagans Mittelamerikapolitik, von den kolonialistischen Kanonenbooten bis zum Rüstungswettlauf der Atommächte verfolgen. Die Proklamation der Menschen- und Bürgerrechte wird in Theorie und Praxis zur Proklamation des uneingeschränkten Anspruchs aller konkurrierenden Ethnien und Individuen auf Unterdrückung, Ausbeutung, Instrumentalisierung der jeweils Machtloseren. So wirkt sich die Überwindung dogmatischer, traditionell ethnozentrischer Orientierung in bezug auf Wahrheit, Gültigkeit oder Unwert des Verhaltens, also der Zweckrationalismus, als letztlicher Freibrief für den oppressivsten aller Ethnozentrismen aus, den Imperialismus der Supermächte.

Richten wir unseren Blick von den Ethnien auf die Individuen, bzw. auf die Folgen, die die euro-amerikanische, industrielle Kultur für die Personen hat, die ihren pluralistischen Wertmaßstab der Leugnung von allgemeingültigen Werten verinnerlichen muß, so ergibt sich - grob vereinfacht - das folgende Bild.

Die Auflösung der traditionellen Ethnien der Dorfgemeinschaft, des Standes, mit deren festen Rollenzuweisungen und eindeutigen Erwartungen in der wertneutralen „Superethnie Industriekultur", die oben beschriebene „Wertordnung der Wertneutralität" bedeutet für den einzelnen Gesellschafter, daß er gleichzeitig an mehreren Gruppen partizipiert und deren.Erwartungen und Wertmaßstäbe zu verinnerlichen hat. *Der Pluralismus der Industriegesellschaft hat den inneren Pluralismus der Person zur Folge* und damit auch die oft genannte „Entsublimierung" der psychischen Orientierung, die praktische Heimatlosigkeit in einer „mobilen Gesellschaft" beliebig wählbarer Standorte.

Das Individuum der Industriegesellschaft, das auf mehreren Positionen der komplexen „Superethnie" seine soziale Funktion ausübt (es ist gleichzeitig z. B. Angestellte, Mutter, Kirchenmitglied, Gewerkschaftsfunktionärin etc. etc.), vereint in sich die Erwartungen, die an jede dieser Positionen, bzw. an die Rollen geknüpft sind, die sich von der Position aus definieren. So steht der Einzelne notwendigerweise immer wieder vor inneren Rollenkonflikten. Er muß werten können, um sich zu entscheiden, um effektiv handeln zu können. Nach Dahrendorf entscheidet er sich immer für die Seite der Position (wir dürfen auch sagen „Ethnie"), von der die größeren Sanktionen zu erwarten sind. Was aber für sein Selbstwertgefühl als die größere Sanktion gilt (etwa die Prügel vom Vater oder die Verachtung durch die Jungensbanden) hängt nicht von den Wertmaßstäben der Gruppen ab, die sie verhängen, sondern von der Selbstbewertung der Bedeutung, die die Zugehörigkeit zur einen, bzw. zur anderen Gruppe (z. B. zu der der Familie oder der der Peer-group), für das Individuum besitzt.

Diese Selbstbewertung, bzw. die Bewertung des Gewichtes der Erwartungen, die antagonistisch von den Ethnien an das Individuum gerichtet sind, unterliegt der individuellen Geschichte. Sie hängt von den Erfahrungen ab, die das Kind in seinen Identifikationsbemühungen mit den Anderen in Familie, Schule, in seiner Peer-group usw. usw. gemacht hat. Jede dieser Gruppen verkörpert - im wahrsten Sinne des Wortes - die Dominanz einer ethnischen Kultur: der Vater z. B. erscheint dem Kind als dominant verständnisvoll (während doch die weitere Familie dies als Schwäche ihm auslegt) oder dominant autoritär (obschon Freunde ihn deswegen als „verstaubt", „als nicht in unsere Zeit gehörig" betrachten). Der Vater steht für jeweils einen der ethnisch beschränkten Wertmaßstäbe, die das Individuum zu verinnerlichen hat, ebenso wie die Mutter, der Kindergarten, die Schule, die Helden der Märchen, der Comics und des Fernsehens!

Darum ist für die Selbstbewertung, die mit der jeweils ethnozentrischen Fremdbewertung auf Grund eigener Erfahrung zusammenhängt, letztlich ausschlaggebend dafür, welche Werte der eigenen Einstellung und des eigenen Verhaltens als „lieb", „gut", als „sachlich", „sozial" oder im Gegenteil als „böse", „verwerflich", „egoistisch" und „unsozial" angesehen werden. Das

Individuum mag sich selbst als Egoist oder als Versager bewerten, während eine der Ethnien, der er zugleich angehört, z. B. seine peer-group, ihn als hilfsbereit und erfolgreich betrachten. In diesem Fall legt das Ich an sich selbst Maßstäbe anderer „Ethnien", z. B. den des autoritären Vaters oder der lebensenttäuschten Mutter, Maßstäbe also, die sich bei denjenigen seiner Bezugspersonen für ihr Verhalten durchgesetzt haben, von denen das Ich sich am tiefsten existentiell abhängig fühlt. Umgekehrt mag das Individuum sich selbst als „gütig" und hilfsbereit einschätzen, mag in seinem Selbstwertgefühl das Interesse der anderen über sein eigenes stellen, etwa weil seine Familie ihm dieses Bild seiner Einstellung vermittelt hat, und doch in der Schule, im Beruf, bei seinen Geschlechtspartnern als Egozentriker oder Egoist gelten.

Hiermit ist schon angedeutet, wie bedenklich die Verabsolutierung des Wertes, *„Gemeinschaftsgefühl"* als Antagonist zur *„Ichhaftigkeit"* und zum Egozentrismus ist. Auch der SS-Offizier, der Juden ausrottet, kann uneigennützig handeln, aus Gemeinschaftsgefühl und im Bewußtsein, seine Pflicht gegenüber der Gemeinschaft zu erfüllen. Er ist individual-psychologisch von seiner Ethnie aus gesehen ein vorbildlich gesundes Glied der Gemeinschaft. Im Gegensatz dazu kann der Nonkonformist, der Revolutionär, als Egozentriker erscheinen, der nichts anderes sucht als die Befriedigung seines „Geltungsstrebens" auf Kosten der „Gemeinschaft", gegen die er, sich selbst opfernd, rebelliert.

Mit anderen Worten: die Parallelität ethnischer Zielsetzungen mit denen der Individuen mag ein Zeichen individuell-psychisch gesunden Befindens sein, doch stellt diese Art individueller, psychischer Normalität noch keinen Maßstab dar, nach dem das Verhältnis von Individuum und Gemeinschaft in unserer Gesellschaft gemessen werden darf. Eine rein „psychologische" Definition gesunder „menschlicher Psyche" bei gleichzeitig gesellschaftlicher Wertneutralität bedeutet, das Individuum in Einstellung und Verhalten orientierungslos zu lassen.

Die psychoanalytische Vorstellung von der „Ichstärke" als der gelungenen Sublimierung der „Es"-bedingten Triebhaftigkeit zugunsten der Ethnie (Realitätsprinzip und Über-Ich als Kanalisatoren des libidinösen Antriebs) ist ebenso unzureichend, um den Umgang mit Einstellung und Verhalten der Individuen pädagogisch zu orientieren, wie der adlerianische Begriff des „Gemeinschaftsgefühls" solange dieser als unabhängig von der konkreten Gemeinschaft verstanden wird. Es bedarf im therapeutischen, pädagogischen und politischen Bereich der bewertenden Stellungnahme zu den bewußten wie den nicht bewußten Zielsetzungen der jeweiligen Ethnie, um die Schergen von Auschwitz und die Männer des 20. Juli als „gesund" oder „krank" einstufen zu können.

In jedem Individuum wirkt der Antagonismus zwischen „Ichhaftigkeit" und „Gemeinschaft" als ein Gegensatz von Wertungen und Erwartungen antagonistischer Ethnien. Ob das ichbetonte autoritäre Gebaren eines konservativen Familienvaters, bzw. die traditionelle mütterliche Hingabe an

Kind, Mann und Familie als gesunde oder krankhafte Einstellungen erscheinen, ob die aus diesen Einstellungen entstehenden Konflikte und psychischen Belastungen, die „Frustrationen", aber auch der „Lustgewinn" in der individuellen Psyche als „normal" erlebt werden, hängt nicht erstrangig von der individuellen Psyche, sondern von der Bewertung durch die Ethnien ab, an denen die Individuen gleichzeitig zu partizipieren genötigt sind.

Mit anderen Worten: Es reicht nicht, die Kategorie des „Gemeinschaftsgefühls" der des „Egozentrismus" gegenüberzustellen, noch die der „vorurteilslosen Vernunft" der des „ethnozentrischen Vorurteils", weder im inneren psychischen Haushalt der Selbstanforderung, noch in dem der Pädagogik, der Psychologie und der Politik. Vielmehr gilt es, Kriterien zu entwickeln, nach denen die Wertmaßstäbe der widersprüchlichen „Ethnien", die alle in unserer Gesellschaft den Anspruch erheben, „Gemeinschafts" zu verkörpern, ihrerseits individuell beurteilt und bewertet werden können.

Solche Kriterien liegen nicht als ewige Wahrheiten fest, sie sind nicht rein logisch ableitbar aus Prinzipien einer universellen Ethik oder Psychologie. Sie ergeben sich vielmehr aus der tätigen wie gedanklichen Auseinandersetzung mit den Wertmaßstäben jeweiliger Ethnien und deren bewußter oder unbewußter Zielrichtung. Ethnozentrik und Egozentrik sind für sich genommen keine Wertmaßstäbe, weder im Bereich der psychischen Gesundheit noch nach denen des gesellschaftlichen Wertes eines Individuums. Wer von beiden, der RAF-Attentäter oder sein Bankieropfer aus „Gemeinschaftsgefühl" oder „Geltungsstreben" gelebt haben und gefallen sind, tritt völlig zurück hinter die Frage, ob die Wertmaßstäbe der „Ethnie" RAF oder die des kapitalistischen Establishments, oder aber eine weit umfassendere, das Individuum und die Gesellschaft ausrichten sollen.

Das Instrument der Orientierung: dialektische Vernunft

Zu dieser Bewertung verfügen wir über das Instrument der *dialektischen Vernunft*. Diese anthropologisch angelegte Fähigkeit des Urteils bedarf gewiß der historisch und ethnozentrisch ausgebildeten Begrifflichkeit. Also bleibt jedes Urteil, jede Wertsetzung, durch die organisch-psychischen und historisch-kulturellen Voraussetzungen seines Zustandekommens beschränkt. Die Einsicht in die Beschränktheit ist ihrerseits das Ergebnis des historischen Moments, in dem wir uns weltgeschichtlich befinden. Dennoch bildet gerade diese Einsicht in die notwendige Beschränktheit jedes Urteils die gegenwärtig beste Voraussetzung, daß es als Instrument der Bewältigung von Konstellation und Situation in einer Richtung wirksam wird, die die historisch oder biografisch bedingten Konflikte und Probleme einer besseren Lösung zuführt als ethnozentrische Dogmen oder das egozentrisches Vertrauen in Gefühle oder „Erleben".

Nach Auschwitz, Hiroshima und den Erfahrungen des Vietnam-Krieges, der chinesischen Kulturrevolution, des Völkermords in Kambodja, nach

Chile, Argentinien, nach Idi Amin und Khomeini erscheint der jungen Generation eine solche Aussage als intellektualistische Anmaßung bzw. Beschränktheit. Statt dem kritischen Urteil, das in seiner „rationalistischen Verblendung" in derartige Sackgassen führt, vertraut sie sich eher einer Wertfindung an, die „sinnliche" Qualitäten besitzt.

Ihr Bedürfnis, die Isolierung des Ich und der Ethnie zu durchbrechen, ist umso intensiver als sie ihre Ohnmacht in einem Weltsystem erlebt, das mit unerbittlichem Zweckrationalismus jede Ethnie und jedes Individuum isoliert und instrumentalisiert.

Dieser Einstellung ist entgegenzuhalten, daß die Wahrnehmung eigener Machtlosigkeit schließlich zur Flucht in Emotionen und Gefühlsrichtungen führt, die zwar die augenblickliche Situation erträglicher erscheinen lassen, weil sie dem ohnmächtigen Einzelnen den Eindruck gemeinsamer Stärke seiner sektiererischen Ethnie vermitteln. Die situative Isoliertheit also scheint durch die blinde Gemeinschaft im Gefolge eines beliebigen religiösen oder politischen Guru durchbrochen. Aber unausweichlich wird durch diesen Rückfall vom Rationalen ins Emotionale die Konstellation des Weltsystems, die Übermacht seiner herrschenden Klassen und seiner instrumentellen Gewalt nur noch verstärkt. Es handelt sich mithin um einen kreisförmigen Prozeß mit regressiver Tendenz: je zweckrationaler und universaler die technisch-politische Macht und Herrschaft in Wirtschaft, Politik und Kultur, desto emotionaler, angstvoller und kurzsichtiger das individuelle wie das kollektive Verhalten. Auf dem Umweg der emotional motivierten Fiktionen zerfällt das zweckrationale Weltganze in lauter ethnozentrische und egozentrische Elementarteilchen in blindwütiger Bewegung, die nur den statistischen Gesetzen des Zufalls gehorcht. In ihm setzt sich dann die Übermacht der zweckrationalen Herrschaft umso ungehinderter durch.

Wenn dialektische Vernunft ein Instrument darstellt, das diesen Teufelskreis durchbrechen kann, so deshalb, weil sie sowohl die Fiktion des emotionalen Rückgriffs durchschaut, der sich in der individuellen Biographie als neurotisches Verhalten niederschlägt, als weil sie ihre eigene Beschränktheit nicht als Ohnmacht erfährt, sondern als Voraussetzung des Handelns. Gerade weil sie die Geschichte wie die Biographie rational zu analysieren und dialektisch zu deuten sucht, stößt sie auf die Einsicht, daß *alle ethnozentrischen Deutungen der Natur und des Menschen durch die Geschichte der Kulturen hindurch etwas fundamental Gemeinsames aufweisen,* das sie von einer Geschichtsepoche zur anderen, von einem ethnozentrierten Gedankengebäude zum anderen strukturell vereint. Jede Kultur fußt auf der menschlichen Fähigkeit, sich wertend tätig zu verhalten.

Arbeit, Gebären und Werk werden als Schöpfung gedeutet, deren Sinnhaftigkeit sie Vertrauen schenken kann. Ethnozentrisch und historisch beschränkt erscheint in jeder der gerade darum vertrauensvollen Schöpfungsmythen ein mehr oder weniger genau bezeichenbarer Schöpfer und ein benennbarer Sinn. Alle Deutungen, von denen der Frühkulturen bis zu denen der Gegenwart, stellen sich in den Dienst eines kosmischen Prozesses, an dem die Ethnie und das Individuum zwar einen tätigen Anteil hat, in dem aber die ethnische und individuelle Tätigkeit nur Teil eines im weitesten Sinne historischen Ganzen darstellt, das vom Alpha des Anfangs bis zum Omega eines vorgestellten Endes eine verborgene *Sinnhaftigkeit* beinhaltet. Dialektische Vernunft erkennt zwar begriffliche Deutung dieser Sinnhaftigkeit in Gottheiten und Schöpfungsmythen als ethnozentrisch beschränkte ideologische Kompensation für die physische wie historische „Geworfenheit" der Menschen, doch entdeckt sie *in der Gesamtheit der ethnozentrischen Deutungen, in allen Mythen und Ideen, wie in ihrem eigenen Denken einen nicht mehr kausal und empirisch erfaßbaren Sinn des Lebensprozesses, dem sie vertraut.* Sinn bedeutet dabei für sie nicht ein eschatologisches Gedankengebäude, keinen metaphysischen Erlösungs- und keine materialistische Fortschrittsgläubigkeit. Aber gerade in Ansehung der wissenschaftlichen Erkenntnisse von der Entwicklung des Lebens und der menschlichen Geschichte kommt sie zur Überzeugung, daß *Vernunft selbst ein Instrument dieser Entwicklung* ist, ein *produzierendes Produkt* ganz ähnlich den anderen zielgerichteten funktionalen Organen aller Lebewesen, den genetischen wie den somatischen. *Vernunft ist ein Organ zur Bewältigung geschichtlicher Existenz des Naturwesens Mensch.* Das Organ Vernunft ermöglicht die Machbarkeit, die Tätigkeit, aber es ist selbst ein Produkt des Evolutionsprozesses.

Gerade die empirisch-wissenschaftliche Analyse von Ethnozentrismus und individueller Neurose führt zur Einsicht des Wertes aller geschichtlich gewordenen Deutungen der Prozesse von Natur und Geschichte. Dieser Wert liegt im *Vertrauen*, daß die kollektiv-ethnische wie die individuelle Teilhabe und Teilnahme am dialektischen Prozeß der kosmischen wie der historischen Entwicklung *wertvoll* und nicht im Sinn der euro-amerikanischen Wissenschaft *wertneutral* ist.

Zuwendung zum Leben in jedem Kind, in allen Erscheinungen der Natur, Engagement für alles, was jeweils, wenn auch ethnozentrisch beschränkt, als wertvoll, als Tugend angesehen wurde, heißt lebendig kreativ tätig zu sein, bzw. die eigene und die fremde Natur tätig werden zu lassen, heißt auch das natürlich und geschichtlich Gewordene zu bewahren, fortzusetzen und zu schützen. *Diese Einstellung beruht bereits auf einer nicht mehr rational beweisbaren Wertigkeit des geschichtlichen Prozesses.* Dialektische Vernunft erkennt ebenso diese Grenze, mithin die *rationale Unbegründbarkeit des Wertes der Entwicklung, als die Notwendigkeit, an ihr aktiv teilzunehmen.* So kommt sie in unserer bedrohten Gegenwart, im Leid und Elend einer Welt, die durch die menschliche Denkfähigkeit und „Werkzeugerfindung" bis an den Rand der Selbstzerstörung geraten ist, zu einer Deutung von Natur und Geschichte, die sich im Gedankengut wie in den kulturellen Ausformungen aller Ethnien der Vergangenheit und Gegenwart wiederfindet.

Dialektische Vernunft begreift Natur und Kultur im Geschichtsprozeß und im Individuum als antagonistische Pole einer übergeordneten dynamischen Einheit. Sie sucht die Wechselwirkungen zwischen diesen Polen kausal zu erfassen. Bei dieser Analyse betrachtet sie die *bedingenden Faktoren als wertneutral,* d. h. als gleichgültig. *Das Ergebnis ihrer Wirkung geht sie dagegen wertend an,* also als nicht gleichgültig. Dialektische Vernunft analysiert z. B. das ökonomisch-politische und kulturelle Abhängigkeitsverhältnis der strukturellen Heterogenität in der imperialistisch strukturierten Weltgesellschaft so als seien die ökonomischen und politischen Faktoren objektive Fakten, die wertneutral abgelesen und in quantifizierbare Gesetze eingebracht werden können: es gibt dann eine Art „In-put/Out-put Bilanzierung" von Kapital-Arbeit-Ertrag-Verteilung des Ertrages - struktureller und physischer Gewalt etc. etc. *In dieser Bilanz werden zwar alle Faktoren gewichtet, aber nicht gewertet.* Aber das Ergebnis dieser Bilanz, die Bilanz selbst ist von ausschlaggebender Bedeutung. Hunger, Elend, Ausbeutung, Rüstung, Kriege, Revolutionen sind nicht wertneutral. Für die dialektische Vernunft, insbesondere in ihrer Anwendung auf die Pädagogik, *verlangt die jeweilige Bilanz eine wertende und engagierte Stellungnahme,* deren Wirkungen auf den Prozeß zwar rational eingeschätzt werden sollen, aber letztlich nicht voraussehbar sind. Nicht der bilanzierte Erfolg entscheidet über den Wert des politisch-pädagogischen Engagements, sondern das Menschenbild, das ihm zugrund liegt.

In diesem Sinne versteht sich dialektische Vernunft als Instrumentarium einer schöpferischen Tätigkeit an einem immer unvollendbaren Werk der Bildung von Gesellschaft und Individuum.

Ein Werk - wenn wir es als künstlerisches Paradigma verstehen - heißt eine neue Gestalt aus dem vorgegebenen Material tätig herauszuschälen, heißt die „Natur" des vorgegebenen „Steines" zur „Kultur" der Skulptur hin zu verändern. Der Künstler muß die vorgegebene Wirklichkeit seines „Materials" „vernünftig" interpretieren, um die Möglichkeit der neuen Gestalt zu realisieren.

Dialektische Vernunft - in unserem Sinne - stellt also eine rationale Deutung der Natur der Ethnie und der Person dar, die eben das Vorgegebene im wahrsten Sinne des Wortes „begreift", die die Natur als körperlich-psychische Struktur der Person und als historisch-gesellschaftliche Gestalt der Ethnie derart zum Ausgangspunkt ihrer Einstellung und ihres Verhaltens, somit des individuellen und kollektiven Handelns macht, daß sie ihr weder als beliebig machbar noch als ungestaltbar begegnet.

Vernunft - im Sinne von Marx und Adler - ist zutiefst geknüpft an die Erfahrung des *Vertrauens.* Das „Urvertrauen" seinerseits ist sowohl eingezeichnet in die biologische Zusammengehörigkeit von Mutter und Kind wie in die historische aller Gesellschaften. Es ist weder „biologisch", noch im einfach fordernden Sinne „moralisch". Vertrauen ist das Ergebnis eines Prozesses, ist dauernd gefährdet und kann zerstört werden. Aber nur Vernunft kann den Prozeß seiner verstärkenden und belebenden Entwicklung leiten. Das „Ich" und die „Ethnie" können ihre eigene „Aufhebung" (Hegel) in der Gemeinschaft und in der antagonistischen Gesellschaft nicht synkretistisch über „Glauben" und „Gefühl" erreichen, nicht über ein wie immer geartetes „Opium", sondern nur über die Deutung der Wirklichkeit der Menschen als gesellschaftliches und personales Werk gemeinsamen Entwurfes.

Der Mystiker Angelus Silesius drückt diese Erkenntnis dialektischer Vernunft so aus:

„Ich weiß nicht, was ich bin,
Ich bin nicht, was ich weiß,
Ein Ding und nicht ein Ding,
Ein Pünktchen und ein Kreis." (+)

Der historische Materialist Marx ergänzt:

„Es wird sich zeigen, daß die Welt längst den Traum einer Sache besitzt, von der sie nur das *Bewußtsein* besitzen muß, um sie wirklich zu besitzen. Es wird sich zeigen, daß es sich nicht um einen großen Gedankenstrich zwischen Vergangenheit und Zukunft handelt, sondern um die *Vollziehung* der *Gedanken der Vergangenheit*. Es wird sich endlich zeigen, daß die Menschheit keine neue Arbeit beginnt, sondern mit Bewußtsein ihre alte Arbeit zustande bringt." (++)

Wohl das hervorstechendste Merkmal ethnozentrischer Sicht in der modernen Weltgesellschaft ist nicht das der nationalen oder ideologischen Eingebundenheit des Bewußtseins und des Handelns, sondern das ihres urbanen bzw. ruralen Nährbodens. Seiner „Bodenanalyse" gilt der folgende Essai.

(+) Der cherubinische Wandersmann
(++) Brief an Ruge, in MEGA 1;1

Eure Götter: Souvenir für unsere Behausungen

4

Urbane Rationalität und
ruraler Glaube

Gesellschaftsformen können verhältnismäßig mühelos in agrarisch-ländliche und städtisch-industrielle eingereiht werden. Dabei kann man davon ausgehen, daß mit fortschreitender Arbeitsteilung die urbanen Produktions- und Herrschaftsverhältnisse über die ruralen die Vorherrschaft ausüben. Begrifflich bedeutet rurale Produktion die Produktion von Lebensmittel und natürlich gezüchteten, nicht-mineralen Rohstoffen, urbane Produktion dagegen die ihrer handwerklichen oder industriellen Verarbeitung und Verteilung über einen Markt.

Die rurale Produktion bedarf weiter, natürlicher Räume, die urbane erheischt eine hohe Siedlungskonzentration. Rurale Gesellschaftsgruppen sind grundsätzlich selbstversorgend, städtische dagegen an den Überschuß von ruraler Produktion gekettet. Städte konnten erst entstehen, nachdem die Produktivität der Arbeitskraft des einzelnen Bauern ausreichte, um weit mehr als sich und seine Sippe zu ernähren. Da aber bei Entstehung der Hochkulturen in allen Weltteilen der ländliche Überschuß wohl die Stadt, nicht aber die städtische Produktion die Lebensbedürfnisse des Dorfes befriedigte, beruhte das Verhältnis von Stadt und Land von vornherein auf Gewalt und Beherrschung.

Die wesentlichen Techniken, mit denen der ländliche Produktionsüberschuß angeeignet werden konnte, waren die der Waffen und die des rationalen, organisierten Einsatzes versklavter Arbeitskräfte. Sie wurden von nomadisierenden Jägervölkern bzw. Seefahrern entwickelt. Mit ihrer Hilfe setzten sich ab dem 5. Jahrtausend vor unserer Zeitrechnung kriegerische Stämme in erobernden Völkerwanderungen als Herrscher über die bäuerlich produzierende Bevölkerung und eigneten sich deren Überschuß an Nahrungsmitteln und natürlichen Rohstoffen an. Sie siedelten als Herren in den Herrschaftszentren der Städte. Von den Steppen und Wüsten der Nomaden - mit ihren Techniken der Domestizierung des Pferdes und der Erfindung wirksamer Waffen - bewegten sich die zukünftigen städtischen Herren in die großen Täler fruchtbarer Flüsse (Nil, Euphrat-Ganges, Indus, Ho-Ang-Ho-Yangtsekiang) und bauen dort die Städte ihrer ausbeutenden Macht. Auch die gewaltigen Reiche der Kolteken, Atzteken und Inkas entstanden erst, nachdem die nomadisierenden Krieger in Gebiete Mittel- und Südamerikas vordrangen, in denen Seßhaftigkeit in Städten zur Versklavung bäuerlicher Arbeitskraft lohnte. Auch Meer- und Flußnomaden begründeten auf die gleiche Art Herrschaftsbezirke mit Städten als Machtzentren, bzw. eroberten sie von anderen Herren (Wikinger, Normannen, Araber, Malaien).

Wo und wie aber immer die Stadt als Herrschaftszentrum über das Land entstand, sie produzierte und perpetuierte nicht nur physische Gewalt und Aneignung des Mehrproduktes unterjochter Arbeitskraft, sondern ließ weltverändernde Produktivkräfte in Erscheinung treten, die in keiner subsistenzwirtschaftlich-ruralen Gesellschaft in Erscheinung getreten waren. Die wohl entscheidendste von allen ist die der *Rationalität* im Umgang mit Mensch und Natur.

Durch die Herrschaftsorganisation der Städte und in den Städten löst sich Bewußtsein und Zielstrebigkeit humaner Existenz von den ebenso sichernden wie fesselnden Vorstellungen der innigen Verwobenheit kollektiven wie individuellen Lebens mit den Vorgegebenheiten der Natur. Die Mythen und Religionen der städtischen Herren verlagerten das Machbare und die Macht aus dem Bereich der organischen Natur in den der Absicht und des Willens überdimensionaler Götter und Helden, mit denen die Herren in genealogischer Verwandtschaft lebten. *Die Natur ging nun nicht mehr durch den Menschen von Generation zu Generation hindurch und schloß ihn ein, sondern wurde zu seinem Gegenüber, zu seinem Objekt.* Ihre Eigenschaften und ihre Macht galten nun als nützlich oder feindlich, konnten unterworfen werden oder blieben siegreich. Absichten und Macht der Götter, Herrscher über die Herrscher, wurde erforscht und beeinflußt. Die Gesetze, die die Gesellschaft in den Bezügen der Geschlechter, der Generationen und der sozialen Klassen regelten, wurden nicht mehr tabuistisch von mystischen Naturkräften abgeleitet, sondern von absichtsvollen Gottherren, deren Reich, die kosmische und menschliche Welt, gemäß einer zwar unerreichbaren, aber rational verständlichen Machtfülle regierten.

Die Instrumentalisierung der Produktivkraft unterjochter Menschen erlaubte in unverhältnismäßig kurzen historischen Perioden (in tausenden, ja hunderten von Jahren statt bis dato zehntausenden) die Entwicklung gewaltiger *Machbarkeiten und Macht bzw. Herrschaft.* Machbarkeiten nennen wir das, was Technologie heißt, also das rational vermittelbare akkumulier- und erweiterbare Wissen von Fertigkeiten und Künsten zur Aneignung und zur Beherrschung der Natur. Sie ist die Grundlage von Macht und Herrschaft, die ebenso rationale Organisation des Einsatzes von Arbeitskräften für Güterproduktion und Dienstleistungen beinhaltet wie die Akkumulation und Konservierung von Gütern, den Bau von Verkehrswegen und das Wagnis des Fernhandels, das Gewaltmonopol der Rechtsprechung ebenso wie die Strategie und Taktik der Kriegsführung, schließlich die Bildung und Ausbildng eines besonderen Standes von „Geistesarbeitern", von Priestern, Gelehrten und Scriben.

Zusammenfassend:
Die Entwicklung und Entfaltung der Rationalität als Produktivkraft ist an die Ausbildung von Herrschaftstechniken gebunden. Die erste und sichtbarste Verkörperung dieser Rationalität und Instrumentalisierung von Natur und Mensch ist die Ausbildung des Herrschaftszentrums „Stadt". Obschon in allen vorindustriellen Gesellschaften das wichtigste Produktionsmittel das agrarisch nutzbare Land darstellt, konzentriert sich dessen Nutzung - als materielle und kulturelle Verwertung seiner Überschüsse - auf die städtischen Herrschaftszentren.

In einem zweiten Anlauf wollen wir genauer zu fassen suchen, was den Kern der Verschiedenheit von Kommunikation und Interaktion in urbanen und ruralen gesellschaftlichen „Gestalten" ausmacht. Dabei verwenden wir den Begriff der „Gestalt" im Sinne K. Lewins, bzw. in der Anwendung seiner Theorie auf gesellschaftliche Konfigurationen. Die rurale Gestalt ist das Dorf. Seine Siedlungsform ist weitgehend vom Hintergrund der Natur aus zu verstehen. Wasserstellen, Bodengestalt, Vegetationszone, Klima spielen für die Hausformen wie für ihre Anordnung eine vorherrschende Rolle. Die charakteristischen, sozio-kulturellen Beziehungen seiner Menschen, also seine gestaltbildende Struktur, ist ebenfalls an die Natur gebunden, obschon nicht direkt materiell, sondern über die Vorstellungen von ihrem Wesen. Diese Vorstellungen haben in allen Dörfern der Welt den gleichen Grundcharakter, dieselbe Gestalt: *Das Überleben von Gemeinschaft und Individuum müssen an das Wesen der umgebenden wie der menschlichen Natur soweit als möglich angepaßt werden, um Sicherheit zu gewähren.* Darum spielt die naturbedingte Funktion des Individuums eine vorherrschende Rolle für seine soziale Funktion. Geschlechter- und Generationsbeziehungen, Verwandtschaftsstrukturen, anthropologische *Strukturen* im Sinne Levy-Strauss, bestimmen die Beziehungen im Dorf weit mehr als irgendeine Logik, die vom Erfolg der individuellen Leistung im Verfolg eines rational gesteckten Ziels ausgeht. Konformität des Verhaltens mit tradierten Regeln des Umgangs mit der eigenen wie mit der äußeren Natur gilt als wertvoll; materiell erfolgreiche Anwendung rationaler, instrumentaler Logik dagegen als Gefährdung der gemeinschaftlichen Lebensgrundlage. In der Begriffsbestimmung von Tönnies ist das Dorf eine Gemeinschaft und keine Gesellschaft. D. h.: die Aufrechterhaltung der tradierten sozialen Beziehungen im Dorf gilt dem Dörfler weit eher als Ziel denn als Mittel. Die Gestalt der Tradition besitzt einen weit höheren Wert als die sehr undeutliche Gestalt einer effizienteren Zukunft.

Wie anders in den urbanen Machtzentren! Der Standort wird nach strategischen, bzw. verkehrstechnischen oder anderen rationalen Kriterien gewählt. Nicht die Natur, sondern das gesellschaftliche Ziel ihrer rationalen Nutzung bzw. Beherrschung bestimmt die Gestalt der Stadt. Die Gesetze der sozialen Beziehungen werden nicht vornehmlich von den natürlichen Funktionen des Geschlechts und der Generationsfolge, sondern von der eroberten oder gewachsenen Macht der Klassen und Gruppen bestimmt. Nichts Heiliges, das nicht als gesellschaftliches Unheil vorgestellt und bekämpft, nichts Menschenverachtendes, das nicht als Mittel zum angepeilten Zweck der perfekteren Herrschaft über Natur und Mensch eingesetzt werden könnte. In den Städten wird, allen sichtbar, richtig und falsch, gut und böse im Umgang miteinander und mit der Natur *vom Erfolg des Handelns,* von der zu Stein oder Gesetz gewordenen Macht der Planung und ihrer Resultate aus beurteilt. So gilt die Aussage des „Kommunistischen Manifests" „die Geschichte der Menschheit ist eine Geschichte von Klassenkämpfen" erst von dem Augenblick an und nur in den Grenzen der städtischen Geschichte, bzw. ihrer Dominanz im gesamtgesellschaftlichen Geschehen. Wer über die Burgen und Paläste der materiellen Macht, und über die Tempel der spirituellen, in den Städten verfügt, verfügt über das Land überlagert, verändert oder zerstört die soziale Gestalt des Dorfes.

Gewiß ist dieses Beziehungsgesetz historisch weder eindeutig noch kausal einseitig. Der Zusammenstoß städtischer Herrschaftsplanung mit ruraler Tradition führt in allen Teilen der Welt und zu allen historischen Zeiten immer wieder zum materiellen wie kulturellen Widerstand ländlicher „Gemeinschaften" gegen die herrschaftlich-rationale Organisation der städtisch konzipierten „Gesellschaft". Die Geschichte ist durchzogen von Revolten und Revolutionen, als deren Quellen die tradierten ethnisch-dörflichen Gestalten fließen, doch bleibt besonders bemerkenswert, daß derartige radikale Infragestellungen der Herrschaftssysteme als Konzept nicht in den Köpfen von versklavten Bauern, sondern in denen von rational geschulten und gebildeten Städtern entwickelt wurden.

Wir können also sagen, daß *die Gesamtgestalt einer Gesellschaft der Hochkulturen von städtischer Rationalität geprägt ist,* auch wenn 80 - 90 % der Bevölkerung in ruralen Gemeinschaften leben. Diese Gestalt verbindet die individuellen Elemente der Gesellschafter durch das anonyme Herrschafts- und Organisationsschema einer Zentralmacht mit ihrer Bürokratie, ihrem Besteuerungssystem, der militärischen Erfassung und der staatlichen Fron für alle Unternehmen, die nur mit abhängigen und anonymen Massen durchzuführen sind (Bewässerungsanlagen der Hydrokulturen Mesopotamiens, Chinas, Indiens, bzw. der Pyramidenbauten, der der chinesischen Mauer, des römischen Straßennetzes in ganz Europa, des Baus der persischen, athenischen, karthagischen und römischen Flotten, etc. etc.). Diese Gestalt anonymer Rationalität der Herrschaftskultur, mit der Stadt als Mittelpunkt und dem bäuerlichen Land als abhängiges Flächenreservoir, wird besonders offenkundig an der technischen Revolution der Schrift. Die Kommunikation mit Hilfe eines Mediums, das keinen personalen, sondern

nur einen funktionalen Gegenüber kennt, das sich an die andern nicht als
einmalige Menschen, sondern als austauschbare Rollenträger wendet, ermöglicht einen Grad von Abstraktion, Begrifflichkeit - und damit von Macht
und Machbarkeit, den keine orale Kulturtechnik erreichen oder anfechten
konnte. Gerade die Schrift als Instrument der Steuer, des Rechts, der herrschaftlichen Moral, der Religion und der Technik ermöglichte jene uralte
und *weltweite Vorstellung von Gesellschaft, in der die Herrscher den Kopf und
die Beherrschten die nährenden Glieder abgeben.*

Die schriftkundige Herrschaft in der Stadt ist „weise und kultiviert", das
abhängige bäuerliche Volk „dumm und beschränkt", die Verfügungsgewalt
über die akkumulierten Tontafeln, Papyrusrollen, Bücher und Schriften galt
als die Macht des denkenden, planenden und wertenden Hirns, die physische Arbeit als deren abhängig, bewußtlos ausführendes Organ. Das Bild
vom Staat als einer organischen Einheit mit dem Herrscher als Kopf ist eine
ideologische Abstraktion, die in allen schriftlich fixierten Religionen, Philo-
sophien und Geschichtswerken, von den Veden bis zur Bibel, von Konfutse
bis Justinian, den gesamten Kosmos nach dem Bild des weisen Zentrums
und der bewußtlos abhängigen Peripherie betrachtet. Macht und Herrschaft
betrachten sich als Ausfluß des Wesens der Welt, die Abhängigen dagegen
die Sklaven, Leibeigenen, Pächter, Landlosen als bloß anonyme, materielle
Teilchen ihres herrschaftlichen Universums. Mithin verkehrten die herrschaftlichen Schriftkulturen das Welt- und Gesellschaftsbild der dörflichen
Gemeinschaften in ihr Gegenteil. Da, wo in den traditionellen Dorfkulturen
oraler Tradition die ganze Natur und die gesamte Geschichte der Sippe
durch das Individuum hindurchging, es umfaßte und unauflöslich durch Ta-
bu und Sitte band, sah die herrschaftliche Schriftkultur nur unbeseelte Glieder eines Kosmos, dessen Wesen nur über die schriftliche Überlieferung
und ihre Kommentare erfaßt werden konnte. Der Kopf der Herrschaft war
Sitz der Seele, hatte direkten Anteil am Göttlichen, der Körper der Abhängigen dagegen war vergängliches Material, eigentlich lebloser Staub der Geschichte. Als anatomische Gestalt der Gesellschaft hatte die Seele ihren Sitz
im Papst und im Tempel, im geschriebenen Gesetz und im gebotenen Ritual. Ihre Nervenfasern waren die Verwalter, Priester, Gelehrten, die den
Körper bis in die letzten Winkel der Dörfer durchzogen und seine Bewegungen orientierten.

Zusammenfassend:

In den Städten als Herrschaftszentren bildete sich die rational planende
Hochkultur mit Schriftsprache aus. Die Verfügung über die Schrift, bzw. die
schriftliche Dokumentation der historisch akkumulierten Kompetenz und
Performanz im materiellen Umgang mit der Produktion und im ideellen der
Interpretation der Welt und der gesellschaftlichen Beziehungen ermöglichte erst die Überlagerung der oral tradierten Volkskulturen durch die der
herrschenden Stadt. Wissen und Können, Weisheit und Sinn des Lebens erschienen in allen alten und neuen Imperien als schriftlich niedergelegtes
Konzentrat in der Verfügungsgewalt der Herrschaft. Demgegenüber galt die

orale Überlieferung jahrtausendalter Erfahrung in den Dörfern als rückständiger Aberglaube gegenüber der herrschenden „Religion". (Die Ethymologie ist aufschlußreich: Das lat. „religio" heißt „genaue Beachtung" oder Gesetz). Ob also die Normen und Regeln gesellschaftlicher Interaktion, ob die Praktiken der Arbeit (Technik), der Heilkunst, der rekreativen und kreativen Kunst, der Darstellung in Theater, Plastik und Malerei, in Lied und Wort angesprochen sind, „genaue Beachtung", Konformität mit dem Gesetz, bedeutete nunmehr immer das Gesetz und die Überlegenheit der Stadt. Als Kultur galt die städtische, schriftlich fixierte, herrschaftliche Struktur von Kommunikation und Interaktion, deren Religion und Beachtung, auch und gerade im Bereich der ruralen Beziehungen. Damit wurde in den biblischen Königreichen wie in Sparta und Athen, in den Reichen Ägyptens und Babyloniens, in denen Indiens und Chinas die Entwicklung der ruralen Kultur nicht auf dem Land entschieden, sondern im Herrschaftsbereich der städtischen Metropole. Die oral überlieferte Welterfahrung des Dorfes galt schließlich selbst dem Bauern als der schriftlich-sakralen unterlegen, die ihm als Religion von der Herrschaft übergestülpt wurde.

Die Entfaltung der marktwirtschaftlichen Industriekultur in Europa setzt diesen Trend fort, gibt ihm aber eine ganz neue Dimension. Fortgesetzt wird - erst im nationalen, dann im internationalen Maßstab -die Herrschaft der Stadt über das Land, der Urbanität über die Ruralität, des Prestiges der schriftlich fixierten Religion gegenüber der oralen und lokalen Tradition. Aber entscheidend ist die neue Dimension! Das städtische Bürgertum liefert dem Land und den Ländern der Welt ein Modell der Entwicklung menschlicher Produktivkräfte, wie sie weder in den städtischen Kulturen des Altertums noch in denen der asiatischen Hochkulturen entwickelt worden waren. Mit der Vorstellung vom ethischen Wert des Arbeitsertrags, also von der rationalen Inbeziehungsetzung von Aufwand und Ertrag menschlicher Leistung, werden alle *geistigen wie materiellen Ergebnisse früherer Arbeit (als Kapital) und gegenwärtiger (als „lebendiger Arbeitskraft") unter dem ausschließlichen Gesichtspunkt der Produktivität und des Nutzens eingeschätzt.*

Damit dient die Anhäufung des Mehrproduktes, komme es aus dem eigenen oder dem kolonial unterworfenen ruralen Bereich, nicht mehr vornehmlich dem Konsum der herrschenden Klassen und Kasten, sondern der ständigen Intensivierung und Ausdehnung der Produktion von Waren und Dienstleistungen. Der Raub von Gold, Schätzen und Land durch den Kolonialismus der Atlantikstaaten dient der revolutionären Intensivierung der Produktivität der Arbeitskraft im manufakturellen, und später industriellen Einsatz von Kapital und wissenschaftlich begründeter Technik. Dabei liefert das Land sowohl die überschüssig werdenden Arbeitskräfte als städtisches Proletariat wie die Nahrung und die Rohstoffe.

Aber die Produkte der industriellen Stadt fließen auch zurück aufs Land. Sie überschwemmen es als *Waren,* die die vielseitige gewerbliche rurale Produktion überflüssig machen. Nicht nur Arbeitsgeräte, Kleidung, Baumaterial etc. etc. werden in der städtischen Industrie für das Land erzeugt, sondern sogar Nahrungsmittel, sofern ihre Produktion auf anderen Böden rentabler oder lokal als tierische Proteine gar nicht erstellbar sind. Die Gesetze des expandierenden Marktes erlangen in weniger als zwei Jahrhunderten vorherrschende wirtschaftliche, soziale und politische Geltung in allen Teilen der Welt und *unterwerfen alle fünf Kontinente den Leistngsprinzipien der Produktivität und der Rentabilität der ruralen wie der urbanen Arbeitskraft.*

Durch die Einbeziehung der agrarischen Produktion in die Sphäre der produktivitäts- und profitorientierten Marktwirtschaft erfahren die Beziehungen von Stadt und Land, ebenso wie die der ruralen Gemeinden selbst, grundlegende Veränderungen:

– Die agrarischen Produktionsweisen werden so gründlich revolutioniert, daß in den Industriestaaten das Bevölkerungsverhältnis von Land und Stadt sich völlig umkehrt: Mit etwa 5 % der aktiven Bevölkerung im agrarischen Sektor werden 95 % der Berufsaktiven im industriellen und Dienstleistungssektor der Stadt versorgt und dies weit besser als in der vorindustriellen Periode, in der 80 % agraisch tätig waren und 20 % Städter ernährten.

– Durch die Ausweitung und Spezialisierung der industriellen Produktionsweisen wird eine neue Arbeitsteilung von Stadt und Land im Weltmaßstab durchgesetzt: Der industriell-verstädterte Norden bezieht seine Nahrung und seine agrarischen Rohstoffe zu einem großen Teil aus den spezialisierte Plantagenwirtschaften der südlichen Hemisphäre. Die Dritte Welt wird gleichsam zum „ländlichen Hinterland" des städtischen Nordens.

– Die agrarischen Produktionsweisen und damit die sozialen Verhältnisse zerfallen in zwei grundlegend verschiedene Sektoren, insbesondere in den weniger industriell entwickelten Gebieten Europas und Nordamerikas, insbesondere aber in allen Ländern des „Hinterlandes Dritte Welt": Einerseits der nach industriellen Produktionsprinzipien marktorientierte Sektor, der für den Weltmarkt Nahrungsmittel (Getreide, Fleisch, Genußmittel) und agrarische Rohstoffe für die Industrie (Baumwolle, Kautschuk, Jute, Holz etc.) liefert, andererseits der Sektor, der in traditionellen Produktionsweisen und über rein lokale Märkte die Landbevölkerung versorgt. Der erste Sektor zerstört den zweiten. Dieser Vernichtungsprozeß des zweiten ländlichen Sektors durch den ersten ist entscheidend an der Verelendung und an der endemischen Unterernährung und Unterversorgung der ruralen südlichen Hemisphäre beteiligt. Collins und Lappé („Vom Mythos des Hungers" Frankfurt 1978) haben dieses Faktum für alle Länder der Dritten Welt mit einer überwältigenden Fülle von Fakten und Analysen nachgewiesen.

– *Die Aufspaltung des agrarisch-ruralen Bereichs in die zwei Sektoren,* (also in den, der auf die städtisch-industrielle Bevölkerung orientiert ist und nach den urbanen Prinzipien der konkurrentiellen Leistung hin oganisiert wird und im den, der auf die physische Reproduktion der ruralen Bevölkerung mit ihren traditionellen, lokalen und selbsttragenden Produktionsweisen ausgerichtet ist *bewirkt trägt die soziale Aufspaltung von urbaner Herrschaft und ökonomischer Macht gegenüber ruraler Armut und Abhängigkeit in jedem Dorf der Dritten Welt!* Entweder werden die alten Grundbesitzer zur

„modernen" Klasse der rationell marktwirtschaftlich arbeitenden Landwirt-schaftsbetriebe, oder kleine und mittlere Bauern bilden eine neue Klasse im Dorf, die die leistungsorientierten Produktionsmethoden des ersten Sektors erfolgreich anwendet. In beiden Fällen wird die Mehrheit der Dorfbevölke-rung durch die urban orientierte Modernisierung und Entwicklung der agra-rischen Produktion in größere Abhängigkeit und zunehmende Verelendung getrieben.

– Vergleichbar den kleinen Pächtern im England des 17. und 18. Jh., die das Elend vom Land in die Stadt trieb, findet in der Dritten Welt eine Mas-senabwanderung der armen Dorfbevölkerung in die Slums der Großstädte statt. Doch ungleich dem Los ihrer europäischen Leidensgenossen vor 250 Jahren finden sie dort keine produktive Arbeit, können ihre Arbeitskraft nicht an eine expandierende Industrie verkaufen, denn die 3. wissenschaft-lich-technische Revolution spart ungelernte, physische Arbeitskraft und Ar-beitszeit massenhaft ein und ersetzt sie durch kapitalintensive Technologie. So gleicht sich auf einer niedrigeren Stufe der Grundbedürfnisbefriedigung die Lage des Slumproletariats der Drittweltländer der der marginalisierten arbeitslosen Bevölkerung der alten industriellen Zentren von Kohle, Stahl, Textil in den Städten der nördlichen Hemisphäre an.

Zusammenfassend: Wir können eine Reihe von Entwicklunstrends fest-machen, die das Verhältnis vor urbaner und ruraler Struktur ebenso mate-riell ökonomisch und politisch wie kulturell - im Sinne kollektiver Lebens-stile - kennzeichnen.

– Die industrielle Revolution, insbesondere ihre dritte, aktuelle Phase, hat bewirkt:

– daß die Produktivität der ruralen Arbeitskraft gewaltig gestiegen ist. Unter Anwendung wissenschaftlich-technischer Erkenntnisse können die Bedürfnisse an agrarischen Produkten für Ernährung und industrielle Roh-stoffe vn einem Bruchteil der heute landwirtschaftlich tätigen Weltbevölke-rung befriedigt werden.

– daß diese Produktivität sowohl das ökonomische wie das ökologische, vor allem aber das soziale Gleichgewicht in der physischen und psychischen Reproduktion der Menschen, insbesondere im ruralen Sektor in der Dritten Welt stört und zerstört.

– daß wenige Zentren in Amerika, Europa und Japan die Macht und die Kompetenz erlangt haben, um über die Produktionsweisen (Technologie) und die Produktionsziele der urbanen wie der ruralen Lebensbereiche in der ganzen Welt zu entscheiden und ihre Entwicklung zu bestimmen. Damit wird die physische wie die psychisch-kulturelle Bedürfnislage des größten Teils der ruralen Weltbevölkerung den Bedürfnissen und Zielen einer ver-schwindenden, urbanen Minderheit und ihrer sich schnell vermehrenden Masse des neuen „Mittelstandes" in den Städten und Dörfern der industriel-len wie der Dritten Welt geopfert.

– daß die Kluft zwischen Funktion, Macht und Kompetenz dieser ent-wicklungsbestimmenden Minderheit und der geopferten, ungeheuren

Mehrheit der Weltbevölkerung sich beständig erweitert.

Die bisherige Analyse des Verhältnisses von Macht und Kompetenz in Stadt und Land in der Moderne - und insbesondere in der weltpolitischen Gegenwart - bliebe einseitig und irreführend, würde sie nicht ins Licht rükken, welche fundamentalen Gegenkräfte sie erzeugt und in Bewegung gesetzt hat.

Grundeinstellung, Geist und technisch-gesellschaftliche Praxis der industriellen Revolutionen haben weltweit bewirkt:

- daß der urbane Geist und die Vorstellung von der Veränderbarkeit und Machbarkeit der natürlichen wie der gesellschaftlichen Verhältnisse die gesamte Weltbevölkerung ergriffen hat;
- daß die vorgestellte Veränderbarkeit an zwei Bedingungen geknüpft ist: die, der Aneignung von Kompetenz und die der Eroberung effektiver Macht über Natur und Menschen;
- daß also kollektive wie individuelle Lebensgestaltung ganz wesentlich von gesellschaftlichen wie persönlichen Lernprozessen beeinflußt werden.
- daß in allen Gesellschaften der industriellen wie der Dritten Welt dadurch Gruppen und Individuen sich Kompetenz und begrenzte Gegenmacht angeeignet haben, die den ökonomischen und politischen Prozeß der imperial-rationalistisch-urbanen Entwicklung im Geist des Klassenegoismus wirkungsvoll bekämpfen;
- daß also eine Art Osmose zwischen urban ausgebildeten, modernen Ideologien und rural, traditionalistisch erlebten Bedürfnissen und Kompetenzen weltweit Bewegungen des Widerstandes und der Suche nach neuen Entwicklungsmöglichkeiten ausgelöst hat;
- daß das Bewußtsein von der ökonomischen, wie der sozialen und politischen Sackgasse, in die die lineare Verfolgung der Zielsetzung von profitabler Machbarkeit führt, nicht nur die ruralen Opfer, sondern die urbanen Eliten von Macht und Kompetenz zunehmend durchdringt und zur Infragestellung aller Entwicklunsideologien und Strategien geführt hat.

Der Begriff der Entwicklung hat mithin eine nicht nur doppelte, sondern widersprüchliche Bedeutung erlangt: nämlich herrschaftlich-urbane Machbarkeit gegenüber Natur und Menschen als Sinn und Ziel geistiger wie materieller Tätigkeit anzustreben, ohne die Kosten an Lebensglück oder Lebensqualität der Abhängigen wirklich einzubeziehen; gleichzeitig aber auch gerade diese Qualitäten nicht als Gnade eines unergründbaren Schicksals, sondern als rational faßbares und erreichbares Ziel, als organisierbaren Kampf der Abhängigen zu verfolgen. Beide Zielsetzungen beinhalten mithin jenen urbanen Kern, von dem eingangs die Rede war und der sich im Bibelspruch als humane Aufgabe in göttlichem Auftrag ausdrückt: „Macht euch die Erde untertan". Dabei ist eben dieses „euch" an alle Menschen gerichtet, nicht an die Herrenklasse in den industriellen Zentren, die die Kompetenz für die Machbarkeit als Machtmonopol in Erziehung und

Bildung, in Wirtschaft und Politik für sich beanspruchen.

Zum ersten Mal in der Geschichte rückt dieses Ziel der Machbarkeit humaner Lebensqualität in den Bereich des Menschenmöglichen.

Die Entwicklung von Wissenschaft, Technik, Planung, Organisation hat die Produktivkräfte in so ungeahnter Weise entfaltet und vorangetrieben, daß das Menschenmögliche zugleich das Notwendige wird, wenn nicht Nord und Süd, Land und Stadt mit dem akkumulierten Kulturerbe aller Völker physisch von eben dieser Entfaltung des Machbaren vernichtet werden sollen. Dabei spielt - ebenfalls zum ersten Mal in der Geschichte - die bislang unterdrückte Erfahrung und Kultur der vorindustriellen Strukturen der abhängigen, dörflichen Gemeinwesen für die Kompetenz des Machbaren eine Rolle, die der der urbanen Rationalität gleichzusetzen ist. Erst die uralten Weisheiten der dörflichen Gemeinschaften lassen die Eingebundenheit und notwendige Beschränkung der rational und hierarchisch strukturierten Gesellschaft durch die ökologischen und anthropologischen Prämissen der Existenz zu notwendigen Bestandteilen ihrer Wissenschaft, Technik und sozio-politischen Planung werden. Das moderne, euro-amerikanische Denken entdeckt die vitale Bedeutung der in allen verschütteten Traditionen früherer Kulturen überlieferten Denkweisen und Techniken des tätigen Umgangs der Menschen mit der Natur und miteinander für die Lösung fast aller Probleme der gegenwärtigen Weltgesellschaft: Agrotechnik und Medizin, Energieerzeugung und -verwendung, Experten der Sozialisation und Erziehung, sie alle lernen von den ruralen Kulturen der „ungebildeten" Dörfler der Dritten Welt, wie die „sanften Technologien" nicht nur die Erschöpfung der irdischen Ressourcen verhindern, sondern auch ökonomisch das Verhältnis von Aufwand und Ertrag in ein angemesseneres Verhältnis bringen können.

Auch Erziehung und Bildung, ja gerade sie, gehören in den Bereich der urbanen Vorstellung vom menschlich Machbaren. Auch und gerade sie unterliegen heute dem Antagonismus, der die Entwicklungsstrategie in gegensätzlichen Lagern angesiedelt sein läßt. *Hier* die formale Bildung, insbesondere in der 3. Welt, gekennzeichnet vom sozialen, didaktischen und methodischen Primat urban-herrschaftlicher Selektionen, die Kompetenz an diejenigen weiter vermittelt, die bereits wirtschaftlich, sozial und damit kulturell die Macht geerbt haben. *Dort* dagegen die unzähligen theoretischen wie praktischen Projekte im Bereich der non-formalen wie der formalen Bildung, die mit der technischen Kompetenz vor allem diejenigen zu entwickeln suchen, die an ein verändertes Bewußtsein von Ziel und Weg der Gesellschaft und der Individuen geknüpft sind.

Die erste Richtung verlängert die zweckrational selektierende Schule der Stadt in die ärmlichen Schulbaracken der Dörfer der Dritten Welt. Die zweite sucht von den uralten Kompetenzen der bäuerlichen, überlagerten und verdrängten Erfahrung aus das Bewußtsein des universalen Wertes der ländlichen Basis zu entfalten. Auch hier gilt: Der antagonistische Widerspruch entwickelt sich im Rahmen einer dynamischen Einheit. Diese dynamische Einheit heißt „Entwicklung". Sie wird in Stadt und Land von ebenfalls zwei, anscheinend widersprüchlichen Mächten aufgehalten: der linearen, profitorientierten Machbarkeitsideologie der Technokraten und der stur dogmatischen oder schwärmerisch-romantischen Ideologie der Mullahtradition kirchlicher oder leninitischer Dogmatik.

Die gewaltige und bewegende Chance der Massenbildung, insbesondere der ruralen, liegt in der praktischen Auswegslosigkeit dieser beiden Ideologien beim Versuch, die Welt vor ökologischer Erschöpfung, atomarer Vernichtung und gesellschaftlicher Anarchie zu bewahren. Sie nimmt diese Chance praktisch wie theoretisch wahr, wenn sie *die urbane Einstellung zur Welt als Aufgabe und die rurale der Existenz als natürliche und historische Vorgabe als ihr ureigenstes Erbe betrachtet und es den Abhängigen zu vermitteln versteht.*

In allen vorindustriellen Kulturen der Dritten Welt, also in dem, was wir ihren „dunklen Kern" nennen können, steckt eine Vorstellung von menschlicher Leistung, die der *patrigenen,* europäisch-bürgerlichen Kultur des Handels- und Industriekapitalismus abhanden gekommen ist. Der Analyse eben dieses Leistungsbegriffes dient der folgende Exkurs in seine historischen wie anthropologischen Ursprünge und aktuellen krisenhaften Auswirkungen. Da Marx mit vollem Recht feststellt, daß die „Hauptproduktivkraft being man himself", hat eine Betrachtung über eben diese ökonomisch-kulturelle „Produktivkraft Mensch" ihren zentralen Platz in unserem Bemühen, in den sich zersetzenden Traditionen der Drittweltkulturen Ansätze zur Überwindung der Weltkrise auszumachen, die aus der wissenschaftlich-technischen Kultur unserer „bleichen Herrschaft" hervorgegangen ist.

Teil II | Die Psyche als Produktivkraft

Cogito, ergo fumat!

1

Zum heutigen Verhältnis entlohnter und nicht entlohnter Arbeit.

Sozialisation, Erziehung und Bildung produzieren in allen Kulturen die „Hauptproduktivkraft beim man himself" (Marx). Der gesellschaftliche Wert des „Produktes Hauptproduktivkraft" ist dabei abhängig davon, was auf Grund der technischen Produktionsweisen und der Strukuren von Verfügungsgewalt - also von Macht und Herrschaft - eigentlich die erforderlichen Qualitäten der menschlichen Produktivkraft ausmachen. Es sind gewiß andere bei Hirtenvölkern als bei europäischen Städtern, andere bei den herrschenden Bürgern des Imperium Romanum als bei deren Arbeitssklaven.

Im Rahmen dieses Beitrages kann die Problematik nur knapp angerissen und in keiner Weise ausgelotet werden. Sie reicht sowohl in die Frage der „Grundbedürfnisse" als in die der „high tech" bzw. der „appropriate technology" hinein, in die des Verständnisses von Produktivkraft und Destruktivkraft der Industriekultur und damit in das Grundverhältnis von Abhängigkeit und Autonomie der Völker, Klassen und Individuen.

1. Kritik der „objektivistischen" Werttheorie

Nach Marx gibt es zwei Grundfaktoren für den objektiven Bedingungszusammenhang, in dem Wert ökonomisch in Erscheinung tritt. Grundvoraussetzung für Wertbildung in jeder Gesellschaft ist auf der einen Seite der *Gebrauchswert*, der von den historisch ausgebildeten Bedürfnissen der Klassen, Gruppen und Individuen bestimmt wird, auf der anderen Seite die *gesellschaftlich notwendige Arbeitszeit*, die zur Erstellung der Produkte und Dienstleistungen erforderlich ist, um die Gebrauchswerte zu erzeugen. Beide Bestimmungsfaktoren gehen in den *Tauschwert* ein. Dabei ist - nach Marx - die Wertgröße erstrangig vom zweiten Faktor, der gesellschaftlich notwendigen Arbeitszeit für die Produktion der Gebrauchswerte abhängig. Die Produktionsweisen, d. h. die technologischen Voraussetzungen gesellschaftlicher Werterzeugung und die Produktionsverhältnisse, also die sozialen und politischen Bedingungen, unter denen die herrschenden Klassen und Gruppen über die Produktionsmittel und die Arbeitskraft verfügen, werden ihrerseits historisch bestimmt vom Stand der gesellschaftlichen Produktivkräfte. Dabei ist neben dem akkumulierten Kapital die Hauptproduktivkraft immer der Mensch selbst.

Gerade an dem Marxschen Satz „die Hauptproduktivkraft being man himself" wird deutlich, wie und an welcher entscheidenden Stelle der *subjektive Faktor des handelnden Gesellschafters* den objektiven Bedingungszusammenhang mitbestimmt, unter dem er zu arbeiten und zu leben hat. In dem berühmten Zitat, in dem Marx verdeutlicht, daß der „schlechteste menschliche Baumeister" der wabenbauenden Biene gegenüber den Vorteil hat, sein Produkt im Kopf entworfen zu haben, bevor er es materialisiert, wird unmittelbar einsichtig, wie der Faktor „menschlicher Kopf" als subjektiver Determinant sowohl durch den objektiven Zusammmenhang der historisch entstandenen Bedingungen seiner Wahrnehmung und seines Denkens bestimmt ist als diesen Zusammenhang selbst erst wieder herstellt. Die Wahrnehmung der Wirklichkeit und die bewußte Antwort auf diese objektive Vorgegebenheit allen Verhaltens und Handelns ist zwar auch historisch bestimmt, aber - auf Grund der anthropologischen Voraussetzungen menschlichen Wahrnehmens, Fühlens und Denkens - nicht festgelegt. Die Bandbreite der möglichen Reaktionen der „Hauptproduktivkraft Mensch" auf seine Lebensbedingungen ist gegenüber der des instinktgesteuerten Tieres außerordentlich breit. Der objektive historische Bedingungszusammenhang der Gesellschaft, unter dem Werte und Bewertung produziert werden, ist weitgehend das Ergebnis bewußt reagierender Gruppen und Individuen.

In der „Heiligen Familie" schreibt Marx:

„Die Geschichte kämpft keine Kämpfe. Es ist vielmehr der Mensch, der wirkliche, lebendige Mensch, der alles tut, besitzt und kämpft; es ist nicht etwa die Geschichte, die den Menschen zum Mittel braucht, um ihre - als ob sie eine aparte Person wäre - Zwecke durchzuarbeiten, sondern sie ist nichts als die Tätigkeit des seine Zwecke verfolgenden Menschen."

Wissenschaft, die den objektiven Bedingungszusammenhang der ökonomischen wie der kulturellen Werte und Wertungen zu erfassen sucht, mußte aber bislang ihre bedingenden Variablen in den Parametern „aparter Personen" abstrahieren. Das tat auch Marx, wenn er die Klassen als Personen agieren ließ, wenn er bei der Feuerbachthese vom Menschen schrieb, sein Wesen sei *kein ihm innewohnendes Abstraktum, sondern vielmehr das Ensemble der gesellschaftlichen Verhältnisse.* Diese Verhältnisse stellen den objektiven Bedingungszusammenhang her, der den *wirklich lebendigen Menschen alles tun, besitzen und kämpfen* läßt. Der Proletarier ist *„kein* *wirklich lebendiger Mensch"*, sondern eine leidende und agierende *Klasse*. Die Gesetze der gesellschaftlichen Entwicklung sind bei Marx wie bei seinen Vorgängern und Nachfolgern nach den Grundsätzen empirischer und kritischer Naturwissenschaft verifizierbar und falsifizierbar. Sie setzen sich, wie Engels sagt, *„hinter dem Rücken der handelnden Personen durch"*.

Aber - wenn evident ist, daß solche Gesetzmäßigkeiten des ökonomisch-sozialen Ganzen, „hinter dem Rücken" der Individuen wirksam sind, so doch nur, weil und sofern *„lebendige ... ihre Zwecke verfolgende Menschen"* die Verhältnisse erzeugen. Mögen auch diese Zwecke, mögen die Zielsetzungen des konkreten, sich so und so verhaltenden, des mutigen oder verzweifelnden, des egozentrischen oder oblativen Individuums auch noch so eindeutig von soziologischen Gesetzen des Bedingungszusammenhangs bestimmt werden, erst sie erzeugen die objektiven Verhältnisse, *weil in sie ihre jeweils historisch-kulturell bedingte subjektive Wertung eingeht*. Der Wert - im objektiven Sinne ökonomischer Wissenschaft - etwa der „der Ware als Arbeitskraft" bedarf zu seiner Erfassung eines Maßstabes, der das leidenschaftliche menschliche Wesen ignoriert. Ein solcher objektiver Maßstab scheint die *„gesellschaftlich notwendige Arbeitszeit"* zu sein. Dabei gilt diejenige Arbeitszeit gesellschaftlich als notwendig, die aufgrund der technologischen Entwicklung für die gesellschaftlich-arbeitsteilige Erstellung eines Produktes oder einer Dienstleistung aufgewendet werden muß. Die Reproduktion der Arbeitskraft, die in dieser gesellschaftlich notwendigen Arbeitszeit eingesetzt wird, stellt das lebendige Substrat des ökonomischen Wertes dar, der dann als Tauschwert der Ware auf dem Markt erscheint. Die *Gesetzmäßigkeit der dauernden Verkürzung der gesellschaftlich notwendigen Arbeitszeit im Verlauf der kapitalistisch-industriellen Entwicklung gilt als wertfrei*, d. h. sie ist nicht an den Zielen und Zwecken der handelnden Klassen, Gruppen und Individuen zu messen, sondern vielmehr diese an ihnen.

Darum wenden wir uns zunächst der Untersuchung über Werterstellung am Beispiel des Zeitbegriffs in der Industriekultur zu.

2. Bewertung und Zeit

In einer Fußnote zur Darlegung seiner Werttheorie im „Kapital" bringt Karl Marx die Bedeutung des Zeitfaktors bei der Werterstellung der Ware auf den kürzesten Nenner:

„Wir kennen jetzt die Substanz des Wertes. Es ist die Arbeit. Wir kennen sein Größenmaß. Es ist die *Arbeitszeit"*.

Und an anderer Stelle im Text (ebd S. 54):

„Der Wert einer Ware verhält sich zum Wert jeder anderen Ware wie die zur Produktion der einen notwendigen Arbeitszeit zu der für die Produktion der anderen notwendigen *Arbeitszeit*. Als Werte sind alle Waren nur bestimmte Maße festgeronnener *Arbeitszeit*."

Und schließlich in der „Kritik der politischen Ökonomie" (MEW 13. S. 18):

„Die in den Gebrauchswerten der Waren vergegenständlichte *Arbeits-zeit* ist ebensowohl die Substanz, die sie zu Tauschwerten macht und daher zu Waren, wie sie ihre bestimmte Wertgröße mißt."
„Die Wertgröße oder Quantität der Arbeit, die sich mit der Stechuhr im Betrieb messen läßt - bliebe konstant. Letztere wechselt aber mit jedem Wechsel in der *Produktivkraft der Arbeit*. Die Produktivkraft der Arbeit ist durch mannigfache Umstände bestimmt, unter anderem durch den *Durchschnittsgrad des Geschickes der Arbeiter,* die *Entwicklungsstufe der Wissenschaft* und ihrer *technologischen Anwendbarkeit, die gesell-schaftliche Kombination der Produktionsprozesse, den Umfang und die Wirkungsmöglichkeiten der Produktionsmittel* und durch *Naturverhält-nisse".* (MEW 23, S. 54)

Die Frage, die sich bei diesem überzeugenden Text schon auftut, ist die, ob sich der Faktor, der die gesellschaftlich notwendige Arbeitszeit bestimmt - die Maßeinheit für den Wert der Ware -, seinerseits mit dem Maßstab der Zeit messen läßt, ob also die Produktivkraft der Arbeit ihrerseits wesentlich an die Kategorie der linearen Kalender- oder Uhrzeit gebunden ist.

Der erste wertdeterminierende Faktor, den Marx aufführt, ist der *„Durch-schnittsgrad des Geschicks der Arbeiter".* Dieser steht nun in direktem Zu-sammenhang mit deren Erziehung und Bildung, also mit der gesellschaft-lich notwendigen Arbeitszeit, die von Elternhaus, Schule und Berufslehre auf die Ausbildung dieses „Geschickes" - wir würden heute sagen: der „Be-rufsqualifikation" - aufgewendet werden muß. Es steht zweifellos fest, daß die Ausbildung der individuellen Qualifikation der Landwirte und der Indu-striearbeiter, der Angestellten und Beamten, der Techniker, Ingenieure und Wissenschaftler einen Zeitaufwand erforderlich macht, der seinerseits durch den Stand der Produktivkraft „Erziehung und Bildung" als Methode und Technik der Sozialisation bestimmt wird.

So sind die Kosten dieser Ausbildung des „durchschnittlichen Ge-schicks" der Arbeitskräfte durchaus auch mit dem Marxschen „Größenmaß Arbeitszeit" bzw. ihrem Tauschwert Geld auf dem Arbeitsmarkt meßbar. Die Investition und Ausgaben für Erziehung und Bildung der öffentlichen und privaten Haushalte sind ein beredter Beleg dafür.

Aber es ist sehr fraglich, ob die materiellen Aufwendungen für Erziehung und Bildung, die sich im Tauschwert des Familien- wie des öffentlichen Budgets niederschlagen, den entscheidenden Teil des produktiven Arbeits-aufwandes ausmachen, der in das „durchschnittliche Geschick" der Arbei-tenden eingeht.

Das „Geschick" bei der Nutzung des Arbeitsmittels ist in entscheiden-dem Maß Funktion der Motivation und der Lernfähigkeit. Das gilt um so mehr, als die *gesellschaftlich erwartete Qualifikation* in immer höherem Ma-ße von *psychisch-intellektuellen Kompetenzen* abhängt, die über *nicht zeitlich qualifizierbare Faktoren* im Rahmen des Beziehungsaspektes aller pädagogi-schen Interaktion ausgebildet werden. Diese Lernfähigkeit hängt nur zweitrangig vom öffentlichen oder privaten Budget der Erziehung ab, also von den Aufwendungen der öffentlichen Hand für Krippen, Kindergärten und Schulen. Erstrangig ist die Lernfähigkeit gebunden an *Qualifikationen des bildenden Milieus,* die zwar klassen- und schichtspezifisch auch an die verfügbaren Mittel gebunden sind, *aber nicht mit gesellschaftlich notwendiger Arbeitszeit allein erfaßt werden können.*

Gewiß bedarf die Zuwendung zum Kind einer spezifischen „Arbeitszeit" (etwa der, es zu stillen, mit ihm zu spielen, zu sprechen, sich seiner Lerntätigkeit zu widmen). Auch bedarf es einer historisch bedingten Ausbildungszeit, um sich die pädagogischen Kompetenzen für sozialisierende Zuwendungen bzw. für die Vermittlung der „Geschicklichkeit des Arbeiters" anzueignen. Aber dieser Zeitaufwand ergibt noch nicht den Wert des schließlichen Produktes, d. h. der Arbeits- und Gesellschaftsfähigkeit des Heranwachsenden.

Es ist gerade die nicht entlohnte und nicht entlohnbare Arbeitskraft bzw. Produktivkraft der Mütter, Erzieher und Lehrer, die diese Lernfähigkeit erzeugt und entwickelt. Die Empathie als psychologische Fähigkeit des Erziehers zur tätigen Zuwendung zum Kind stellt in allen Kulturen eine zentral wichtige produktive Leistung, insbesondere der Frauen, dar, die weder an Wochenstunden noch an Ausbildungsinvestitionen zu messen ist. Ist also das „durchschnittliche Geschick" von Eltern und professionellen Erziehern, ihre pädagogisch-gesellschaftliche Kompetenz und Leistung *auch* an die gesellschaftlich notwendige Arbeitszeit gebunden, die zu ihrer Ausbildung und Anwendung gehören, so doch *wesentlich an andere Kriterien,* die hier kurz angedeutet werden sollen.

Ausbildung des Urvertrauens

Die erste grundlegende pädagogische Kompetenz in allen Kulturen ist die, das Urvertrauen des Individuums in die existenzielle Tragfähigkeit der Gesellschaft aufzubauen. Die mütterlichen und väterlichen Fähigkeiten, die Lernbereitschaft und Lernfähigkeit des Kindes zu entwickeln, gehen zwar auf vorkulturelle, arteigen-organisch vorprogrammierte Anlagen, insbesondere der Frauen, zurück, sind aber in allen wesentlichen Zügen historisch-kulturell bedingt. Es ist völlig unzureichend, Stillen, Hautkontakt und emotionale Zuwendung als „natürlich" vorhandene Fähigkeiten anzusehen. Zwar haben sie eine natürliche Grundlage - z. B. die Mutterbrust -, aber erst die Gesamtheit der sozialen Beziehungen und die historische Akkumulation von Vorstellungen und Techniken des Umgangs mit Natur und Menschen bilden die Kompetenzen aus, die über die Rituale der Erziehung dem Kind Urvertrauen zu vermitteln imstande sind. Die Art der Mutter-Kind-Beziehung im Säuglingsalter wie die Gesamtheit der Generationsbeziehung in der folgenden kindlichen Entwicklung hängen von psychosozialen Faktoren ab, die über die eigene Sozialisation und Enkulturation erworben werden! Wenn man so will, ist die pädagogische Kompetenz in allen Kulturen als eine „Technik" zu betrachten, die die Soziabilisierung und Lernfähigkeit des Heranwachsenden ausbildet. Es handelt sich um eine psychische „Technik", die die Hauptproduktivkraft „being man himself" hervorbringt.

Was die historische Entwicklung dieser insbesondere „matristischen" Technik angeht, kann gesagt werden, daß sich bei ihr weder kulturelle Akkumulation noch Fortschritt feststellen lassen. Man könnte im Gegenteil anführen, daß die „patristische" Technik der Instrumentalisierung von Natur und Mensch Verhältnisse geschaffen hat, die der Entstehung und Festigung des Urvertrauens eher ungünstig sind. Die Freundlichkeit, geistige Regsamkeit, Leidens- und Anpassungsfähigkeit von Kindern in Drittweltdörfern verglichen mit denen unserer Städte, scheinen dafür einen Beleg zu liefern.

Vermittlung von Werten und Normen

Die zweite der Kompetenzen, die in die produktive Arbeit der Erziehung eingeht, ist die der Vermittlung von Werten und Normen durch die die arbeitsteilige Kohäsion der Mikro- und Makrogruppen ermöglicht wird. Diese Kompetenz ist selbst arbeitsteilig auf die Geschlechter, die Arbeitsgruppen, die soziale Hierarchie verteilt. Wir können sie als die *patristische* Komponente ansprechen. *Wer was* über *welche Rituale* an die Kinder heranträgt und *welche Mittel* der Motivation und Strafe dabei angewendet werden, gehört gleichsam zur „Sozialtechnik" einer jeden Kultur. Sie bewirkt die unerläßliche *Verinnerlichung von Wertmaßstäben,* die die Voraussetzung aller produktiven Tätigkeit des Heranwachsenden bildet.

Kompetenzvermittlung

Die dritte pädagogische Kompetenz der erziehenden Generation liegt in ihrer Fähigkeit, das Wissen und Können zu vermitteln, das zur Arbeit und zur Bewältigung aller sozialen Beziehungen nötig ist. Selbstverständlich ist gerade diese arbeitsteilige produkive Tätigkeit nicht nur an die individuelle „durchschnittliche Geschicklichkeit" des pädagogischen Arbeiters gebunden, sondern an die gesamte Infrastruktur und Technik der Kompetenzübermittelung. Nur in diesem Bereich ist also die gesellschaftliche Werterstellung, die über die pädagogischen Dienstleistungen zustande kommt, auch mit dem Maß der gesellschaftlich notwendigen Arbeitszeit meßbar, also auch am materiellen Aufwand der Bildungsinvestition.

Doch genügt ein Blick auf die Ergebnisse der Bildungsinvestition der letzten zwanzig Jahre in der Dritten Welt, d. h. auf den völligen Fehlschlag der in sie gesetzten Erwartungen, um sich zu überzeugen, daß die *klassische ökonomische Bewertung der pädagogischen Arbeit und der in ihr akkumulierten Kompetenz nicht ausreicht, um ihren Wert einzuschätzen* bzw. ihre Ausbildung zu ermöglichen.

Der Zeitfaktor in der wissenschaftlich-technischen Produktivität

Betrachten wir nun den zweiten Umstand, den Marx für die Produktivkraft der Arbeit aufführt, nämlich „die Entwicklungsstufe der Wissenschaft und ihrer technologischen Anwendbarkeit". Auch hier ist auf den ersten Blick die Zeit als chronologische Abfolge technischen Vermögens ein Maßstab, an dem der Entwicklungsstand einer Kultur zu messen ist.

Es sind meßbare Zeitabläufe, während deren die Techniken des Paläolithikums zu denen des Neolithikums werden, die der manufakturellen Technologie zu der der industriellen. Die Entwicklung von Wissen und technologischer Kompetenz in einer konkreten Gesellschaft findet selbstverständlich in Raum und Zeit statt, und die Gleichzeitigkeit ungleichmäßig technisch entwickelter Kulturen stellt einen entscheidenden Machtfaktor dar. Die Produktivkraft der englischen Gesellschaft hat vom Ausgang des 17. Jh. an schneller zugenommen als die der Nationen des europäischen Kontinents. Dafür sind eine Reihe von Faktoren verantwortlich, die dazu führten, daß dort Naturwissenschaft und ihre technische Nutzung einen relativen Vorsprung vor der Hollands und Frankreichs gewonnen hatten. Die konsequente Umsetzung europäischer Wissenschaft in technisch-wirtschaftliche Produktivkraft, z. B. als maschinelle Mechanik und Energienutzung, sicherte dem englischen Kapitalismus über 200 Jahre einen Vorsprung in der Welt und begründete seinen überragenden Einfluß auf die Gesellschaften der kolonisierten Völker.

In verstärktem Maße geht der Faktor Zeit - als gesellschaftlich notwendige Arbeitszeit zur Erstellung des nationalen Bruttosozialproduktes heute in den Konkurrenzkampf der Industrienationen bzw. der multinationalen Konzerne um die Entwicklung der technologischen Revolution ein. Es ist für den ökonomischen Wert, ausgedrückt in Preis und Qualität der Produkte der „High Tech", von ausschlaggebender Bedeutung, wieviel Zeit eine Gesellschaft wie die Japans oder die der USA im Vergleich etwa zu der der BRD oder Frankreichs benötigen, um die wissenschaftlich-technischen Voraussetzungen für deren Massenproduktion zu schaffen. Es gibt gerade seit der 2. wissenschaftlich-technischen Revolution so etwas wie eine gesellschaftlich notwendige Arbeitszeit, um eine neue Technologie zu entwickeln. Je kürzer sie ist, je höher die Produktivkraft der Arbeit, um so größer die wirtschaftliche und politische Macht der Oligopole, die über sie verfügen.

In noch viel stärkerem Maße als bei der Ausbildung des „durchschnittlichen Geschicks des Arbeiters" ist aber der Entwicklungsgrad von industrieller national-gesellschaftlicher Wissenschaft und Technik von historisch-qualitativen Faktoren abhängig, die nicht mit dem quantitativen Maß notwendiger Zeit zu messen sind. Daß England vor Deutschland die Dampfmaschine entwickelt hat, daß fünf Industrienationen praktisch heute das Monopol der „High Technology" im Weltmaßstab innehaben, ist auf eine unterschiedliche qualitative Dynamik des Denkens, Handelns, also der kulturell-ökonomischen Struktur damals Englands, heute der fünf westlichen Industrienationen zurückzuführen. Nur ein Beispiel: Deutschland, nach dem 30-jährigen Krieg, war in seiner Entwicklung zurückgeworfen, verblieb im Zustand agrarisch-handwerklicher Kleinproduktion im Rahmen absolutistischer Kleinstaaterei, während England eine mächtige weiträumig wirtschaftende Bourgeoisie hervorbrachte, die im Rahmen des politisch entwickeltsten Nationalstaates Europas den Weg zur kolonialen Weltmacht antrat. Diese unterschiedlichen gesellschaftlichen Qualitäten haben bewirkt, daß die Weitläufigkeit des Wissens, die Zielstrebigkeit der Erkenntnisse, ihre gesellschaftlich-technologische Durchsetzbarkeit weit höher in England als im Deutschland des 18. Jh. waren.

Ein anderes Beispiel: Die „terms of trade" - also die Schere zwischen Preisen der Rohstoffe der Dritten Welt und der Industrieproduktionen der westlichen bzw. japanischen Machtzentren - sind das Ergebnis der ungleichen Produktivkraft der Arbeit aufgrund der hoffnungslos zurückbleibenden technologischen Produktivität der rohstoffproduzierenden Völker der südlichen Hemisphäre.

Aber die technologische und damit ökonomisch-politische Machtkonzentration, diese Kombination von akkumuliertem Reichtum an Wissen und Geldkapital, ist ihrerseits das Ergebnis des komplexen historischen Faktors „Kultur". Hier wird Kultur verstanden als die Gesamtheit der gesellschaftlichen Beziehungen und ihrer geistigen und materiellen Produkte, von denen das gesellschaftliche System mit seiner ökonomisch-politischen Klassenstruktur nur die unmittelbar erscheinende Seite ist. Wir folgern: Der für den Kapitalismus des 19. Jh. zutreffende Satz von Marx: „Ökonomie der Zeit, darein löst sich schließlich alle Ökonomie auf" müßte um entscheidende Meßwerte erweitert und „aufgehoben" werden. Was Marx in Fortführung der zitierten These schreibt, nämlich:

„Die Gesellschaft (muß) ihre Zeit zweckmäßig einteilen, um eine ihren Gesamtbedürfnissen gemäße Produktion zu erzielen: wie der einzelne seine Zeit richtig einteilen muß, um sich Kenntnisse in angemessenen Proportionen zu erwerben oder um den verschiedenen Anforderungen an seine Tätigkeit Genüge zu leisten", bleibt zwar als Fundamentalkritik der kapitalistischen Produktionsverhältnisse richtig, aber er trifft nicht mehr den Kern der ökonomischen Probleme der Gegenwart.

Ist also die Erstellung der Wertsubstanz der Güter und Dienstleistungen nicht mehr erstrangig an der gesellschaftlich notwendigen Arbeitszeit zu messen, so reduziert sich die Ökonomie nicht auf gesellschaftliche Zeiteinsparung durch technologische Steigerung der Produktivität. Damit beschränken sich aber Ausbeutung und Elend nicht auf die Aneignung der Arbeitskraft soweit sie Güter und Dienstleistungen produziert. Die Produktionsweisen nach der 2. wissenschaftlich-technischen Revolution bedingen eine veränderte Einstellung zur Wertsubstanz.

Hier ist noch ein zweiter Aspekt im Zusammenhang mit dem Zeitwert in unserer bzw. in vorindustriellen bzw. Drittwelt-Kulturen näher zu betrachten.

Die physikalische Zeit unserer Wissenschaft ist linear unendlich und ist in völlig gleiche Abschnitte unterteilbar, die das Zeitmaß abgeben. Diese Zeitvorstellung ist historisch von astronomischen Abläufen abgeleitet. Die lebendige Zeit dagegen ist an Lebensrhythmen gebunden, vom umfassendsten zwischen Geburt und Tod auf den kürzeren der Reifung, der Schwangerschaft bis zu den kürzesten von Kreislauf, Atmung und Herzschlag.

Für die menschliche Gattung, die ihrem eigenen Lebensrhytmus mit Bewußtsein und Vorstellungskraft gegenübersteht, beeinflußt der Widerspruch zwischen linearer und lebendiger Zeit in entscheidender Weise ihre Arbeit und die Bewertung ihrer Ergebnisse. Und diese, im kollektiven wie im individuellen Leben, fällt unter die Gesetze gesellschaftlich-historischen Wandels.

Während in allen vorkapitalistischen Kulturen der individuelle Lebensrhythmus der Zeitspanne zwischen Geburt und Tod im Bewußtsein der Individuen in eine gleichsam ewige Abfolge des Lebens eingefügt war, so daß die individuelle Lebenszeit nur einen Abschnitt in der rhythmischen Wiederkehr der Seele in den Lebenskreislauf oder ihr Fortbestehen im Jenseits darstellte, ist für das bürgerliche Individuum die Zeitspanne des individuellen Lebens eindeutig durch den Tod begrenzt. Nur ganz verblaßt spielen noch die vorbürgerlich-religiösen Vorstellungen vom Leben nach dem Tode, von Erlösung und Verdammnis der ewigen Seele eine Rolle für das wirkliche Verhalten der Bürger unserer industriellen Kultur. Dieses moderne Bewußtsein von der individuell-organischen Begrenztheit des Lebens, drückt sich kulturgeschichtlich als die „Diesseitigkeit" bürgerlicher Lebenseinstellung aus und hat zur Folge, daß nur demjenigen Tun und Handeln Bedeutung und Wert inne wohnt, das die verfügbare Lebenszeit mit meßbaren Werten ausfüllt und nutzt, also Leistungen akkumuliert. Solange dagegen die individuelle Lebenszeit nur als Teil einer wie immer gearteten überindividuellen Dauer oder seelischer Ewigkeit vorgestellt wurde, unterlagen Verhalten und Handeln einer weit gelasseneren Beurteilung der individuellen und kollektiven Leistung in bezug auf die Zeit. Erst in der bürgerlich-kapitalistischen Zeitvorstellung entsteht der Druck zur spezifischen Leistung, die in jedem Lebensabschnitt zu vollbringen ist, im Kindergarten, in der Schule, der Lehre, dem Beruf. Erst in dieser Zeitvorstellung entstanden Bewertungen wie „Schulreife", „Mündigkeit", „altersgemäßer Erfolg", erst über sie gibt es heute „Torschlußpanik".

Mit dieser Zeitvorstellung ist es möglich, Investitionen nach ihrem Kapitalertrag zu berechnen, Verträge abzuschließen, deren Gültigkeit genau begrenzt ist. „Time is money" bedeutet, daß Arbeitsprozesse, Verkehr, Kommunikation in eine physikalisch-quantitativ bemessene Zeitspanne gezwängt werden können, daß sie danach bewertet werden, wie viel in einer Stunde, einem Jahr, im „Fünf-" oder „Zehnjahresplan" produziert, akkumuliert, konsumiert wird. Der Zeitgewinn im Verhältnis Arbeits- bzw. Kapitalaufwand gegen Ertrag wird zum ausschlaggebenden Wertmaßstab, nicht das qualitativ sinnvolle Ziel menschlicher Leistung.

Die Produktivität der Arbeitskraft wird auf der Basis dieser Grundeinstellung zur Arbeitszeit eben *an physikalischen Zeitmaßen* - und damit „unmenschlich" gemessen. Nichts ist wohl den Drittweltkulturen so fremd und so schwer verinnerlichbar als gerade diese industriekulturelle Einstellung von Zeit und Wert.

Es bleibt das epochale Verdienst von Marx, nachgewiesen zu haben, daß der Verkauf der Arbeitszeit mit der Entlohnung nach Zeit - als Prinzip der kapitalistisch-industriellen Ökonomie - zur totalen Aushöhlung der Humanexistenz des Lohnarbeiters führt.

> „... alle Methoden zur Steigerung der gesellschaftlichen Produktivkraft (vollziehen sich) auf Kosten des individuellen Arbeiters; alle Mittel zur Entwicklung der Produktion schlagen um in Beherrschung und Exploitation der Produzenten, verstümmeln den Arbeiter in einen Teilmenschen, entwürdigen ihn zum Anhängsel der Maschine, vernichten mit der Qual seiner Arbeit ihren Inhalt, entfremden ihm die geistigen Potenzen des Arbeitsprozesses im selben Maße, worin letzterem die Wissenschaft als selbständige Potenz einverleibt wird; sie verunstalten die Bedingungen innerhalb derer er arbeitet ... verwandeln seine Lebenszeit in Arbeitszeit ..."

Daß also die „gesellschaftlich notwendige Arbeitszeit" zum Maß aller Leistungen wird, daß sie das Maß für „Lohn, Preis und Profit" darstellt, hängt historisch eng zusammen mit jener Bewertung, die Weber als „protestantische Ethik" dem Frühkapitalismus zuschreibt. Obschon in metaphysischem Gewande des Calvinismus, verkörpert sie die Ethik der *Machbarkeitsrekorde* der Bürger, die über Wissen, Kapital und Arbeitskraft im Weltmaßstab verfügen. Die Quantität der Produktion von Waren und Dienstleistungen in einem Minimum an Zeit gilt als Maßstab des erwirtschafteten Wertes. So wird die Produktivität zur Meßlatte der industriellen Gesellschaften in West und Ost und bewirkt die technologisch anzustrebende Ökonomie der lebendigen Arbeitskraft. Denn nur die zum Leben zur Verfügung stehende Zeit steht im Blickfeld, nicht aber die Lebensqualitäten in- und außerhalb der Arbeitsprozesse.

In der Wertordnung der industriellen Gesellschaft stellt also die Zeit eine Art leeren Meßbechers dar, mit Hilfe dessen die quantitativen Wertäquivalente der (produzierten) Güter und Dienstleistungen gemessen werden, die sich auf dem Markt der Unternehmen, des Staates wie der Haushalte austauschen lassen. Was mit diesem Meßbecher der „gesellschaftlich notwendigen Arbeitszeiten" nicht bewertbar ist, gilt im Haushalt als Konsum, in den für die Reproduktion der Arbeitskraft notwendigen Pausen der Arbeit. Die Existenz ist aufgeteilt in Arbeitszeit und Freizeit. In der Arbeitszeit werden vermarktbare Werte produziert, in der Freizeit konsumiert. Es gibt einen Zeithaushalt, in dem auf der Aktivseite durch Technologie Arbeitskraft vermehrte Produktion ermöglicht, auf der Passivseite die Produkte und Dienstleistungen verbraucht werden. Liebe wie Spiel, Kunst wie Sport, Bildung und Denken werden in diesem Haushalt untergebracht.

So argumentieren denn auch alle Ökonomisten gegenüber allen Krisenerscheinungen der industriellen Weltgesellschaft, ob kapitalistischer oder „real-sozialistischer" Prägung, daß die Gesetze des „objektiven Bedingungszusammenhanges Wirtschaft" unabhängig von den Zielen und Zwecken der „wirklichen lebendigen Menschen" durchgesetzt werden müssen, sollen diese als Arbeitende (Aktivaseite der Zeitbilanz) über konsumierbare Güter und Dienstleistungen (Passivaseite) verfügen können.

Zwar gibt es die heftigsten Auseinandersetzungen darüber, wie diese Gesetze beschaffen seien, ob sowjetische, chinesische, keynesiannische oder Friedmannsche Analysen des wirtschaftlichen Bedingungszusammenhanges die Dynamik am besten erfassen und beherrschbar machen. Einig sind sich aber alle darüber, daß der „objektive" Charakter des industriellen Bewertungssystems den Zielen und Zwecken, den Bedürfnissen und Leiden aller beteiligten „wirklichen lebendigen Menschen" übergeordnet ist und sich mit oder gegen sie durchsetzen muß.

In solcher Sicht von Wissenschaft bleibt den „wirklichen Menschen" nur die Engelssche „Einsicht in die Notwendigkeit", also eine Orwellsche Vision von Existenz, in der die zeitsparende Technik der Produktion zur totalen Beherrschbarkeit der Weltbevölkerung führt.

Die Enge und Unwirksamkeit solcher ökonomischen Wissenschaft der Werte als Verkörperung gesellschaftlich notwendiger Arbeitszeit sei am Beispiel der Bildungsökonomie in ihrer Anwendung auf die Dritte Welt veranschaulicht. Die Bildungsökonomie der international planenden Instanzen der UNO, der UNESCO und der Weltbank gingen - bei der Planung des wissenschaftlich-sozialen „Take off" - mit Recht davon aus, daß Massenbildung ein entscheidender objektiver Faktor der Entwicklung in der Dritten Welt darstelle. Mithin wurden alle objektiven Faktoren, die die Alphabetisierung (im umfassenden Wortsinn) möglich machen, durch empirische Erhebungen zunächst zu erfassen gesucht und dann in materiell-organisatorische Operationalisierung übertragen. Die derart zusammengestellten Daten und ihre wirtschaftliche Extrapolation führten zu immensen Kapitalinvestitionen im Bildungsbereich aller Drittweltländer. Das erwartete Ergebnis blieb aus. Dafür wurden eine Reihe von objektiven Fehlinterpretationen des Verhältnisses von Bildungsinhalten, Bildungsplänen und Bildungsmethoden im ökonomisch-gesellschaftlichen System verantwortlich gemacht. Die radikale Kritik der theoretischen und praktischen Bildungspolitik zeigt demgegenüber überzeugend auf, daß der Transfer der euro-amerikanischen Bildungsgeschichte und Wertvorstellungen auf die Dritte Welt dort keine vergleichbaren Wirkungen hervorrufen konnte, sondern im Gegenteil die Abhängigkeit von den imperialistischen Mächten noch vertiefte und nur zur Heranbildung einer einheimischen herrschenden Klasse, nicht aber zur Bildung der verelendeten Massen beitrug.

Die bildungsökonomischen Theorien wie ihre wissenschaftliche Kritik verblieb zunächst im Rahmen der Analyse rein objektiver Bedingungszusammenhänge. Erst die Ansätze Fanons, Freires, Illichs und anderer brachten Ergebnisse, die einen alternativen Zugang zur Erkenntnis des Verhältnisses von Bildung und ökonomisch-gesellschaftlicher Entwicklung ermöglichten. Diese sätze gingen sämtlich davon aus, daß das vornehmliche Problem nicht in der Didaktik und Methodik liege, sondern in den durch die Geschichte herausgebildeten subjektiv-kulturellen Strukturen der Völker, für die sie bestimmt waren. Der Widerstand bzw. der totale Leerlauf, mit dem die gewaltigen Investitionen im Bildungssektor durch die Massen beantwortet wurden, erschienen in dieser Sicht als das Ergebnis des Zusammenpralls unvereinbarer Wertungen und Wertvorstellungen der industriellen Zentren und der abhängigen Peripherie.

So erwies sich massiv, daß die Mentalität bzw. der kulturell-subjektive Faktor ein wesentlicher Bestandteil der objektiven Verwertungsbedingungen des Kapitals darstellen. Über Ethnologie, Ethnopsychologie und pädagogische Forschung in der Dritten Welt wurde deutlich, daß die Erwartungen und Einstellungen der Adressaten, der Kinder, der Jugendlichen und der Erwachsenen, den ausschlaggebenden Faktor für den wirtschaftlich-sozialen Ertrag der Bildungsinvestitionen bildeten. Darum sind die widersprüchlichen Erwartungen und Zielvorstellungen der „Modernisatoren" auf der einen Seite, der Massen auf der anderen nicht nur der sozialpsychologische Niederschlag der objektiven Faktoren Kapital und Technologie versus traditionelle Produktionsweisen und vorindustrielle Produktionsverhältnisse. Sie stellen vielmehr einen grundlegenden Faktor der objektiven Entwicklung selbst dar.

Aus diesem Grunde sind die Untersuchungen, die über das Zustandekommen von Einstellungen, Wertungen, Zielsetzungen angestellt werden, zugleich unerläßliche Beiträge zur Erfassung der objektiven Gesetzmäßigkeit, die „hinter dem Rücken" der Betroffenen wirksam sind. Die Ökonomie nur als Ausfluß von Investition, Technologie und „durchschnittlicher Geschicklichkeit des Arbeiters" zu bezeichnen hieße, sie als von Wertungen unabhängige Variable zu erfassen. Die Bildungsgeschichte in der Dritten Welt hat die Unhaltbarkeit dieses Herangehens bewiesen, die aus der Geschichte unserer Wirtschaftswissenschaft verständlich, aber ebenso revisionsbedürftig erscheint.

3. Die ökonomische Produktivkraft: Psyche

Verständlich wird die Entwicklung des ökonomischen Denkens von Smith zu Marx und seinen reformistischen wie kommunistischen Nachfolgern, wenn man sich die Explosion der kapitalistischen Produktion von der Manufaktur zur modernen Industrie vor Augen hält. Die gewaltige Akkumulation materieller, von Lohnarbeit geschaffener Werte löste, wie es im

„Kommunistischen Manifest" heißt, „alle idyllischen Beziehungen" auf, wobei „idyllisch" gerade die Beziehungen waren, die nicht der materiellen Kapitalerstellung dienten. Das ökonomische Denken von der Mitte des 18. Jh. an ließ diejenige Produktivkraft in den Vordergrund der Analysen rükken, die sichtbar die ökonomische Dynamik bestimmte, damit aber auch die politische und sozialkulturelle Entwicklung beherrschte. Es war die Produktivkraft der Unternehmen.

Der wirtschaftliche Erfolg eines Unternehmens wurde an der *Profitrate* gemessen. Sie ist das Ergebnis des objektiv-quantifizierbaren Bedingungszusammenhanges folgender Faktoren:

- des zu investierenden Kapitals, also der technologischen Ausstattung der Unternehmen als Voraussetzung des industriellen Produktionsprozesses, der den Rohstoff zur Ware macht (bzw. der Dienstleistung): - des Wertes bzw. Preises der Rohstoffe (bzw. der Waren und Dienstleistungen), die zur Voraussetzung des Produktions- oder Dienstleistungsprozesses des Unternehmens gehören: - und drittens vom Preis der Ware Arbeitskraft.

Jeder dieser Faktoren unterliegt einer ganzen Reihe von ebenfalls objektiv erfaßbaren Bedingungen, die der dynamischen Struktur des Systems in Marxscher Terminologie den *Produktionsverhältnissen* und den *Produktionsweisen* eingeschrieben sind.

Wir befinden uns also bei der Untersuchung dieser Faktoren des wirtschaftlichen Erfolges im Rahmen der Gesetzmäßigkeiten, die eine objektiv quantitative Betrachtungsweise zur Grundlage haben müssen. Der Preis der Kapitalinvestition (Zinssätze), der Rohstoffe (terms of trade) und der Arbeitskraft (Löhne und Soziallasten) bestimmt sich auf dem jeweiligen Markt, auf dem das Unternehmen sich versorgt. Die richtige Einschätzung der gegenwärtigen und der für den Produktionszyklus vorausschaubar zukünftigen Lage auf den entsprechenden Märkten ermöglicht eine Vorausschau auf die Kapitalrendite, d. h. auf den Profit und damit auf den Erfolg des Unternehmens. Der Erfolg hängt somit in dieser Sicht von objektiven Faktoren ab, die das Management nur einschätzen, eventuell geringfügig beeinflussen, gewiß aber nicht gemäß seinen Absichten, Zielen und Zwekken subjektiv bestimmen kann.

Die bürgerliche wie die marxistischee Volkswirtschaftslehre hat bis zur Gegenwart diese Sichtweisen beibehalten, obschon der Standort der wissenschaftlichen Analyse sich durch die zweite industrielle Revolution entscheidend geändert hat. Die Güterproduktion, die Leistung und ihr Äquivalent als Einkommen beherrschten die Diskussion über Wachstum, Ressourcen, Ausbildung, über Markt und Krise, über Knappheit oder Überangebot, Arbeitslosigkeit und Ausbeutung, um „gerechte" oder „ungerechte" Verteilung der Reichtümer. Damit war diese Sichtweise auch in ihren ökonomischen Wertungen der „Hauptproduktivkraft being man himself" von der Grundeinstellung bestimmt, diese Produktivkraft an dem zu messen, was sie an Gütern und Dienstleistungen erzeugt, die mit Hilfe des Marktmaßstabes „Geld" meßbar werden.

Die ökonomischen und die soziologisch-psychologischen Wissenschaften zerlegen die menschliche Produktivkraft letztlich in zwei Grundkategorien. Auf der einen Seite gibt es die anthropologisch und historisch bedingten *Bedürfnisse,* die den Konsumenten auf den Markt bringen, auf der anderen Seite steht die Güter und Dienstleistungen produzierende *Arbeit* . Nur da, wo die erste Seite als Bedürfnis auf dem Markt auftritt, sagen wir bei der Babynahrung, dem gewerkschaftlich erkämpften Mutterschaftsurlaub oder der Freizeitindustrie, wird sie ökonomisch bewertet. Das gesamte System der Sozialleistungen, das eine fundamentale Bedeutung für das wirtschaftliche Geschehen insbesondere der Industrienationen gewonnen hat, oder andere Infrastrukturaufwendungen der öffentlichen Hand, soweit sie nicht unmittelbar rentable Aktivität betreffen, - Bildung, Kunst, Philosophie, Kultur -, schlagen sich zwar als notwendige ökonomische Belastungen auf dem Markt nieder, sind also mit dem Maßstab Geld kalkulierbar, aber sie gehen nicht in die akkumulierbare Wertbildung in klassisch ökonomischer Sicht ein. Soweit sie nicht der Ausbildung oder Instandhaltung der Arbeitskraft für Industrie und Dienstleistungen *direkt* dienen, sind sie konsumptive Belastungen, stellen sie das dar, was Marx die „faux frais", die Nebenkosten der Produktion nennt.

Obschon bereits Karl Marx - wie gesagt - die Hauptproduktivkraft im arbeitenden Menschen selbst sah, faßte er alle konsumptive Befriedigung der Bedürfnisse des Arbeiters unter dem ökonomischen Begriff der „Reproduktion" zusammen, aus der - nach der Definition selbst - keine Werterstellung und damit kein Mehrwert entstehen kann.

Entsprechend dieser Vorstellung stellt die Produktion der Güter und Dienstleistungen die Grundlage der menschlichen Existenzen überhaupt dar. Arbeit als industrielle Produktion ist der oberste humane Wert. Alles, was sich nicht im agrarischen und industriellen Sektor abspielt oder diesen beiden in unmittelbarem Sinne als Produktion und Produkt der materiellen Infrastruktur dient (Schiffahrt, Verkehr, Nachrichtenübermittlung etc. etc.) gehört entweder zum Bereich der *Zirkulation des Kapitals* oder zum *kulturellen „Überbau",* also zu den materiellen „faux frais" der Produktion als Steuern für Staat, Militär, Kirche, Bildung, Kunst. Dieser Überbau gilt als ökonomisch *konsumptiv* und dient sowohl der Reproduktion der Arbeitskraft, als auch der Aufrechterhaltung der Produktionsverhältnisse, d. h. den Privilegien und der Bedürfnisbefriedigung der herrschenden Klasse.

Der italo-britische Nationalökonom Piero Sraffa unterscheidet „Basisprodukte" von „Nicht-Basisprodukten". Basisprodukt ist eine Ware, die „direkt oder indirekt in die Produktion aller Waren eingeht". „Nicht-Basisprodukte" dagegen entstammen einem „Überschuß der Produktion", der nicht „als Produktionsmittel oder als Güter für den Lebensunterhalt zur Herstellung der anderen Erzeugnisse verwendet wird." Nur ist es zunächst eine banale Feststellung zu sagen, daß das „Basisprodukt", das „in die Produktion aller Waren eingeht", der produzierende Mensch selbst ist. Aber diese banale Feststellung erweist sich als außerordentlich vielschichtig und kompliziert und enthält eine große Reihe von schwer lösbaren wissenschaftlichen Problemen.

Die Arbeitskraft, die als entscheidender Wertfaktor in den objektiven Bedingungszusammenhängen der Wirtschaft eingeht, muß selbst produziert werden. Ihre Produktion setzt die Produktion aller anderen Güter und Dienstleistungen voraus, da deren Konsum eben erst die kollektive Arbeitskraft erstellt. Was aber sind objektive „Basisprodukte" für die Produktion der menschlichen Arbeitskraft?

Die Frage hat sich sehr konkret und politisch gestellt, als für die Entwicklungsländer die sogenannten *Grundbedürfnisse* diskutiert werden mußten, um dort nicht nur die materielle Güterproduktion, sondern Bildung, Ausbildung und Kulturinvestitionen planen zu können. Der Katalog dieser Grundbedürfnisse fiel verschieden lang aus. Selbstverständlich zählen dazu *Behausung, Kleidung, Hygiene und Gesundheit*. Aber bereits bei der *Bildung* weiß keiner der Experten so genau, wie er sie als Grundbedürfnis, und dabei als Voraussetzung und Motor der Entwicklung, abzugrenzen sei. So spricht einer der maßgeblichen, kritischen Autoren vom „Grundbedürfnis nach Partizipation". Kann man allenfalls Grundbedürfnisse wie Ernährung, Behausung, Gesundheit materiell-quantitativ fassen, so wird dies bei dem Bedürfnis nach Partizipation sehr schwierig. Es ist zwar gewiß real und wirksam, aber ebenso gewiß im klassisch-wissenschaftlichen Sinne unberechenbar in jedem Sinne des Wortes.

Welches sind also die „Basisprodukte", die in die „ Produktion bzw. Reproduktion der Arbeitskraft" eingehen! Die Lernfähigkeit? Das gesellschaftlich-kritische Denken? Die Fähigkeiten der kommunikativen Sensibilität und Liebesfähigkeit? Geht die Kompetenz zur Partizipation in die Ausbildung der Arbeitskraft mit ein, oder beschränkt sich der ökonomische Wert von Bildung auf die technischen Kompetenzen, die im Arbeitsprozeß benötigt werden? Mit anderen Worten: Es ist im klassischen Verständnis der Ökonomie nicht ausgemacht, welche Produkte und Dienstleistungen für die Erstellung der allein werteschaffenden Arbeitskraft (bzw. ihrer zu Kapital geronnenen Abstraktion) „Basisprodukte" und welches „Nicht-Basisprodukte" oder Luxusgüter sind. Versuchen wir, „Basisprodukt" und „Nicht-Basisprodukt" an einem anderen Beispiel zu erläutern.

Religiöse oder weltanschauliche Bildung im herkömmlich ökonomischen Denken ist kein „Basisprodukt", das in die Produktion der Arbeitskraft eingeht. Ein islamischer, ein christlicher oder ein atheistisch-leninistischer Arbeiter leisten - die gleiche fachliche Kompetenz vorausgesetzt - die gleiche Werterstellung, soweit sie mit Hilfe der gleichen technischen Ausstattung die gleiche Zeitspanne hindurch arbeiten. Für das Unternehmen ist die Ware Arbeitskraft für ihre Nutzung, nämlich den Wert und damit Mehrwert zu produzieren, von ihrer weltanschaulichen oder religiösen Bildung unabhängig und daher bei ihrer Bewertung im Lohn von diesem Faktor völlig abgelöst. So sind den amerikanischen, japanischen und europäischen Unternehmern auch die religiösen Vorstellungen ihrer Arbeiter und Angestellten wirtschaftlich gleichgültig. In den Preis der Ware mit dem Markenzeichen „Toyota" scheint der schintoistische Glaube um nichts mehr einzugehen als in die des USA-Unternehmens Ford die christliche oder atheistische Vorstellungswelt ihrer Arbeiter. Die Kosten der Ware Arbeitskraft beinhalten in dieser Sicht nur jene Faktoren, die wie Nahrung, Behausung, Kleidung, Gesundheit in die Reproduktion der individuellen Arbeitskraft eingehen. Religion gehört somit zum privaten Konsum oder zu den „faux frais" der Erhaltung des Systems der Produktionsverhältnisse.

Diese klassisch ökonomische Sicht des „Basisprodukts Arbeitskraft" als materieller Kostenfaktor kann aber bestenfalls vom isolierten Standpunkt des einzelnen Unternehmers aus Gültigkeit beanspruchen. Sobald es um umfassendere Einheiten geht, in die das Unternehmen eingebettet ist, wie die der industriellen Kultur oder die einer Drittwelt-Nation erhält die Religion einen ganz anderen Stellenwert als Faktor der Hauptproduktivkraft Arbeit. Webers Untersuchung über die Beziehung zwischen der protestantischen Ethik und der Leistung und Werterstellung durch das unternehmende Bürgertum haben dafür einen ersten Beweis geliefert. Die wirtschaftliche Leistungsfähigkeit japanischer und koreanischer Unternehmen bestätigen dies heute. Noch deutlicher tritt der weltanschaulich-religiöse Faktor für die Qualität der Arbeitskraft hervor, wenn man ihn in den Kulturen der Entwicklungsländer untersucht.

Gerade dort, wo Religion noch eine Wert- und Normenordnung bedeutet, die die alltäglichen Beziehungen der Menschen in all ihren Dimensionen ausrichtet, ist die Motivation wie die Kompetenz der Arbeitskraft von der kulturspezifischen Einstellung zum Wert und zur Werterzeugung abhängig. Wenn für die Industriearbeiter oder -angestellten die Erfüllung brauchtümlicher oder kultureller Pflichten (Gebet - Fasten - Feiertage - Feste usw. usw.) höher bewertet wird als die Entlohnung durch den Betrieb, wenn für Hochzeit oder Begräbnis ein ganzes Jahreseinkommen als Kredit aufgenommen wird, nicht aber für materiell zu Buche schlagende Investitionen in Hygiene, Gesundheit, Berufsbildung, dann wirkt sich das religiöse Wertkonzept sehr nachhaltig materiell auf die Werterstellung wie auf die Wertverwendung der Produkte und Dienstleistungen aus.

Als störend wirken solche Traditionen in der Tat von dem Augenblick an, wo die Arbeitskraft nur unter dem Gesichtspunkt ihres anonymen Einsatzes am Maschinenpark als wertschöpfend angesehen wird, da wo sie robotisiert oder durch Roboter ersetzt werden kann. Im gleichen Maß, in dem sich technische Funktion und Rolle des Arbeitenden von seiner kulturbedingten Person abtrennen lassen, müssen alle Erwartungen, Hoffnungen, alle nicht am technisch-teuren Apparat hängenden lebendigen Leistungen der Kommunikation und Interaktion als „unrproduktiv" auf der Kosten- bzw. Verlustseite ökonomischer Bilanz gebucht werden.

Aber gerade die technische Revolution der Robotisierung der Arbeitenden und des fortschreitenden Ersatzes physisch und psychisch standardisierbarer, lebendiger Arbeit durch Mikroprozessoren und Computer erhöht

- statt zu vermindern - die Bedeutung derjenigen Kompetenzen der Arbeitskraft, die nicht direkt in das Produkt eingehen, also der Wert- und Normenvorstellung, des Glaubens, der Zukunftserwartungen, der Entwürfe und der individuellen wie der kollektiven Träume.

Dies nachzuweisen wollen wir in den folgenden Abschnitten versuchen.

Die technologische Revolution der Produktionsweisen, so wie sie gegenwärtig erkennbar wird, ist durch ein fundamentales Faktum gekennzeichnet: *Die Gesamtleistung in der industriellen Gesellschaft verschiebt sich vom manuell-materiellen zum psychisch-intellektuellen Sektor.* Anders ausgedrückt: die genutzte Arbeitskraft wird mit dem Kopf geleistet, wobei der „Kopf" nicht etwa nur als das denkende, planende, kontrollierende Organ zu betrachten ist - das gilt nur für eine kleine Minderheit der Produzenten - sondern als der Sitz all der historisch wie biografisch ausgebildeten psychischen Produktionsfaktoren wie Frustrationstoleranz, Zuverlässigkeit, Genauigkeit, nervliche Belastungsfähigkeit, Lern- und Anpassungsfähigkeit, Mobilität im weitesten Sinne des Wortes, Fähigkeit zur Kooperation, zu sozialem und politischem Einblick in die Zusammenhänge der eigenen und der gesamtgesellschaftlichen Lage etc.

Auf der Ebene der Verwertung der psychischen Arbeitskraft durch den Produktionsapparat drückt sich diese Verschiebung zum materiell-intellektuellen Sektor in folgenden Erscheinungen aus:

- Die Produktion der auf den Markt kommenden Endprodukte verlagert sich zunehmend von den Werkhallen auf die Arbeitsprozeßplanung und die Laboratorien.

- Mikroprozessoren und andere Steuerungssysteme übernehmen zunehmend die Bedienung der Fertigungsmaschinerie, die ihrerseits manuelle in maschinelle Arbeit verwandelt. An der Gesamtfertigung der Güter hat die lebendige Arbeitskraft einen immer geringeren Anteil.

- Im Wert der Produktion steigt der Anteil des fixen im Vergleich zum variablen Kapital nicht mehr nur arithmetisch, wie im 19. Jh. und in der ersten Hälfte unseres Jahrhunderts, sondern geometrisch. Das bedeutet, daß die technisch-planerische bürokratische Ausstattung eines Arbeitsprozesses im Verhältnis zur dort eingesetzten lebendigen Arbeitskraft den weitaus größten Teil der entstehenden Erstellungskosten der Produkte und Dienstleistungen ausmacht.

- Die Wertstellung in den wissenschaftlich-technisch fortgeschrittensten Zweigen der Industrie (Computer-Mikroprozessoren, Chemie, Energiewirtschaft, Bio-Technologie etc.) verlagert sich zunehmend von der manuellen Fertigung in die Laboratorien, in die Forschungs-, Planungs-, Informations- und Verwaltunszentren der Unternehmen.

- Die Infrastruktur der materiellen Produktion wird zunehmend von der technischen Revolution erfaßt, wird außerordentlich komplex und nimmt an ökonomischer Bedeutung dauernd zu: Information, Kommunikation, Verkehrs-, Vertriebs-, Bank- und Kreditwesen, gesetzliche Regelungen, politische Strategien der Unternehmensführung werden zum integralen Bestandteil der Produktionsabläufe selbst bzw. bestimmen zunehmend die Produktionsziele und die Produktionsweisen.

- Die Produktivität der Arbeitskraft nimmt Proportionen an, durch die das Verhältnis von Arbeitszeit und Zeit fern vom Arbeitsplatz sich umkehrt. Weit mehr noch als der Proletarier des XIX. Jh. ist der Arbeiter, Angestellte, Laborant heute „in der Arbeit außer sich und nur außerhalb der Arbeit bei sich" (Marx). So kehrt sich das Verhältnis des Zeitaufwands am Arbeitsplatz zu dem der öffentlichen, wie privaten Existenz um. Die gesellschaftlich notwendige Arbeit wird zunehmend in Weiterbildung, in Gewerkschafts-, Gemeinde- und Politikarbeit, in erzieherischer Tätigkeit in der eigenen Familie, im Elternbeirat, in der solidarischen Zuwendung zu den eigenen wie den fremden Kindern usw. geleistet.

Damit gewinnen auch vorindustrielle Verkehrsformen in der Dritten Welt eine ganz neue Bedeutung. Wenn beispielsweise durch „angepaßte Technologie" im afrikanischen Dorf die „gesellschaftlich notwendige Arbeitszeit" für Beschaffung von Brennholz, Wasser, für Nahrungsvor- und zubereitung, für Schädlingsbekämpfung etc., für die weibliche Arbeitskraft sinkt, hat diese Zeit, Interesse und Energie für initiative Mitarbeit am kommunalen Geschehen und wirkt produktiv darauf ein. Mädchen und Frauen kümmern sich um Weiterbildung, verbessern die familiale und öffentliche Infrastruktur oder wirken für ihre Verbesserung (Wasser, Latrinen, Schulgebäude, präventive medizinische Versorgung). Sie erobern sich neue Rechte und neue Pflichten in der Gesellschaft.

- Das Ansteigen des Anteils psychisch-intellektueller Kompetenz beim Einsatz der Arbeitskraft in der Produktion hat die widersprüchliche Folge, diese gleichzeitig zu qualifizieren und zu dequalifizieren. Da in alle Arbeitsinstrumente ein immer höherer Anteil komplexer Mechanismen eingeht, bedarf es zu ihrer Weiterentwicklung und zu ihrer Instandhaltung oder Reparatur einer immer höheren und spezialisierteren Berufsqualifikation. Weil aber diese Arbeitsinstrumente computergesteuert immer komplexere Arbeitsvorgänge erledigen, die früher Hand und Kopf des Facharbeiters oder Technikers, bzw. in den vorindustriellen Kulturen der Dritten Welt der Bauern und Handwerker erforderten, werden bei ihrer Nutzung immer geringere Qualifikation vonnöten.

Andererseits sind Überwachung und Kontrolle selbst Maschinen und Apparaturen zwar nicht an höhere Qualifikation gebunden - weil schnell anlernbar, wohl aber erfordern sie einen sehr hohen Grad an psychischer Energie, und von eben jenen Kompetenzen, die wir eingangs zu diesem Gedankengang aufzählten, also Konzentration, Frustrationstoleranz gegenüber den eigenen Bedürfnissen nach Kommunikation und Vielseitigkeit der psychischen Betägigung, Verdrängung, Abschaltung aller Bedürfnisse, die der Person als ganzheitlichem Individuum entspringen. Die äußerste Konzentration ist im Arbeitsprozeß gefordert. Sie ist physiologisch wie psychisch einseitig. Gerade darum wird die Einstellung zum Arbeitsprozeß für die notwendige Verdrängung von Bedürfnis und Energie zu einer betriebsunspezifischen, allgemeinen Voraussetzung der „durchschnittlichen Geschicklichkeit des Arbeiters". Sie wird über Sozialisation in der informellen und der non-formalen Erziehung ausgebildet.

Die technologische Revolution der Steuerungsprozesse der Produktion durch Mikroprozessoren und der Dienstleistungen durch Computer disqualifiziert die individuelle Leistung am Arbeitsplatz und mindert damit ihren funktionale Wert. Gleichzeitig aber erhöht sich die kollektive Produktivität in so beträchtlichem Ausmaß, daß die gesellschaftlich notwendige Arbeitszeit für die Erstellung aller Güter und Dienstleistungen rapide absinkt.

Die Höherqualifizierung, die gleichzeitig mit der Dequalifizierung eingesetzt hat, betrifft gerade die Bildung jener psychischen Kompetenzen, die berufsspezifisch sind, die aber gleichzeitig zur Voraussetzung gehören, unter denen die sich disqualifizierende Arbeit im Betrieb abgeleistet werden kann. Es sind dies - global ausgedrückt - die Fähigkeit zur Selbstorientierung, Planung und Kommunikation im Umgang mit der komplexen gesamtgesellschaftlichen Realität.

Das, was in der Vorschule bereits „soziales Lernen" heißt, setzt sich in Schule, Ausbildung und Weiterbildung als lebenslanger Prozeß fort. Partnerbeziehung, Elternschaft, Geselligkeit, Standort und Arbeitsplatzwahl, Verkehrsverhalten, Spartätigkeit, über Wahrnehmung von Bürgerrecht, politischen, gewerkschaftlichen, weltanschaulichen Optionen, ja selbst die Wahrnehmung der gesellschaftlichen Wirklichkeit über die Medien müssen rational gelernt werden und können nicht der naturwüchsigen Erfahrung über Versuch und Irrtum überlassen bleiben.

Alle diese Fähigkeiten gehören zur Produktivkraft Mensch, sind der „verborgene" Wertanteil des „Basisproduktes menschlicher Arbeitskraft". Ihre Ausbildung erfordert heute bereits fast die Hälfte aller Arbeitsleistungen.

So kommt es auch, daß in den Industrieländern zwischen Produktion und Reproduktion der Arbeitskraft nicht nur das Zeitverhältnis, sondern die gesamte Werterstellung sich fast in ihr Gegenteil verkehrt. Die Dienstleistungen, die der Selbstorientierung, der Planung und der Kommunikation direk oder indirekt dienen und die damit Qualitäten erzeugen, die nicht direkt marktfähig sind, nehmen in der Gesamtarbeitsleistung aller Arbeitenden bereits einen größeren Platz ein als die Produktion von Gütern und Leistungen für den materiellen Bedarf.

Die Produktionsmittel der Produktivkraft Mensch, also Sozialisation, Erziehung und Bildung produzieren *psychisches Kapital*. Sie befriedigen die Kommunikations- und Interaktionsbedürfnisse der Arbeitenden bzw. erweitern sie. In der organischen Zusammensetzung des Kapitals gewinnen sie genau in dem Maße an Gewicht, als - durch die technologische Revolution - ein immer größerer Teil der kollektiven Arbeitskraft psychisch und physisch verausgabt wird. Versuchen wir, diese Thesen zu illustrieren.

In vorindustriellen, traditionsgeleiteten Gesellschaften wird die psychische Arbeitsfähigkeit durch drei Faktoren abgesichert:
- Einmal durch relativ stabile Techniken der gruppen- und klassenspezifi-

schen Sozialisation und Erziehung.

- Ein andermal durch verhältnismäßig gleichbleibende Formen der personalen Kommunikation und Interaktion zwischen den Individuen und den Gruppen, handle es sich um die Beziehungen der Geschlechter, der Generationen oder der sozialen Hierarchie.

- Drittens durch verhältnismäßig feststehende Erwartungen an die physischen und psychischen Kompetenzen an Wissen und Können im Prozeß der materiellen Produktion.

Die drei fundamentalen psychischen Arbeitsleistungen, also die Erziehung, die Herausbildung und Praktizierung eines Systems von Werten und Normen und die Bildung der Arbeitskompetenzen werden von eben denen erbracht, die sie auch „konsumieren". Das subsistenzwirtschaftliche Dorf - auch in der vorindustriellen Klassengesellschaft - erzieht und bildet seine Kinder über die Mütter, Väter, Mutterbrüder heranwachsender Kinder, über die „dorfeigenen" religiösen und medizinischen Gesellschafter, die gleichzeitig die Werte und Normen überliefern und praktizieren, sei es als Gewohnheitsrecht, sei es als magischer Umgang mit der inneren und äußeren Natur, sei es als Fest, Feier, Spiel, kunsthandwerkliche Gestaltung, Tanz, Musik und Opferzeremonie. Es sind dieselben Menschen, die gleichzeitig alle Produkte erstellen, die gebraucht oder getauscht werden, bzw. die Mehrprodukte, die der herrschenden Klasse geliefert werden müssen.

Die Industriegesellschaft - unter den Bedingungen der wissenschaftlichtechnischen Revolution - benötigt für genau diese Leistung der Sozialisation, Erziehung und Bildung der Hauptproduktivkraft Mensch einen gewaltigen Apparat, ein gleichzeitig kapital- wie arbeitsintensives Instrumentarium von steigender technologischer Komplexität. Gerade Drittweltländer investieren bis zu 30 % des Staatsbudgets in dieses Instrumentarium.

Die im engeren Sinne ökonomischen Folgen dieser Verschiebung der Arbeitsleistung vom manuellen zum psychischen Bereich der Arbeitskraft sind ihrerseits vielfältig.

- Die Massenproduktion senkt den Tauschwert aller Gebrauchsgüter, von Nahrungsmitteln zu Fernsehapparaten, vom PKW zum Bau von Wohnungszubehör, von der Bekleidung zur Vergnügungsflugreise. Es kommt das Schlagwort von der „Wegwerfgesellschaft" auf, das die Entwertung der Produkte und Dienstleistungen wiedergibt.

- Der Wert der Rohstoffe, die zu ihrer Produktion vornehmlich physische Arbeitskraft benötigen, sinkt, wie der der Nahrungsmittel, im Verhältnis zu den Industrieprodukten und Dienstleistungen. Damit verelendet schnell das klassische Proletariat der Industrienationen, vor allem aber die Bevölkerung der Dritten Welt.

Gleichzeitig rücken in der Dritten Welt solche Güter wie Transistor, Moped, Talmischmuck, industrielle Babynahrung, Plastikbehälter etc. in den begehrten und erschwinglichen Haushalt des privaten Bedarfs auf.

- Die Bedürfnisse nach den Erzeugnissen der Industrie nehmen quantitativ wie qualitativ ständig zu. Die Befriedigung eines immer ausgedehnteren

Spektrums von Bedürfnissen ist erforderlich, um dem Leben unter den Bedingungen der komplexen Anforderungen zu genügen, die sich am Arbeitsplatz selbst stellen, die aus dem Auseinanderrücken von Arbeitsplatz und Wohnung, aus den Bedingungen des Zugangs zu allen Gebrauchswerten über Verkaufsnetze wie Telefon, Medien etc. ergeben, insbesondere aber von all jenen Bedürfnissen, die als Kompensation für die einseitige physische Belastung in der Arbeit entstehen, wie die nach Sport und Geselligkeit, nach eskapistischem Traum, vom Krimi an der „Glotze" zu Porno und Abenteuerreise. Dies zeigt sich nicht nur in den Konsumbedürfnissen der reichen Länder, sondern auch in denen der verelendeten Dritten Welt, insbesondere in der gewaltigen Anziehungskraft, die die Stadt auf die Landbevölkerung ausübt. Obschon das physische Elend in den Slums womöglich noch größer ist als auf dem Land, erzeugt die Entwertung traditioneller Produktion und Interaktion in der Stadt das Bedürfnis nach Fiktionen, die nur sie bietet.

- Die rapide Ausweitung der Bedürfnisse der Konsumenten, aber in ähnlicher Weise die rapide Vermehrung von Angeboten für technologische Innovation und Effizienzsteigerung der Produktion, machen Information und Werbung zu einem unerläßlichen Teilbereich der Wirtschaft, in den zunehmend psychisch-intellektuelle Arbeitskraft investiert wird. Ebensowenig wie Verwaltung und Planung der Produktionsabläufe oder wie Transport, Lagerung, Verteilernetze und die in sie investierte Arbeitskraft als „faux frais de la production" von der Werterzeugung ausgeschlossen werden können, sowenig kann von der Werterzeugung abgesehen werden, die als Arbeitskraft in die Werbung eingeht. Die gesamte Einstellung und das Verhalten der arbeitenden Gesellschafter wird ganz wesentlich durch sie „erzogen". Die Werbung fällt als „heimlicher Lehrmeister" mit der in sie investierten Arbeitskraft der formalen und non-formalen Bildung in den Bereich der Wert- und Mehrwerterzeugung.

Mit anderen Worten:

-Die psychische Disposition, auf deren Ausbildung die Werbung im Sinne von Motivations- und Verhaltensstrukturen ebenso abzielt wie Bildung, ist Produkt des werteschaffenden und werteverschleißenden Produktionsprozesses und damit integraler Bestandteil der werterzeugenden, damit aber auch mehrwerterzeugenden gesellschaftlichen Arbeit. Es gibt also in der heutigen Ökonomie ein Produkt, das einen hohen Marktwert besitzt, obschon es gänzlich immateriell ist. Dieses Produkt können wir als „Mentalität" bezeichnen. Es geht in die „Ware Arbeitskraft" ebenso ein wie Nahrung, Kleidung, Wohnung und andere Produkte, die in der klassischen Ökonomie zur „Reproduktion" der Arbeitskraft gehören. (bzw. bei Sraffa in die „Basisproduktion")

- Angesichts der hohen Kosten, die das Überleben unter den Bedingungen industrieller Kultur verursacht, muß die Absicherung ihrer Deckung über Versicherungen erfolgen, die das Risiko des „Verdienstausfalls" möglichst breit streuen. Auf Wohnraum und Pkw, Beleuchtung und Heizung,

Haushaltsgeräte, Fernseher, Telefon, Reisemöglichkeiten, modische Kleidung, vielfältige Ernährung usw. kann auch bei Krankheit, Alter, Arbeitslosigkeit unter keinen Umständen verzichtet werden, soll nicht die individuelle wie die kollektive Existenz zur Katastrophe entarten. Diese Versicherungen aller Art sind Teil der Kosten für die Reproduktion der Arbeitskraft des Gesamtarbeiters und gehen entsprechend in die Produktionskosten ein.

Der Anteil der psychisch-intellektuellen Produktion, der auf das sich dauernd erweiternde Gebiet der Individual- wie vor allem der Sozialversicherung verwandt wird, gehört somit ebenfalls zu den produktiven Kosten. Die Arbeitskraft, die dort eingesetzt wird, ist also werteschaffend und erzeugt ebenfalls Mehrwert und Profit bzw. Wertverzehr und Kapitalverschleiß oder Verlust genauso wie die Arbeitskraft, die zur Produktion von Energie oder konsumptiven Gütern aufgewendet wird.

Genau in diesem Bereich produktiver Tätigkeit (also nicht der „faux frais"!) gehört die gesamte, pädagogische und soziale Arbeit der „Entwicklungshilfe". Über sie soll die moderne Funktionsfähigkeit der Arbeitskräfte der Dritten Welt so erhöht werden, daß sie kein politisches Risiko für den „Wohlstand" der Industriekulturen darstellen. Vom industriellen Management und seinen direkten und indirekten Investitionen in diesem Bereich wird nicht erstrangig die Anhebung der Produktivkraft der Arbeit in der Dritten Welt angestrebt - obschon auch sie eine Folge dieser Arbeit ist -, sondern die für die weltwirtschaftliche Produktion insgesamt notwendige Stabilität der Beziehungen zwischen den ungleichen Produzenten des Weltbruttosozialproduktes.

- Angesichts der immer wachsenden Kapitalinvestitionen, die aufgrund der wissenschaftlich-technischen Revolution für den Einsatz der Arbeitskraft weltweit nötig sind, und - bei gleichzeitiger Entwertung des Tauschwertes jedes einzelnen Produktes - bedarf es einer immer umfassenderen Planung des Kapitaleinsatzes mit immer langfristigeren und komplexeren Prozessen der „Amortisierung". Das hat die immens zunehmende Konzentration des akkumulierten Mehrwerts zur Folge. Die Verfügungsgewalt über das derart konzentrierte Kapital, ob öffentlich oder privat, liegt in immer weniger Händen, die notwendigen Aufwendungen dieser ökonomischen Machtzentren für Information, Planung, politische Durchsetzung, für Zugang zu Energie, Rohstoffen, wissenschaftlichen Forschungsergebnissen werden immer höher und nehmen - ähnlich wie die oben genannten Versicherungen - einen immer größeren Teil der Gesamtarbeit ein, die in die Wertsubstanz eingehen, ob auf dem Markt oder in der gesellschaftlichen Interaktion, die sich außerhalb des Marktes vollzieht, aber von unerhörter Relevanz für die Erstellung der „Gebrauchswerte" ist, die gerade die Bedürfnisse abdecken, die die moderne Weltwirtschaft als psychische Bedürfnisse erzeugt.

- Angesichts der Ungleichzeitigkeit der Entwicklung der verschiedenen Zweige der Produktion und ihrer Zentren (Industrieländer und Dritte Welt) bei gleichzeitig weltweiter Verflechtung nimmt das Problem der Kredite und der Kreditkosten einen immer breiteren Raum der aufzuwendenden, gesellschaftlich notwendigen Arbeit ein. Die sogenannten „Kreditströme" bedürfen einer immer komplexeren Kanalisierung ihrer Quellen wie ihrer Stromläufe und Strömungsbedingungen. Immer mehr Arbeitskraft muß in den Geld- und Kapitaleinzug und in seine Weiterleitung einfließen. Die Finanzierung der Unternehmen, der öffentlichen und privaten Haushalte wird zu einem erheblichen Faktor der weltwirtschaftlichen Wertproduktion.

- Die Verlagerung der Wertproduktion von der Fertigung zu Forschung und Planung, von der Güterproduktion zu der der Dienstleistung, verändert tiefgreifend die Wertvorstellungen von Kompetenz und Macht im ökonomischen Bereich. Die Verfügung über Information Wissen, über die Zentren, die diese elektronisch stapeln und abrufbar machen, gewinnt, gegenüber der traditionellen Verfügungsgewalt über die materielle Produktionsvoraussetzungen wie Boden, Rohstoffe, Werksanlagen, dauernd an Bedeutung. Die Macht der Unternehmen, Institutionen und der Staaten, die über Forschung und damit auch über die Ausbildung der Arbeitskraft verfügen und die mittels der intellektuell-psychischen Produktion die Zeitspanne zwischen wissenschaftlicher Entdeckung und technischer Umsetzung am schnellsten reduzieren, verschlingt in der Form wirtschaftlicher und politisch-strategischer Planung einen hohen Anteil der intellektuell-psychischen Produktivität der Arbeit.

In der Tat beinhaltet der Konkurrenzkampf der Unternehmen und der Staaten einen gewaltigen Aufwand an Mitteln für Denk- und Forschungsansätze, für experimentelle Überprüfung ihrer Ergebnisse und Erprobung ihrer technischen Umsetzbarkeit, die den Verschleiß an investiertem Kapital zunehmend größer werden lassen.

Die Computergenerationen lösen sich so schnell ab, daß mit den Investitionen für die jeweils nächste Groß- und Kleinanlage noch die Abschreibung der vorangegangenen mit getragen werden muß. Die ständige Innovation bedeutet also einen mächtig steigenden Verschleiß an psychisch-intellektueller Arbeitskraft und eine entsprechende Tendenz des Absinkens der erwirtschafteten Mehrwert- und Profitrate.

Das wird besonders deutlich, denkt man an die Investitionen im Bereich der Bildung und Ausbildung. Die Inhalte der zu erwerbenden Kompetenzen verändern ihren Stellenwert und ihre Bedeutung, kaum daß sie definiert und ihre Umsetzung in kollektive Lernprozesse finanziert sind. Das „Gelernte", so viel öffentliche und individuelle Arbeitskraft auch darin investiert worden sei, verliert schnell seinen ökonomischen Wert, und entscheidend wird die Erlernung der Lernfähigkeit. Der Verschleiß an akkumuliertem geistigen und materiellen Kapital auf diesem Gebiet wird weltweit durch Ineffektivität der Bildungsplanung und Bildungsinvestitionen in der Dritten Welt verdeutlicht (Fehlschlag der mit riesigen Mitteln betriebenen Alphabetisierungskampagne).

Nicht zuletzt ist der technologisch-materielle Aufwand für Rüstung, der über tausend Milliarden Dollar pro Jahr verschlingt, Teil der produktiven

Wertschöpfung. So widersinnig es zunächst klingt, ihn nicht zu den „faux frais", sondern zur Wertsubstanz zu rechnen, die die Arbeitskräfte der Welt produzieren, so erscheint diese Sichtweise doch fundamental wichtig. Widersinnig wäre es im Gegenteil, die geistige und materielle Produktion der Herrschafts- und Vernichtungsinstrumente prinzipiell von der Erstellung aller anderen Werte abzukoppeln. Es gilt vielmehr, sich zu fragen, welchen Bedürfnissen diese Wertsubstanz dient, wer über sie verfügt und schließlich, welche Wirkung die Produktion dieser Wertsubstanz auf die Hauptproduktivkraft „being man himself" ausübt.

Diese Fragestellung ist prinzipiell die gleiche, die wir an alle Ergebnisse individueller und kollektiver, geistiger wie physischer Arbeit richten, die Anteil an der Substanz des einzigen universalen Grundwertes überhaupt hat, nämlich dem Menschen und der diesen Grundwert „Mensch" über alle Prozesse der Interaktion produziert.

Ist es nicht vermessen und unwissenschaftlich, ja ethisch irre, die Produktion von Instrumenten der Vernichtung menschlichen Lebens zur Produktion der Wertsubstanz „Mensch" zu rechnen?

Das wäre es nur, wenn man ahistorisch in den uns seit 200 Jahren ökonomischen Denkens gewohnten Bahnen buchhalterischer Gewinn- und Verlustrechnung operiert. Gerade sie aber müssen wir verlassen, wenn es darum gehen soll, die Hauptproduktivität, den universalen „Basiswert" Mensch zu erhalten und zu entfalten, insbesondere dort, wo er heute am meisten bedroht ist, in der Dritten Welt.

In der Tat beweist die gesamte Weltgeschichte, daß die Hauptproduktivkraft, also der Mensch, an ihre zunehmende *Instrumentalisierung* gebunden ist. Ohne die antike Versklavung keine Pyramiden, kein mesopotamisches Bewässerungssystem, kein Schiffsbau etc., oder - um moderne Beispiele anzuführen - ohne die revolutionäre Eroberung der Macht in Rußland oder China keine spektakuläre Explosion der Industrialisierung.Die Hauptproduktivkraft Mensch wurde - und wird weiterhin - ge- bzw. entfesselt durch die gesellschaftliche Organisation ihres Einsatzes. Diese wiederum ist das Ergebnis des rational entworfenen, geplanten und organisierten Instrumentariums der *Gewalt,* sei sie strukturell (System der Herrschaft) oder physisch (Eroberung, Krieg, Revolution). Das Instrumentarium der Gewalt (Waffen, Strategie, Gewaltapparat) ist seinerseits mit *Herrschaft* gekoppelt und sie wiederum verwoben mit der Gesamtheit all jener materiellen wie psychischen Prozesse der Ausbildung von ethnischer, klassenspezifischer und ideologischer Identität und Identifizierung, die die Voraussetzung aller gesellschaftlichen Bewältigung der Probleme des Lebens und des Überlebens bilden. Keine Gewalt ohne die psychosoziale Ausbildung des kämpferischen Potentials der Hauptproduktivkraft Mensch. Und ohne rationale Organisation der Gewalt und ihrer materiellen wie organisatorisch-ideologischen Instrumente keine Entfesselung bzw. Unterdrückung der Hauptproduktivkraft, die in der arteigenen Befähigung der Menschen beruht, die Bewältigung der kollektiven wie der individuellen Existenz „im Kopf zu entwerfen ..." (Marx).

Das erscheint uns zunächst entmutigend, doch dialektische Vernunft hilft uns da weiter. Sie besagt:

a) Ausnahmslos alle Leistungen, die von dem „Basisprodukt" Mensch in Anspruch genommen werden, sind als produktive Kosten zu betrachten und als solche zu analysieren, auch und gerade, wenn sie dazu dienen, Gruppen und Individuen zu instrumentalisieren, oder, so das nicht möglich scheint, zu exterminieren. Hierher gehören Religionsgemeinschaften, Rechtsordnungen, Mittel der Ausübung von Macht und Herrschaft ebenso wie Nahrung, Kleidung, Behausung und Lustbefriedigung.

Alle materiellen und geistigen Leistungen, die das Beziehunsgefüge einer Gesellschaft und ihrer Subsysteme aufrechterhalten oder verändern, gehen auf dem Weg über die Produktivkraft der menschlichen Arbeit in die Wertschöpfung ein.

b) Es wäre vernunftwidrig, die Bedürfnisse der Sikh in Indien, der Schiiten im Iran und im Nahen Osten nicht als zeitweilig dominante Bedürfnisse zu behandeln und die Wertordnung, die ihre Befriedigung determiniert, nämlich sich mit Mitteln der Gewalt zu erhalten und durchzusetzen, nur deshalb als „unproduktiv" zu behandeln, weil sich ihre „Produktivkraft" nicht über die Güter oder Dienstleistungen realisieren kann, die auf dem Weltmarkt ausgetauscht werden, die mit Hilfe des Wertmaßstabes Geld dort erhältlich sind.

Das Wirtschaftsdenken bleibt wirkungslos beschränkt, weil fiktiv, wenn es davon ausgeht, daß nur *die* Leistung produktiv ist, die als Tauschwert bezahlt werden kann. Denn die Leistungen, die sich „auszahlen", setzen alle jene anderen voraus, die im gesellschaftlichen wie im personalen Beziehungsgefüge die physische wie die psychische Hauptproduktivkraft „being man himself" in seiner Widersprüchlichkeit von Grundbedürfnissen und Machtansprüchen der Klassen und Ethnien hervorbringt.

Bei genauerer Scharfeinstellung des Instruments „dialektische Vernunft" können wir feststellen, daß nahezu jede Leistung, die auf dem Markt als Produkt oder Dienstleistungen sich gegen andere Produkte und Dienstleistungen austauscht, gleichzeitig eine *entlohnte,* wie eine *nicht entlohnte,* aber unerläßliche, reale Wertkomponente der Arbeitskraft einschließt. Die nicht entlohnte Komponente erscheint als unwägbare „Qualität" der Leistung, als ihre ethnisch-moralische Seite. Solche Qualitäten sind z. B. Zuverlässigkeit, Geduld, Verständnis, Rechtssinn, Einfühlungsvermögen, Freundlichkeit, Treue, Glaube, Opferbereitschaft, aber u. U. auch ihr destruktives Gegenteil, nämlich Härte und Unempfindlichkeit, Bereitschaft, Menschen zu opfern, zu hassen, ihre Vernichtung zu betreiben. *Die Geschichte der Technologie ist das Resultat beider, dialektisch verknüpfter Qualitäten der Technologie der Produktivkraft Mensch, gleichzeitig aber auch die Grundlage und Bedingung ihrer Produktion.* Der qualitative, „verborgene" Teil des Wertes aller Güter und Dienstleistungen versteckt sich in all jenen psychischen Leistungen der Arbeitskraft, die ihrerseits eine lange historische und biografische Akkumulation von Einstellungen, Verhaltensnormen, Wissen, Denkmethoden, Arbeitsorganisation, aber auch von Kompensation, von psychischer Entlastung voraussetzt. Die Produktion dieser Voraussetzungen aller Produktion, der der cerebralen Produktivkraft des Menschen, bezeichnet man gemeinhin als spezifische *Kultur*. Die Produktion bzw. Ausbildung der psychischen Produktivität als Hauptelement der Ökonomie wie aller anderen Bereiche der sozialen Struktur und Hierarchie erfolgt im Raum der Erziehung und Bildung, der Kommunikation und der personalen Interaktion.

Die Produzenten des „Basisproduktes menschlicher Arbeitsfähigkeit" sind die Familien, Verwandtschafts-, Generations-, Interessengruppen und ihre lebendigen Organe, die Erzieher, Lehrer, die Sozialarbeiter, die Seelsorger, die Wissenschaftler, Schriftsteller und Künstler, aber auch die Trainer, die Schauspieler und Journalisten.

Das, was die Wirksamkeit ihrer Tätigkeit ausmacht, was also die Qualitäten beim Adressaten erzeugt, die sich dann im „verborgenen" Wertteil seiner Arbeitskraft niederschlagen, ist mit dem Maß notwendiger Arbeitszeit nicht zu messen und kann entsprechend auch nicht im „Kauf der Ware Arbeitskraft" der Bildungsberufe materiell honoriert werden. Selbstverständlich sind so entscheidend wichtige gesellschaftliche Leistungen wie Zuwendung nebst ihren Gefühlskorrelaten wie Liebe, Zärtlichkeit, Geduld bzw. emotionale Festigkeit, affektive Beständigkeit und Takt nicht vermarktbar.

Damit fällt aber gerade jener Teil der Werterstellung des „Basisprodukts Mensch" aus der Bewertung durch den Markt heraus, der in der modernen Wissenschaft mit ihrer „Cerebralisierung" der Arbeitsprozesse den höchsten Anteil an der Arbeitsfähigkeit ausmacht.

Die Entwicklung des kritischen Denkens, der Entwurf von Mensch und Gesellschaft durch Humanismus und Aufklärung, die Entwicklung des bürgerlichen wie des Staatsrechts, sind gleichzeitig mit der Entfaltung von Naturwissenschaft und Technik weit davon entfernt, nur den „Überbau" oder die ideologische Rechtfertigung der Urakkumulation darzustellen. Gewiß sind sie dies auch, aber eben nur auch. In entscheidendem Maße stellen sie eine historische Akkumulation von Werten dar, die in die gesamte materielle Entwicklung unserer modernen Gesellschaft hineinreicht. Das gilt in - wenn möglich - noch höherem Maße für die Produktivkraft der Menschen in der Dritten Welt. Gerade weil dort weite Bereiche der Produktion noch nicht direkt für den Weltmarkt erfolgen, hat sich stärker als in unserer Kultur das Bewußtsein vom gesellschaftlichen Wert der kulturspezifischen Tugenden als wesentlicher Bestandteil der „Hauptproduktivkraft Mensch" und ihrer Ausbildung erhalten.

Die Wertsubstanz als historische Akkumulation

Jenes „Basisprodukt menschlicher Produktivkraft", das in alle Produkte und Dienstleistungen seit jeher eingeht, ist somit nicht nur das Ergebnis *synchroner* „Reproduktion der Arbeitskraft", sondern enthält als Wertsubstanz die *diachrone* Akkummulation des „psycho-politischen Kapitals" Kultur. So wollen wir die gleichzeitig individuelle wie kollektive psychische Infrastruktur der Hauptproduktivkraft Mensch nennen, die sich in Bedürfnissen, Motivation, in sozialer Kompetenz, in spezifischer Kommunikations- und Interaktionsfähigkeit in aller Produktion wiederfindet, in der materiellen der „Basisprodukte" wie in der erinnernden und entwerfenden der geistig-politischen Kultur. Diese über Erziehung und Bildung historisch und biografisch erarbeitete psychische Infrastruktur der Hauptproduktivkraft Mensch stellt auch im klassisch-ökonomischen Sinne Kapital dar, weil sie - wenn auch indirekt - in den Marktwert der „Ware Arbeitskraft" eingeht.

Wenn der amerikanische Boss bei der Einstellung eines qualifizierten Mitarbeiters fragt „How much is he worth", so wägt er im Marktpreis der Ware Arbeitskraft eben all jene „Qualitäten" ab, die sich historisch herausgebildet und im lebendigen Arbeitnehmer kristallisiert haben. Das „Wesen" dieses Stellenbewerbers stammt eben nicht nur - wie schon Marx sagt - aus dem synchronen „Ensemble der gesellschaftlichen Verhältnisse", sondern aus der diachronen Akkumulation des psycho-politischen Kapitals der jeweiligen Kulturgeschichte.

Eine erste Schlußfolgerung aus diesen Überlegungen kann etwa so formuliert werden:

Wenn im Gesamtwert aller auf dem Markt erscheinenden Güter und Dienstleistungen nur *der* Wertanteil als rational ökonomisch faßbare Größe auftritt, der im synchronen Tausch die gesellschaftlich notwendige Arbeitszeit als Marktpreis verkörpert, muß der verborgene Wertanteil der „Qualitäten", also der diachrone historische und biografische Anteil eine Rolle spielen, die der der „schwarzen Löcher" im astronomischen Kosmos vergleichbar ist: Hier wie dort wirken implosive und explosive Kraftfelder auf das uns bislang bekannte Universum, deren Energien und Strukturen mit dem bisherigen wissenschaftlichen Instrumentarium nicht erfaßt wurden.

Im gesellschaftlich-ökonomischen Raum heute manifestiert sich der wertschaffende bzw. wertverschlingende Charakter der „Qualitäten" - dieser „schwarzen Löcher" des gesellschaftlichen Universums - in der Rückwirkung des Gebrauchswertes auf den Tauschwert. So kann eine Ware unvorhergesehener Weise in ihrem Tauschwert - also im Preis auf dem Markt sinken oder steigen, weil ihre „Verpackung" dem Bedürfnis der Käufer nicht oder im Gegenteil gut gefällt. Die gesamte Werbung macht sich diese Erfahrung weitgehend zu nutze, um den Umschlag von Warenkapital in Geldkapital zu beschleunigen. Das gilt auch und erst recht für den „politischen Markt", auf dem die verschiedenen Fraktionen der Weltgesellschaft ihre Ideologien verkaufen. Der Gebrauchswert von Demokratie, Sozialismus, „nationaler Unabhängigkeit", „Sicherheit", etc., der mit den Mitteln parlamentarischer, diktatorischer oder totalitärer Systeme an den Mann gebracht wird, wäre eigentlich funktional und rational an seiner Wirksamkeit für die Lösung objektiver Probleme zu messen. Aber nicht daran hängt sein

„Markterfolgt", sondern an seiner propagandistischen Verpackung, am „Charisma" der Verkäufer, d. h. derjenigen, die sich als politische Manager anbieten. Mit dem bisherigen ökonomischen Analyseinstrumentarium betrachtet, setzt die Verpackung dem Produkt oder der Dienstleistung keinerlei Wertsubstanz zu. Sie erscheint nur als „faux frais" der Produktion, als unproduktiver, wenn auch unerläßlicher Kostenfaktor, genau wie Propaganda dem Wert der politischen Ideen keine Substanz zuzusetzen scheint. Welch ein Irrtum!

Untersucht man nämlich einen Augenblick, warum nicht der funktionale Gebrauchswert eines Produktes, ob Einbaum, Pkw oder Ideologie, nicht seine „objektive" Nützlichkeit, Bedürfnisse zu befriedigen scheint, so stößt man auf Faktoren, die direkt aus dem kulturell akkumulierten Kapital der psychisch-sozialen Infrastruktur hervorgehen.

Die „Verpackung" entspringt Bedürfnissen der Hauptproduktivkraft Mensch, die von Kultur zu Kultur variieren und damit die Gebrauchswerte auf dem „Markt" grundlegend beeinflussen.

Wir müssen davon ausgehen, daß die Arbeitsleistungen, die in die „Verpackung" eingehen, Bedürfnisse abdecken, die sich in der Existenz des Arbeitenden als dominant erweisen, obschon sie anscheinend mit der Reproduktion seiner Arbeitskraft nichts zu tun haben, ja womöglich sie - vom rational-funktionalen Standpunkt klassischer Wissenschaft - sogar erheblich beeinträchtigen. Fernsehen, Einkaufsbummel, physische Rauschmittel wie Alkohol oder psychische wie Fußballmeisterschaften können in einer bestimmten historischen Situation als „Grundbedürfnisse" auftreten. Die Leistungen, die für die Befriedigung dieser Bedürfnisse erbracht werden, erstellen also einen „Gebrauchswert", der nach herkömmlicher Sicht nur als ökonomische oder politische „Verpackung" erscheint. Wenn aber ein hoher Prozentsatz von abhängigen Produzenten, also von jenem „Basisprodukt", das die Produktivkraft Mensch heißt, diese Bedürfnisse - und mithin die Leistungen, die sie befriedigen, als „Grundbedürfnisse" empfindet und sich dementsprechend im gesellschaftlichen Leben verhält, dann gehört die „Verpackung" bzw. ihre Produktion zur Reihe der „Basisprodukte" und nicht zu der des „Luxus" oder der Überschußproduktion.

Was wir oben schon einmal ausgeführt haben, wird hier ein zweites Mal deutlich, daß nämlich in jedem Produkt und in jeder Dienstleistung zwei Wertkomponenten miteinander verknüpft erscheinen. Dabei steht bei fast allen Produkten und Dienstleistungen heute nicht fest, welcher Anteil der Wertsubstanz und welcher der Verpackung zuzurechnen ist, welcher Teil für die wert- und mehrwertschaffende Arbeitskraft unentbehrlich und welch anderer als konsumptiver Luxus zu betrachten ist, ja nicht einmal was produktiv und was destruktiv an den materiell und geistig produzierten Gütern und Dienstleistungen ist, an Atomkraft, Chemie und Raketen, an Schulen und Wissenschaft, an Ideen der Hegemonie und der Autonomie.

Mit einiger Sicherheit können wir nur sagen, daß der manifeste, auf dem Markt gehandelte, wie der verborgene, kulturelle Anteil der Wertsubstanz

in der Geschichte der Hochkulturen von einer Minderheit von Herrschenden angeeignet bzw. über seine Nutzung verfügt wurde. Gerade dies für den
Industriekapitalismus und Kolonialismus aufgedeckt zu haben, ist das wis-
senschaftlich-historische Verdienst von Marx.

Doch so wichtig für die Dynamik der gegenwärtigen Weltgeschichte auch
das jeweilige System der Macht- und Herrschaftsverhältnisse ist, mittels derer über die manifeste und verborgene Wertsubstanz der Hauptproduktivkraft, also der Menschen, verfügt wird, zentral erscheint die heutige Form
der Erstellung dieser Produktivkraft, ihrer Bedürfnisse und ihrer Kompetenzen.

Die Ausbildung der psychischen Produktiv- und Destruktivkraft des lebendigen Arbeitspotentials - also Sozialisation, Erziehung und Bildung - erlangt unter den gegenwärtigen Bedingungen der technologischen Revolution eine noch höhere Bedeutung als diese selbst. Denn die Entwicklung
und der Einsatz des Kapitals, das in technischer Kompetenz, also in revolutionären Techniken der Produktion und der Destruktion materiell wie geistig investiert ist, hängt erstrangig davon ab, wie sich der Kodex der Bedürfnisse und Wertungen einerseits, die Kompetenz für ihre Befriedigung durch
die „Hauptproduktivkraft being man himself" andrerseits entwickelt.

So ergibt sich als gesellschaftliche Hauptfrage: Wer, welche Gruppe mit
welcher Macht entwirft unter den heutigen Bedingungen die Erziehung, also die Ausbildung der psychischen Produktivität und verfügt mit welchen
Mitteln und zu wessen Nutzen über sie und über die „Produktionsmittel" ihrer Umsetzung in manifeste und „verborgene" Werte?

*Der vorangegangene Exkurs sollte die eminente Leistung verdeutlichen, die
die Milliarden von Menschen im Dunkel ihrer heutigen Existenz für den historischen Umbruch erbringen, in dem Nord und Süd für sich gemeinsam befinden.
Im dritten Teil unserer Betrachtungen sollen diese dem Markt unzugänglichen
Leistungen der Empathie und der Solidarität zunächst nach zwei Gesichtspunkten näher ins Auge gefaßt werden:*

*- Wie sind Empathie und solidarisches Verhalten in pädagogische Methoden
des Umgangs von Nord und Süd miteinander so umzusetzen, daß aus dem rational-wissenschaftlichen Erbe unserer Kultur und dem der verelenden „coloured
people" Wille und praktikabler Weg zum Ausgang aus dem „Herr-Knecht-Ver-
hältnis" der Kulturen sich abzeichnen können. Wir sprechen hier die Handlungsforschung als integralen Teil des pädagogischen Prozesses - und nicht etwa nur als wissenschaftliche Voraussetzung des Handelns - an.*

*- Wie ist es um das „Hauptinstrument der Hauptproduktivkraft Mensch"
nämlich die Sprache bestellt, in der uraltes Erbe und gegenwärtiger Umbruch,
Herrschaft und Abhängigkeit, Ethnozentrismus und Weltkultur als Problem
der Mutter-versus-Hochsprachen niederschlagen.*

*Der dritte Essai dieses Teils, der Theorie und Praxis in ihrer Verkettung ab-
zuhandeln sucht, will verdeutlichen, warum die „Neuen Medien" und die fikti-*

ven Kompensationen, die sie dem Elend bieten und aus denen sie zusätzliches Kapital schlagen, in einer aktiv emanzipatorischen Perspektive durchaus zu Instrumenten solidarischer Kultur werden können. Gerade an diesem hochaktuellen Beispiel von Fernsehen, Video, Radio und Casette soll deutlich werden, daß die „dunklen Kulturen" durch die „bleiche Herrschaft" der Technologie nicht nur zerstört werden, sondern potentiell über sie ein bislang ungeahntes Mittel ihrer eigenen, progressiven Transformation in die Hand bekommen. Eine Weltpädagogik, die in intellektueller Abkapselung die Dialektik der gewaltigen Gefahren und Möglichkeiten nicht einzubeziehen weiß, muß in der bildunspolitischen Praxis steril bleiben.

Teil III | Zur Dialektik von Entwicklung und Bildung

1

Handlungsforschung
und Bewußtseinsbildung

Unternehmung und Tätigwerden

Forschung erscheint heute als die spezifische Aufgabe akademisch vorgebildeter Wissenschaftler. Doch ist sie so alt wie menschliche Kultur schlechthin. Für jede Etappe der kulturellen Evolution stellt Forschung ein unerläßliches Instrument dar.

Forschung - das erscheint als Tautologie - bezeichnet die Suche (franz.: recherche, engl.: research). Hinter der Suche, die alle Lebewesen von den Einzellern bis zum Menschen auszeichnet, steckt das Bedürfnis, die Möglichkeiten ausfindig zu machen, die der Lebensraum bietet. Für alle Lebewesen ist dieser Lebensraum zunächst physikalisch und chemisch vorgegeben: Temperatur, Druck, Wasser, Sauerstoff, Stickstoff etc.; gleichzeitig beinhaltet er bio-chemische bzw. organische Elemente: symbiotische Bakterien für die Pflanzen, Pflanzen und Tiere für die Tiere. Aber schon auf der Evolutionsstufe der Pflanzen und Tiere gilt die Erforschung der Lebenschancen einer jeden Gattung in breitem Maß der „Sozialstruktur", wenn wir darunter verstehen wollen, daß die Symbiose (das Zusammenleben) der Geschlechter und Generationen innerhalb einer Gattung und Art bzw. verschiedener, aufeinander bezogener Arten immer auch die Wahrnehmung der „socies", der „Lebensgefährten" voraussetzt.

Für die menschliche Gattung ist schließlich der soziale Raum der Lebensraum par excellence. Über ihn bemächtigt sie sich der Biosphäre, bzw. paßt sich ihr an. Schon die Suche oder „Forschung" des Kindes orientiert sich erstrangig an den Reaktionen der menschlichen Umgebung, an ihren Regeln, Normen, Techniken der Handhabung. Es erforscht seine eigenen Möglichkeiten und Grenzen im Spiel wie im Ernst.

Dabei geht das Kind - wie biohistorisch jede Art - vom Bekanten aus, um zum unbekannt Möglichen vorzustoßen. Das gilt für das Erlernen methodischer Fähigkeiten wie für das sozialer Regeln und Freiräume. Es gilt insbesondere für die lernende Erforschung der Semantik der Muttersprache.

Alle Forschung, von der des Kindes angefangen, beginnt mit der Identifizierung des Bekannten, mit dem Verlaß auf seine praktische Gültigkeit. Das beginnt im Bereich des motorischen Lernens mit dem Fortgang von herangereiften bzw. gelernten Abläufen der Grob- und Feinmotorik bis hin zum Umgang mit den erfahrenen Hilfen und Bedrohungen, die von der unmittelbaren Umgebung, dem materiellen wie dem menschlichen Milieu ausgehen.

Man kann verallgemeinernd sagen, daß bereits jede Wahrnehmung - von den ersten Wochen nach der Geburt an - Erforschung einschließt: das Neue, dem die Aufmerksamkeit gilt (sie erst ermöglicht Wahrnehmung) wird dem bereits Bekannten zugeordnet.

Sinn der erforschenden Wahrnehmung ist die Orientierung des Verhaltens. Es selbst findet seinen Antrieb in der komplexen, hierarchisch gegliederten Struktur der organischen und sozialen Bedürfnisse. Auch sie unterliegen der erforschenden Selbstwahrnehmung und der Auswahl der dominanten Antriebe gegenüber den latenten oder inhibierten. Die forschende Wahrnehmung des Verhaltens der Umwelt bestimmt, über ihr Ergebnis, also über die Verinnerlichung von Regeln, Normen und Werten, welche eigenen Bedürfnisse als dominant gelten dürfen bzw. welch andere in die Latenz zu verdrängen sind.

Wenn der Sinn der erforschenden Wahrnehmung in der Orientierung des Verhaltens im sozialen Lebensraum liegt (in dem also, was wir als Kultur bezeichnen) dann liegt in ihr auch ihre Methode begründet, das eigene Vermögen bzw. die eigene Macht in bezug auf die zu meisternde Wirklichkeit einzuschätzen. Die *erforschende Wahrnehmung* zielt auf ein Verhalten, das es dem individuellen wie dem kollektiven Subjekt ermöglicht, zu agieren statt nur zu reagieren. (Auf den Unterschied dieser beiden Verhaltensformen, also der des Handelns und der des instrumentalisierten „Funktionierens" wird im Abschnitt über die „Handlung" näher einzugehen sein.)

Von der „organischen Methode" zur Logik und Ideologie

Die Erforschung des Lebensraumes setzt eine Methode voraus. In den vormenschlichen Gattungen ist sie organisch einprogrammiert. Durch die Konstitution der Arten richtet sich die Aufmerksamkeit - und in ihrer Folge die selektive Wahrnehmung - und in ihrer Folge wiederum das Verhalten - auf ganz bestimmte Aspekte des Milieus. Die Zoologen nennen diesen Ausschnitt der materiellen und sozialen Wirklichkeit des Tieres seine *Merkwelt*. Die „organische Methode" liegt im artspezifischen Zusammenwirken der Sinnesorgane, das darauf abzielt, das Lebenswichtige aus der Fülle der möglichen materiellen Reize herauszuschälen: die Nahrung, den Geschlechtspartner, das Gift oder den Feind. Diese „organische Methode" bezeichnen wir als Instinkt, ohne damit schon etwas Präziseres über sie auszusagen, als daß sie ein genetisch festgelegtes Programm der Aneignung und Anpassung, der Selbst- wie der Arterhaltung darstellt. Sie beinhaltet die Erforschung des Lebensraumes mit dem Ziel seiner Nutzung. Je evolutiv älter und primitiver die Gattung, desto eindeutiger die „organische Methode". Der Reflex oder der pflanzliche Tropismus ist relativ schematisch; der Ablauf von Wahrnehmung und Verhalten beinhaltet kaum Varianten. Dagegen ist die Methode des Jagens bzw. der Nahrunssuche z. B. bei Raubtieren bzw. Bienen von sehr hoher Komplexität, was bedeutet, daß die Individuen in ihr Verhalten methodisch eine sehr große Anzahl möglicher Varianten des Milieus einschließen.

Pawlow hat aufgezeigt, daß die methodische Kombinatorik der Umwelterfassung bei Tieren mit höherer Nerventätigkeit auf bedingten, d. h. gelernten Reflexen beruht. Bestimmte Reize, Vorläufer oder Anzeichen lebenswichtiger, förderlicher oder bedrohlicher Elemente des Milieus, lösen die ganze Kette spezifischen Verhaltens aus, die bei niederen Arten nur in Gegenwart dieser Elemente selbst zustande kommt. Die Pawlowschen Hunde lernten auf ein Klingelzeichen organisch, z. B. durch Speichelfluß zu reagieren als röchen sie die Nahrung, die das Klingelzeichen ankündigte.

Die Jagdmethode eines Raubtieres ist bereits so komplex, daß sie eine außerordentlich unterschiedliche Anzahl situativ zu verarbeitender Wahrnehmungen und Verhaltensvarianten methodisch kombiniert. Die Methode eines Löwenrudels bei der Antilopenjagd können wir als intelligent bezeichnen, wiederum ohne mit diesem Terminus mehr auszusagen, als daß es um die evolutiv entwickelte Fähigkeit geht, durch eine cerebrale Kombination von forschender Wahrnehmung das Wesen des Beutetierverhaltens zu erfassen und so das eigene Verhalten zu orientieren.

In beschränktem Umfang wird über die bedingten Reflexe die organisch vorprogrammierte Methode bei Tieren mit höherer Nerventätigkeit durch Lernen variiert und verfeinert. Es sei nochmals wiederholt, daß die Erfassung der komplexen Wirklichkeit beim Jagen eines Raubtieres immer von der sicheren Grundlage des Bekannten ausgehen muß - sei sie der organisch gereifte Verlaß auf die eigenen Sinne und motorischen Fähigkeiten, sei sie die typische Verhaltensweise des Beutetieres. Die Erforschung der Situation und ihrer besonderen, einmalig neuen Aspekte setzt die „Kenntnis" umfassender, immer wiederkehrender Abläufe im Lebensraum voraus.

Dieser Vorspann über die „organische Methode" der forschenden Wahrnehmung in ihrer evolutiven Verfeinerung über hunderte von Millionen Jahren ist für unser Thema deshalb von Bedeutung, weil die besondere Struktur der menschlichen Forschung nur vor dem Hintergrund der arteigenen, genetisch-konstitutionell entwickelten Fähigkeit von Wahrnehmung und Bewußtsein zu erfassen ist. Die so eminent fruchtbare Forschungsmethode K. Lewins, die der Gestalttheorie - und damit der Handlungsforschung - zugrunde liegt, besteht gerade darin, die besondere Gestalt, in unserem Fall die menschliche Erforschung des Lebensraums, vor ihrem spezifischen Hintergrund zu erfassen, hier also dem der „organischen" Methode. Claude Levy-Strauss bemerkte in seiner Abhandlung über „Das wilde Denken" gegenübe Sartres Theorie von der rein kulturhistorischen Entwicklung des menschlichen Denkens sehr richtig: „Alle schöpferische Vernunft setzt eine geschaffene Vernunft voraus" (Toute raison constituante suppose une raison constituée"). Die besonderen historisch-kulturell entwickelten Strukturen des menschlichen Forschens und seiner ideologischen Ergebnisse können nur dann in ihrer dialektischen Entwicklung erfaßt werden, wenn wir sie vor dem Hintergrund ihrer genetisch-evolutiven Begrenzung, der „raison constituée" Levy Strauss, wahrnehmen. Das „wilde Denken" ist gewiß nicht das unserer heutigen Wissenschaft, aber beiden liegt eine gemeinsame Denkstruktur zugrunde. Dieses Faktum nicht wahrzunehmen, schränkt das wissenschaftliche Denken in bedrohlicher Weise ein. Bedrohlich deshalb, weil die Loslösung der Methodenstruktur von ihrem Hintergrund, der Evolution des Lebens, zur Fiktion von beliebiger, zweckrationaler Machbarkeit führt und damit die Grundlage der Lebensbewältigung unter den heutigen Bedingungen des Denkens, Forschens und Handelns in Frage stellt.

Es ist unerläßlich, wollen wir Forschung systhematisch-methodisch weitertreiben, sie vor dem Hintergrund des menschlichen Lebensprozesses zu untersuchen, der organisch konstituiert ist, bevor er kulturell operiert. Das forschende Denken ist zwar das höchst-entwickelte Instrumentarium der Lebensbewältigung unserer Gattung, aber beileibe nicht das einzige.

Kommen wir also nach der „organischen Methode" zur Struktur der menschlichen, also der, die der forschenden Wahrnehmung und dem Denken eigen ist.

Gegenstand der Forschung des Menschen im Unterschied zur Merkwelt der Tiere ist die Gesamtheit aller Phänomene des Mikro- wie des Makrokosmos. Als Teil der Natur tritt der Mensch der *gesamten* Natur gegenüber, einschließlich seiner eigenen physischen wie sozialen. Weil der Lebensprozeß der menschlichen Gattung erst dadurch gesichert ist, daß sie als Teil der Natur diese selbst zu ihrem Objekt macht, wird dieses Objekt *Welt* zum Universum, zu einer Ganzheit, in der alle Teile miteinander in einem Wirkzusammenhang stehen. Gegenstand der Forschung ist mithin in allen Kulturen die Aufdeckung dieses Wirkzusammenhanges.

Die methodische Erfassung der Wirklichkeit durch das Instrumentarium der bewußten Wahrnehmung und der gedanklichen Analyse heißt *Logik*. In jeder Kultur, seit der werkzeugproduzierende Homo Sapiens die Welt bevölkert, ist die Logik durch die spezifische Weise geprägt, mit der eine Gesellschaft sich arbeitsteilig die Natur aneignet, statt - wie die übrigen Gattungen - sich organisch und psychisch der natürlichen Umwelt nur anzupassen. Die kulturspezifische Logik als Methode der Wahrnehmung und der gedanklichen Zuordnung ihrer Ergebnisse heißt Ideo-Logie, denn ihr liegt ein System von Ideen zugrunde, ein kulturell- (und nicht mehr nur organisch-) methodisches Schema, aus dem heraus die Logik zwar zu folgern vermag, das sie aber als solches selbst nicht begründet. So operiert die mathematische Logik, wenn sie Schlüsse zieht, die Axiome voraussetzen, welche ihrerseits nicht mathematisch-logisch begründbar sind, z. B. die natürlichen Zahlen, die Definition der Parallelen oder das Verhältnis von Kreis und Durchmesser.

Es soll noch einmal wiederholt werden - nur damit in der Folge jedes mögliche Mißverständnis vermieden wird - daß die menschliche Logik - und damit jede partikulare Ideologie - sich als spezielle Struktur vor dem gemeinsamen Hintergrund der „organischen Methode" abzeichnet, aber auch gleichzeitig vor dem der spezifischen anthropologisch konstanten Struktur des menschlichen Denkens und Forschens. Die Ausarbeitung dieser speziellen Struktur des Wahrnehmens und Denkens ist das, was Hegel, Marx oder Sartre als kulturelle Schöpfung der Kulturgeschichte, als „raison dialectique" (Sartre), also als Ideologie begreifen.

Wohl die umfassendste Grundlage der menschlichen Logik - unabhängig von der Ideologie, in der sie wirksam wird - ist die Tatsache, daß die Wahrnehmung der eigenen, organischen wie der äußeren materiellen und sozialen Wirklichkeit zu einem gegebenen Zeitpunkt - das, was wir die Wahrnehmung der gegenwärtigen *Situation* nennen können - immer im Kopf konfrontiert wird mit der Erinnerung an vergangene Erfahrung und der Erwartung einer folgenden Situation. Die Wahrnehmung einer Situation und der eigenen Reaktion ist denkmethodisch - oder logisch - immer verwoben mit der sozial-kulturellen und biografischen *Konstellation*. Die Konstellation ist das überindividuelle zeitlich-kulturelle Raster, in dem die Wahrnehmung und die logische Verknüpfung ihrer Ergebnisse stattfindet.

Die Logik schließt in der ontogenetischen Entwicklung der kindlichen Psyche und der kulturell-genetischen des menschlichen Gedankenguts immer weitere, zeitlich und räumlich umfassendere Konstellationen des sozialen Lebensraumes ein. Für das Kleinkind bezieht sie sich noch auf die unmittelbare Vergangenheit und Zukunft des erfahrenen Tages und auf die Gegenstände und Personen des noch nach Stunden zu bemessenen Zeit-Raum-Kontinuums. Für den Erwachsenen - auch dem frühester Kulturen - umfaßt sie das Leben vor der Geburt und nach dem Tod, die Situationen in ihrer Generationsabfolge, Geschlechtsspezifität und sozialen Hierarchie.

Von den Früh- zu den Hochkulturen beziehen die Ideologen immer weitere Bereiche der Existenz ein und ordnen die Wahrnehmungen gegenwärtiger Situationen immer umfassenderen Systemen vorgestellter Konstellation zu. Alle Logik schließt mit anthropologischer Konstanz von der wahrgenommenen Erscheinung einer Situation auf das sie verursachende Wesen einer umfassenden, bedingenden „kosmischen" Konstellation.

In diesem Sinne ist alle Logik im Gewand einer jeden Ideologie „kausalistisch". Mag die Ursache der gegenwärtig konfrontierten Wirklichkeit in der Vergangenheit gesucht werden (causa effizienz) oder in der Zukunft (causa finalis), immer wird zwischen der wahrgenommenen Situation als Erscheinung und ihrem Wesen in einer kosmischen, metaphysischen oder physischen Konstellation eine kausale Verbindung hergestellt. *Forschen bedeutet also in allen Kulturen die Suche nach der kausalen Verknüpfung (oder Logik) der wahrgenommenen Situation und der sie bedingenden Konstellation.*

An dieser Stelle ist an den ersten Abschnitt dieser Ausführung zu erinnern: die Motivation für den psychischen Akt des Suchens oder Forschens nach dem Grund, aus dem die Situation als solche erscheint, liegt in der Lebensnotwendigkeit, sie zu meistern. Nur diejenigen Elemente der Situation werden kausal-logisch mit einer konstellativen Ursache verknüpft, die als möglicherweise förderlich oder bedrohlich wahrgenommen werden. Dagegen ruft die weit überwiegende Mehrzahl der Wahrnehmungen der täglichen Wirklichkeit keinerlei suchende bzw. forschende psychische Tätigkeit hervor, weil die gewohnten Einstellungen und Verhaltensweisen die organische oder soziale Beherrschung des Lebensprozesses in der jeweiligen Situation garantieren.

Ein Beispiel: Bis zur Entstehung von Wissenschaft in den antiken Hochkulturen wurden alle organischen Prozesse des gesunden menschlichen Körpers ohne Forschung nach dem „Warum" ihrer Abläufe als selbstverständlich hingenommen. Erst ihre krankhafte Störung rief die logische Suche nach ihrer Begründung auf den Plan. Die medizinischen Praktiken sind der Ausfluß dieser Logik. Der bedrohliche Prozeß der krankhaften Situation läßt den Medizinmann nach seiner Ursache, nach der kausalen Verbindung des wahrgenommenen Krankheitszustandes mit dem ihn bedingenden Konstellation, mit dem ihm zugrundeliegenden Wesen suchen. Nur die Ideologie, nicht der psychische Prozeß der Logik, unterscheidet dabei den indianischen Medizinmann vom Harvardprofessor der Psychosomatik.

Dies gilt mit einer Ausnahme. Wir kennen keine Frühkultur, in der dem natürlichen Prozeß der Fortpflanzung nicht mit dem bewußten Akt der Logik begegnet wurde. Da die Existenz der sozialen Gruppe von der sexuellen Triebhaftigkeit, der „organischen Methode des Instinkts" ebenso gefördert wie bedroht ist und da von dieser sozialen Gruppenexistenz der Lebensprozeß der Arbeit abhängt, erzeugt jede Frühkultur eine Ideologie, die diesen normalen organischen Prozeß nicht sich selbst überläßt, sondern ihn logisch als Ausfluß einer kosmischen Konstellation deutete und damit aktiv regelt, d. h. tabuisiert.

Das System der Kausalverbindungen, das über forschende Wahrnehmung als Ideologie (oder Weltanschauung) geschaffen wird, hat also seinen Sinn und Wert objektiv in der Befähigung einer gesellschaftlichen Gruppe zum kollektiven Handeln, subjektiv bzw. psychologisch, in der Sicherung und Stabilität, die ein Orientierungssystem über die Eingrenzung der Wahrnehmung, über Regeln und Normen des bewußten Umgangs mit der Wirklichkeit schafft.

In der „organischen Methode", d. h. in der Logik aller Lebensprozesse, entdecken wir das Prinzip der Absicherung und Stabilisierung, das auch die spezifisch humane Logik und Ideologie des menschlichen Forschens kennzeichnet, die Tendenz nämlich, an der einmal gefundenen, erfolgreichen Interaktion mit dem Lebensraum solange als möglich festzuhalten. So wie der Instinkt als Lebenslogik, als „biologische Ideologie", so bleibt auch jedes historisch-kulturelle System der „Weltanschauung" relativ stabil. Erst lebensbedrohende Veränderungen der objektiven Wirklichkeit, des natürlichen oder sozialen Milieus zwingen zum „Umdenken", d. h. zu einer veränderten Gesamtstruktur der kulturellen Logik der Wahrnehmung und des Handelns.

Die biologische Entwicklung wie die historisch-kulturelle erfolgt in Sprüngen, bei denen das gesamte genetische bzw. kulturelle System der Beziehung zur Umwelt neu organisiert wird. Diese Sprünge werden durch Forschung vorbereitet. Dabei bedeutet Forschung eine versuchsweise neue Kombinatorik der wahrgenommenen Elemente des veränderten Milieus. Sie findet im somatischen Zentrum der Organismen bzw. in der sozial-hierarchischen Elite der kulturellen Gruppen statt. Die Sprünge, die sie genetisch oder kulturell einleitet, können ebenso lebensfähige wie zum Verschwinden verurteilte organische Strukturen wie gesellschaftliche Systeme hervorbringen.

Die „organische" wie die „kulturell-historische" Methode solcher Kombinatorik erscheint mithin als ebenso fruchtbar und kreativ wie bedrohlich und zerstörerisch. Forschendes Suchen, ob biologisch oder kulturell, zielt auf strukturelle Varianz. Die einmal erreichte, variante Struktur dagegen zielt auf Invarianz, auf strukturell-systematische Stabilität, auf Erhalt der bestehenden organischen oder sozialen Ordnung.

Im Bereich der Hochkulturen, auch der unseren, liegt die Invarianz der ideo-logischen Methode im Interesse der Gruppen und Klassen, die an der Aufrechterhaltung der bestehenden Sozialbeziehungen und damit ihrer Privilegien ein Interesse haben, das ihnen lebenswichtig erscheint. Da Forschung und Suche aber Varianz vorbereitet und begleitet, ist sie diesen Gruppen verdächtig. Darauf wird im Zusammenhang mit der Methode der Handlungsforschung zurückzukommen sein.

Es gibt aber noch eine andere Quelle für strukturelle Varianz und der sie vorbereitenden forschenden Wahrnehmung und Logik. Diese Quelle ist ebenso kennzeichnend für alle Lebensprozesse, den historischen eingeschlossen, wie die Nutzung des Lebensraumes durch Wahrnehmung und Logik mit dem Ziel der Anpassung. Das Entstehen neuer organisch bzw. historisch-gesellschaftlicher Strukturen beruht aber nur zum Teil auf dieser Notwendigkeit.

Organischer und gesellschaftlicher Energieüberschuß: Quelle der Varianz

Die andere Quelle der Varianz von Wahrnehmung und Interaktion liegt in der Produktion eines Energieüberschusses durch jeden biologischen wie sozialen Organismus. Dieser Energieüberschuß geht aus der notwendigen assimilativen Interaktion mit dem Milieu hervor. Er stellt eine Art „Mehrwertproduktion" dar, die biologisch wie gesellschaftlich nicht von der Reproduktion des Fließgewichts mit dem Milieu aufgebraucht wird und folglich akkumuliert. Diese Akkumulation schlägt sich in der Varianz der Struktur der Natur wie der Gesellschaft nieder. Sie erfolgt bei Tieren und Pflanzen in der organischen Struktur, möglicherweise nicht nur in der somatischen, sondern auch in der genetischen. In der menschlichen Gattung erscheint diese Akkumulation im psycho-sozialen Bereich, in der artikulierten Sprache und im Schatz kollektiver Forschung und Erfahrung, die sie anfangs oral, dann schriftlich über lernbare Symbole an die folgenden Generationen weitergibt.

Diese akkumulierte Energie ist die Quelle beständiger Variationen und Abwandlungen der Reaktionen gegenüber dem Milieu. Ihr verdanken wir wahrscheinlich den Formenreichtum der Arten, dagegen nur der natürlichen Zuchtwahl ihre Auslese und ihr Überdauern. Mit Sicherheit ist sie jedenfalls die Quelle der gesellschaftlich-kulturellen Vielfalt von Lösungen der Probleme menschlicher Interaktion. Der spielerische, kreative Umgang mit den Elementen des Milieus wie mit den eigenen Anlagen findet in diesem Energieüberschuß der bio-psychischen bzw. gesellschaftlichen Prozesse seinen Ursprung. Das motorische Spiel bei Tier und Mensch fließt aus dieser Quelle. Es ist Spiel, weil die Energie in ein Verhalten fließt, das *nicht von der Notwendigkeit der Beherrschung der Situationen allein bedingt ist.* Der Schwalbenflug am Abend, die motorischen Spiele der Kinder, und darüberhinaus weite Bereiche der organischen Pracht der Arten, vor allem aber die formenden, musizierenden, bauenden und sprachlichen Schöpfungen der Kulturen, die Vielfalt ihrer Techniken sind auf diese akkumulierte Energie zurückzuführen. Sie speist Suche, Forschung und Denken und stellt die Quelle der Varianz der logischen Systeme dar.

In diesem Sinne wird Forschung aus derselben motivierenden Quelle gespeist wie das Spiel, die Kunst, die Musik und die Dichtung. All diese Äußerungen der gesellschaftlichen wie der individuellen Lebendigkeit sind zwar an Methoden gebunden, spielen sich in regelhaften Formen ab, gehorchen aber dennoch nicht erstrangig einer Logik oder Ideologie, als nicht dem Bedürfnis, den akkumulierten psychisch-sozialen „Mehrwert" an Energie in Aktivität „anzulegen". So gesehen ist die wahrnehmend kognitive und rational ordnende bzw. organisierende Tätigkeit der Forschung eine kreative Erprobung von Möglichkeiten der „kulturellen Kapitalbildung", die dem Spiel verwandte Suche nach Lösungen selbstgestellter Probleme, wie die Kunst, der Tanz, die mythisch-religiöse oder profan-moderne Dichtung. Ihr selbstgewähltes Ziel ist nicht allein die Bewältigung von individuell oder gesellschaftlich lebenswichtigen Aufgaben, nicht nur die Beherrschung der materiellen oder sozialen Umwelt, sondern ein nur den menschlichen Kulturen eigenes Produkt, die *Wahrheit* und *Schönheit.*

Es gehört mit zu den größten Errungenschaften der aristotelischen Philosophie auf dem Höhepunkt der hellenischen Kulturentwicklung, Wahrheit und Schönheit, Ethik und Ästhetik als zwei Seiten der gleichen Wertung entdeckt zu haben. Die Forschung nach mathematisch-physikalischen Gesetzen sucht nach Lösungen, die nicht nur richtig, sondern „elegant" (oder schön) sind wie ein Kunstwerk. Diese Suche nach Eleganz, nach gleichsam unmittelbarem Einleuchten, entspringt psychisch wie sozial der gleichen Quelle wie das Bedürfnis nach künstlerischer oder dichtender Tätigkeit. Die Ergebnisse werden zwar in den meisten Fällen sozial verwendet, dienen der Invarianz oder der Varianz der Gesellschaftsstrukturen, aber ihr Antrieb liegt nicht in dieser Nützlichkeit. Ähnlich wie das Spiel des Kindes, das zwar für seinen psycho-motorischen und sozialen Lernprozeß funktional nützlich ist, jedoch nicht in dieser Nützlichkeit seinen alleinigen Ursprung und seinen Sinn findet, so liegt auch das Bedürfnis zu wissen und zu können, die Suche nach Wahrheit und nach Macht nicht allein darin begründet, daß sie unter bestimmten historischen Umständen funktional nützlich ist. Vielmehr zeigt dieses Bedürfnis an, daß bei einer Klasse oder bei einem Individuum Energie bereitsteht, die für den Prozeß materieller Produktion nicht benötigt wird. So ist auch die Tatsache zu verstehen, daß Forschung, Kunst, Technik, Dichtung, Philosophie, Betätigungen der „leisure class" sind bzw. in der Zeit zustande kommen, die nicht der notwendigen Arbeit oder Reproduktion dient.

Es wäre interessant zu erforschen - übersteigt aber die Kompetenz des Autors - ob in der Evolution der Lebewesen insgesamt nicht ähnliche a-logische Energieüberschüsse die Vielfalt, Pracht und den Formenreichtum des Universums der Lebewesen verständlicher macht als die Bio-Logie von „Zufall und Notwendigkeit" (Monod). Dieser strukturbedingte und sich evolutiv erweiternde Überschuß an Energie legt sich in dieser Sicht gleichsam produktiv im somatischen wie im genetischen Kapital an Formen und Funktionsmöglichkeiten der Lebewesen an und könnte verständlich machen, warum immer neue, vielgestaltige Gattungen und Arten aus den schon bestehenden hervorgehen, auch dann, wenn deren Fortexistenz oder Reproduktion nicht durch die Umwelt in Frage gestellt ist. Die darwinsche Selektion würde nur über den Fortbestand solcher biologischer Kreationen entscheiden, nicht über ihr Zustandekommen.

Mit Sicherheit aber können wir sagen, daß in den menschlichen Kulturen die Vielfalt der Formen von politischen, rechtlichen, wissenschaftlichen und künstlerischen Antworten auf die Herausforderungen des natürlichen wie des gesellschaftlichen Milieus aus der Akkumulation hervorgeht, die als „Überschuß" der gesellschaftlich notwendigen Arbeit der Reproduktion erscheint.

Fassen wir noch einmal zusammen, was wir als Quellen der Forschung anzusprechen haben.
- Sinn der forschenden Wahrnehmung ist die Orientierung eines Verhaltens, das die Reproduktion des Lebens ermöglicht.
- Forschung ist mithin biologisch wie gesellschaftlich funktional.

- Aber ihr Antrieb liegt gleichzeitig im verfügbaren akkumulierbaren Überschuß an Energie, die nicht funktional zur Reproduktion aufgebraucht wird.
- Forschende Wahrnehmung ist an eine Struktur der Interaktion zwischen der Art und ihrem Lebensraum gebunden.
- Diese Struktur drückt sich in der Methode der Wahrnehmung aus. Wir nennen sie Logik. Bei Tieren ist sie Bio-Logik, bei Menschen eine Methode bewußter Tätigkeit.
- In der menschlichen Gattung unterliegt diese Methode oder Logik weit mehr den gesellschaftlich-kulturellen Bedingungen als den arteigenen Anlagen.
- Die Merkwelt der menschlichen Forschung ist universal. Ihr Gegenstand sind Natur und Kultur als Voraussetzung und als Objekt des Lebensprozesses gesellschaftlicher Arbeit.
- Die Logik, mit der eine bestimmte Gesellschaft diese universale Merkwelt bzw. Natur und Kultur angeht, ist weitgehend historisch und nicht anthropologisch-konstitutionsmäßig begründet.
- Die Methode der forschenden Wahrnehmung bleibt invariant, solange die historischen Umstände nicht eine Änderung herausfordern.
- Diese Änderung der historischen Umstände wird aber gerade durch die Tätigkeit oder Arbeit hervorgerufen, die über die forschende Wahrnehmung ihre Orientierung findet. Es gibt keine absolute Invarianz oder Stabilität der kulturellen Systeme und damit keine historische Invarianz der Wahrnehmung und ihrer Methode oder „Logik".
- Die Änderung der Methode der Wahrnehmung wie der Tätigkeit äußert sich in den Produktionsweisen oder Techniken ebenso wie in den Regeln, Normen und Werten der gesellschaftlichen Interaktion.
- Da forschende Wahrnehmung und alle Tätigkeit nicht nur funktional reproduktiv, sondern spielerisch kreativ ist, schafft sie immer neue Methoden der forschenden Wahrnehmung. Kulturelle Logik akkumuliert ihre Produkte.
- Diese Akkumulation findet im Entwicklungsprozeß der Wissenschaft und Technik ihren Niederschlag. Bis auf kurze Perioden der Zerstörung akkumulierten Wissens und Könnens durch kriegerische Überlagerung von Hochkulturen seitens Kriegervölker geringerer Kulturentwicklung geht die Akkumulation von Wissen und Können stetig weiter. Die Ergebnisse forschender Wahrnehmung und Technik bauen aufeinander auf und stellen einen linearen Fortschritt in der Weltkultur dar.
- Im Unterschied zur Kunst und zur Moral. Hier gibt es durch die Geschichte hindurch keine Akkumulation kreativer Fähigkeiten.
- Die Varianz in forschender Wahrnehmung und Technik bedeutet eine Entfaltung und dialektische Höherentwicklung. Die variante Stufe hebt im hegelschen Sinne die vorhergehende Struktur der kollektiven Wahrnehmung, bzw. Logik und ihre Ergebnisse in dreifacher Weise auf: Die variante Stufe bewahrt die Ergebnisse der voraufgehenden,

steht höher als sie und setzt ihr ein Ende.

- Dagegen unterliegt die Varianz künstlerischer Stille bzw. die der moralischen Werte diesem Gesetz dialektischen Fortschritts gerade *nicht*.
- Daraus folgt ein Widerspruch, der für den Bereich der Handlungsforschung – wie wir sehen werden – von ganz besonderer Bedeutung ist: Der Fortschritt von Wissen und Können durch die Akkumulation der Ergebnisse forschender Wahrnehmung von Natur und Gesellschaft führt zu immer entfalteteren und umfassenderen Methoden der Beherrschung des natürlichen wie des sozialen Milieus. Die Techniken des Machbaren und der Macht nehmen ständig und beschleunigt zu, wogegen die Natur selbst, insbesondere die menschliche, in den gleichen historischen Zeitspannen in ihren Ressourcen - bei allem kulturellen Formenwandel der Lebensstile - keine Höherentwicklung aufweist. Die Kunst der Höhlenmenschen von Lascaux oder ihre Ethik, Religion und ihr Wertkodex sind zwar „technisch" unentfalteter als die unserer Tage, aber nicht wertloser oder wertvoller, nicht weniger schön, gut und beglückend bzw. roh, böse oder leidvoll.

Handeln und Forschung

An dieser Stelle finden wir die Nahtstelle von Forschung und Handeln. Menschliches Handeln umfaßt einen viel weiteren Bereich als den, der sich an den Ergebnissen der forschenden Wahrnehmung orientiert. Forschung orientiert Handeln, aber bei weitem nicht alles Handeln orientiert sich an der Forschung bzw. ihrer jeweiligen Logik. Zwar orientiert Ideo-Logik immer wieder das handelnde Verhalten. Dieses hat aber noch ganz andere Orientierungsmaßstäbe und Quellen als die kulturellen Systeme der Wahrnehmung und der Logik. Zum Beispiel die Leidenschaften der Handelnden, ihre individuellen oder kollektiven Ängste, Erwartungen und Hoffnungen. Diese entspringen nicht der forschenden Wahrnehmung und der Logik der objektiven Gegebenheiten. Im Gegenteil: sie sind zu einem großen Teil für die Blindheit ihnen gegenüber verantwortlich. Die leidenschaftlichen Motivationen handelnder Individuen und Gruppen führen immer wieder zu Wahrnehmungen und Schlüssen, die wir als „fiktiv" ansprechen müssen. Menschen, als „leidenschaftliche Wesen" (wie Marx sagt), handeln oft entgegen „evidenten" Gegebenheiten, entgegen den Ergebnissen forschender Wahrnehmung, entgegen „besserem Wissen". Ein sehr großer Teil allen Handelns orientiert sich am „Herzen". Blaise Pascal sagt tiefblickend: „Le coeur a des raisons que la raison ne connaît pas": „Das Herz hat Gründe, die die Vernunft nicht kennt", (oder freier, aber sinngemäßer übersetzt: „Das Herz folgt einer Logik, die die Logik der Vernunft nicht erfaßt.")

Es ist aber möglich, das „Herz" der Menschen zum Gegenstand forschender Wahrnehmung zu machen. Das Ziel solcher psychologischer bzw. sozialpsychologischer Forschung ist es, über den Weg der Wahrnehmung und des Verständnisses der „Logik des Herzens" einen Zugang zu Motivationen der Handelnden zu entdecken, die ihnen selbst nicht bewußt sind, in der Hoffnung, daß die bewußte Wahrnehmung der Motivationen des Handelns dieses selbst umorientieren könne. Indem also die Beweggründe des Handelns zum Gegenstand der Forschung gemacht werden, sucht die forschende Wahrnehmung den Bereich bewußten Handelns auf das Handeln selbst auszuweiten. Anders ausgedrückt: Die Erforschung der Logik menschlichen Handelns hat die Funktion, dieses Handeln behandlunsfähig zu machen, es „bearbeiten" zu können wie andere Elemente der Natur oder der Kultur.

Ein solches Unternehmen setzt aber voraus, daß der Gegenstand der forschenden Wahrnehmung klar abgehoben vor dem Hintergrund aller anderen möglichen Lebensäußerungen erscheine. Es genügt nicht zu erkennen, daß Handeln aus nicht bewußt wahrgenommenen Quellen entspringt. Es ist vielmehr zu Beginn nötig, die Lebensäußerung, die wir „Handeln" nennen, von den vielen anderen zu unterscheiden, die man mit den umfassenderen Begriffen von „Einstellung, Verhalten, Interaktion" belegt.

Handeln ist ein spezifisches interaktionistisches Verhalten, ein besonderer Teil der umfassenden Interaktion zwischen Menschen. Was ist das Besondere, die spezifische Struktur des handelnden Verhaltens im Unterschied zu anderen Formen menschlichen Verhaltens?

Methodisch kommen wir dieser Abgrenzung oder - wie Lewin sagt -, der „Prägnanz" des Phänomens "Handeln" vor dem Hintergrund aller menschlicher Verhaltensformen am nächsten, wenn wir sein dialektisches Gegenteil entdecken, mit dem zusammen es eine widersprüchliche Einheit bildet. Dieses Gegenteil finden wir im „Behandelt-werden". Hegel wies schon darauf hin, daß der Herr nicht ohne den Knecht existieren könne, oder anders ausgedrückt, daß es Herren erst vor dem Hintergrund und als Gegenpol der Knechte gibt.

Es erweist sich auf den ersten Blick, daß die Handlungsfähigkeit aller Menschen beiderlei Geschlechts vom Alter kindlicher „Ausreißer" an als anthropologische Anlage besteht, daß aber die gesellschaftlich-kulturellen Bedingungen ihre Handlungsmöglichkeiten drastisch beschränken.

Handeln und Behandeltwerden

Denn interaktionelles Verhalten ist nur dann als Handeln zu bezeichnen, wenn das Verhalten nicht durch „Behandeltwerden" von anderen bzw. über Institutionen gesteuert wird. Der Zwangsarbeiter z. B. interagiert mit den Sträflingen und Aufsehern bei seiner Arbeit, aber er entscheidet weder über das Ziel und den Nutzen noch über die Mittel zur Erreichung des Ziels noch über die sozialen Bezüge seiner Tätigkeit. Oder: in den indischen Kinderehen entscheiden nicht die Partner über ihre Wahl, sondern die Eltern.

In den meisten Fällen schließt das „Behandeltwerden" das eigene Handeln nicht völlig aus, weil die Entscheidung des Behandelten zum passiven oder aktiven Widerstand gegen seine Instrumentalisierung bestehen bleibt. Die subtilste und vollkommenste Technik des Handelns besteht also darin, den Behandelten über sozialpsychologische Methoden bzw. Techniken die fiktive Selbstwahrnehmung zu vermitteln, die ihnen vorgegebene Entscheidung hätten sie selbst getroffen. Nicht nur die „allergrößten Kälber wählen ihre Schlächter selber", sondern z. B. die kommunistischen Intellektuellen (zu denen ich selbst gehörte), die Stalins Handeln ermöglichten, waren objekiv nur „Behandelte", waren Instrumente seiner Entscheidungen, aber sie vermeinten, sie selbst hätten gehandelt. Mithin war es dem eigentlich handelnden Stalin gelungen, Wissenschaftler, Philosophen, Künstler zu instrumentalisieren und ihnen dabei das Bewußtsein zu vermitteln, ihre Tätigkeit sei revolutionäres Handeln. Sie waren in der Tat oft sehr wirkungsvoll in der Partei tätig, aber in unserer Definition haben sie nicht gehandelt, sondern waren „Behandelte", waren Werkzeuge einer handelnden Macht.

So gesehen ist Handeln das Privileg einer verschwindenden Minderheit von Herrschern, die seit der Existenz von Hochkulturen über die Abhängigen verfügen, weil sie die Verfügungsgewalt über die materiellen und geistigen Mittel der Produktion besitzen.

Aber diese Sicht ist unzureichend, um das Phänomen des Handelns so zu definieren, daß es der Forschung mit wissenschaftlicher Methodik ausreichend zugänglich wird. Die dialektische Angewiesenheit der Herren auf die Knechte, der patriarchalischen Männer auf die abhängigen Frauen, der Kinder auf ihre Familien, der Kapitalisten auf ihre Lohnarbeiter, der Regierungen auf ihre Regierten, der Feldmarschälle auf ihre Offiziere und Soldaten etc. etc. bewirkt, daß das wichtigste Kriterium des Handelns, nämlich die eigene Setzung des Ziels der Tätigkeit und die eigene Wahl der Mittel mit dem Wahrnehmungsraster „Herr und Knecht" nur in Grenzen zur Anwendung gebracht werden kann.

Diese Grenzen sind durch die sozialen, politischen und kulturellen Strukturen der Interaktion gezogen, die auch über die Möglichkeit der Instrumentalisierung von Gruppen und Individuen entscheiden.Die Sozialstrukturen bedingen über die Geschichte der gesellschaftlichen Widersprüche, der sie ihre Entstehung verdanken, weitgehend die Ziele wie die Mittel möglicher Verfügung über natürliche und menschliche Ressourcen. Damit begründen wie begrenzen die jeweiligen historischen Bedingungen die Handlungsspielräume der herrschenden Gruppen und Personen.

Wenn der Gegenstand der Erforschung des Handelns nur den einen Pol im Auge hätte, also die handelnden Herren, würde die menschliche Geschichte auf die der herrschenden Klassen und Individuen reduziert. Hegel hat - wie schon erwähnt - den Blick auf die historische Rolle der Knechte gelenkt. Weil sie als Sklaven, als leibeigene Bauern, als Lohnarbeiter die eigentlich produzierenden Elemente der jeweiligen Gesellschaftsformationen sind, stellt ihre produktive Arbeit nicht nur die Grundlage für die Verfügungsgewalt der herrschenden Klassen dar, sondern setzt auch deren Handlungsmöglichkeit die engen historischen Grenzen der Produktionsweisen. Marx hat diesen Ansatz entscheidend erweitert. Die historische Rolle der instrumentalisierten Produzenten, der „Knechte", wird in dem Augenblick zu der von aktiv Handelnden, in dem die „menschlichen Instrumente" zum Bewußtsein kommen, daß sie selbst erst die Macht schaffen, die die Herren über sie ausüben.

Der Gegenstand der Erforschung des Handelns muß also abgehoben werden von der statischen Verteilung der jeweiligen Machtvollkommenheit von handelnden Herren und instrumentalisierten Knechten. Er muß vielmehr gesucht werden in der Dynamik wie in den Grenzen, die die Systeme der Interaktion setzen. Handeln ist dann eine Tätigkeit, die in erforschbaren Grenzen den Subjekten ermöglicht, das hervorzubringen (oder zu zerstören), was ihren eigenen Motivationen entspringt.

Die Sicht „die Herren handeln, die Abhängigen nicht" trifft den Sachverhalt auch deshalb nur unzureichend, weil das tätige Verhalten der „Behandelten", etwa ihre Arbeit oder aber das Verhalten der abhängigen Frauen und Kinder in ihren Familien etc. etc. nicht nur von den Absichten und Mitteln der Herren abhängt, sondern von einer großen Reihe von Faktoren der Konstellation und der Situation, die sich deren Zugriff weitgehend entziehen.

Jeder „Behandelte" entwickelt Ängste, Hoffnungen, Bedürfnisse, Einstellungen und Verhalten, die er in die öffentliche und private Interaktion einbringt. Diese „Leidenschaften" sind nur in sehr engen Grenzen von den handelnden Herren wahrnehmbar und manipulierbar.

Obschon also die Wahrnehmung und die Tätigkeit der „Knechte" weitgehend von den gesellschaftlichen Strukturen und damit von der Verfügungsgewalt der „Herren" abhängt, wird ihr wirkliches tägliches Verhalten von Quellen gespeist und orientiert sich an Bedürfnissen und Hoffnungen, die sie selbst produzieren. Marx bringt das für die kapitalistische, industrielle Gesellschaftsstruktur auf die Formel „In der Arbeit ist der Arbeiter außer sich (sich selbst entfremdet - E.J.) und erst außerhalb der Arbeit bei sich". Die soziale Sphäre aber, in der er „bei sich" ist, ist die der „face-to-face-relations" (Cooley). Hier setzt sich der ökonomisch und politisch Abhängige selbst Ziele und wählt Mittel, zumindest in seiner Selbstwahrnehmung. Seine Erwartungen und Zielsetzungen mögen fiktiv sein, doch beinhalten sie das, was Handeln charakterisiert, nämlich die eigene Entscheidung. Damit erschließt sich ein Raum der Interaktion, in dem auch der makrosozial „Behandelte" in seinen jeweiligen mikro-sozialen Verhältnissen handelt.

Da nun die makrosozialen Strukturen in enger und dialektischer Beziehung zu den mikrosozialen Lebensräumen stehen, kann die handelnde Tätigkeit der „Knechte" auch eine entscheidende Rolle für die Entwicklung der makro-gesellschaftlichen Systeme spielen und zu einer ganz neuen Verteilung von Macht und Herrschaft, von Handelnden und Behandelten führen.

Aus dem bisher Gesagten ergeben sich für den Gegenstand der Handlungsforschung mehrere Folgerungen.

- Die Ziele der Forschung selbst können sich an den Interessen der makrosozial Handelnden, also der herrschenden Klassen, Gruppen, Nationen oder Personen orientieren bzw. von diesen den Forschern gesetzt werden, um ihre Ergebnisse im Klassen- bzw. Herrschaftsinteresse zu verwerten.

- Es kann aber auch Ziel und Ergebnis der Forschung sein, die Bedingungen des Handelns in den beschränkten Räumen der mikrosozialen Beziehungen zu erkennen, die Quellen solchen Handelns den Abhängigen bewußt zu machen und damit die Handlungsmöglichkeiten der „Knechte" in die makrosozialen Räume hinein zu erweitern.

- Im ersten Fal gilt der Forschung die mikrosoziale Gruppe als determiniert durch die gesellschaftliche Makrostruktur. Gruppen wie Individuen erscheinen dann als bloße Rollenträger in makrosozial determinierten Positionen und Funktionen.

- Im zweiten Fall wird dagegen die Struktur bzw. die Dynamik der Makrostruktur mit ihrer Verteilung von Macht und Herrschaft, ihrer Ideo-Logik nur als das Bedingungsgefüge untersucht, das die Handlungsfähigkeit der Abhängigen beschränkt, während der mikrosoziale Raum darauf hin untersucht wird, inwieweit über ihn die Handlungsmöglichkeit der „Knechte" erweitert werden kann.

Esprit de géométrie - Esprit de finesse

Der Gegenstand der Forschung steht mit ihrer Methode in engem Zusammenhang. Was zum Gegenstand forschender Wahrnehmung wird - das suchten wir bereits aufzuzeigen - hängt vom gesellschaftlich-historischen Standpunkt des Forschenden ab. Somit auch die Methode des Herangehens an den Gegenstand.

Der Hauptgegenstand der Forschung des sich mächtig entfaltenden Handelsbürgertums vom 15. Jh. an war die Natur. Von der Erkenntnis ihrer Gesetzmäßigkeiten und von ihrer technischen Nutzung - von der Navigation zur Ballistik, von der Astronomie zur Anatomie - hing nicht nur die zunehmende Verfügungsgewalt über die Menschen und die natürlichen Ressourcen ab (Waffentechnik, Schiffsbau, Kompass, Fernrohr etc. etc.), sondern die gesellschaftliche Durchsetzung der bürgerlichen Klasse gegenüber Adel und Geistlichkeit, denn die Erkenntnis der Naturgesetze erschütterte das ideologische Gebäude der traditionellen Mächte. Die Methode der empirischen Naturforschung war einer der mächtigsten Hebel, mit denen die mittelalterliche Wahrnehmung der Welt und die Macht, die die scholastische Logik über die Geister und die Leiber ausübte, aus den Angeln gehoben wurde. Die Logik der Methode der modernen Wissenschaft hing und hängt von der Wahrnehmung ihres Hauptgegenstandes, der Natur, ab.

Natur, ob als unbelebte, als belebte, insbesondere aber als menschliche, sollte als berechenbare Ressource ihrer Beherrschung in die Verfügungsgewalt der Bearbeitung, der ökonomischen Nutzung gebracht werden. Natur war Objekt, Gegenstand, Rohstoff der Forschung. Der forschende Mensch war Subjekt, der sein Objekt unabhängig behandeln konnte. Dementsprechend war die Methode der Forschung. Sie galt - und gilt weitgehend immer noch - als universal gültig. Halten wir uns an seiner prominentesten und konsequentesten modernen Vertreter - Popper - so trägt sie den Namen des „kritischen Rationalismus". Es wäre anmaßend, diese herrschende Methode im Rahmen einer kurzen Einführung darstellen, würdigen und schließlich kritisch beurteilen zu wollen. Nur ihre Quintessenz in bezug auf das Thema „Handeln" soll hier herausgestellt werden.

Seit Leonardo da Vinci, Gallilei und allen folgenden Forschern geht die Wissenschaft methodisch so vor, daß aus der Wahrnehmung bislang unbeachteter Phänomene eine Vorstellung (Hypothese) von möglichen Erklärungen entspringt, aus der sich wiederum eine Anordnung der Überprüfbarkeit ergibt, die als systematische Beobachtung oder als experimentelle Versuchsreihe die Zusammenhänge verifiziert oder falsifiziert. Damit die Verifizierbarkeit, bzw. Falsifizierbarkeit der kausalen Zusammenhänge in einer Art möglich wird, die allgemein gültig erscheint, müssen zwei Bedingungen erfüllt sein: die Beobachtung oder das Experiment müssen das Phänomen strikt isolieren, d. h. aus den möglicherweise zufälligen und einmaligen Begleitumständen seiner Erscheinung herauslösen. Dann erst kann das Phänomen exakt von einer kleinen Anzahl, möglichst nur von einer, unabhängigen Variablen als Funktion mit mathematischer Logik abgeleitet werden. Ein kausaler Zusammenhang zwischen einer unabhängigen Variablen und dem beobachteten Phänomen als einer von ihr abhängige Variablen, also ein Zusammenhang in Form einer mathematischen Funktion, gilt dann als Gesetz und ist solange universal und exakt gültig, bis es jeweils für neue, bislang unbekannte Phänomene keine logische Erklärung mehr liefert. Dann muß es erweitert oder umgestoßen werden.

Die Grundlage dieser Methode, d. h. die Logik der Verifizierung und Falsifizierung, gilt als universal gültig und unveränderbar. Sie liegt in der Natur des rationalen Geistes selbst begründet, der den objektiven Zusammenhängen im Kosmos kongruent angelegt ist.

Diese Methode hat sich als wahrhaft „ungeheuer" wirksam erwiesen. Sie ist die der Naturwissenschaft und damit aller wissenschaftlich-technischen Umwälzungen seit der Renaissance.

Die Methode der exakten Naturwissenschaft kommt dann zu vollendeten Ergebnissen, wenn diese in rein mathematischer Form erscheinen können. Die mathematische Logik (der große französische Mathematiker, Philosoph und Theologe des 17. Jh., Pascal, nennt sie auch „esprit géométrique") erscheint bis in die Gegenwart hinein als universell, kulturunabhängig und als Gesetz des Denkens, also als System der Auswertung gezielter Wahrnehmung, unanfechtbar. Sind Phänomene mit dieser Logik nicht einordenbar, so scheinbar nur aus zwei möglichen Gründen: entweder ist die Wahrnehmung des Phänomens irrtümlich (das Phänomen selbst existiert nicht, bzw.

nicht so wie es wahrgenommen wurde, z. B. eine wunderbare Erscheinung der Gottesmutter). Oder es ist dem Wissenschaftler ein Fehler in ihrer Anwendung unterlaufen (ein Trugschluß). Diese Logik selbst sagt: tertio non datur, eine dritte Möglichkeit gibt es nicht.

Zwar wurden in der Moderne eine ganze Reihe von Logiken in Weiterführung der aristotelischen „Kunst des Denkens" geschaffen (dialektische L. - kombinatorische L.- zweiwertige L. u.a.) doch ist all diesen philosophisch-mathematischen Systemen des Umgangs mit den Erscheinungen der Wirklichkeit das Prinzip des Pascalschen "esprit géométrique" gemeinsam.

Nun hat schon der genannte Blaise Pascal darauf hingewiesen, daß in bezug auf menschliches Verhalten und Handeln der „geometrische Geist" ganz unzureichend ist. So stellt er ihm den „esprit de finesse" entgegen, oder genauer, zur Seite. Der „esprit de géométrie" ist dadurch gekennzeichnet,
„die Grundsätze (principes) überprüfbar sind (palpables), aber ganz abgehoben (éloignés) vom gewöhnlichen Gebrauch (usage commun), so daß man mangels Übung sich ihm nur mit Mühe zuwendet. Wendet man sich ihm aber zu, so erscheinen seine Grundsätze in voller Klarheit und man muß schon verschroben sein (avoir l'esprit tout à fait faux), um mit solchen Grundsätzen seinen Verstand schlecht zu gebrauchen"
„Im »esprit de finesse« dagegen liegen die Grundsätze selbst im täglichen Leben (dans l'usage commun) und aller Welt vor Augen. Man braucht sich ihnen nicht besonders zuzuwenden, noch sich Gewalt antun; man muß nur genau hinschauen können, aber eben genau! (il n'est question que d'avoir bonne vue, mais il faut l'avoir bonne!) ... Was bewirkt, daß die „geometrischen Geister" nicht über „finesse" verfügen, ist, daß sie nicht wahrnehmen, was evident vor ihre Augen tritt, und so verlieren sie sich, sobald sie es mit den Nuancen der Wirklichkeit zu tun haben, denn sie sind gewöhnt, nach klaren aber grobschlächtigen Prinzipien, eben denen der Geometrie, zu denken. Gegenüber den Nuancen der Wirklichkeit fühlen sie sich verloren, denn dort kommt man mit diesen Grundsätzen (der Geometrie) nicht weiter. Das, was der „esprit de finesse" erfaßt, ist so fein und gleichzeitig so vielfältig, daß es eines sehr feinen Sinnes bedarf, um sie zu erfühlen und richtig und gerecht (juste) zu beurteilen ... (beim „esprit de finesse) ... muß man die Sache mit einem Blick erfassen und nicht über die Etappen des logischen Denkens (du raisonnement), zumindest bis zu einem gewissen Grad. ... Die Mathematiker wollen die nuancierte Wirklichkeit mathematisch behandeln. Dabei setzen sie sich der Lächerlichkeit aus, wenn sie ihr gegenüber anfangen wollen zu definieren. um von da aus zu folgern ... (Pensées), in: Pascal, ?? complètes, Editions du Seuil, Paris 1963, S. 576)

In der Folge schließt Pascal, daß urteilen im moralischen Sinne, d. h. aber in der Wahl der Ziele des Handelns, nicht Sache des mathematisch-naturin der Wahl der Ziele des Handelns, nicht Sache des mathematisch-natur-wissenschaftlichen Denken sein kann, sondern eben des „esprit de finesse", bzw. dessen, was die anglo-amerikanische Philosophie als „common sense" bezeichnet. Seine wichtigste Schlußfolgerung lautet sinngemäß: die Grund-lagen forschenden Wahrnehmens und Denkens liegen sowohl in den ab-strakten Regeln mathematisch-logischen Vorgehens als in denen der intuiti-ven und globalen Erfassung der Wirklichkeit durch den selektiven Sinn.

Hundert Jahre vor Immanuel Kant hat Pascal damit eine Verbindung vom menschlichen Fassungsvermögen und der Wirklichkeit, auf die es ge-richtet ist, hergestellt, die unserer heutigen Problematik näherkommt als die methodische Ausschließlichkeit der „Kritik der Urteilskraft" und - in seiner heutigen Ableitung- der „kritische Rationalismus" Poppers.

Statt der Methode der Naturwissenschaften und ihrem Rationalismus den Irrationalismus und alle möglichen Methoden der Magie entgegenzu-stellen, ist es an der Zeit, sich mit Pascal der Frage zuzuwenden, was auf dem Gebiet der Humanwissenschaften der „esprit de géométrie" zu leisten im Stande ist, wo seine Grenzen liegen und wie rationale Forschung den „esprit de finesse" nutzen kann.

Abraham Moles, Soziologe und Leiter des Instituts für Sozialpsychologie in Strasbourg, tritt dafür ein (*),

> „statt einer Abkehr vom Rationalen eher seine Erweiterung und Lockerung in ihrem Werden (statu nascendi) zu suchen ..."

Er findet dieses Werden an verschiedenen Stellen: im asiatischen Den-ken und im Strukturalismus. Er stellt die Aufgabe, die unserer Überzeugung nach insbesondere die Erforschung menschlichen Verhaltens und Handelns betrifft,

> „mit rationaler Schärfe verschwimmende Konzepte zu denken (de penser avec riguer des concepts flous)".

Wir wollen formulieren: nach Modellen von forschender Wahrnehmung und ihrer rationalen Wertung zu suchen, die mit Pascals „esprit de finesse" der komplexen sozialen und psychologischen Wirklichkeit der Interaktion näher kommen als die der klassischen Naturwissenschaften. Oder auch an-ders gesagt: Wahrnehmung und Denken der sozialen und psychologischen Forschung - und damit der pädagogischen - müssen sich der außerordentli-chen Vielzahl von Nuancen stellen, die die Merkwelt und den Verhaltens-spielraum einer Gruppe, bzw. ihrer Individuen ausmachen. Dies ist ganz un-möglich, solange man in der Forschung nur – oder vor allem – mit Metho-den der Quantifizierung, also statistisch, arbeitet und linear-kausale Model-le statt kybernetische verwendet. Es ist ebenfalls unmöglich, den „esprit de finesse" in der Erforschung des Handelns anzuwenden, solange der For-scher das konkrete Verhalten, das Handeln oder sich Behandeln-las-

---

(*) In: Les aventures de la raison, Le Monde, Paris 12/13.8.1984

sen, ohne moralische Beurteilung wahrzunehmen bestrebt ist, so als hande-
le es sich bei seinem Gegenstand, sagen wir dem Phänomen der jugendlichen Verwahrlosung in den elenden Vorstädten der Dritten Welt, um die
Wahrnehmung und logische Bearbeitung eines von seinem Erleben abgelö-
sten Naturphänomens wie das der Unregelmäßigkeit molekularer Bewegungen.

Das Handeln (bzw. Nicht-Handeln oder Behandeltwerden) als Gegenstand oder Objekt der forschenden Wahrnehmung erfordert also eine besondere Methode, sich den Phänomenen zu stellen. Sie steht der empirisch-sta-
tistischen, auf global verallgemeinerbare Gesetzmäßigkeiten ausgerichte-
ten Methoden in den Humanwissenschaften nicht entgegen, so wenig wie
der „esprit de finesse" dem der Geometrie. Sie setzt im Gegenteil deren Ergebnisse voraus. Das wollen wir am konkreten Beispiel eines Forschungs-
projektes in Indonesien erläutern.

Ein Beispiel für Handlungsforschung

Drei Gruppen junger, sozialpädagogisch engagierter Forscher hatten, untereinander koordiniert, in drei Dörfern Javas untersuchen wollen, wie dem
Problem des Jugendelends der „Drop-outs", durch alternative Formen non-
formaler Bildung zu begegnen sei.

Ein Jahr lang erhoben die drei Gruppen nach einem gemeinsamen Plan -
und gemäß der Methode der modernen Sozialforschung - alle Daten, die für
das Jugendelend in den Dörfern, insbesondere für den „funktionalen Anal-
phabetismus", verantwortlich zu machen wären. Die Daten betrafen sämtlich die sozio-ökonomische, politisch-kulturelle Mikrostruktur des jeweiligen Dorfes, quasi als Ableitung der entsprechenden Makrostruktur Indonesiens, insbesondere Javas.

Systematisch, gleichsam „im Geist der Geometrie", wurden die unten
aufgeführten Faktoren als „unabhängige Variablen" untersucht, mit dem
Ziel, das Elend als abhängige Variable in kausaler Funktionsabhängigkeit
erklären zu können. Der sozialpädagogische Eingriff, also das pädagogische
Handeln, sollte aus den gewonnenen Erkenntnissen abgeleitet werden.

SYSTEM DER DATENERFASSUNG

Geographische Daten:
    Natürliche Ressourcen, Anbauflächen, Straßen, etc. etc.
Demographische Daten:
    Bevölkerungszahlen nach Altersgruppen, Eheschließungen, Ge-
    burten- und Sterbensraten, Ab- und Zuzügen etc. etc.
Ökonomische Daten:
    Sektoren der agrarischen, handwerklichen, industriellen, kom-

merziellen Aktivität
Infrastruktur: Wasser- und Energieversorgung, Kanalisation etc. etc.:
Einkommensverteilung, Absatzmärkte, Zulieferer, Kreditwesen
etc. etc.
Sozialökonomische Daten:
Eigentumsverhältnisse an Boden, gewerblichen Produktionsmit-
teln und Geldkapital; Rechtsverhältnisse (traditionelles und mo-
dernes Recht in bezug auf Eigentum und Verfügungsgewalt); so-
ziale Lage der Frau, der Kinder und Jugendlichen, der Alten, der
Kranken, Organisation der Hilfe (traditionelle, öffentliche, pri-
vat-familiale Formen) etc. etc.
Politisch-strukturelle Daten:
Machtzentren im Dorf: traditionelle Eliten, staatliche Eliten,
Opinion-leader, Abhängigkeiten vom politischen Makrosystem
und seinen Zielen und Methoden etc. etc.
Kulturelle Daten:
Verhältnis von regionaler und nationaler Sprache, Traditionen
und Wertvorstellungen in bezug auf Autorität, Pflichten, Rechte,
Abhängigkeiten von natürlichen und metaphysischen Mächten,
religiöse Praktiken, Geschlechterbeziehungen etc. etc.
insbesondere Daten zur Erziehung und Bildung:
Bildungsinstitutionen (traditionelle-staatliche), Frequenzen der
Nutzung, (Einschulungs-Drop-out-, Alphabetisierungsraten etc.
etc.), Lehrer-/Schülerverhältnis, Vorbildung der Lehrer (traditionelle und staatliche Lehrer), Lehrgegenstände und Fächer der traditionellen versus öffentlichen formalen Bildung, Systheme der
Selektion, Promotion, Sanktion, etc. etc.
All diese Daten wurden in bezug auf ihre Wirkung auf die Lage der Jugend im Dorf gewichtet. Ihre Wichtung erfolgte auf Grund theoretischer
Interpretationsmuster der historisch-soziologischen und sozialpsychologischen Wissenschaften des Westens unter Einbeziehung moderner islamischer Forschung in Indonesien.
Das Ergebnis lag in drei eindrucksvollen, soziologischen Analysen zur Situation der Jugend in den drei Dörfern vor. Diese Analysen konnten beanspruchen, für die Lage der Jugend im javanischen Dorf repräsentativ zu sein.
Ihre Schlußfolgerungen waren objektiv verifizierbar bzw. falsifizierbar. Sie
konnten das handelnde Eingreifen orientieren, indem sie eine Abfolge von
zu ergreifenden Initiativen im Bereich non-formaler Bildung logisch folgerichtig aufstellen ließen und die zu erstellenden materiellen Mittel und erforderlichen pädagogischen und politisch-organisationellen Kompetenzen
zu berechnen, bzw. genau zu bezeichnen erlaubten.
Bei diesem Stand der Forschung und Forschungsergebnisse erfolgte die
Auseinandersetzung mit unserem Frankfurter Verfechter de „Handlungsforschung" (dem Autor dieses Beitrags). Ziel der Seminare mit den jungen
und engagierten Forschern war es:

ad 1   ihnen zu vermitteln, daß ihre bisherige wissenschaftliche Wahr-
        nehmung und ihre Ergebnisse die zwar notwendige, aber nicht
        ausreichende Voraussetzung für alternative Projekte non-forma-
        ler Bildung darstellten.

ad 2   über die Vermittlung der Grundprinzipien der Handlungsfor-
        schung ihr Bewußtsein von ihrer Funktion und Rolle im Prozeß
        des gesellschaftlichen Wandels zu erweitern und damit ihre päda-
        gogisch-politische Handlungsfähigkeit zu intensivieren.

ad 3   ihnen praktische Anregungen und Materialien für die Phase der
        Handlungsforschung und damit der notwendigen Bewußtseins-
        bildung (Freire's conscientizacão) ihrer Adressaten an die Hand
        zu geben.

ad 1) Die Verhältnisse, unter denen Menschen sich zueinander, zu den
Macht-und Herrschaftsstrukturen und zu ihrer eigenen Vergangenheit und
gesellschaftlich dominanten Zielvorstellungen verhalten, sind mit materiellen, meist quantifizierbaren Daten und statistischen Vergleichen erfaßbar.
*Das Wesen des Menschen ist kein dem Individuum innewohnendes Abstrak-
tum, ... vielmehr das Ensemble der gesellschaftlichen Verhältnisse"* (Marx,
Feuerbachthesen) Es ist also für die Erfassung des „Wesens" der Gruppe
und der Individuen, die als „Educandi" angesprochen werden sollen, unerläßlich, die makro- wie die mikrostrukturelle Seite der Verhältnisse
als materiell, empirisch erfaßbare Daten zu erforschen und ihre Wirkung im
Sinne dialektischer Logik als objektive, verifizierbare oder falsifizierbare
Elemente des gesellschaftlichen Wirkungszusammenhanges zu behandeln
(„Esprit de géométrie").
    Genau dies hatte das Team der drei Forschungsgruppen erfolgreich abge-
schlossen. Die Kenntnisse und Erkenntnisse, die aus ihren abschließenden
Berichten hervorgehen, sind eine unerläßliche Voraussetzung für die Handlungsforschung, denn sie ergeben für den Forscher ein Gesamtbild der Wirklichkeit, innerhalb derer sich die Adressatengruppe interaktionell bewegt.
Ein großer Teil solcher Kenntnisse und Erkenntnisse sind bereits als „desk-
work" aus offiziellen Quellen (Statistiken, Analysen, früheren wissenschaftlichen Veröffentlichungen) zu gewinnen und können durch eigene Erhebungen vor Ort vertieft werden. Sie orientieren die weitere „forschende
Wahrnehmung" der Handlungsforschung vor Ort.
    Das Grundprinzip dieser unerläßlichen ersten Phase, die der Handlungs-
forschung vorausgeht, bleibt die strikte Trennung des Forschers von seinem
Forschungsgegenstand. Seine Person, seine Gefühle, seine Einstellung zum
„fait social" / "soziale Tatsache" (Durkheim) soll so weitgehend als nur irgend möglich ausgeschaltet bleiben. Die „soziale Tatsache" z. B. die Einstellung der Dorfjugend zur Schule, soll ebenfalls nur die objektiven, d. h. gemeinsamen, empirisch-statistisch erfaßbaren Elemente des sozialen Verhal-

tens enthalten, um als objektive, verifizierbare „Tatsache" behandelt werden zu können.

Man kann sagen, daß die erste Phase der Forschung „im Geist der Geometrie" die verschiedenen Determinanten der Konstellation und der Situation der Menschen zu erfassen bestrebt ist.

ad 2) Die zweite Phase, die der Handlungsforschung, sucht nach den Möglichkeiten, aus den „Determinierten", den Menschen und den Verhältnissen ihrer Kommunikation und Interaktion, „handelnde Personen" zu machen.

In dieser zweiten Phase muß davon ausgegangen werden, daß Gruppen und Individuen die objektiven Gegebenheiten über ihre sowohl organisch-anthropologisch als historisch-sozial bedingten Bedürfnisse und Fähigkeiten *erleben.* Erst dieses Erleben der konstellativen und situativen Wirklichkeit bestimmt Einstellung und Verhalten, Handeln oder Sich-behandeln-lassen. Dieses Erleben schlägt sich in ihrem Bewußtsein nieder.

Aufgabe der Handlungsforschung ist es, das kollektive wie das individuelle Bewußtsein zu erfassen. Dabei bedeutet aber - im Unterschied zur empirisch-quantifizierbaren Datenerhebung (die auch kollektives Bewußtsein als „fait social" behandeln kann) - die Erforschung des Bewußtseins mit der Methode der Handlungsforschung die Veränderung des Bewußtseins durch die Forschung selbst.

Indem der Forscher im Gespräch (oder über andere Methoden der Äußerung und Mitteilung der Adressaten) die latenten Bedürfnisse, Erwartungen, Ängste aus ihrer psychischen Verborgenheit ans Licht der bewußten Selbst- und Fremdwahrnehmung bringt, verändert er bereits das Erleben, das er erforscht. Die Motivationen des Verhaltens verändern sich bereits zu einem wessentlichen Teil dadurch, daß sie ins Selbstbewußtsein treten. Mehr noch: Es ist das eigentliche Ziel der Forschung, durch die Methode und den Stil der forschenden Kommunikation die interaktionelle Situation zu verändern, die Gegenstand der Forschung ist. Durch den Prozeß der Handlungsforschung, also durch die Dynamik der Beziehungen zwischen Forscher und Adressaten, soll die Sicht der Wirklichkeit, die ja Gegenstand dieses Prozesses ist, verändert werden. Und zwar bei allen Beteiligten, dem Forscher wie den Adressaten. Gewiß wird diese Veränderung nicht symetrisch sein. Das Positions- und damit das Machtgefälle - zwischen Forscher und Adressat bleibt bestehen. Doch verändert sich auch die forschende Wahrnehmung und ihre Logik im Verlauf des Prozesses.

Wollen wir durch die Methode der Handlungsforschung die Bedürfnisse, Erwartungen, Ängste, die Einschätzung der eigenen Kompetenzen und Möglichkeiten wie die der Macht der Umstände zu erfassen suchen, so wirken wir nicht nur bewußt als „sokratische Hebamme" bei der Geburt der Veränderungen all dieser psychischen Reaktionen auf unsere Adressaten ein, wir verändern nicht nur ihr Bewußtsein, sondern unsere eigene Sicht und Sichtweise der Menschen, denen wir forschend begegnen.

Um es an einem Beispiel zu verdeutlichen. Treten wir mit den verschiedenen Gruppen und Personen eines Dorfes in Verbindung, in dem wir die Voraussetzungen für alternative, non-formale wie formale Bildung untersuchen wollen, so haben wir selbstverständlich bereits eine Vorstellung vom Bewußtsein, von den Kompetenzen und den wünschenswerten Lernzielen der Adressaten. Z. B. wollen wir die Motivation verstärken, die elementaren Kulturtechniken zu lernen. Wir bewerten die Fähigkeiten zu lesen, zu schreiben, zu rechnen, sich deutlich sprachlich ausdrücken zu können als notwendige Kompetenzen der Adressaten, wollen sie ihre abhängige elende Situation verändern. Mithin glauben wir zu wissen, was die Lehrer der Adressaten an Kenntnissen und Methoden der Vermittlung besitzen müssen, um erfolgreich unterrichten zu können.

Durch die Handlungsforschung vor Ort im Dorf mag sich unsere Sicht in vielen Punkten verändern. Wir mögen entdecken, daß es hohe Lernmotivation bereits gibt, aber nicht erstrangig für die Aneignung der modernen Kulturtechniken, sondern für diejenigen, die in der Tradition einen besonders hohen Statuswert besitzen, etwa den Koran lesen und seine Susen zitieren und kommentieren zu können, praktische traditionelle Techniken und Fertigkeiten der Arbeit, der Riten, des Sportkampfes, des Tanzens, Musizierens, Erzählens, etc. etc. zu besitzen. Indem wir erfahren, was unsere Adressaten als Bildungsinhalte höher schätzen als die, die wir ihnen vermitteln möchten, verändert sich unser eigenes Bewußtsein vom Wert der traditionellen und der modernen Bildung. Wir werden auch entdecken, daß es für die Vermittlung solcher traditioneller Bildungsinhalte eine große Anzahl von Lehrern gibt, daß deren Autorität weit größer ist als die von modernen Schullehrern und ihre - in unseren Vorstellungen - „autoritären Methoden" mehr Lerneifer, mehr Selbstwertgefühl und Lernerfolg bewirken als unsere moderne Didaktik und Methodik. Mit anderen Worten: der forschende Kommunikationsprozeß wird nicht nur unere Adressaten zum Überdenken ihres Erlebens der Wirklichkeit bewegen, sondern uns selbst und unsere eigene Wertvorstellung.

Handlungsforschung bewirkt bereits, die objektive Wirklichkeit nicht nur als vorgegeben, sondern als aufgegeben, als veränderbar wahrzunehmen. Darum ist ihr Hauptgegenstand und die Besonderheit ihrer Methode die Entdeckung latenter Möglichkeiten in den faktischen Strukturen, handle es sich um die sozialen der Machtverteilung oder die psychischen des Selbstwertgefühls. Die forschende Wahrnehmung als kommunikativer Prozeß zwischen Forscher und Adressaten läßt das Mögliche und Erstrebenswerte als den verborgenen Teil der elenden Wirklichkeit erscheinen. Darum ist bereits der Forschungsprozeß ein Teil der „conscientizačao", der Bildung eines veränderten Bewußtseins, Teil also alternativer Erziehung.

Das größte Hemmnis für die Veränderung der äußeren wie der inneren Wirklichkeit stellt der Fatalismus bei ihrer Wahrnehmung dar, die größte Gefahr die illusionäre Selbsttäuschung in der Erwartung und im Entwurf der Wirklichkeit von morgen. Handlungsforschung soll rational sowohl der fatalistischen wie der illusionären Wahrnehmung der Realität entgegenwirken. Sie ähnelt darum in ihrem Vorgehen dem der Tiefenpsychologie, insbesondere der adlerianischen Teleoanalyse. Dadurch daß im Prozeß der individuellen Analyse die latenten, unbewußten Antriebe des neurotischen Verhaltens bewußt gemacht und alternative Verhaltensweisen im Umgang mit sich selbst und mit der Umwelt trainiert werden, tritt eine Ermutigung ein, wird also die fatalistische Selbstwahrnehmung des Ausgeliefertseins an die Situationen durchbrochen. Andererseits wird durch das Training sach- und situationsgerechten Verhaltens die Fiktion bzw. Illusion der eigenen Allmacht verhindert.

Im sozialen und sozialpsychologischen Bereich setzt sich die Handlungsforschung ähnliche Ziele. Darum ähnelt auch die Beziehungsproblematik Therapeut-Klient der des Forschers mit seinem sozialen Feld. Im Verständnis der Freudianer hat sich der Therapeut jeder aktiven Beziehung zum Klienten zu enthalten. Er soll sowohl, emotional gepanzert, die Übertragungen oedipaler Aggressionen auf seine Person unbeantwortet lassen, als jede Bewertung und verhaltenskorrigierende Beratung der Seelenregungen oder des Verhaltens des Klienten vermeiden. Freud versteht also die Erforschung der Seele ganz im Sinne des „esprit de géométrie" und der klassischen Naturwissenschaft. Ganz anders Alfred Adler. In der Beziehung zu seinem Therapeuten aktualisiert und aktiviert der Klient seinen Lebensstil, d. h. die neurotisch antrainierte Methode der Wahrnehmung und des Verhaltens. Es ist Aufgabe des Therapeuten durch die rational geläuterte Äußerung seiner eigenen Betroffenheit den Klienten auf die Unangemessenheit seiner Einschätzung der Beziehung aufmerksam zu machen, den Grund und die unbewußte Zielsetzung dieser irrigen Fremd- und Selbstwahrnehmung mit dem Klienten bewußt zu analysieren und seine Korrektur mit Rat und Tat zu trainieren.

Ganz ähnlich sollte sich der Handlungsforscher gegenüber seinem sozialen Feld verhalten. Er muß die eigene Betroffenheit durch die materiellen, kulturellen und psychischen Strukturen des Feldes erst einmal sich selbst als wesentliche Motivation für sein eigenes Forschungsbedürfnis bewußt machen. Er muß weiterhin diese Betroffenheit den Adressaten vermitteln und mit ihnen gemeinsam analysieren, warum er sich betroffen fühlt, d. h. wie und warum er die Konstellation und die Situation der Adressaten als veränderungsbedürftig und als veränderbar einschätzt. Bereits die Kontaktaufnahme mit den Adressaten und später der ganze Prozeß der forschenden Kommunikation mit ihnen bildet einen wesentlichen Bestandteil des Wandlungsprozesses des Gesamtfeldes. Der Beziehungsaspekt in der Kommunikation zwischen Forscher und Adressaten beeinflußt sehr stark die sachliche Bedeutung der „Botschaften", die zwischen dem sozialen Feld und den Adressaten hin und hergehen.

Auch das sei an einem Beispiel erläutert. Teilt der Forscher zu Beginn seiner Tätigkeit vor Ort den Adressaten mit, wie er sie und die Situation sieht, etwa auf Grund der Erkenntnisse, die er aus der ersten Phase der empirischen Erforschung der Daten gewonnen hat, so macht er sie betroffen, regt ihre affektive Zustimmung oder ihren insgeheimen Widerspruch an. Fragt er nun in geeigneter Weise (siehe Anhang) wie er den Adressaten erscheint, so hilft er ihnen, sich ihrer eigenen, unbewußten Kriterien der Fremdbeurteilung bewußter zu werden. Auch wenn sie dies nicht explizit sagen, werden sie seine Person, sein soziologisches und sozialpädagogisches Vorhaben mit ihnen, die Gründe seiner Anwesenheit und Tätigkeit mit den antrainierten Maßstäben messen, mit denen sie alle „Gebildeten", alle „Reichen" wahrnehmen, also als einen, der - wie so viele andere - von außen und von oben kommt, um sie zu „behandeln".

Das Bewußtsein vom sozialen Gefälle zwischen Forscher und Adressaten, insbesondere die Tatsache, daß der Forscher diese Bewußtwerdung provoziert, verändert die Kommunikationsstruktur im Sinne größeren Vertrauens, sinnvollere Autorität des Forschenden. Die Adressaten nehmen ihn, den „Eierkopf aus der Stadt" den „da oben", wahr, wie sie „die da oben" bislang weder erlebt noch vorgestellt haben. Die Verunsicherung bzw. die Erschütterung, die von dieser Begegnung ausgeht, ist stets der Beginn der „conscientizacão".

So wie der Forscher den Adressaten nicht als unbeteiligter, fremder Beobachter begegnet, also nicht neutral in seiner Einstellung auftritt, so ist er auch genötigt, zu den Konflikten Stellung zu nehmen, die er im Feld seiner Forschung entdeckt. Er muß sich der Tatsache bewußt sein, daß schon sein Herangehen an die Problematik (z. B. an die der Drop-outs in den Dörfern Javas) eine Art Parteinahme für die „Stummen im Lande" darstellt. Er wird dem Mißtrauen derjenigen begegnen, die in seinem sozialen Feld das Sagen haben. Allein die Tatsache, daß er und seine Adressaten Probleme entdekken, die bis dato nicht bewußt waren, stört das etablierte Machtgleichgewicht zwischen den Geschlechtern, den Generationen, den sozialen Gruppen der vorfindlichen ökonomischen und politischen Hierarchie. Die Reaktionen der Gruppen und Individuen auf die Bewußtwerdung bis dato latenter Problemfelder ist ein wichtiger Faktor, der für sich selbst wahrgenommen und analysiert werden muß, und zwar gemeinsam mit den Betroffenen.

Die vorangegangenen grundsätzlichen Ausführungen über Handlungsforschung sollen ihre Zusammenfassung und Anwendung in den Dokumenten finden, die wir auf Seminaren mit den drei genannten Forscherteams in Java für sie und mit ihnen ausgearbeitet haben. Dabei ist noch eine Vorbemerkung zum Stellenwert der Handlungsforschung oder „participative research" in der Dritten Welt zu machen.

Der soziale Graben zwischen Forschern und ihrem Feld gesellschaftlicher Wirklichkeit, d. h. den arbeitenden und elenden Menschen der „Entwicklungsländer", ist viel tiefer als in Europa oder in den USA. Die Forscher gehören zur sehr dünnen Oberschicht, haben ihre eigene Erziehung und Bildung nach Modellen und in Institutionen erfahren, die an den Werten, Normen, Kommunikationsformen und Didaktiken der Industriekulturen ausgerichtet sind. Die Autorität des „esprit de géométrie", der wissenschaftlichen Methoden westlicher Universitäten, ist ungemein groß; das Mißtrauen gegenüber dem „esprit de finesse", mithin gegenüber jedem affektiven Engagement im Feld der Sozialforschung, außerordentlich entwickelt.

Darum bedarf das Training der Handlungsforscher in der Dritten Welt besondere Feinfühligkeit und Geduld. Während z. B. die jungen indonesischen Forscher die erste Phase der Datenerhebung und ihrer objektiven Analyse mit größter Kompetenz, mit Selbstvertrauen und viel Engagement selbständig geplant und durchgeführt hatten, zeigten sie sich zunächst verwirrt, skeptisch und verhältnismäßig unsicher in den Seminaren, die die zweite Phase der Handlungsforschung einleiten sollten. Eine Art „conscientizacãa" muß bei den Forschern selbst erst stattfinden, bevor sie an die Feldarbeit herangehen.

Dokumentarischer Anhang:

TOPICS OF IMPLEMENTATION OF ACTION RESEARCH AS AN EDUCATIONAL APPROACH TO THE DROP-OUT-PROBLEM

The period following the seminar should be devoted to field research on the basis of what we call the "method of *action research*".

Premliminary notions
The facts concerning the natural and human resources, such as they appear in the reports of the three institutes, are diversily resented and experienced by the different groups and individuals who constitute the village society and its human capital.

During the first period following the seminar, we should try to find out how the facts are resented by the different groups and which hopes, fears, desires and action insentives are linked to them. We should try to find out in other words, how the group or the individual express their needs, i. e. what is the state of their consciousness. What Paulo Freire means by the term of "consciousness-growing" is the change of consciousness of the needs but at the same time of the competences and skills.

The research is called action research for the simple reason, that the field workers who meet the groups and the individuals in order to learn about their psychological reaction to the conditions under which they live, will at the same time, interact with them, changing their view of their value and their potentials building up a different consciousness of their needs and the possible development of competences and skills, individual and collective.

So, the following topics are listed as themes of discussion with the different groups and individuals not only in order to find out what they consider them to be just now, but what they could or should be like.

That applies to:
- the geographical or natural resources of their village comprising the geographical situation, the soil fertility, and other natural resources as they consider them;
- the economical activities which they exercise right now as well as those which they consider important and desirable for themselves or for the village;
- how do they experience their own housing? Which scale or standards are theirs when they consider their housing or when they compare it to that of other social groups?
- Same questions for: their food supply – water supply – medical care – educational and job-training facilities.

Out of all the topics discussed, the question rises what do they believe to be their essential personal needs and where do they see the main obstacles to meet them.

There may be two kinds of main obstacles to what they consider being their essential needs: One, lying – in their eyes – in objective and unchangeable conditions. The other linked essential to their lack of competences or skills. Both obstacles are the essential reason for their actual discouragement.

What the first obstacle is concerned, we should discuss with them about:
- Which technological, economical or political facts do they consider impeding respectively favoring the meeting of their needs?
- Then the situation which they consider to be an unchangeable condition of their life, that means which institutions and which groups or group activities impede or favor the satisfaction of their essential needs. Which individuals or authorities do they trust resp. mistrust, when they need help? Who are the people and – or – the institutions willing to listen to them and which ones do it less or even prevent them from articulating their needs?

Then they may switch over in our interviews or discussions to the problem of their subjective difficulties to meet their needs, i. e. what they believe they are able to do or to learn. In this field, we want first to have their opinion about how far the family situation or the fact of belonging to one or to the other sex, to the older or to the younger generation, the way of having been brought up, favoured or unfavoured the development of their competences, skills and abilities. We should in this field try to find out in how far traditional communication and interaction inside the family appears to themselves as either helpful or impeding their activities, their learning capacities, their social and cultural faculties and activities.

We then should try to have their impressions on how formal education helps in developing those competences which they consider as essential to make their living.

This topic is one of the most important of our field research, because we may find out and may at the same time begin to change their outspoken and their hidden motivations either to accept the curricula of formal education or to interupt the learning career and to drop out. In this field, we should be particularly attentive and try to build up their consciousness about the fact that their mother tongue and the communication-language with their peers, the language spoken in daily life communication, is not the same as the one used in formal education. To what extend this fact is considered by the addressees as impeding or stimulating? To which degree does studying or learning Bahasa Indonesia hampers or favour the internalization of learning goals? The fact to become be-lingual seems to them being an impediment or an enrichment?

This part of the interview will naturally lead to the questions:
- which competences or skills did they already possess before going to school and from whom did they learn them?
  For example, practical skills (which ones do they consider as especially important for them and for their families, respectively which others for the village);
- How did they acquire these skills; which skills or competence or knowledge do they want to aquire and for what purpose?
- As third topic of discussion, we should try to find out which moral or social values they consider to be essential and from whom or by what they learned them. At this point of our discussion, we should try to make them conscious of how far the traditional medias and the tradition of festivities, conflict-solving through traditional interaction were important for their assumed moral and social competence.
  We then should try to find out which essential needs they formulate concerning what we may call "modern activities" and medias (like clubs, sports, radio, modern form of gathering, dancing, enjoyments).

Target Groups / Target Individuals, Methods of Approach, Method of Communication

Target Groups and Target Individuals

In our action research, we do not aim any statistical representation of our findings. Our target group will be chosen on the basis of the findings of our desk work. Our inquiries should help us to find out who are representative personalities or groups for the different strata and institutions of the village and especially of those who have significant importance directly or indirectly for formal respective nonformal education. Evidentally the central target group and the central target individuals whom we should try to approach are the drop-outs themselves. When trying to determine who are our target personalities and target groups, we should refer especially to those persons whom the drop-outs mention in their talking about the above mentioned topics.

Method of Approach

When addressing our target individuals or target groups, we do not recommend special techniques of approach for the simple reason that this approach depends on the quality of relations which field workers were able to establishe up to now.

But there is one golden rule for action research: That is, not to consider and – consequently – not to make feel the addressees as the mere objects of an inquiry. We must endevour to establish confidence between us and the addressees as it exists between normaly communicating individuals. Such confidential relation can only be initiated, if we, the field workers, are confident in those to whom we address. Confidence is established by being honest to them. Therefore, we explain the reasons why we came to the field, and which is the aim of all our interviewing and discussions. We have to be attentive to their objections concerning our field work. Their objections themselves reveal a good part of their actual consciousness. In discussing these objections we do not only establish more confidence but we beginn to change their views about the problems which we put forward with them and for them.

As a second rule, we should be aware of the fact that all kinds of taking notes, writing down, interrupting the communication by our attitude as observers, is harmful to the aim of action research communication. That is why the use of a tape recorder is recommended and has to be explained to the target groups or individuals. We have to ask for their permission to use it, stating very definitely that, as soon as they want to discuss or to answer without being registered, we interupt the recording. In such a case we should try immediately after the discussion, to reconstitute the essence of what had been said without having been recorded.

It is most important that the pre-established general plan, the topics of the conversation with the addressees should be memorized sufficiently by the field worker so as to behave relaxed during the interview. He must let the conversation follow the way the target groups or individual want it to take. We have not to interrupt the flow of communication only because we are eager to come to this or that topic of our internalized list of problems. After each interview and free discussion we should try to structure its essentials through written formulation of what we consider to be an answer to the problems and questions we emphasized.

If we gained sufficient confidential support in our village, then we try to bring together in a same discussion-group two individuals or two opponent groups: for example, school-teachers and drop-outs. We may then evoke one essential problem before them, for example that of the probable reasons for droping-out, repectively what kind of education for which competences were desirable for the drop-outs. In such a confronting discussion, we ask both groups to explain their views of the causes and consequences of the situation. We then play the role of discussion leaders, and it is our duty to be as neutral as possible. but from time to time we may articulate our own opinion, if we are more or less certain that it will not discourage one of the communicating parties, our aim being to solve the problem through cooperation.

Methods of Analyzing Discussions and Interviews

When going through the recorded interviews, our first task is to describe the atmosphere in which it took place and write down the impressions of the non-verbal communication which occured. For example: attitudes, gestures, and the strength of voice or other signs of emotion when facing this or that problem.

Then the most important is to find out at what point we suppose that the verbal answer or the verbal communication did not reveal the whole truth, or in other words, what we suppose are the reasons for hiding feelings and thoughts. We have to formulate our hypothesis about what is in their minds and why they did not speak it out.

Then we go through our list of topics in order to find out what consensual or controversal answers were given and how near or far they are to the objective facts which we found out through our desk-work concerning the economic, institutional, cultural and other causes and consequences of our report-conclusions.

The result of such a written analysis should be to formulate clearly and simply what are the needs and the evoked competences and skills respectively the lacking competences and skills, and which are the motivations for learning, or for refusing to learn of the different addressees. We have to expose these conclusions in aa ew meeting to the target groups when we explain what we learnt through their answers and we have to ask them to how far our analysis corresponds to their view of the problem.

When we do this with one target group or with all individals and groups together, we aim to come to a common approach of possible solutions which they should try to suggest. It is evident that we do not dissuss all the topics in one meeting.

Finally we should try to start and to end all discussions, sessions or interviews with an interesting game, for example that of role-playing, which means in that case that an individual of one target group defends the point of view of the other target group, and vice versa, so that they discuss it as advocates of the adversary cause. But there may be other plays as presented in the joint material (see annexed documents).

Synthetizing the Phase of Field Research and Passing over to Educational Practice

When we were sufficiently long-time in contact with our target groups, when we put before them the analysis which we extracted out of the interviews and when we succeeded to discuss it with them, we reach the point where we may discuss what *they* propose for change. That means again that we have to register all kinds of proposals of parents, teachers, drop-outs, of the authorities, the opinion-leaders, religions or others. The questioning is then concentrated on what they propose to do in order to provide better opportunities for the drop-outs, how and what the community can do by itself and what the drop-out can do to help the community. Which contribution could come from individuals in order to develop the skills and competences of the drop-outs? We have to collect these proposals and have to submit them to the different target groups, at first to an assembly of representatives, or target groups together, and try to come to one or two concrete proposals of supporting the drop-outs by providing some kind of self-employment combined with a training of their skills, competences and culture.

Our role is to underline the high importance of a certain number of cultural competences such as arithmetics, reading and writing, notions about economy such as marketing and credit, and notions of law and rights, of the rights they have and how to use them.

This will very often bring us into conflict with one or the other target groups, for example with husbands when speaking about developing the competences of the housewives and daughters, or with the teachers when asking for volunteer work or other groups to help with the teaching and many other conflicting subjects. Our role then is not to try to be the authoritarian judge of "who is right" and "who is wrong", but to encourage those who are the less strong, the most discouraged, the fatalists. We have to inspire confidence in their ability to tackle the problems and to help them to resist to the pressure of dominating groups or individuals when they try to solve their problems.

It is most important that we discover in all our target groups, mighty or mightyless, a certain number of individuals willing and capable of being educators or multiplicators, able to develop competence and skills with the drop-outs. The human resources are unfolded only when those who are concerned, which is the whole of village, find among themselves people willing to teach without being teachers and try to develop competences as far as they themselves feel competent. They need not have the idea to be somewhat "cultivated people" when beginning to teach. this kind of self-confidence should be the essential result of our field research. We have to *encourage, –* that is our social, psychological and educational role.

The next step then is to train these multiplicators. But that should be the follow-up project purpose.

Action research   Document A

First contact with a group of villagers Introduce yourself by making them guess:

My name is _____   I come here from _____
            (tell it)   (tell it)

Guess:
1) My age
2) I am born   in a village?   in a town?
3) Am I married?
4) I have _____ children
5) I went to school for how many years?
6) Where do I get my money from to make my living?
7) I live in a house with how many rooms?
8) What is my favorite course?
9) What is my favourite occupation, joy, fun when I am off duty
   or work?
10) What do I hope to become in five years from now?

Read the question several times and ask them to answer on the paper you had distributed before-hand by writing only

1) a)   or   b)   or   c)

1) I càme to this first meeting because
      a) it is always fun to attend a meeting
      b) because I wondered if the activity which will be proposed
         could interest me
      c) because father, mother, husband, wife, my teacher, the kyai,
         an important man in the village told me to come

2) Being in the group I feel
      a) a bit uncomfortable
      b) quite at ease
      c) hoping that nobody will ask me questions because I prefer
         just to listen and not to speak
      d) hoping that somebody will offer me a chance to say some-
         thing, I like it when people take notice of me.

162

Ask them to answer on the paper:

if male: if female: married   _____years old

Read the questions twice, give an example on the black-board:

1. If I am to compare the amount of general knowledge of the researcher to my own general knowledge and be the researchers knowledge
   of the size of the below square, then my knowledge would appear,
   compared to his, like the square I shall draw beside his:

   size of the
   researchers   compared to   size of my
   knowledge   knowledge

2. If I am to compare the amount of practical skills needed for daily life
   mastered by the researcher to my own practical skills and the researcher's skills be of the size of the below drawn square, then the
   amount of my skills would fill the surface of a square which I shall
   draw beside his:

   size of the
   researchers   size of my
   practical   compared to   practical
   skills   skills

3. I myself as well as the researcher have feelings of all kind. Sometimes
   I feel happy and certainly he himself too. If I were happy 5 times in a
   space of time, then he, in the same space of time, would possibly be
   happy how many times?

   If – in the course of one week – I feel happy

   5 times   then he will be happy _____ times
                                        (write the number of times
                                         above this line)

4. If I were to be sad or even desperate about what happens to me 5
   times during a space of time, then he may sad or desperate during the
   same space of time how many times?

   I am sad or desperate

   5 times   and he how many times? _____ times
                                        (write the number of times
                                         above this line)

5. If the number of people I feel dependant of, and whom often I may even fear, be respresented by the length of the left line below, then, in comparison, the number of people he is dependant of or whom he may even fear would be represented by the length of the line which I shall draw beside:

I depend of this number
of people   an the researcher?

6. If the number of people for whom I am responsible or for whom I represent a sort of authority were to be represented by the length of the line below, then the length of the line which I shall draw beside represents in comparison the number of people for whom he feels responsible or a kind of authority:

If I feel responsible
for such a number of people,
then the researcher for such a number?

7. Has the researcher more good friends than I have because he has learned more than I have?

No   Yes
underline what you believe to be the right answer

8. The researcher as well as myself judge people around us. Some we find to be nice people, others bad people, some we admire and others we despise. Our appraisals may be more or less rightous. Now does he know people better than I do because he has learned more?

My answer:
No – his appraisal of people is generally not better than mine because knowledge from books does not teach the right judgement of people

_____

Yes – his appraisals of people he meets are more rightous, because he has learned more than I have

_____

4. Individual interviews

1) Introduce yourself: name, origine, education and ask the adressee to do the same. Ask for the permission of recording which could be interrupted at any moment when the adressee asks for.

2) Ask: What do you believe could be the reason for my interest to want this interview with you?
3) Complete the answer by giving your reason: "I had the privilege to complete my secondary and higher education. I want to pay for this privilege in putting my knowledge at the disposal of the underpriviledged and of those who suffer from the hardships of unskilled labour. Add other religious or ethical reasons in order to explain why you want to pay for your privilege instead of simply enjoying it and make profit out of it.
4) Ask: "Do you believe me? What reason may you have not to believe people like me?
5) Ask: "Tell me of people who are more educated than you are."
6) Take out one, then another of those whom he designated and ask: "What kind of knowledge or skill does he (she) posess which makes you think that they are more educated than you are?"
7) Ask: Which of these knowledges or skills help them to make a better living?"
8) "Which other knowledge makes them more considered in your village or give prestige anywhere?"
9) "Are there skills or knowledges which are important whithout making a better living or higher congidration?"
10) "Which skills or knowledges give joy or pleasure to yourself?
                                                                    to others?
11) "What did you learn before attending school (or: without ever having been to school?" (to move, to take care of yourself without the help of mother or sister, to speak, fairy-tales, songs, the Ramajana and Mahabarattha stories, worship-rituals, working-skills, other cultural skills like playing games, rules to be respected). The skills inside ( ) should be suggested if not given sponteanously.
12) "How and by whom did you learn all this?"
13) "What would you like to learn right now? And next? And still next?" "What is the most important to be learned?"
14) "What or who prevented or prevents you from having started a long time ago to learn what you consider to be important for you?"
15) "What do you need most, in your opinion, to start learning again?" „Who do you believe could help you to start?"
16) "Let us imagine that you know already what you want to learn. Let us suppose that all together, i. e. yourself, your family, people inside and outside the village had solved all the difficult problems of how to start and who could help to teach. There remains another question: what kind of knowledge do you believe would be relatively easy for you to be learned and where, as you see it from your passed experience, you imagine that you would have great difficulties to understand and to learn? (easy: practical skills which do not need an abstract insight of how the process as a whole works. Abstract = non-practical skills where it is only necessary to know by heart and to repeat or to apply simple rules of pro-

ceding like summing up in arithmetics. / difficult: to understand printed or written texts or explanations, to remain concentrated when listening to an explanation or when reading (a story in a news-paper f. e.), answering questions like those of the second part of this interview, learning to multiply and divide, formulating a rule of procedure from having observed it thoroughly.) The answer for "easy" and "difficult" in ( ) may be suggested, extended and should be formulated in such a way as to be really understood.

17. "If other people of your age would start to learn with you in the same group, do you believe that you would easily keep up with their learning-progresses or do you imagine that you are much duller than they are? Where and how did you experience your comparing your learning-capacity to theirs?"

Question 16 and 17 should, if ever possible, be asked in a second interview.

Training Seminar LP3ES:

Action research   Document B

If you want to begin the series of individual interviews with the following setting of questions see, for introduction, from 1) to 4) of document A.

5) Ask the adressee to recall the last 24 hours of his life. (insist on details: "When did you get up?" "What happened then," "What did you feel when . . . . . . ?" And what did you do next?" "And what happened then" etc. etc.

Prospective Questions

6) "What are your neighbours (relatives, grown-up children, husband, wifes) major problems? How do they feel about it? What will they do to come to grips with them?"

7) "Do you have a dream for the future of your life? Of that of your children? What would be needed so that the dreams at least partially could become reality? what changes in the villages would you dream of? What obstacles hamper the realization of such dreams? What would be different in your life, if you were born as a man (woman)? 30 years later? In another country?   In which?

8) "What are you most afraid of for your personal future? for that of your children? for the village? for men in general?"

9) "Who – in the near future – should help you to come to grips with your problems? And who else? Will they? If not, why not?"

5. Interview with authorities and opinion-leaders in the village

You state: Educational purposes are based on what people value and need.

Question: What value do you believe to be fundamental for education? Which values do you believe are predominant among younger and older people in your village, especially among dro-outs?

Question: What do you believe to be the fundamental needs of the people in your village?
Are there differences in the vital needs between the different social groups of your village, for example: between younger and older? between man an woman? between peasants and other professional groups? between land-owner and agricultural labourers? between civil servants and peasants?

Question: Do you believe that needs can change through education?

You state: Education implies change

Question: What kind of change is meant by this statement? Do you consider this statement as essentially right or wrong when you apply it to your village?

Question: Are there people in your village willing to communicate their knowledge or their skills to others who want to learn? Who for example?

Question: Who in the village or from outside the village could or should train them so that they become competent enough to teach some skill or knowledge? Which of the institutions in your village should combine their efforts to train those volunteers?

Statement: Formal modern education tends to develop the people's expectations much quicker than their faculties and abilities to develop their own as well as the nations productive forces. This gap originates uneasiness and unrest.

Question: With regard to your village, do you think that this statement is right?
And with regard to villages or towns in the neighborhood which offer more schooling-facilities then exist in your village, may this statement be right? If this gap between public educational orignated expectations an developed productive forces of the individual and the collectivity were to be reality, than what would you propose as educational alternative?

6. The follow-up of Action research:
alternative education

Remind: Action research (see above) is already part of alternative education in so far education means conscientisation.
But a. e. goes theoretically and practically beyond the process of action research.
Theoretically because formal as well as non-formal education (to the difference of informal education) presupposes the intention or the concrete goal: to transmit the knowledge the competence and skill required for the learner by the educating society as a whole, by the particular cultural and social group to which he belongs by his own expectations.
In order to reach its objectives, any formal as well as non-formal education requires:
– to formulate for each matter of knowledge, competence or skill the desired achievement.
– to formulate the sequence of partial achievment from the beginning to the end of the planned learning-process.
–to develop a system of evaluating the individual achievements for each subject matter and for each stage of the learning process.
–to provide the organizational frame, the teaching and educating staff and the local and material facilities.

Education is alternative in theory to the established system when the knowledge, the competence and skills required for the learner are not rooted in the economic, political and cultural interests of the established ruling classes, groups and individuals at the macro-or-micro units of society, but is essentially guided by the needs and the potentials of development of – for – and by the labouring classes and for the majority of the rising generations.
Therefore Alternative Education formulates its objectives as functional in order to meeting the basic needs of the individual and as incentive for

the common social development.

In order to reach its objectives Alternative Education starts, to formulate the global comprehensive achievement and it is only from it and for it that deduces the desired achievements for each subject matter.

Thus – following the fundamental ideas of John Dewey – Alternative Education tends to link the learning process to the achievement by the learner of a particular project which meets with his interests and aspirations. (Example: In a training course for illiterate girls [If such a course is out-come of action research] the global comprehensive goal be sewing. All mental and practical learning processes will be linked to the project of becoming able to confect clothing: i. e. a particular and practical skill which the girls are motivated to achieve. But the trainer will not limit his teaching to drawing and cutting the pattern. But to understanding the fabric of the material of its origin, of the way it is produced, of its cost and the implied notions of arithmetic, of the marketing, of the reading and writing knowledge all this requires. He will link fundamental teaching, of geography, sciences, social and political orientation to the training of producing cloth). That is what J. Dewey calls: "Learning by doing".

The sequence of the partial achievements will depend mainly of the necessities stemming from the function which each particular new knowledge acquires for the achievement of the global, motivating goal of learning (instead of an academic subject – oriented and subject – splitted sequence).

The evaluation of the achievement will be orientated by its action and affect on the learning individual and the group or class of learners instead of being an abstract classification and purely formal evalution. Not good marks for final examination and social status by academic grading is the right way but acquiring knowledge and skills functional for the individual life and helfull in societal development.

The organizational frame, the teaching staff and the necessary educational material and facilities, Alternative Education will try to find and to develop them in the community and with its own local ressources instead of relying on the bureaucratic way with decision making and fund allocation by a locally and socially remote center.

What the practical aspect of Alternative Education is concerned, it derives from the listed principles of theory. It has to be pointed out to what extend practising Alternative Education goes beyond the practice of Action Research.

– Education is alternative in practice to the established systems:
a) in didactics and method in formal education
b) in didactics and methods in non-formal education.

    a)   The curriculum planning is the result both of teams of fulltime appointed, experienced educational standards on one hand, of grass-root recruted teachers and trainers and of adressees, i. e. learners

b)   Idem a)

The teachers are responsible towards the community and the parents before being so towards the school-instututions hierarchy.

The teachers and trainers are recruted by the community and exercise non-formal education either as community devoted volunteers or as additional professional activity. They are responsible towards the community, respectively to the non-profit educational-development organisation.

The learner (pupils) are constantly stimulated to theoretical and practical problem-solving, through:
– small cooperating group-works (instead of passive teacher orientated learning of the whole class).

– Task and problem oriented questions inducing a constant widening of the learners horizon and motivating to learn more and to enter into new fields of knowledge or skills.

– to ask questions, i. e. to admit that they need further explanation
– to formulate views and opinions about controversal issues
– to learn democratic ways of coming to common decisions, i. e. of belonging to majorities or minorities to expressing opinions or advice (tolerance) and of discipline in execution of decisions taken by vote or final compromise.

The learners (pupils or students, trainees apprentices etc.) are stimulated to share with and to impart to other learners in the class or other members of the community the newly acquired knowledge or skill (Mutual help – educational "godong-rodong")
"Learning by doing" means in that case "doing through teaching what you just have learned".

2

Sprachen derer im Licht und derer im Dunkeln

Die Hochsprachen: Instrumente der Monopolisierung oder der Dezentralisierung von Herrschaftsstrukturen in der Dritten Welt

Sprache ist, nach Vierkandt, ein „soziales Objektivgebilde". Dieser Begriff deckt sich mit dem des „fait social" von Durckheim. In beiden Fällen ist gemeint, daß der Gegenstand der Forschung ausreichend vom historischen und psychologischen Standort des jeweiligen Forschers abgegrenzt erscheint, um über ihn zu verifizierbaren (bzw. falsifizierbaren) Aussagen über kulturelle und historische Grenzen hinweg zu kommen.

In diesem Sinne beschäftigt sich dieser Beitrag mit Sprache als Aspekt eines „Objektivgebildes", das als internationale Herrschaftsstruktur bezeichnet werden kann. Wer theoretisch den Bereich der Herrschaftsstrukturen - in welcher ihrer Erscheinungen immer - anspricht, greift praktisch in eine politische - in diesem Fall sprachpolitische - Debatte ein. Das Bewußtsein des Forschers von den politischen Konsequenzen seines Tuns bleibt aber nicht ohne tiefgehenden Einfluß auf eben jenes „soziale Objektivgebilde", bzw. auf seine Abgrenzung und die Methode seiner Behandlung, die er seinem subjektiven Standpunkt nicht ausliefern wollte.

Konkret: wer immer in der gegenwärtigen Situation über das Verhältnis von Muttersprachen und internationalen Hochsprachen empirische Daten sammelt, Theorien vergleicht und eigene kritische Überlegungen anstellt, tut dies von einem historisch-ethnozentrischen Vor-Urteil aus, das von diesen Machtstrukturen im internationalen Verhältnis der Sprachen sehr weitgehend beeinflußt ist. So bin ich bereits durch meine Biographie auf Erfahrungen, Faktensammlungen und -darstellungen verwiesen, die im euroamerikanischen Raum angesiedelt sind und der Wissenschaftsgeschichte von Soziologie und Psychologie in diesem Raum verpflichtet und weitgehend untertan bleiben müssen. Ich schreibe diesen Artikel in einer internationalen Hochsprache (mit geringerem Geltungsbereich und Anspruch auf Beachtung als etwa das Englische) im Rahmen einer Institution, die sich in der Dritten Welt um die Verbreitung der deutschen Sprache und Kultur bundesrepublikanischer Obedienz widmet. Die Auswahl und Ausgliederung von Fakten aus dem „Objektivgebilde", zu dem meine Sprache als internationale Hochsprache gehört, ist also bereits von ihrem historischen Standort her parteiisch, bevor die Studie in Angriff genommen wurde, ohne etwa willentlich für oder gegen die bestehenden Herrschaftsstrukturen Stellung bezogen zu haben.

Gewiß wird das Herangehen an diesen Gegenstand inhaltlich und methodisch anders aussehen, würde das gleiche wissenschaftliche Thema von einem Pädagogen einer der afrikanischen Kulturen aus angegangen werden, für den die Nutzung einer der internationalen Hochsprachen als Instrument seiner Forschung und ihrer Verbreitung bereits Ausdruck eben des Konfliktes darstellt, der als „Objektivgebilde Muttersprache -Hochsprache - Identität" behandelt werden soll.

Diese Vorbemerkung soll nicht dazu dienen, den Wert und die Notwendigkeit in Zweifel zu ziehen, sich dem Verhältnis unseres spezifischen „Objektivgebildes" rational, kritisch und interkulturell wie intersubjektiv verifizierbar zuzuwenden. Ihr Sinn liegt vielmehr darin aufzuzeigen, daß bereits die Sprache, in der über das Herrschaftsverhältnis im Sprachbereich verhandelt wird, einen wichtigen Teil der widersprüchlichen Einheit von Gegebenheiten darstellt, die das „Objektivgebilde" ausmachen. Mit anderen Worten: Gegenstand der Studie muß bereits die Tatsache sein, daß sie auf deutsch im Rahmen des Goetheinstituts erscheint und nicht in der „Bahasa indonesia" an der javanischen „Gadjah Mada Universität" in Jogjakarta.

Damit kommen wir in medias res. Diesen Mittelpunkt stellt ein soziales Verhältnis dar, das sprachlich erscheint, dessen Wesen aber nicht das Wesen der Sprachen oder des in ihnen sich ausdrückenden Denkens ausmacht. Martin Landmann sagt zu Recht „Nicht zwar das Wesen, aber die erste Funktion der Sprache ist die gesellschaftliche. Nicht nur stiftet sie selbst Gemeinschaft - die Sprachgemeinschaft -, sie fundiert auch alles soziale Verhalten und alle sozialen Situationen - Bitte, Dank, Mitfreude etc. - schaffen sich ihr sprachliches Äquivalent. Alle sozialen Vorgänge ... spiegeln sich in der Sprache. Die Sprache des Eroberers breitet sich aus, aber auch die des Eroberten wirkt zurück" (1)

Oder, wie Hoyer sagt, „Sprache ist ein Führer zur sozialen Realität." (2) Gegenstand dieser Betrachtungen ist die soziale Realität der Herrschaftsverhältnisse in der Erscheinung der Sprache.

Schon die Aufgabenstellung bedarf einer kurzen Erläuterung. Die spezifischen Qualitäten, bzw. das Wesen aller menschlicher Sprachen muß als ein Gegenstand behandelt werden, der aller Geschichte und allen synchronen gesellschaftlichen Verhältnissen vorgeschaltet ist, also als eine anthropologische Funktionsfähigkeit, die biologisch der Spezie „Mensch" eigen ist.

Diese anthropologischen Wesensmerkmale sollen hier aber nur insoweit diskutiert werden als sie mittelbar oder unmittelbar für die Etablierung der Herrschaftsverhältnisse relevant sind. Als Beispiel: Die Entwicklung der kindlichen Sprache und des kindlichen Denkens (Hurlock, Piaget, Bernstein etc. etc.) soll hier nur insofern berücksichtigt werden, als sie Herrschaftsverhältnisse „spiegeln" (1). Nicht also die spezifischen Gesetze der Entwicklung und „Konstruktion" des „Spiegels" stehen im Mittelpunkt des Interesses, sondern vielmehr die soziale Welt, die in diesem Spiegel erscheint, bzw. der Einfluß, den der sprachliche Spiegel auf die sozialen Verhältnisse ausübt. Auf dem genannten Teilgebiet wäre also nicht in erster Linie danach zu fragen, was anthropologisch die sprachliche Lernfähigkeit des Kindes ausmacht und reifen läßt, sondern nur, inwieweit diese sich entwickelnde Anlage zu sozialer Kommunikation und Interaktion auf Herrschaftsverhältnisse einwirkt, bzw. von ihnen geprägt wird.

Nun ist unschwer nachzuweisen, daß diese Eingrenzung nicht leicht vollziehbar ist. Gerade die Sprachforschung, die ihre theoretischen Prämissen im Marxschen Denkansatz findet (3), weist auf die enge, dialektische Rückkoppelung von anthropologisch angelegten Fähigkeiten und ihrer konkret kulturellen Gestalt im Rahmen historischer Entwicklungstrends hin.

Gerade ein marxistischer Sprachforscher wie Wygotski unterstreicht die Notwendigkeit, nicht „Elemente" auszusondern - in diesem Fall Sprache und Denken - sondern in der „Teileinheit" die „verallgemeinerte Widerspiegelung der Wirklichkeit" zu suchen. (4) In dieser Sicht, die weitgehend auch die meine ist, wird das funktionale Element der Sprache als besonders charakteristische „Teileinheit" der gesellschaftlichen Interaktion behandelt. Wiederum eine „Teileinheit" stellen die Herrschaftsverhältnisse dar. Ihre dialektische Verknüpfung läßt wesentliche Züge des Ganzen erkennen, das wir Kultur zu nennen pflegen, und dieses „Ganze" erscheint konkret nur in seiner Vielfalt und Unterschiedlichkeit, also in den Kulturen und ihren Beziehungen zueinander, wie in den Beziehungen der Individuen und Gruppen als Systemen der Kommunikation und der Interaktion innerhalb einer spezifischen Kultur.

Es ist also ebenso möglich, im „Teilaspekt" der Sprachen wesentliches über Herrschaftsverhältnisse in den Kulturen herauszuschälen als über die Analyse von Herrschaftsverhältnissen Einsichten in das Wesen aller Kommunikation, insbesondere der sprachlichen zu gewinnen. So wäre mit Jürgen Habermas in seiner „vierten Klasse von Sprechakten", die er „Regulativa" nennt (5) an der Untersuchung, wer „befiehlt, auffordert, bittet, verlangt, ermahnt, sich verpflichtet, verspricht, verbietet, erlaubt, vereinbart, entschuldigt, verzeiht, vorschlägt, rät, ablehnt, verbietet etc." die spezifische Struktur von Herrschaftsverhältnissen herauszulesen, aber ebenso wie sich diese Strukturen auf alle Formen der Kommunikation, insbesondere den Diskurs linguistisch auswirken.

Alle Kommunikation erfolgt im Kontext gesellschaftlicher Institutionen, also *diachroner* Festschreibung *synchroner* Verhältnisse von Macht und

Herrschaft, ist aber andererseits nur möglich dank der transkulturellen und transhistorischen Universalien des menschlichen Sprachvermögens und seiner spezifischen Struktur.

Das Sprachvermögen als transkulturelle und transhistorische Universalie der Kultur und damit ihres spezifischen Aspekts von Machtverhältnissen und Herrschaftsstrukturen ist seinerseits nur ein Teil des „Objektivgebildes menschlicher Psyche". Durch seine enge Verbindung zu den individual-psychischen wie zu den gesellschaftlich-historischen Strukturen des Bewußtseins und des Denkens stellt das Sprachvermögen eine wahrhaft konstituierende Grundlage der Persönlichkeitsentwicklung wie der Gesellschaftsformationen dar.

Im Sinne der oben skizzierten Aufgabenstellung kann mithin nicht ganz auf eine Behandlung der psychosozialen Universalie - mit anderen Worten der „Natur des Spiegels" - verzichtet werden. Wir wählen dafür die Form von Thesen, sehr wohl der Tatsache bewußt, daß sie alle in der wissenschaftlichen Diskussion umstritten sind, diese Diskussion jedoch hier nicht verfolgt werden kann.

Gesellschaftliche Relevanz

Gesellschaftlich ermöglicht erst die Universalie des Sprachvermögens die gattungseigene, menschliche Lebensbewältigung über die arbeitsteilige Nutzung der Natur. Und dies in zweierlei Weise:

(1) über die Sprache kann mit der Natur „im Kopf umgegangen werden", bevor ihre materielle Bearbeitung erfolgt.

„Was von vornherein den schlechtesten Baumeister vor der besten Biene auszeichnet, ist, daß er die Zelle in seinem Kopf gebaut hat, bevor er sie in Wachs baut. Am Ende des Arbeitsprozesses kommt ein Resultat heraus, das beim Beginn desselben schon in der Vorstellung des Arbeiters, also schon ideel vorhanden war ..." (6)

Damit ist das Sprachvermögen ein Instrument der gesellschaftlichen Arbeit und hat mit den Instrumenten der Technik - von der Domestizierung des Feuers bis zur Erfindung der Computer und der Mikroprozessoren - dies gemeinsam, daß es selbst das historische Ergebnis gesellschaftlicher Produktion darstellt. Hierzu einige Gedanken von F. Rossi-Landi (7):

„Man kann von sprachlicher Produktion sprechen und diese als einen der beiden fundamentalen Faktoren bei der Konstitution des sozialen Lebens selbst im Bereich der Teilung der Arbeit auffassen ... Die Arbeit ... drückt sich notwendig in den von ihr bearbeiteten Materialien aus, den angewandten Instrumentarien und den Produkten; und ein Produkt hat notwendig die Fähigkeit, seinerseits die Funktion eines Instruments oder des Materials zu übernehmen ... (Die materielle wie die sprachliche Arbeit) gehen beide von „vorbereiteten" Materialien aus, die im Fall der sprachlichen Arbeit „vorbedeutend" sind ... Der Komplexitätsgrad eines Werkzeugs ist derselbe wie der eines Satzes; geht man weiter, so findet man, daß z. B. ein Syllogismus wie eine Maschine funktioniert (was schon Hegel erkannte). Kurz, die sprachlichen Produkte können als ein Ensemble von Artefakten gesehen werden; andererseits können Ensembles materieller Artefakte als nicht-sprachliche Codes gesehen werden ... So gelangt man schrittweise zur Betrachtung von Erscheinungen wie Privateigentum und Ausbeutung in der Sprache ... (Man kann) sowohl Waren als Nachrichten wie Nachrichten als Waren interpretieren. Im ersten Fall wenden wir linguistische Instrumentarien außerhalb des Feldes sprachlicher Kommunikation an; im zweiten verwenden wir für die Analyse verbaler Sprache Instrumente, die zur Analyse materieller Produkte entwickelt wurden ..."

Das besondere und einmalige des „Instruments Sprache" gegenüber allen Produkten der materiellen Produktion liegt aber in der Tatsache begründet, daß erst über ihre Nutzung der Mensch selbst für andere Menschen zum Instrument werden kann. Die wichtigste Produktivkraft, die Menschen selbst, werden über die Sprache erst als solche ausgebildet und bewußt als Instrumente der Produktion eingesetzt. Ohne Aneignung der Sprache keine mögliche Aneignung der Personen, also keine Verfügungsgewalt über die „Hauptproduktivkraft being man himself" (Marx) (8).

(2) Die Akkumulation von Erfahrung, die in der synchronen gesellschaftlichen Arbeit als „Produktionsweise" und „Produktionsverhältnis" zum Ausdruck kommt, wird über die Universalie Sprache sowohl synchron als historisch diachron vermittelt. Über Sprache erst partizipieren alle Glieder einer Kulturgruppe an der ungeheuren Summe von Erfahrungen, die sie als Individuen selbst nie „sinnlich" gemacht haben, noch hätten machen können. Die sprachlich vermittelten Erfahrungen übersteigen quantitativ alle möglichen, sinnlich unmittelbaren; sie strukturieren aber gleichzeitig diese selbst. Wahrnehmung und Denken sind bereits durch die jeweilige Sprache vorstrukturiert.

> „Menschliche Wesen leben weder nur in der objektiven Welt, noch allein in der, die man gewöhnlich Gesellschaft nennt. Sie leben auch sehr weitgehend in der Welt der besonderen Sprache, die für ihre Gesellschaft zum Medium des Ausdrucks geworden ist ... Tatsächlich wird die „reale" Welt sehr weitgehend unbewußt auf den Sprachgewohnheiten der Gruppe erbaut ... Die Welten, in denen verschiedene Gesellschaften leben, sind unterschiedliche und nicht die gleiche, lediglich mit unterschiedlichen Etiquettten versehene Welt ..." (9)

Psychologische Relevanz

Psychologisch impliziert die Universalie des menschlichen Sprachvermögens zumindest dreierlei:

1) Wie bei Saphir-Whorf angedeutet, ermöglicht Sprache das, was der französische Kinderpsychologe Wallon als „dédoublement du monde" anspricht, also die Existenz einer mentalen Welt, die zwar die materielle „übersetzt", aber weit mehr darstellt als deren mechanische Spiegelung. Über die Sprache sind Vergangenheit und Zukunft in jeder personalen Situation gegenwärtig. Gleichzeitig ist die vorgestellte Welt, wie sie in Sprachbildern und Begriffen sich niederschlägt, real wirksam auch wenn diese Bilder oder Vorstellungen für eine andere Kultur eine pure Fiktion darstellen. Die Mythen existieren nur dank der Universalie der Sprache. Ihre immense Bedeutung für die Sinngebung und Ausrichtung der individuellen Existenz, also für die Motivationen aller Interaktion bedarf hier keiner weiteren Unterstreichung.

2) Die Sprache ermöglicht die mentale Kompensation real erfahrener Frustrationen. Die verbalen, in ihrem Gebrauch kodifizierten oder spontanen Ausdrucksformen der Selbstdarstellung oder der Ansprache gleichen weitgehend die emotionalen Zurücksetzungen der Person im gesellschaftlichen Interaktionsprozeß aus (beten, fluchen, einstimmen, widersprechen, aufschneiden, fabulieren etc. etc.).

3) Das Sprachvermögen erlaubt die Kodifizierung aller personalen Beziehungen, ja macht diese erst menschenmöglich. Es gibt eine Hypothese, nach der die menschliche Sprache sich historisch aus der Mutter-Kindbeziehung entwickelt hat. Ob nachweisbar oder nicht, sicher ist, daß keine personalen Beziehungen zustande kommen oder sich entwickeln können, ohne das sprachliche Medium. In den „face-to-face relations" vehikuliert der Sprechakt nicht nur das verbale „Signifikat", sondern gleichzeitig die Beziehung, die die miteinander Kommunizierenden eingehen. Sprache drückt neben dem „Sachaspekt" immer gleichzeitig den „Beziehungsaspekt" aus (10).

Sprache als Heimat

Gesellschaftlich wie sozialpsychologisch vermittelt die Sprache als Muttersprache die Sicherheit und die Beschränkung der menschlichen Heimat! In der kindlichen Entwicklung - und damit in der psychischen Konstitution der Erwachsenen - vermittelt die Muttersprache weit mehr als den sachlichen Bedeutungsgehalt der Codierung und Decodierung der Laute. Sie ist das wärmende, sichernde, schützende Medium der Gemeinschaft und des Gemeinschaftsgefühls.

Sie ist das konstituierende Element der In-group-Beziehung, die Voraussetzung und das Medium der kulturellen Identifizierung und damit der jeweils personalen Identität.

Soweit die thesenhaften Kürzel zur anthropologischen Konstante der Sprache, insofern sie für das Thema des Verhältnisses von Hochsprachen und Muttersprachen in der Dritten Welt direkt relevant sind. Noch eine zweite anthropologische Universalie bleibt thesenhaft darzustellen, die die Beziehungen der Individuen wie der Gruppen zur natürlichen und gesellschaftlichen Vorgegebenheit charakterisiert; wir meinen die Fähigkeit zu machen und damit zur *Macht.*

Sprache und Macht

Der Austausch zwischen Mensch und Natur – und entsprechend auch der zwischen Individuen und Gruppen – beruht auf der Fähigkeit, alle Situationen international-bewußt und objekthaft-instrumentell anzugehen. Die menschliche Gattung besitzt als einzige diese Fähigkeit, die Welt als Kosmos ebenso wie jeden Weltausschnitt als das eingangs erwähnte 'Objektivgebilde' zu behandeln und damit sich selbst als ein diesem 'Objekt' gegenüberstehendes Subjekt.

Gewiß teilt unsere Gattung mit allen anderen Lebewesen die biologische Fähigkeit des bewußtlosen Metabolismus mit der nährenden Natur und der prokreativen Potenz der Geschlechter, ebenso wie sie über Reflex und Instinkt an der biologischen 'Zweckrationalität' der Organe und ihrer Funktionen teilhat. Doch das Organ der Sprache und der Denkfähigkeit wird eingesetzt, um die vorgefundene Wirklichkeit zielbewußt und gemäß dem vorgestellten Eigeninteresse der Person oder der Gruppe zu verändern.Die Sprache als Instrument dient also der Machbarkeit der Welt und vermittelt gesellschaftlich wie psychologisch *Macht.* Nicht zufällig bezeichnen die indoeuropäischen Sprachfamilien die verbale Kompetenz und Performanz einer Sprache als *Beherrschung,* und nicht von ungefähr verwenden alle herrschenden Klassen in allen Kulturen auf die Beherrschung der eigenen Hochsprache einen besonders großen Teil der Ausbildungszeit ihres Nachwuchses.

Machbarkeit und Macht – eng an sprachliche Kompetenz gebunden – stellt in allen Kulturen den einen Pol der Wertskala dar. Er ist historisch und biologisch nicht zufällig – an die Funktion und Tätigkeit der Männer gebunden. Nennen wir ihn darum den *patrigenen Pol* jeder Kultur. Am anderen Pol ist jene Gruppe von Werten angesiedelt, die an die natürlichen Zyklen menschlicher Existenz sowohl die Einstellungen wie das Verhalten zu binden suchen: Liebe, Gebären, Zuwendung, Reifung, physische Schönheit, Lust, Freude etc. etc.. Die Qualitäten, die auf diesem Pol der Wertskala erscheinen, wurden als Einstellung und Verhalten in der weiblichen gesellschaftlichen Tätigkeit entwickelt. Sie sind nicht instrumentell und unterliegen darum historisch auch keiner Höherentwicklung, bestenfalls einer Verfeinerung. Wir nennen diesen Pol der Werteordnung aller Kulturen den *matrigenen Ansatz von Kommunikation und Interaktion.*

Um möglichen patriarchalischen und feministischen Mißverständnissen vorzubeugen sei hier unterstrichen, daß beide Geschlechter, trotz unterschiedlicher natürlicher Voraussetzungen jeweils in einer gemeinsamen Kultur beide Pole als Motivation, Einstellung und Verhalten verkörpern, daß Männer nach ihrer Fähigkeit zur Liebe, Freude und spontaner Kreativität und Frauen nach ihrer rationaltätigen Performanz gesellschaftlich wie persönlich bewertet werden. Die unzerstörbare soziale wie sozialpsychologische Einheit, an der beide Geschlechter mit der gleichen Kompetenz und Performanz teilhaben, findet in der gemeinsamen Muttersprache ihren Ausdruck. Der instrumentelle Charakter aller Sprachen wie ihr expressiv-Beziehung-stiftender wird in allen Kulturen von beiden Geschlechtern gemeinsam gelernt und in den Sprechakten genutzt.

Amerkungen zur Geschichte des Verhältnisses von Hochsprache und Herrschaft und ein Hinweis auf die Sprachgeschichte im deutschen Kulturraum

Zur Entstehung der menschlichen Sprache wissen wir so gut wie nichts, wenn auch eine Reihe von plausiblen, aber widersprüchlichen Hypothesen dazu vorgebracht wurden. So sagt Jaspers mit Recht: (11)

„Wir wissen nicht, wie Sprache entstanden ist oder auch nur entstanden sein kann. Immer ist schon eine vollendete Sprache da, wo unser geschichtliches Wissen von der Sprachgeschichte beginnt. Hypothesen über die Entstehung der Sprache sind entweder banal oder zeigen das Unbegreifliche."

Ganz anders steht es um unser Wissen über die Verbreitung bestimmter Sprachen und die sprachlichen Herrschaftsverhältnisse. Erinnert sei an die verhältnismäßig banale Tatsache (– in Abwandlung des Satzes von Marx: „Die herrschenden Ideen sind immer die Ideen der herrschenden Klasse" –) die *herrschenden Sprachen sind immer die Sprachen der herrschenden Völker und Klassen.*

Das Sanscrit breitet sich in Nordindien mit der Herrschaft der eingedrungenen Arier aus, das Mandarin Chinas mit der Ausbreitung der „alten Kaiser", das Ketchua in den Anden mit der Inkaherrschaft, das Arabische mit dem Vordringen und der Etablierung der Khalifenreiche, später des islamischen Handels in Südost- und Ostasien, das Griechische in den Diadochenreichen, das Lateinische mit der Expansion Roms, um nur einige, historisch etwas ferner liegende Beispiele zu nennen.

Doch läßt diese 'Vogelperspektive' die dialektische Beziehung von Herrschaft und Sprache in Unschärfe verschwimmen. Denn erstens wird geschichtlich nicht die Sprache jedweder Eroberer zur herrschenden Sprache. Zum Beispiel erobern die Germanen in der Völkerwanderung Italien und die römischen Provinzen. Aber sie nehmen die Sprache der Besiegten an, nicht umgekehrt. Zweitens bleibt aus besagter 'Vogelperspektive' ganz offen, wie tief die Durchdringung der Sprache der Herrschaft bei den Beherrschten geht. Das Latein der herrschenden Römer verdrängt die Sprachen der eroberten Kulturen und wird als 'Vulgärlatein' zur Grundlage des Italienischen, Spanischen, Portugiesischen, Französischen, Rumänischen, nicht aber der Völker der eroberten Diadochenreiche oder der germanischen Provinzen südlich und westlich des Limes. Das Koran-Arabisch wird zur Grundlage der Volkssprachen längs der Mittelmeerküste Nordafrikas, nicht aber des eroberten Spanien.

Will man also insbesondere für die heutige Sprachensituation und Sprachenpolitik in der Dritten Welt, den Versuch unternehmen, die Beziehung von Herrschaft als sozio-ökonomisches und politisches Phänomen einerseits und Sprachen andererseits zu klären, so kann man sich mit der Formulierung „die herrschende Sprache ist die Sprache der Herrschenden" nicht begnügen. Genaueres erfahren wir erst, wenn wir uns darum bemühen herauszufinden, inwieweit und aus welchen Gründen die Sprache der Herrschenden als Instrument der Herrschaft neben Gewalt und deren Instrumenten gedient hat.

Wenn im kriegerisch triumphierenden Rom des 2. und 1. Jh vor unserer Zeitrechnun griechisch zur Sprache der Gebildeten Roms wurde, so weil die griechische Klassik systhematisch in ihrer Sprache ein philosophisch-wissenschaftlich-literarisches Instrumentarium geschaffen hatte, das die physische Existenz der Welt und die psychische des Menschen in einer bis dato unvergleichlichen Weise über Wortschatz und Grammatik semantisch erfaßt und gedanklich habhaft, wenn man so will 'beherrschbar' gemacht hatte.

Die herrschenden Klassen Roms hatten die eigene, lateinische Sprache auf die gleiche semantische Höhe erhoben, aber zunächst nur in den Bereichen des Rechts, der Verwaltung und der Kriegskunst. Darum bedienten sie sich ihrer eigenen Sprache ebenso intensiv und extensiv wie des Griechischen. Das gesellschaftliche Instrument der beiden Hochsprachen des Altertums war so außerordentlich verfeinert, daß es der Verbreitung des Christentums diente, das den theologischen Gehalt der hebräisch-aramäischen Bibel in den philosophisch-wissenschaftlichen Code des Griechischen und den rechtlich-politischen des Latein goß. Nicht nur weil politisch Rom die Grenze der Gesellschaft absteckte, innerhalb derer die Botschaft des Evangeliums ihren sozialen Nährboden fand, sondern ebenso weil Griechisch die Sprache war, in der das gesamte kulturelle Erbe des Mittelmeerraums – und weit bis in den Nahen Orient und den Balkan hinein – als Sprachinstrument des Denkens und der Kommunikation eingefangen war. Die gründlichste Anfechtung des Machtdenkens im Altertum wurde in den zwei Weltsprachen der römischen Herrschaft transportiert und durchdrang erst so die Massen der unterdrückten Völker.

Wir wollen diesen außerordentlich wichtigen Aspekt der Geschichte der europäisch-antiken Hochsprachen hier nicht weiter verfolgen. Nur soviel sei hinzugefügt. Die dauerhaft wirksame Entwicklung der antiken Hochsprachen als Instrumente sozialer und politischer Herrschaft wie als Instrumente ihrer Anfechtung, kann nicht ohne Erfindung und Verbreitung der Schrift erfolgen. Die Sprache des Gesetzgebers Hammurabi wie die des religiösen Revolutionärs auf dem Pharaonenthron, Echnaton, waren als Schriftsprachen codifiziert, d. h. in ihrer historischen Entwicklungsstufe zur Zeit der Niederschrift gleichsam sakralisiert, von der gesprochenen Sprache abgehoben und einer 'sprachgewaltigen' sozialen Schicht, der Scriben überantwortet.

Die 'Schriftkundigen' oder 'Schriftgelehrten' nehmen im Herrschaftsgefüge der antiken Kulturen eine besondere Funktion und Rolle ein, die im wesentlichen der Stabilisierung der Herrschaftsordnung, aber in entscheidendem Maß auch ihrer Anfechtung dient. Weder Echnathon noch Zoroaster, weder Sokrates noch die Propheten, weder Jesus noch Mohamed sind in ihrer Wirksamkeit denkbar ohne die Beherrschung der sakralen Schriftsprache der Scriben, die den der 'Lettrés' des 17. und 18. Jh. durchaus entsprechen. Vergleichbares gilt für die antiken Hochsprachen Asiens. Konfutse und Laotse, der Gautama Buddha und die buddhistischen Gelehrten Indiens, Hinterindiens, Chinas und Indonesiens sind allemal als Schriftgelehrte auch Teil der herrschenden Klassen und gleichzeitig –in ihrer Verfügung über das Instrument der Schriftsprache und der in ihr fixierten Tradition – die wirkungsvollen Agenten tiefgreifender gesellschaftlicher Veränderungen.

Eine Ausnahme von dieser Regel machen nur die Ketchua sprechenden Inka in ihrem kurzlebigen Riesenreich der Anden. Zwar ist ihre Hochsprache 'göttliche' Sprache, doch ihre herrschaftliche Exklusivität ist nicht an die Ausarbeitung einer differenzierten Schriftsprache gebunden, sondern im wesentlichen nur an den herrschaftlichen Personenverband. (Dessen Beherrschung der Schnurschrift diente der technischen Anwendung auf Steuern und Verwaltung, nicht der Fixierung und Entfaltung des religiöswissenschaftlichen Instrumentarium.) (11a) Im Unterschied zur noch nicht entschlüsselten Schriftsymbolik der Azteken). Es ist müßig, darüber zu sinnieren, ob im Inkareich eine Kaste der Schriftgestalter und Schriftkundigen entstanden wäre, wenn die militärisch-administrative Macht der herrschenden Inkas länger angehalten hätte. (12)

Abschließend sei daran erinnert, daß weltweit in allen Herrschaftskulturen die Ausbildung einer Hoch-und-Schriftsprache an die Entstehung und an die sozio-politische Vorherrschaft der Städte gebunden war. Dort wurde sie codifiziert, von diesen Zentren aus durchdrang sie – mehr oder weniger – die muttersprachlich-dialektalen Sprachräume des Herrschaftsbereichs.

Besonders eindrucksvolle Beispiele dafür sind die chaldäischen, phönizischen, griechischen städischen Gesellschaften und die politisch-kulturelle Herrschaft Roms über die von ihnen gegründeten oder entwickelten Städte ihres Reiches in Spanien, Gallien, England, Jugoslawien und Rumänien. In den Städten war die herrschaftliche Hochsprache das Kommunikationsmittel für Verwaltung, Recht und Handel, bzw. setzte sich zunehmend als solche im Verfolg der politischen Herrschaft oder der ökonomisch-kulturellen Durchdringung ganzer Regionen durch. Dabei verformten sich die herrschaftlichen Hochsprachen zu vulgarisierten „linguæ francæ", die als weit verbreitete Zweitsprache in den Handelzentren Asiens, Europas und Ostafrikas gesprochen wurden.

Fassen wir zusammen:

- Hochsprachen waren Schriftsprachen. Die schriftliche Codifizierung diente der sozialen und politischen Herrschaft in zweierlei Weise. Einmal ermöglichte sie die Monopolsierung des religiösen wie des materiellen Wissens durch die herrschenden Klassen.Ein andermal trug sie entscheidend dazu bei, alle Instrumente herrschaftlicher Macht zu entwickeln, zu verfeinern und systematisch-formal lehrbar zu machen. Die Schriftsprache erst ermöglichte die systematische Übertragung technischer, wissenschaftlicher, rechtlicher, verwaltender, vor allem aber sinngebender (metaphysischer) Erfahrung. Durch sie erst konnte der Werte- und Normencodex der herrschenden Klassen und Völker gezielt an die nachfolgende Generation der herrschenden Eigengruppe weitergegeben werden.

- Damit waren Hochsprachen als Schriftsprachen an die Herausbildung einer besonderen Gruppe von 'Gebildeten' gebunden, die als Scriben, Priester, Philosophen, Richter, Ärzte, Navigatoren, Astronomen, Mathematiker, Architekten, aber auch als Chronisten, Dichter und prophetische Ethiker die jeweils eigene Kompetenz als Lehre weitergeben konnten.

- Der Geltungsbereich der Hochsprachen ist zunächst an den der soziopolitischen Herrschaft gebunden, bleibt es aber nicht. Die Hochsprachen überdauern bei weitem die jeweiligen Herrschaftsgruppen und Herrschaftsstrukturen, der sie ihre Ausbreitung verdankten. Sie werden zu langdauernden Instrumenten unterschiedlichster herrschender Gruppen bei ihrer historischen Machtergreifung und Ablösung. Sie durchdringen und überlagern die Dialekte bzw. andere Sprachen des Herrschaftsbereichs und werden nationale Volkssprachen.

- Einige Hochsprachen werden zu Weltsprachen, die in ihren jeweiligen Kulturwelten Jahrhunderte und Jahrtausende lang das wichtigste Kommunikationsmittel aller herrschaftlich Gebildeten und aller gebildeten Herrschaften bleiben. Erst über sie akkumuliert sich das Wissen und Können verschiedenster Teilkulturen und geht von den einen auf die andern über.

- Das europäische Bürgertum schafft mit dem Aufblühen der mittelalterlichen Städte nationale Hochsprachen, die gleichzeitig sprachlich Latein und Griechisch beerben und ablösen. (15) Das internationale Gewicht dieser nationalen Hochsprachen entspricht ganz und gar der gesellschaftlich-politischen Macht der Zentralgewalten. Spanisch und Portugisisch erobern Lateinamerika, Englisch und Französisch konkurrieren in Nordamerika und Indien, Holländisch und Englisch auf Java, Spanisch beherrscht die Philippinen, schließlich durchdringt deutsch die Tschechoslowakei und Teile des Balkans.

– Im Gegensatz zu den Hochsprachen bleiben die Muttersprachen in ihrer ungeheuren Vielfalt und Vielgestaltigkeit das entscheidende Mittel der Identifizierung und Identität der beherrschten Völker und Klassen. In der Abkapselung von, bzw. dem Widerstand gegen, den Gültigkeitsanspruch der Hochsprachen drückt sich der kulturelle wie der politische Kampf gegen den Herrschaftsanspruch der Eroberer oder der städtischen Herren aus.

Sprachprobleme in der Folge von Kolonialismus und Imperialismus

Anfangs muß zunächst auf die banale Tatsache verwiesen werden, daß der Ausgriff der Kolonialmächte Europas auf die Welt zwar aus einander ähnlichen ökonomisch-politischen Motiven bei den konkurrierenden Großmächten erfolgte, daß aber die Periode des Kolonialismus vom Beginn des 16. Jh. bis in die Mitte des 20. Jh. reicht, daß also der Charakter der Herrschaftsansprüche und die Methode ihrer Durchsetzung die gesamte gesellschaftliche Entwicklung des europäischen Kontinents vom Handelskapitalismus des Hochmittelalters bis zur 2. technischen Revolution der industriellen Weltkultur umfassen, und daß diese Eroberung der Welt auf die unterschiedlichsten Kulturen stieß, von denen des Steinzeitalters bis zu den Hochkulturen des Orients und Asiens, die denen Europas Jahrhunderte lang überlegen waren.

Daraus ergibt sich für die sprachliche Durchdringung des kolonialistischen, bzw. imperialistischen Machtbereichs eine grundlegende Zweiteilung.

Auf der einen Seite die Kontinente und Länder, in denen die Sprache des europäischen Eroberers und Kolonisators zur dominanten Hochsprache wird. Auf der anderen Seite diejenigen, in denen die eigene Sprachtradition dominant bleibt und nur eine kleine Oberschicht sich der kolonialen Herrschaftssprache bedient. Dazwischen liegen Sprachgebiete, in denen die Hochsprache des Kolonisators von den Beherrschten zwar adoptiert, aber zu einer neuen, abgewandelten 'Vulgärsprache' gemacht wird.

Zur ersten Kategorie gehören Lateinamerika, Nordamerika, und Australien mit Neu-Seeland; zur zweiten alle Kolonien und Halbkolonien, die erst nach dem 2. Weltkrieg ihre politische Selbständigkeit bekommen haben; zur dritten schließlich die wenigen Inseln oder Länder der Antillen und Westafrikas, in denen kreolisch oder Pidgin zur gesprochenen Verkehrssprache wurde.

In Lateinamerika breiten sich Spanisch und Portugiesisch als Verkehrs- und zunehmend als Muttersprachen – von den Küsten und Stadtgründungen ins Landesinnere und von den Herren auf die Knechte – aus. Dabei spielen die katholischen Missionare und ihre ökonomisch-politische Funktion im Herrschaftsdreieck 'europäische Krone' – 'Kolonialadministration' – 'neue, bodenständige, herrschende Klasse der 'Mischlinge' – eine entscheidende Rolle. Hier fällt den Jesuiten, insbesondere in Paraguay (Reduktionen) eine ganz besondere Rolle zu. Als Träger und Vertreter des Spanischen (in Brasilien des Portugiesischen) stehen sie gleichzeitig für das physische und psychische Überleben der einheimischen Bevölkerung, die von der ungezügelten Raubgier der europäischen Krone und ihrer Statthalter im Lande in ihrer Existenz bedroht sind. In der Sprache der Eroberer und Blutsauger kommt zu den Opfern – über diesen Teil des Klerus – sowohl die verbale Botschaft ihres Lebensrechts als das europäische 'Know-how' seiner materiellen Umsetzung. Die Sprache der unterdrückten Herrschaft wird zur Sprache der Hoffnung und des Überlebens.

Im portugiesischen Sprachbereich Brasiliens kommt ein weiterer Faktor hinzu. Die Amalgamisierung der Zwangsimportierung schwarzer Sklaven mit den elenden Massen der indianischen Ureinwohner und Abkömmlingen kolonialer Sexualvergewaltigung erfolgt über das Kommunikationsmittel der portugiesischen Sprache und führt zu einer reichen, eigenständigen Volkskultur in religiösen Vorstellungen, Musik, Tanz, Lied und Bildkunst.

Ohne diese Bezüge sind die Beziehungen und Quellenanrufe der Volksbewegungen Brasiliens und Argentiniens an die christliche und marxistische Tradition Europas, sind der Widerspruch von europäisch-aufklärerischem Rationalismus und nicht-rationaler Gläubigkeit des Pädagogen Paolo Freire oder der 'Theologie der Befreiung' des Theologen Boff nicht zu verstehen.

Anders, aber nicht grundlegend verschieden, verläuft die Sprachgeschichte der Andenländer. Als Beispiel diene ein Seminarprotokoll, das die Durchdringung des Spanischen im Inkareich in den Grenzen des heutigen Peru zusammenfaßt. (16, 17)

Englisch im Melting Pot U. S. A. und Australien

In Nordamerika trifft die europäische Kolonisation auf die schriftlose Sprachkulturen der Indianer, ähnlich wie im Osten des lateinamerikanischen Subkontinents, aber unter ökologischen Bedingungen, die denen Europas gleichen, mithin die Einwanderung breiter europäischer Massen ermöglichen. Mit dem Sieg Englands über Frankreich im Siebenjährigen Krieg fällt die Entscheidung über die herrschende Hochsprache. Englisch wird zum Hauptinstrument des 'melting-pot'. Französisch hält sich nur in Louisana und in einem Teil Kanadas. Die Einverleibung Californiens und Neu-Mexicos überrollt das Spanische. Die Einwanderungswellen aus Europa (Iren, Deutsche, Polen, Russen, Juden etc. etc.), aber auch aus Asien (Chinesen, Koreaner u. a.) halten kaum mehr als eine Generation an ihrer

Muttersprache als Hauptsprache fest. So spielt Englisch in einer nie vorher gekannten Weise die Rolle der *herrschenden Sprache* als Instrument der Nations-werdung. Wie unmittelbar diese Rolle an die Geschichte der amerikanischen Gesellschaft gebunden ist, welch entscheidenden Anteil daran der Traum von den „unbegrenzten Möglichkeiten" der USA bei allen einwandernden Sprachgruppen gespielt hat, braucht hier nicht erläutert zu wer-. den.

Ähnlich gelagert ist die gesellschaftliche Funktion des Englischen in Australien und Neuseeland. Dort, wie in den USA, verlieren die Muttersprachen der Ureinwohner wie der nicht englisch sprechenden Einwanderer, trotz der Bedürfnisse nach Beheimatung und gesellschaftlichem Zusammenhalt in bzw. mit der ursprünglichen Sprachgruppe, jeden maßgeblichen Einfluß auf die kulturell-politische Entwicklung.

Zur zweiten Kategorie der europäischen Herrschaftssprachen in der Welt gehören der Mittlere Orient, Asien, Nord- und Schwarzafrika. Ob die ökonomisch-politische Beherrschung zwei, bzw. drei hundert Jahre währt, wie die Englands im indischen Subkontinent, bzw. die Hollands in Indonesien, oder 130 Jahre wie die Frankreichs in Algerien oder 50 Jahre in Viet-Nam, Laos und Kambodscha, ob sie es dort mit uralten Hochkulturen mit philosophisch-religiöser wie literarischer Tradition zu tun hat, oder, wie in Schwarzafrika, mit schriftlosen Nomaden-und-Bauernkulturen, sie bewirkt keine sprachliche Akkulturation an die Herrschaftssprache, sondern lediglich die Zweisprachigkeit der alten, bzw. der von ihr neu gebildeten Oberschicht. Doch überall dringt mit dieser europäischen Oberschichtsprache als Instrument politischer und wirtschaftlicher Durchdringung das Weltbild, das Wertesystem, die Zukunftsvision, das Ideengut und das Know-how der Industriekulturen bis tief in alle gesellschaftlichen Strukturen ein, sodaß sich – im Laufe dieses Jahrhunderts – die Zweisprachigkeit auf weite Kreise der Bevölkerung ausdehnt.

Gerade die anti-imperialistische Bewegung spielt dabei eine große Rolle, obschon mit sehr unterschiedlichen sprachpolitischen Zielen und Mitteln. Die Initiatoren und Führer der Unabhängigkeitsbewegungen beherrschen den elaborierten Code der Kolonialherrschaft oft besser, mindest aber gleich gut wie ihre Muttersprache. Um die Vielsprachigkeit der Stämme, Völker, Religionen und Kulturen zu einer antiimperialistischen Bewegung zusammenzuschweißen, bzw. nach Erringung der politischen Unabhängigkeit aufrecht zu erhalten, bzw. zu vertiefen, greifen die einen direkt auf die Sprache des Kolonialherren zurück, während die anderen eine der Landessprachen zur dominanten Hochsprache zu machen suchen.

So entstehen anglophone, francophone, lisophone Bewegungen und Staaten neben Viet-Nam, Indonesien, Algerien u. a. mit tradionellen Sprachen der Region. Alte „Linguae francae", wie Hocharabisch, Malaiisch, Kisuaheli, bzw. eine der alten Hauptsprachen der jungen Nation, wie Hindi in Indien, werden in Politik und Verwaltung zu herrschenden Hochsprachen gemacht.

Auf diese Weise beginnt sich in dieser zweiten Kategorie von Kulturen mit kolonialer, bzw. halb-kolonialer Vergangenheit ein neues Phänomen abzuzeichnen. Während die breiten Massen insbesondere der städtischen Bevölkerungsgruppen zunehmend zweisprachig werden, sind die politischen, technisch-ökonomischen und wissenschaftlich-geistigen Eliten im Begriff dreisprachig zu werden, wobei die dritte Sprache fast überall Englisch ist. Auch in diesen Phänomen spiegelt sich die internationale Herrschaftstruktur in den Bereichen der technisch-wirtschaftlichen Dominanz der anglophonen Großmächte.

Mittel und Konsequenzen linguistischer Herrschaft

In der gesamten Kulturgeschichte war das wichtigste Mittel der gesellschaftlichen Vorherrschaft einer Hochsprache die Institution und Organisation eines formalen Bildungswesens. Erst Schulen mit ihren sozial selektierten Addressaten und ihren Funktionen der Rollenzuweisung im gesellschaftlichen Gefüge von Macht und Herrschaft ermöglichten es, die syntaktische Struktur, den semantischen Gehalt und den kodifizierten Script der herrschenden Hochsprache zur Grundlage herrschaftlicher Kommunikation zwischen Völkern und Klassen zu machen.

Dies gilt in besonderer Weise für das formale Bildungswesen der Kolonialmächte. Dabei konkurrierten die Missionsschulen, bzw. weltliche Bildungsstätten der Kolonialherren, mit den bereits vorhandenen Institutionen der vorkolonialen Elite – und – Volksbildung (z. B. der Koranschulen oder den hinduistischen und buddhistischen Lehr- und Studiengemeinschaften). Sie konkurrierten (und kokurrieren weiter) mit den traditionellen Formen non-formaler Bildung, die stets muttersprachlich geleistet wurde.

Aus diesem 'Konkurrenzkampf' geht das Bildungswesen der früheren Kolonialmächte in jeder Beziehung 'siegreich' hervor:
– Sowohl Sprache und Schrift als die von ihnen vehikulierten Bildungsinhalte werden für die gesellschaftliche Gesamtentwicklung der Kolonien und Halbkolonien vor und nach ihrer politischen Unabhängigkeit maßgebend.
– Zugang zur sekundären und tertiären Bildung, Voraussetzung des Zugangs zu den Funktionen und Institutionen der ökonomisch, politischen und militärischen Entscheidungsgremien, ist an die erfolgreiche Absolvierung des Curriculums in der Sprache der früheren Kolonisatoren gebunden.
– Bei der Ablösung der traditionellen, durch die neuen Eliten, die die 'Entwicklungsstrategie' der Industriekultur verinnerlicht haben, spielt die Aneignung der jeweiligen Sprache der früheren Kolonialherren, und damit der Zugang zur internationalen Kommunikation in Wissenschaft, Technik und Technologie, Diplomatie und Wirtschaftspolitik die entscheidende Rolle. Die 'neuen Eliten' sind weit mehr Produkte

der Sekundar- und Hochschulen nach dem Muster der euro-amerikanischen Bildung als Träger der pädagogischen Tradition und Sprache der Völker und Nationen, denen sie entstammen.
– Auch die Autonomiebewegung und das 'nation-building' in der Dritten Welt, die von diesen 'neuen Eliten' – zum Teil im anti-imperialistischen Kampf – in Bewegung gesetzt wurden, sind ohne die Schule und damit die Sprache der alten imperialistischen Weltordnung nicht denkbar.

So kann man sagen, daß Bildungswesen und Sprache der europäischen Großmächte, die einst als minimale, kulturelle Fremdkörper in die Kulturen der südlichen Hemisphäre eingedrungen waren, heute diesen Kulturen auf allen Gebieten der gesellschaftlichen Entwicklung den Stempel aufdrücken. Dies gilt auch da, wo eine autochtone Sprache zur nationalen Hochsprache geworden ist oder werden soll. Die Arabisierung des Bildungwesens in Nord-Afrika, die Durchsetzung der Bahasa Indonesia an den Schulen und Universitäten Indonesiens, die Bemühungen der indischen Regierung, Hindi zur Verwaltungs- und Bildungssprache des Subkontinents zu machen, vermindern in keiner Weise das kulturelle Schwergewicht der internationalen Herrschaftssprachen Europas im nationalen Entwicklungsprozeß.

Selbstverständlich liegt dies daran, daß in diesen Sprachen die Ergebnisse der wissenschaftlich-technischen Revolution, der weltwirtschaftlichen Produktion und des weltweiten politisch-militärischen Machtkampfes um die 'Verteilung des Kuchens' begrifflich produziert und vermittelt werden. Selbst Japan, das technologisch und ökonomisch die Europäer überflügelt hat und mit den USA zumindest gleichzieht, kann auf die Bildung seiner Eliten in den eurogenen Weltsprachen nicht verzichten. Die Weltkommunikation der Wissenschaft, Wirtschaft und Politik findet zunehmend in Englisch statt, sodaß das gesamte Weltbildungswesen und alle Medien formaler und nonformaler Bildung (Presse und Buch, Radio, Fernsehen, Video-Cassetten) diese Sprache als Erst oder Zweitsprache annehmen.

Französisch, Spanisch, Portugiesisch, Russisch und Holländisch erst recht Deutsch, Italienisch oder die skandinavischen Sprachen verlieren dem Englischen gegenüber an Gewicht.

Die Vorherrschaft der eurogenen Sprachen, insbesondere des Englischen, in der Dritten Welt und bei den 'neuen Eliten' kann als *funktional* im Sinne der Industriekultur der nördlichen Hemisphäre, dagegen als *dysfunktional* für die überwiegende Mehrheit der Bevölkerungen der südlichen Halbkugel angesehen werden. Das ständige Anwachsen der Macht und Bedeutung von Bildung und Kommunikation in den eurogenen Sprachen fördert die ökonomische und politische Macht des Neo-Imperialismus und beraubt immer weitere Massen der südlichen Hemisphäre ihrer muttersprachlich gebildeten Identität, d. h. ihrer Fähigkeit zu kreativer Autonomie.

So schreibt der schwarzafrikanische WissenschaftlerJacques Howlett (18)
„Wer in Schwarzafrika sich anschickt, eine Sprache zu sprechen und zu
schreiben, die ihm durch die Gegenwart des Fremden mit dessen ökonomischer, politischer und kultureller Macht aufgenötigt wird als Kommunikationsmittel zu benutzen, stellt ein Wesen dar, das von seinen au-
thentischen, kulturell-sprachlichen Bedeutungsträgern (significants)
abgeschnitten ist. Das Verbum 'benutzen' trifft den wahren Sachverhalt. in ihm wird die ganze Willkür der Geschichte deutlich, die bewirkt
hat, daß man z. b. in Nigeria Englisch und im Senegal Französisch wie
importierte Instrumente benutzt, die dem Gütezeichen und dem Auto-
ritätsanspruch der Herrschaft und ihres Wissens versehen sind, wie ein
Werkzeug also, dessen Handhabung man nachmacht, gelernt hat,
manchmal meistert, als Sprecher und Schreiber von ursprünglich Yoru-
ba, Ibo, Wolof oder Tourcouleur. So gibt es für all diese Völker die Inti-
mität der Muttersprache, in der sie zuhause sind und der Äußerlichkeit
einer Fremdsprache, die sie benutzen ....
Wenn unsere Sprache .... den Raum umschreibt, in dem wir sind, was
wir sind und dem wir mit dem Innersten unserer Psyche angehören, so
möge man sich den massiven Eingriff vor Augen führen, der dem Subjekt widerfährt, das - kaum am Ende des Kleinkindalters - gezwungen
wird, sich in einer anderen Sprache auszudrücken als der eigenen;
daß diese andere Sprache –die doch gleichzeitig die Sprache des anderen ist - ihm von den ad hoc geschaffenen Institutionen als die Sprache
eingerichtet wird, deren Beherrschung alles bedeutet, nämlich Vor-
wärtskommen, Wohlstand und Ansehen, dann kann man ermessen,
welche dysfunktionalen Störungen bei der Identitätsbildung des betroffenen Kindes in seiner Entwicklung auftreten müssen ......"

Im gleichen Aufsatz zitiert der Autor J. P. Sartre: (19)
„Es ist das Unglück der Länder, in denen der Kolonialherr den Eingebo-
renen die Assimilation seiner Sprache aufgezwungen hat. So hat er sie
zur kulturellen Entfremdung verdammt, der schlimmsten, die ihnen wi-
derfahren konnte, nämlich, sich selbst dauernd übersetzen zu müssen,
gezwungen zu sein, sich selbst und die Welt über eine lexikalische und
grammatische Semantik interpretieren zu müssen, die für sie mit dem
ganzen Gewicht einer fremden Kultur belastet ist ..."

Diese Entfremdung stellt jedoch nicht nur ein psychologisch leidvolles
Phänomen für die Betroffenen dar. Sie bedroht die gesamte Entwicklung ge-
rade jener Länder, die man „Entwicklungsländer" getauft hat. In der Tat ist
die technologische, die wirtschaftliche wie die sozio-politische Entwicklung
in eminenter Weise daran gebunden, wie die junge Generation das Erbe an
Denken und wissen sich aneignet. Dabei spielt die Sprache eine Hauptrolle.
Bernstein hat nachgewiesen (20), daß selbst innerhalb eines europäischen
Sprachraums zwei Codes bestehen, die nicht nur in Bezug auf Vokabular

und Syntax, sondern darüber hinaus für das gesamte Denken und die Fruchtbarkeit der Kommunikation von größter Bedeutung sind. Wieviel mehr gilt dies für die Sprachen aus zwei gänzlich verschiedenen Kulturkreisen. Erfolgt nämlich die primäre Sozialisation bereits im sozialen Umfeld eines „elaborierten Codes", so überwiegen in Sprache und Denken die kausal-logischen, sachbezogenen Sprechakte und damit die entsprechenden Abstraktionen, mit den ihnen eigenen Denkweisen kausaler Verknüpfung einer Realität, die als sachlich überprüfbar begriffen wird. Im „restringierten Code" dagegen überwiegt das Bedürfnis nach gegenseitiger sozialer Bestätigung, Nähe und Gemeinschaft auf Kosten kausal-komplexer Begrifflichkeit und Sachkritik.

Nun ist evident, daß der vom europäischen Bürgertum entwickelte 'elaborierte Code' gerade die Sprache und das Denken ergeben, die zur Grundlage der wissenschaftlich-technischen, wie der wirtschaftlichen, sozialen und politischen Entwicklung von Kapitalismus und Imperialismus, aber ebenso von Menschenrechten, Demokratie und Universalismus geworden sind. Wird dieser 'elaborierte Code' nicht über die kommunikativen Bezüge der sozio-kulturellen Eigengruppe bereits in der Kindheit verinnerlicht, so erfolgt die Assimilation des sachlichen Sinngehalts, das er als formal vermittelte Lehrinhalte vehikuliert, ohne wirkliche Aneignung von deren impliziten, gedanklichen Entwicklungsmöglichkeiten.

Das ist bereits in den alten deutschen, schichtspezifischen Schularten mit ihren entsprechenden Didaktiken zu beachten. In den alten Volkshochschulen mit ihren Adressaten aus den Schichten des „restringierten Codes" wurden die Ergebnisse von Natur- und Humanwissenschaften in der Form vulgarisierten, auswendig zu lernenden Wissens weitergegeben und die logischen Übungen auf unüberprüfbare, mechanistische Verknüpfung unbewiesener Postulate reduziert.

Genau dies aber geschieht in den Schulen, ja in den meisten Hochschulen der Dritten Welt. Mögen dort die Lehrpläne 'funktional' oder 'ruralisiert', also angeblich den 'Grundbedürfnissen' der zu alphabetisierenden Massen angepaßt sein, mögen sie in der Sekundar- und tertiären Bildung den Anforderungen euro-amerikanischer Standards zu entsprechen suchen, der Sprach- und damit Denkcode ihrer Vermittlung bleibt der einer dem Adressaten fremden Kultur. So wird er als fremder, 'seelenloser' Stoff assimiliert, der ohne Beziehung zum eigenen Denken über eigene gesellschaftliche wie private Bedürfnisse bleibt.

Karl-Heinz Osterloh faßt diese erschreckende Tatsache folgendermaßen zusammen:

„Westliche Kulturphänomene verlieren so ihren Charakter als neuartige Sprachwelt, sie werden auf die empirisch-szenische Wahrnehmungsstufe regrediert und wie präsentierbare Objekte behandelt. Das Ich bleibt ihnen gegenüber sprachlos, sein Verhältnis zu ihnen ist ein verdinglichtes. Statt Akkulturation kommt es allenfalls zum Transfer von Materialien und Technologien, die innerhalb der eigenen Kultur wie

Fremdkörper wirken und anomische Situationen auslösen.
An diesem Punkt wird die Fatalität aller Entwicklungsstrategien sichtbar, die die Lösung des Problems im bloßen Import von Einrichtungen der Industrienationen sehen. Der Transfer westlicher Kontexe führt nicht zu sozio-kulturellem Wandel und Ausbildung eigener Subjektstrukturen, sondern zu psychischer Abhängigkeit ..." (21)

Was Osterloh in seiner bemerkenswerten Studie herausstellt, wird von dem tunesischen Pädagogen und Bildungspolitiker Fitouri (22) in seiner französischen Habiltationsschrift als zentrales Problem der Beziehung von Herrschaft und Sprache behandelt. Die Grundidee bei ihm ist die, die auch unsere Schlußfolgerungen inspirieren soll: nicht die Sprachproblematik (insbesondere der Bilinguismus im Bildungswesen der Dritten Welt bildet den Kern des Problems, sondern der Bikulturismus, d h. die Vorherrschaft der euro-amerikanischen Theorie und Praxis gesellschaftlicher Kommunikation und Interaktion.

In der Tat beweisen zahllose Denker und Schriftsteller in allen Teilen der Welt, daß man von der eigenen Muttersprache zu einer später erworbenen Kultursprache übergehen kann, ohne Identitätsverlust, ja im Gegenteil mit größtem Gewinn für Gemüt und Gedanken. (23)

Sich über die herrschende Hochsprache, bzw. Weltsprache vermitteln zu müssen, bedeutet, vom historischen Kontext abstrahiert, weder psychische Verstümmelung noch verschüttet eine solche Sprache der 'gebildeten Stände' die Quellen seelisch-geistiger Kreativität. In einer 'toten Sprache' wie dem Latein schuf das Hochmittelalter nicht nur seine Theologie und Philosophie, sondern drückte mit Verve und Leidenschaft auch seine Konflikte, seine Gefühle und intimsten Hoffnungen aus. In unserer Zeit beweist die neue hebräische Literatur, ob wissenschaftlich, philosophisch oder literarisch, daß das Werk von Frauen und Männern, die Neuhebräisch erst – oft mühsam und nach Abschluß ihrer Schul- und Hochschulausbildung – erlernt haben, muttersprachlichen Schrifttum ebenbürtig sein kann.

Nicht also die Vorherrschaft einer Sprache und der daraus sich ergebende Bilingualismus in jedem Bildungssystem stellt das Problem dar, sondern die konkreten Formen wirtschaftlicher und politischer Herrschaft, die der jeweiligen Sprache zu ihrer transethischen, kulturellen Bedeutung verholfen haben. Mit anderen Worten: nicht ob Englisch, Französisch oder Arabisch, Hindi, Bahasa Indonesia, nicht ob Kechua oder Spanisch in Peru bzw. Portugiesisch oder eine der 15 Stammessprachen die Amts- und Bildungssprachen in Mozambique sind, bzw: dazu werden, ist vorrangig von Bedeutung, sondern ob mit Hilfe der herrschenden Sprache im jeweiligen Drittweltland die „strukturelle Heterogenität" [24], die wirtschaftlich-politische Abhängigkeit von der Herrrschaft des Neo-Imperialismus verstärkt oder aber im Gegenteil ihre Selbständigkeit und Selbstfindung begünstigt wird.

Hier kommen wir auf die Grundlagenbetrachtungen des ersten Teils unserer Ausführungen zurück. Sprache ist eine gesellschaftlch-historische

Vorgegebenheit, der Sprechakt dagegen die Leistung der kommunizierenden Gesellschafter. Sie sind von den Verhältnissen und deren Instrumenten nicht nur bedingt, sondern bedingen diese ihrerseits. Zwar unterliegen die Individuen in ihrem Denken und Handeln sowohl den Strukturen der Herrschaft als denen der Sprache, deren sie sich bedienen, doch nicht in mechanischer Abängigkeit, sondern in einem dialektischen Prozeß. In einer herr-· schaftlichen Sprache kommunizieren zu *müssen* heißt auch, in ihr kommunizieren zu *können*. Die unzähligen Sprechakte (bzw. ihre Verbreitung über die Medien der Schrift, des Radios, des Fernsehens und der Video-Casette) der Abhängigen in der Sprache ihrer Herren bilden in jeder Drittweltkultur Handlungskompetenz für Emanzipation aus.

Das ist leicht zu beweisen. Fanon schreibt auf französisch sein aufrüttelndes Buch „Schwarze Haut, weiße Masken", Freire auf Portugiesisch seine „Pädagogik der Unterdrückten", Nyerere auf Englisch „Freedom and Unity", Boff und Helder Camara verkünden auf Spanisch die „Theologie der Befreiung", Senghor sucht nach einer Synthese zwischen afrikanischer Tradition und europäischer Kultur in seiner „Négritude" auf französisch, der iranische Denker der Opposition gegen die „weiße Revolution", Ali Schariati, bedient sich in gleicher Weise des Iranischen und Englischen, wie des Französischen. Die grundsätzlichen Beiträge von Natur-, Geistes- und Sozialwissenschaftlern, von Philosophen und Pädagogen aus allen Zentren der Drittweltforschung zur gegenwärtigen Weltkrise der materiellen wie geistigen Werte werden unterschiedslos in den herrschenden Weltsprachen verfaßt und verbreitet. Kein Zweifel also: die bislang von der euro-amerikanischen Herrschaft unterdrückten oder zerstörten Schätze aller anderen ethnischen Kulturen werden zusehends gehoben und in den Auseinandersetzungen und Kämpfen der abhängigen Völker zu Instrumenten der Autonomie gemacht. Das geschieht in nationalen wie in Weltsprachen!

In diesem Prozeß hat das Deutsche – wie das Holländische, Italienische, Schwedische – eine besondere Funktion. Als Dritt- oder Viertsprache der Bildungsphalanx in der Dritten Welt kann es zu einem besonders wirkungsvollen Instrument kritischen Denkens bzw. von Kommunikation ohne Minderwertigkeitsgefühle werden, denn es befördert historisch wie aktuell die kulturelle Selbstbehauptung gegenüber dem Anspruch der Weltsprachen und der Monopolisierung von Herrschaft.

Thesenhafte Zusammenfassung

In menschlichen Gesellschaften können Menschen durch andere instrumentalisiert werden, d. h.: ihre Arbeitskraft wird gemäß den Bedürfnissen, Absichten und Zielen derjenigen eingesetzt, die Macht über sie haben. Sprachliche Kommunikation ist eine der Voraussetzungen dieser Instrumentalisierung. Sie kann als *Instrument der Instrumentalisierung von Menschen durch Menschen* betrachtet werden.

Sprache ist das Instrument, mit dessen Hilfe alle anderen Instrumente der Nutzung natürlicher und sozialer Ressourcen konzipiert (Sprache = die „unmittelbare Wirklichkeit des Gedankens" K. Marx), in ihrer Anwendung gelehrt, abgewandelt, über Räume und Zeiten hinweg verbreitet werden kann.

Sprachkompetenz ist also die Grundlage von Handlungskompetenz. Als psychisches Vermögen ist Sprachkompetenz (und Performanz) eine Gattungsuniversalie, d. h. jeder Mensch, unabhängig von Geschlecht oder sozialer Herkunft kann jede historisch entwickelte Sprachkompetenz einer oder mehrerer Sprachen erwerben. Als soziales Vermögen dagegen wird der Erwerb der Sprachkompetenz durch die gesellschaftliche Verteilung von Macht und Herrschaft genau in dem Maße eingeschränkt, wie die mit ihr verbundene Handlungskompetenz im Interesse der Instrumentalisierung von Gruppen und Individuen eingeschränkt (bzw. die anderer Gruppen erweitert) werden soll.

So gibt es im historischen Nacheinander Nebeneinander und Miteinander ein eindeutiges Übereinander von Idiolekten, Dialekten und Sprachen (langues) zu jedem Zeitpunkt der Geschichte in jedem historisch-politischen Raum. Dieses *Übereinander* erscheint im historischen Ablauf der Sprachgeschichte als sakrale versus banale (vulgäre) Sprache, als Hochsprache versus Dialekt, die internationale Verkehrssprache versus internationaler Hochsprache. Innerhalb einer nationalen Sprache erscheint dieses soziale Kompetenz- und Machtgefälle als elaborierter bzw. restringierter Code.

Sprache als „Wirklichkeit des Gedankens" (und symbolische, digitale Übersetzung aller Wahrnehmungen, Empfindungen, Gefühle und Leidenschaften) stellt dem situativ-Faktischen das bedingt-Mögliche gegenüber. Sprache drückt mithin Ängste, Erwartungen und Hoffnungen aus und ermöglicht instrumentale, wie vor allem soziale Entwürfe, die von ihnen motiviert werden. Über Sprache werden Zukunftserwartungen sozialisiert, und Sprache ermöglicht als psychisches Instrument die Identifikation mit einer Gemeinschaft. Sie verkörpert gegebenenfalls den Anspruch der Gruppenautonomie und ihrer möglichen Zukunft gegenüber der Fremdbestimmung durch den elaborierten Code der 'Herrensprache'.

Hochsprachen waren seit je die Sprachen von herrschenden Völkern, Klassen bzw. Gruppen. Herrschaft benötigt Techniken der Organisation. Diese wiederum der Schrift. (Verhältnismäßige Ausnahme: Das Inkareich). Hochsprachen wurden immer zu Schriftsprachen (sakrale Sprachen); die der Abhängigen blieben schriftlos (banale Sprachen). Hochsprachen hatten geographisch weite Verbreitung, banale Sprachen blieben dagegen auf kleine Räume materieller Interaktion beschränkt. Aber sozial blieben die Hochsprachen zunächst die Ausdrucksform verhältnismäßig kleiner Minderheiten. Ihre soziale Durchdringung im Herrschaftsbereich hing davon ab, wie weitgehend die herrschenden Gruppen über Religion, Rechtswesen und wirtschaftliche Techniken in die tägliche Interaktion der Abhängigen hineinwirkten. Diese gesellschaftliche Durchdringung der Räume banaler

Sprachen durch die Hochsprachen der Herrschenden brachten u. U. eine gewisse Zweisprachigkeit der Abhängigen mit sich. Die lokalen Eliten sicherten sich ihren Status durch Erwerb der Hoch-und-Schriftsprache der zentralen Herrschaft.

Die Entwicklung der europäischen Nationalsprachen stellt sowohl eine Bestätigung dieser Gesetzmäßigkeit als auch ihre Erweiterung und Veränderung dar:

Bestätigung: Alle Nationalsprachen werden ausgebildet, getragen und verbreitert durch die bürgerlich-städtischen Eliten und sind die Sprachen der Zentren gegenüber der sozial-ökonomischen Peripherie des flachen Landes.

Veränderung: die Hoch-und-Schriftsprache wird zum Vehikel der Demokratisierung der Gesamtgesellschaft, wird fortschreitend die dominante Sprache der national amalgamierten Völker.

Gleichzeitig erlangen fünf Nationalsprachen (Französisch, Englisch, Spanisch, Portugiesisch, Holländisch) den Rang von internationalen Hochsprachen im Zuge des kolonialistischen Ausgriffs auf die außereuropäische Welt und des Kampfes um die Vorherrschaft in Europa.

Mit den geistigen, wissenschaftlich-technischen Umwälzungen der letzten 200 Jahre verändert sich das Verhältnis von Macht und Sprache.

– Über die Kompetenz in der jeweiligen Schriftsprache eröffnet sich der Zugang zur Verfügung über Wissen und Können im technischen wie im kulturell-politischen Bereich.

– Dadurch wird nicht nur – wie bisher – die Sprachverbreitung abhängig von der gesellschaftlich-politischen Herrschaft über einen geographisch-gesellschaftlichen Raum, sondern die Herrschaft wird zunehmend abhängig von von der sprachlichen und damit wissenschaftlich-technischen und politischen Kompetenz der Eliten wie der Abhängigen.

Mit der 'Zerebralisierung' der Produktions-und-Kommunikationsprozesse (Computer – Mikrochips – Roboter – Nachrichtenwesen etc. etc.) und dem zunehmenden politischen und ökonomischen Gewicht der Forschung nimmt die Sprachkompetenz an Bedeutung rasant zu. Das hat zur Folge:

– Die Entwicklungsländer müssen in kürzester Zeit Nationalsprachen durchsetzen und für ihre Durchsetzung die materielle Infrastruktur organisieren und finanzieren (Schulen, Hochschulen, Verlage, Medien, Bibliotheken).

– Die Entwicklungsländer müssen eine breite Schicht von mittleren und leitenden Kadern heranbilden, die neben ihrer 'dialektalen' Muttersprache und der jeweiligen Nationalsprache noch eine internationale Sprache beherrschen.

– Die Industrieländer müssen bestrebt sein, diese Entwicklung voranzutreiben, um ihre wirtschaftliche und politische Macht in den Drittweltländern zu sichern bzw. zu verstärken. Dabei wird der Kampf um die

Ausbildung der Sprachkompetenz der mittleren und höheren Kader in der jeweiligen Sprache der Industriemächte zu einem maßgeblichen Faktor im wirtschaftlichen und politischen Durchsetzungsvermögen. Mittels der Sprachkompetenz sucht die jeweilige Industriemacht die Eliten der Entwickklungsländer, wissenschaftlich, technisch, wirtschaftlich und politisch an die Ressourcen der Metropole zu binden. Die Sprachpolitik der Weltmetropole ist auf die Erhaltung und Vertiefung der strukturellen Heterogenität zwischen ihnen und der Dritten Welt gerichtet.

Diese strukturelle Heterogenität setzt sich im inneren gesellschaftlichen Gefüge der Drittweltländer fort und vertieft dort alle Widersprüche: (24)
- zwischen bäuerlich-traditioneller Muttersprache und schulischer Nationalsprache (Grundproblem der 'funktionalen Bildung');
- Widerspruch zwischen 'Eliten' mit Sprachkompetenz in einer internationalen Hochsprache (und entsprechendem Zugang zur Nutzung der metropolen Ressourcen im materiellen und politischen Interesse an den eigenen Privilegien) auf der einen Seite und auf der anderen der ungeheuren Mehrzahl der abhängigen Bevölkerung, die im Sinne der erforderlichen Sprachkompetenz zu den Analphabeten zu rechnen ist;
- Widerspruch zwischen den verschiedenen Gruppen innerhalb der Privilegierten, die jeweils die eigene Hochsprache als Nationalsprache durchsetzen wollen, um die Vorherrschaft im eigenen Land zu erhalten bzw. zu gewinnen;
- Widerspruch zwischen den Generationen: die Jungen 'vergessen' bzw. verleugnen die dialektale Muttersprache der Elterngeneration und machen sich einen restringierten Code der Nationalsprache zu eigen, oft auch einen 'Suburbian Slang'.

Schlußfolgerungen: Da Sprachkompetenz auch Handlungskompetenz bedeutet und Handlungskompetenz Voraussetzung für relativ autonomes Handeln darstellt, bedeutet die Entwicklung der Sprachkompetenz der Entwicklungsländer einen wesentlichen Beitrag zu ihrer relativen Autonomie.
- Da Sprachkompetenz eine historisch-gesellschaftliche und nicht nur eine anthropologisch-strukturale Grundlage hat, muß untersucht werden, an welchen Kriterien sie heute konkret festzumachen ist.

Solche Kriterien sind u. a.:
- Verständnis und aktive Nutzung der wissenschaftlich-technischen Ressourcen;
- Verständnis und Nutzung der historischen, ökonomischen, soziologischen, politischen und sozialpsychologischen Forschungsergebnisse;
- Verständigung über die Möglichkeiten und Grenzen der Entwicklung individueller wie kollektiver Lebensbedingungen, daher bewußte Gestaltung von Kooperation wie von Konfliktbewältigung über verbale In-

teraktion;
- Fähigkeit, individuelle wie kollektive Probleme aus der Zone des Schweigens in die Begrifflichkeit eines elaborierten Codes zu heben und sie dadurch kommunikativ behandelbar zu machen.

Da Sprachkompetenz im internationalen wie im nationalen Rahmen gleichzeitig von gesellschaftlichen Machtverhältnissen abhängig ist und einen tiefen Einfluß auf diese ausübt, ist sie Gegenstand der internationalen wie der nationalen Politik. Es wäre Blindheit, sie nur linguistisch-psychologisch-pädagogisch angehen zu wollen.

Sprachpolitik sollte darum in den Entwicklungsländern sich ausrichten:
- an der Entwicklung nationaler bzw. regionaler Hochsprachen und an der Förderung ihres Gebrauchs im elaborierten Code als Erst- oder Zweitsprache. Das bedeutet: Demokratisierung und basisorientierte Funktionalisierung formaler und non-formaler Bildung.
- an der Entwicklung fremdsprachlicher Kompetenz insbesondere bei sozial, kulturell und politisch orientierten Minderheiten, um ihr gesellschaftliches Gewicht gegenüber den weitgehend technologisch interessierten Gruppen zu stärken. Mit dem Erwerb einer internationalen Hochsprache sollte vor allem die kritische Tradition und das denkerische Entwerfen vermittelt werden, aus dem erst die wissenschaftlich-technische Kompetenz und die modernen institutionellen Strukturen der wirtschaftlichen und politischen Interaktion hervorgegangen sind.
- an der systematischen Vermittlung der wissenschaftlichen, literarischen, philosophischen und künstlerischen Leistungen der Drittweltländer in den Sprachraum der internationalen Hochsprachen (Übersetzungen, Einführung in die Lehrpläne, Verbreitung über die Massenmedien etc. etc.)

3

Neue Medien in der Dritten Welt (*)

Fiktive Kompensation und herrschaftsrationale Nutzung

Als ein euopäisch erzogener Intellektueller versuche ich, alle anstehenden Probleme zu systematisieren, bevor ich die empirischen Daten analysiere. So versuche ich, die verschiedenen neuen Mediensysteme und deren Auswirkung auf die Gesellschaft und die Individuen in der Dritten Welt zu verstehen als Teil eines weitreichenden und umfassenden Beziehungssystems, d. h., als einer jeweils nationalen Kultur, die selbst Teil des umfassenden Systems der Weltkultur ist.

Ich verstehe „Kultur" hier als ein System, das Technologie, Sprache, Einstellungen, Glauben und sozio-politische Bereiche von Macht und Interaktion innerhalb einer historisch bestimmten Gesellschaft umfaßt. (1) Ich nenne Technologie an erster Stelle, weil der Mensch als „Werkzeugproduzierendes Tier" seine Kultur auf technologischer Basis aufbaut, bevor er sie nach sozialen, politischen und ideologischen Mustern modelliert. Wenn wir also über die Rolle der Medien in der Dritten Welt sprechen, müssen wir uns fragen:

1. Wie wirken die neuen Medien auf die traditionellen Systeme von ökonomischer, sozialer, politischer und persönlicher Interaktion?
2. Welchen Einfluß üben sie auf die offenen und versteckten Entwicklungstendenzen aus?

(*) Referat vor der Medienkonferenz an der „Columbia University" N. Y. 1984

Diese Fragen müssen von verschiedenen Gesichtspunkten aus angegangen werden, wobei an allererster Stelle der spezifisch kommunikative Aspekt der neuen Medientechnologie in der Öffentlichkeit und in der privaten Sphäre steht.

Fernsehen gibt uns die Möglichkeit, eine Realität wahrzunehmen, an der wir örtlich und zeitlich keinen Anteil haben. Seit früher Kindheit darauf trainiert, daß Wirklichkeit das ist, was wir sehen und hören, werden wir später als Medienkonsumenten veranlaßt zu glauben, daß das, was wir am Fernsehschirm oder über Video sehen und hören, Wirklichkeit ist, auch wenn wir wissen, daß wir tatsächlich einem Stück Fiktion beiwohnen.

Dieses Vermögen ist selbstverständlich nicht erst mit den Mitteln der audio-visuellen Technologie entwickelt worden. Die traditionellen Medien, z. B. das Theater, bedienen sich der gleichen physischen Mechanismen der Wahrnehmung, um Emotionen wie Denkmuster für die gesellschaftliche Interaktion zu mobilisieren. Dennoch besteht ein grundlegender Unterschied zwischen den traditionellen Medien einerseits und den Produkten von TV und Video andreseits. Der Zuschauer vor der traditionellen Bühne erfaßt das Geschehen dank eines kulturellen Apperzeptionsschemas, das ihm und der Handlung gleichermaßen zugrundeliegt. Er weiß, wer spielt und versteht den Sinn und Zweck des Handlungsablaufs. Die „Realität" dagegen, die von den modernen audio-visuellen Medien produziert wird, basiert auf einem ökonomischen, sozialen und technologischen System, das der Zuschauer nicht durchschaut. Ein Puppentheater auf Java und die chinesische Oper machen zwar ebenfalls eine Fiktion sichtbar und lassen den Zuschauer in ihre Dramatik einsteigen. Sie ist so irreal wie die eines Westernfilms, der durch Videokassette vor ihm abläuft. Aber dank ihres kulturellen Apperzeptionsschemas haben die Zuschauer schon in früher Kindheit zu unterscheiden gelernt zwischen der Wirklichkeit des Schauspiels und der, die sie im täglichen Leben erfahren, während ihnen der amerikanische Hintergrund fremd bleibt. Sie bringen keine Voraussetzungen mit, um die Bilderfolge mit ihrer Erfahrung zu konfrontieren, und sind daher unfähig, das, was sie wahrnehmen, in ihre eigenen internalisierten Vorstellungen von Wirklichkeit und Fiktion zu integrieren. Ich werde auf dieses Problem zurückkommen.

Filme, produziert für das Fernsehen und Video, sind das Produkt hochentwickelter technologischer und kultureller Systeme. Sie sind in ihren Absichten wie in ihren Strukturen nicht durchschaubar, insbesondere, wenn es sich um Zuschauer in der Dritten Welt handelt. Um die Wirkungsweise dieser neuen Medien zu verstehen, muß man die Verbindung zwischen Produzent und Verbraucher analysieren.

Die Definition von „analysieren" heißt: die Erscheinungen zu zerlegen, um nach den Kausalfaktoren und den Wechselbeziehungen zwischen ihnen zu forschen. Hierin liegt bereits die erste Schwierigkeit, wenn es um die modernen Medien in der Dritten Welt geht. Im Vergleich zur Vergangenheit und zu früheren Technologien ist es viel schwieriger, die verschiedenen

Kausalketten, die mit den Massenmedien im Zusammenhang stehen, auseinander zu halten.

Mit den Worten eines der bedeutendsten Experten in diesem Bereich, Armand Mattelart, zu sprechen:

„The convergence of a number of networks, through which travels a flux of information onto a television screen, no longer allows for the isolation of domains, that were once dissociable: newsreel information – entertainment information – education information – social control information".[2]

Die neue Technologie macht es sehr schwierig, die Beziehung zwischen Ursache und Wirkung, zwischen Produktionsweise und Produktionsverhältnissen auf der einen Seite und Konsum auf der anderen genau zu fassen. Auf der Produktionsseite haben wir die technischen Neuerungen, die Handelstrends, die Konzentration von Macht und Profit; auf der Verbraucherseite die Bedürfnisse, die Wünsche, Erwartungen und den sozialen und kulturellen Hintergrund der Konsumenten. Wie die zwei Welten miteinander in Beziehung stehen, ist alles weniger als evident. Während man meist den Imperialismus und seine transnationalen Konzerne als Ursache für die Entstehung der neuen Medien und ihres Absatzes ansehen konnte, müssen wir heute schon genauer hinschauen, um zu verstehen, warum Fernsehen und Videofilme in der Dritten Welt so begehrlich konsumiert werden, obschon doch die Menschen dort viel unmittelbarere Bedürfnisse zu befriedigen hätten, als sich mit diesen Produkten westlicher Medieninstrumente einzudekken.

Angesichts der Schwierigkeit einer direkten Analyse des Kausalzusammenhangs zwischen Medienprodukten und Konsum in der Dritten Welt wollen wir eine Methode wählen, die von Donald McGraham[3] entwickelt wurde. Sie soll uns helfen, mittels eines „Indikators" – in diesem Fall der Verbreitung der neuen Medien – ein besseres Verständnis für das Vordringen „neuer Technologien" in der Dritten Welt zu gewinnen. Ein Indikator ist eine Variable, die etwas ganz anderes anzeigt, als das, was mit ihr gemessen wird. Ein Thermometer z. B. mißt die Körpertemperatur. Die Messung einer unnormal hohen Temperatur wird zum Indikator für einen nicht quantifizierbaren Gesamtzustand des Körpers – nämlich der Krankheit. In ähnlicher Weise wollen wir die Statistiken über Verwendung und Verbreitung von Fernsehen und Videokassetten in der Dritten Welt als Indikator für die Gesundheit bzw. Krankheit der Sozialstruktur in der Dritten Welt benutzen.

Die tiefgreifenden Änderungen, die zur Zeit in der südlichen Hemisphäre stattfinden, haben ihren Ursprung natürlich nicht im Erscheinen der neuen Medien, und diese können schon gar nicht als Ursache für die revolutionären Veränderungen angesehen werden, die das gesamte System der Interaktion Nord-Süd kennzeichnen: jedoch können wir durch den Indikator „Fernsehen-Video" besser erfassen, welche allgemeinen ökonomischen, sozialen und psychologischen Veränderungen in der Weltkultur stattfinden.

Wenn wir die Verbreitung und Anwendung der neuen Medien in der Dritten Welt als Indikator für ihre Entwicklung nehmen, wäre es naiv, ihre wachsende Verbreitung insbesondere in den Städten der Dritten Welt mit allgemeinem Fortschritt und Entwicklung gleichzusetzen. Es ist offensichtlich, daß in einer Gesellschaft der lineare Zuwachs eines bestimmten Faktors – in diesem Fall die Zahl der Fernsehempfänger und Videorekorder – noch lange nicht Fortschritt bedeutet. Im Gegenteil, die Verbreitung dieser neuen Technologien könnte sogar die bereits existierenden ökonomischen, sozialen, politischen und kulturellen Ungleichheiten und Widersprüche noch vertiefen, ja ein weiterer Zuwachs ihres ökonomischen und politischen Gewichts den Zusammenbruch des äußerst labilen Gleichgewichts des Sozialsystems provozieren. Deshalb muß der Siegeszug der neuen Medien – wie der anderer Technologien – in Beziehung gesetzt werden zur gesamten ökonomischen und sozialen Lage. Insbesondere sind Faktoren wie Nahrung, Arbeit, Gesundheit, Verteilung des Bruttosozialprodukts mit Hilfe dieses Indikators abzuwägen gegenüber der Mobilität, der Autonomie und der Entfaltungsmöglichkeit der Menschen, des Individuums, also gegenüber ihrem sozio-kulturellen Potential und ihren insgeheimen Erwartungen. Mit anderen Worten, der rapide Zuwachs von Fernsehempfängern und Videorekordern, die Vielfalt der angebotenen Programme und Kassetten in Caracas, Lagos oder Jakarta weist keineswegs eindeutig auf den allgemeinen Fortschritt in diesen Gesellschaften hin. Vorläufig hat sie jedenfalls mehr zur ökonomischen, sozialen Krise beigetragen als zu ihrer Behebung.

Um die sozialen Diskrepanzen in den Dritt-Welt-Ländern durch den Indikator „Anwendung neuer Medien" zu illustrieren, hier ein Beispiel: Das Durchschnittseinkommen eines Videorekorderbesitzers in Lateinamerika ist $ 52.000 im Vergleich zu nur $ 32.950 in den Vereinigten Staaten bzw. $ 27.450 in Europa. D. h. daß der Käufer eines Videorekorders in Lateinamerika ein zehnmal höheres Einkommen braucht als der Durchschnitt seiner Landsleute, während in den Vereinigten Staaten und Europa das Verhältnis nur bei 2 zu 1 liegt. Man kann davon ausgehen, daß der Einkommensunterschied zwischen den sozialen Klassen in der Dritten Welt stärker akzentuiert ist durch den Zugang der erwähnten sozialen Schicht zu den neuen Medien als durch andere Statussymbole wie Haus oder Pkw.

Die Ergebnisse unserer eigen Umfrage[4] zeigen, daß Fernsehen und Video in den städtischen Gebieten weit verbreitet sind und daß ihre Verbreitung beschleunigt wächst. Die Zunahme von Telematik übersteigt weitgehend jeden anderen Produktionszuwachs in der Dritten Welt, zumindest, was die städtischen Gebiete betrifft.Eine kurze Überprüfung der Statistiken zeigt gleichzeitig, daß die rapide Ausweitung des Fernseh- und Videomarktes in keinem Verhältnis zum Zuwachs im nationalen und Pro-Kopf-Einkommen steht. Es folgt ein Beispiel dieser Daten:

Der Preis eines Farbfernsehers im Vergleich zum Monatseinkommen:

in Indonesien: 20 Monatsgehälter eines Landarbeiters
              10 Monatsgehälter eines Lehrers
in Senegal: 24-30 Monatsgehälter eines Landarbeiters
              12-14 Monatsgehälter eines Lehrers

Die Verteilung von Fernsehgeräten und Videoausstattungen:

in Indonesien: 1 Fernsehgerät auf je 25 Einwohner in städt. Gebieten
              1 Fensehgerät auf je 80 Einwohner d. Gesamtbevölke-
              rung
in Senegal: 1 Fernsehgerät auf je 12 Einwohner in Dakar
              kein Fernsehgerät auf den Dörfern

in Indonesien: 100.000 Videorekorder
in Senegal: 80.000 Videorecorder

in Indonesien: jährliche, offiziell registrierte Zuwachsraten:
              100.000 Fernsehgeräte
in Senegal: keine statistischen Daten, aber „das Interesse, solche
              Geräte zu besitzen, wächst rapide". (4)

Um diese Daten richtig zu beurteilen, müssen wir uns daran erinnern, daß in Indonesien das jährliche Pro-Kopf-Einkommen 1981 bei $ 450,00 lag. In Senegal war das jährliche Pro-Kopf-Einkommen 1981 $ 436,00. Der Preis für ein Fernsehgerät beträgt ungefähr $1.250,00. Grob geschätzt würde das bedeuten, daß der jährliche Zuwachs an Fernsehgeräten in Indonesien vergleichbar ist mit dem gesamten Jahreseinkommen von 6.000.000 Landarbeitern, das seinerseits rund 5 % des nationalen Einkommens aus der Landwirtschaft darstellt. In Senegal, mit einer viel niedrigeren Zuwachsrate in der industriellen Produktion, ist das Verhältnis noch viel beängstigender. Diese statistischen Angaben unterstützen die These von einer revolutionären Transformation in der Hierarchie der Grundbedürfnisse.

Die statistischen Informationen (Fragebogen siehe Anhang), die ich über Fernsehgewohnheiten aus Jakarta erhalten habe, sagen folgendes: 35 % der Programme sind Dokumentationen und informative und erzieherische Sendungen; weitere 35 % sind Abenteuerfilme, Theater und Folklore; und 20 % sind Kriminal-, Spionage-, Science-Fiction-Filme und Western; die verbleibenden 10 % Sendezeit ist mit Sportprogrammen ausgefüllt. Die gleiche Aufteilung ergibt sich bei den gekauften und gemieteten Videoprogrammen.

Wenn wir uns die Einstellung der armen Kampong-Jugendlichen zum Fernsehen ins Gedächtnis[5] rufen, bestätigt sich meine These: Je ärmlicher die Lebensumstände sind, desto mehr entsteht das Bedürfnis nach fiktiver

Befriedigung.

Die Antwort unseres Jakarta-Korrespondenten auf die Frage 11 [6]: „Jeder sieht fern, wenn die Möglichkeit gegeben ist." Mit anderen Worten: Die Botschaft selbst ist unwichtig, Hauptsache, daß dem Zuschauer erspart bleibt, den miserablen Bedingungen seiner Realität ins Gesicht zu sehen. Zwei Fachleute von den Philippinen sagen folgendes zu diesem Thema: „In terms of programming, television schedules tend to be heavily weighted towards entertainment programs (70 to 75 %) at the expense of more serious programs such as news, documentaries and talk shows (25 - 30 %)."

Die detaillierte statistische Analyse von Indonesien in „General Report's" enthüllt etwas andere Ergebnisse als die für Singapur und Senegal. Beide Geschlechter in allen Einkommens- und Altersstufen bevorzugen Unterhaltungsprogramme (40 %) und Nachrichten aus dem In- und Ausland (47 %).

Wenn man die Entfernung zwischen den zensierten und ideologisch verbrämten in- und ausländischen Nachrichtensendungen und der durchschnittlich unzensierten täglichen Existenz des Zuschauers bedenkt, ist man versucht, zu dem Schluß zu kommen, daß das, was er sucht, wenn er die Nachrichten ansieht, die gleiche Art von Nervenkitzel ist, die ihm ein Western oder Kriminalfilm verschafft. Die „Realität", die er in den Nachrichten sieht, ist nicht mehr als der Zauber, der Horror, die „Aktion" eines Universums, zu dem er nicht gehört, an dem er aber gern teilhaben möchte.

Was die Nutzung von Video durch die Zuschauer betrifft, so gehen Mattelart und Schmucler in ihrer Schätzung davon aus, daß 75 % aller lateinamerikanischen Videokassettenbesitzer Fertigaufzeichnungen von Unterhaltungsliteratur kaufen. In den Vereinigten Staaten liegt diese Zahl weit niedriger, nämlich bei 48 %, und in Europa bei 41 %. Dieses Verhältnis verweist auf den beunruhigenden Faktor, daß bisher die neue Kommunikationstechnologie von der Dritten Welt in einer rein konsumptiven Weise aufgenommen wurde, ohne den Versuch, davon zu profitieren und die persönliche Kultur zu bereichern oder die individuelle Entwicklung zu fördern. Die zwei Autoren zitieren eine Marktforschungsstudie aus „Times Review", die zu dem interessanten Schluß kommt, daß in der Dritten Welt die Einführung von Videozusatzgeräten die sozialen Unterschiede akzentuiert und daß weiterhin das ganze Gerede von der „befreienden Funktion von Fernsehen, Videorekordern und dergleichen" nur eine pure Illusion ist, denn weder zeichnet irgend jemand in Lateinamerika nach eigener Wahl Fernsehsendungen auf, noch entwickelt er sonst Möglichkeiten, die neue Technologie kreativ zu nutzen. [8]

Wir kommen nun mit Hilfe des Indikators „Neue Medien" zum zentralen Problem der wirtschaftlichen und kulturellen Abhängigkeit der Entwicklungsländer von den Industrieländern. Die Verbreitung von TV und Kassette verstärkt gleichzeitig die ökonomische wie die kulturelle und politische Vormacht der industriellen Oligopole und beraubt die Dritte Welt ihrer ökonomischen wie kulturellen Autonomie. Um dies zu belegen, werfen wir einen Blick auf zwei lateinamerikanische Unternehmen, die oberflächlich betrachtet, sehr erfolgreich und bodenständig zu sein scheinen.

Als erste nennen wir die größte Fernsehkette Brasiliens 'Rede Globo'. Ihre Hauptverwaltung befindet sich in Rio de Janeiro. Beim zweiten Beispiel handelt es sich um die Firma 'Televisa' in Mexiko. Beide Unternehmen sind finanziell miteinander verflochten. Beide sind Multi-Media-Unternehmungen, verfügen über eine Reihe von Zeitungen, Radiostationen, Buchverlage und Studios zur Herstellung von Video- und Hörkassetten. 'Rede Globo' besitzt die größte Fernsehkette in Brasilien mit 5 Sendern und 36 angeschlossenen Stationen und Hunderten von Zwischenstationen. Das Unternehmen verfügt über ein Mittelwellenprogramm, ein UKW-System, ein audiovisuelles Aufnahmestudio, über den Elektronikproduzenten Telecom, ein Theater, ein Wirtschaftsförderungsunternehmen, eine Kunstgalerie und anderes mehr. Die neuesten Statistiken zeigen an, daß ihre Programme 58 % der Gesamtbevölkerung Brasiliens erreichen.

Mexikos 'Televisa'besteht seit 1973, besitzt 4 Fernsehketten mit 61 Übertragungsstationen. Laut Statistik erreichte 'Televisa' 1979 41 Millionen der 55 Millionen Fernsehzuschauer in Mexiko. Die Gesellschaft besitzt 47 Unternehmen in der Kulturindustrie. Eine Gesamtzahl von 70.000 Fernsehstunden für Unterhaltung und Dokumentation zur Verfügung habend, exportiert 'Televisa' jährlich 24.000 Fernsehstunden, um die in den Vereinigten Staaten lebende Spanisch sprechende Bevölkerung von 18 Millionen zu versorgen. Darüber hinaus besitzt das Unternehmen 5 der größten Radiostationen in Mexiko, 5 Verlage für Bücher und Zeitschriften, 9 Unterhaltungsunternehmen, 3 Filmstudios, eine Reisegesellschaft und anderes mehr.

Die beiden eindrucksvollen Beispiele wären als Indikator irreführend, würde man 'Rede Globo' und 'Televisa' als erfolgreiche nationale Unternehmen ansehen. In Wahrheit muß ihre ökonomisch-kulturelle Macht als ein *transnationales* Phänomen verstanden werden. Es ist unmöglich, in diesem Beitrag die finanzielle Abhängigkeit und Verflechtung aufzuzeigen. Aber immerhin mögen die folgenden Beispiele einen Hinweis geben:

Im gleichen Land, in dem 'Televisa' ein mächtiges, mexikanisch-nationales Unternehmen zu sein scheint, richteten die Vereinigten Staaten, Japan, die Bundesrepublik Deutschland, Frankreich und die Niederlande in den sogenannten „freien Reservaten", den Freihandelszonen von Mexiko, ungefähr 500 Unternehmen der Elektronikbranche ein, mit eben der Absicht, neue Medientechnologie zu produzieren. 1982 beschäftigten diese Firmen 120.000 Arbeitskräfte. 85 % davon waren Frauen im Alter zwischen 17 und 23 Jahren. Ihr Ausstoß entspricht 10 % der Weltproduktion unter ausländischen Verträgen und 30 % des gesamten Dritte-Welt-Marktes. Allein die Vereinigten Staaten haben in Lateinamerika 370 Fabriken für die Produktion elektronischer Güter eingerichtet, davon 193 in Mexiko und 140 in Puerto Rico. 226 andere U.S.-Fabriken befinden sich in Südostasien, davon

90 in Hongkong und Taiwan, 62 in Indien und Singapur. Bereits 1975 gehörten 7 von 11 Unternehmen, die den Farbfernsehmarkt in Brasilien kontrollieren, zu transnationalen Unternehmen und 80 % der Einzelteile wurden aus Industrieländern importiert. In Venezuela kommen 89 % des in der Medienindustrie investierten Kapitals aus ausländischen Quellen, und die 11 % nationalen Ursprungs dienen nur der Produktion technisch weniger aufwendigen Materials wie Holz, Pappe, Farbe usw.

Das Problem der Abhängigkeit wird noch gravierender über den einseitigen Transfer von hochentwickelter Technologie. Bei einer Zahl von 29 Verträgen über Medienproduktion und -verbreitung in Venezuela wurden 62,5 % mit den U.S.A., 16,7 % mit holländischen, 12,5 % mit japanischen und 4,2 % mit westdeutschen und französischen Firmen abgeschlossen. Die Vertragsbedingungen sind noch aufschlußreicher: 37 % verbieten die Herstellung von Produkten, die mit diesen Technologien vor Ort weiterentwickelt werden könnten, 43 % verbieten den Export von Gütern, die mit Hilfe von eingeführter Technologie produziert wurden, 65 % stellen juristische Bedingungen, die den Zugang zu technischen Informationen stark einschränken, und 62 % schränken die Verwendung dieser technologischen Erneuerungen ein, für den Fall, daß die Verträge nicht eingehalten oder aufgekündigt werden.

Mattelart zeigt auf, daß die Firma 'SONY' seit 1981 ihre halbprofessionelle U-Matic in Kooperation mit dem brasilianischen Unternehmen 'Motoradio' produziert und eine Serie von Betamax-Kameras, Monitoren und Videoübertragungsgeräten außerhalb von Japan zu produzieren beabsichtigt [9]

Diese Beispiele demonstrieren sehr deutlich die Dominanz und Monopolisierung fortgeschrittener Technologie durch einige Zentren der nördlichen Hemisphäre.

Der Konzentration von technischem Können folgt die Konzentration der dazugehörigen Softwareproduktion in den Studios der Industrienationen. Die Monopolisierung der neuen Medienindustrie wird durch die Tatsache verstärkt, daß die gleichen Länder, die heute ihre Studioproduktionen in die Dritte Welt exportieren, die früheren kolonialistischen bzw. imperialistischen Mächte sind, die ihre Sprache und Kultur jener kleinen Minderheit vermitteln, die heute dort herrscht. Das hat zur Folge, daß die meisten Entwicklungsländer die Struktur ihrer Sendeprogramme an der ihrer ehemaligen kolonialen Herrscher orientieren, bzw. in Lateinamerika an der der Vereinigten Staaten. So ist z. B. Indiens Radio- und Fernsehsystem eine Kopie des britischen, und die frankophilen Länder Afrikas orientieren sich an den Programmen Frankreichs; auf den Philippinen basiert die Organisation der Programme auf dem Stil des U.S-Fernsehens. Andere Elemente wie Sende- und Ausstrahlungsformen, Produktionsstil, Berufskodex und Leistungsnormen sind alle stark von den ehemaligen kolonialen Herrschern beeinflußt. [10] Trainingskurse, Verträge über technische Zusammenarbeit, Entsendung von Beratern aus den Zentren der technologischen und wirtschaftlichen Macht des Nordens garantieren die fast buchstäbliche Fortsetzung der kulturellen Abhängigkeit.

Außerdem gibt es einen wirtschaftlichen Grund, warum die Länder der Dritten Welt fortfahren, sich auf die Metropolen der technischen und materiellen Führung zu verlassen. Die folgende Passage aus der Studie über „Medienimperialismus in den Philippinen" verweist auf diesen Tatbestand:

„Once a country introduces television, there is a great demand from purchasers of television receivers, from advertizers and from those responsible for deciding to invest in television to fill viewing time. Even a schedule of only five hours a day generates more demand for programming than local sources can supply, even using the cheapest type of programming such as talk shows. For instance, the BBC's average cost per hour in the mid 1970's was $ 30.000. At an average cost of only $ 500,00 per hour a country would require a production budget of close to one million dollars a year.

Third world countries, with the exception of OPEC countries, do not have this kind of money – nor do many of them have the trained manpower or production facilities. Consequently, in order to maintain a daily schedule, programmes must be imported and, for poor countries, American programmes are available at an unbelievably low cost. For instance, the price range of half-hour episodes of American series in 1980 was $ 150 - 200 in Thailand, $ 130 - 150 in Korea and $ 225 - 260 in Hongkong. Japan, on the other hand, paid from $ 3.000 - 3.500 for the same fare (VARIETY 1980). These "countries' prices" are a function of the number of sets in use and are applicable to programmes that other countries in the same area agree to aquire. They also reflect the extent of encouragement that the producing and distributing companies want to give a television station in the hope of expanding the market for their products.

Furthermore, there is a constant and expanding demand for television materials within the U.S. itself. This leads to the production of television series and serials which allow also to solve the programming and scheduling problems of the American networks. There is, as a result, a ready supply of series for export and, because of the growing export market, many television programmes are budgeted with export revenue in mind.

Ein weiteres Zitat von H. J. Schiller, das auch der o. a. Studie entnommen ist, verweist auf die subtile Art und Weise, mit der Zuschauer in der Dritten Welt in das neue Medienkonsumententum hineingezogen werden:

„One immediate consequence of the huge, American-owned productive complex now operating internationally, is the pressure it generates to obtain access to and domination of the local media. Only in this way can it attract and process indigenous audiences into consumerism... The production of movies, television programmes, games, records, magazines and books is consolidated in a few corporate superstructures and made part of multi-product lines and profit-maximing combines... The transformation of national media structures into conduits of the corporate business system and the heavy international traffic of commercial media products flowing from the center to periphery are the most prominent means by which weaker societies are absorbed culturally into the modern world systems." [12]

Der Markt für Fiktionen – ein Resultat psychischen Elends

Die wirtschaftliche und kulturelle Dominanz der Oligopole mit Hilfe der 'Neuen Medien' stellt aber nur die eine Seite der Durchdringung der Dritten Welt dar. Die statistischen Daten beweisen zwar die wirtschaftlich-technische Dominanz der Vereinigten Staaten, Japans und Europas, aber sie liefern keine Erklärung dafür, warum die Massen der Dritten Welt die Instrumente ihrer eigenen Vereinnahmung nicht ablehnen. Im Gegenteil: was immer die Medienbotschaft der Industriekultur sein mag, der „belebende Effekt von Coca-Cola", die rasante Beschleunigung der neuesten Pkw-Modelle, ein Western- oder ein Horrorfilm, die Dallas-Serie oder die Fußballmeisterschaften, es übt auf die Bevölkerung der Dritten Welt eine faszinierende Wirkung aus. Dieses Faktum wird noch verblüffender, wenn man bedenkt, daß die materiell verelendeten Zuschauer solcher seichten Produkte multinationaler Kulturindustrie eine eigene reiche einheimische Kultur besitzen.

Um eine Erklärung für dieses erstaunliche Phänomen zu finden, müssen wir etwas genauer die revolutionären Veränderungen der Bedürfnisse bei den verelendeten Milliarden der Weltbevölkerung analysieren, die in der Dritten Welt leben.

Als Grundbedürfnisse bezeichnen sozialökonomische Wissenschaftler gemeinhin Nahrung, Behausung, Gesundheit, Arbeit und Erziehung. Niemals werden Fernseh- und Videokassettenkonsum in diese Kategorie einbezogen. Das folgende Zitat von Mattelart soll klarer die Schwierigkeit illustrieren, menschliche Bedürfnisse in ihrer gesellschaftlichen Wirkung nach ihrer Dringlichkeit zu hierarchisieren.

"More and more often one can spot in the Iquique Zone a Brasilian Indian pulling out from the unterneath her sixth skirt a roll of dollars with which to buy electronic devices which she then sells as contraband in her own country.

In the South of Bolivia whole villages are beginning to see their daily lives being transformed by the introduction of sophisticated technical apparatus, whose acquisition was considered impossible just a short time ago. Overnight little islands of transnational culture are being implanted in the midst of thousand year old traditions and are beginning to gnaw these away." [13]

Die Frage stellt sich, warum die einfache bolivianische Indianerin elektronisches Zubehör kauft und warum ihr Dorf oder ihre von Armut geplagte Nachbarschaft das wenige Geld, das sie haben oder borgen können, für den Kauf von in den U.S. produzierten Videorekordern und dergleichen ausgeben. Stünden in der Hierarchie die „Grundbedürfnisse" obenan, so wäre anzunehmen, daß diese Leute zuerst an eine Verbesserung ihrer Wasserversorgung, an die Errichtung sanitärer Anlagen, die Investition in landwirtschaftliche Geräte oder an ein qualifiziertes Berufstraining denken würden. Stattdessen ziehen der indonesische Taxifahrer, der nigerianische Ölarbeiter, der indische Einzelhändler es vor, sich ein Leben lang Schulden aufzubürden, um in den Genuß des Fernsehens zu kommen. Wie kann erklärt werden, daß die Befriedigung dieser Bedürfnisse für sie einen höheren Rang einnimmt, als die Erleichterung ihrer elenden Lebensbedingungen? Mit Schuldzuweisung an die Medienindustrie, die solche anscheinend absurden Bedürfnisse weckt, wäre zu simpel verfahren.

Wenn wir über unsere Bedürfnisse und die Art ihrer Befriedigung nachdenken, kommen uns die Güter und die Dienstleistungen in den Sinn, die wir innerhalb unserer eigenen sozialen Gruppe als wertvoll zu betrachten gelernt haben und für deren Befriedigung wir zielgerichtet arbeiten. Innerhalb unserer kulturellen Umwelt haben wir gelernt, eine bestimmte Art von Lebensmitteln zu bevorzugen, unsere Freizeit zu verbringen, unseren Gefühlen Ausdruck zu geben. Genauer: Unser Handeln ist zielorientiert auf die Befriedigung kollektiver und individueller Formen von Bedürfnissen gerichtet, die sich aus unserer sozialen Situation entwickeln. Ihre Grundlage mag organischer Natur sein, aber in ihrer historischen Herausbildung sind sie geprägt von den Erwartungen der Gruppe oder der Kultur, zu der wir gehören; insbesondere aber von den Produktionsweisen, die die Güter und Dienstleistungen hervorbringen, an denen sich unsere Bedürfnisse orientieren. Der Wunsch nach genagelten Westen und „heißen Öfen" einer Gruppe jugendlicher Rocker entsteht aus dem Wechselverhältnis zwischen der familialen und extrafamilialen psychischen Situation der heutigen Großstadt und dem „Angebot" des Marktes. Dabei erzeugen die Produktionsweisen, also die technologischen Grundlagen ihrer Existenz, wie geistlose Arbeitsprozesse, Wohnsilos, Reklame, audio-visuelle Reize etc., ihre Bedürfnisse ganz ebenso wie die Produktionsverhältnisse, also ihre soziale Machtlosigkeit, Marginalisierung, die Familienstruktur, die Wohnverhältnisse, das Einkommen etc.. Darum weisen die Systeme des „realen Sozialismus", trotz völlig anderer Produktionsverhältnisse, die gleichen Phänomene von Bedürfnissen nach genagelten Westen und „heißen Öfen" bei marginalisierten männlichen Jugendlichen auf wie die des kapitalistischen Westens.

Ein anderes Beispiel: es wurden tonnenweise Forschungsberichte publiziert über die Bedürfnisse und Quellen der Befriedigung von jungen amerikanischen und europäische Fernsehzuschauern und über die Gründe, warum sie Videogeräte von ihren Eltern haben wollen. Die verschiedenen Interpretationen, die die Sozialforscher zur Erklärung dieser Bedürfnisse gefunden haben, unterscheiden sich zwar voneinander, widersprechen sich sogar häufig, aber in einem Punkt kommen sie alle überein: Die Befriedigung, die durch Fernsehen und andere Medienprodukte erzielt wird, stellt eine *Kompensation für unbefriedigte Bedürfnisse* dar; bei unseren Kindern und Jugendlichen hier nach lebendiger Kommunikation und Interaktion, nach Spiel oder sinnvoller Arbeit, nach Zärtlichkeit und Zuwendung. Medienkonsum als Kompensation für reales Elend liefert uns den Schlüssel zum Bedürfnis nach Massenkonsum an Fiktionen als Ausgleich für Frustrationen, deren wirkliche Bewältung dem einzelnen als unmöglich erscheinen. *Je größer die Kluft zwischen der elenden Situation und der Chance, sie zu meistern, aufklafft, desto dringender das Bedürfnis nach Fiktionskonsum.*

Zusammenfassend können wir schlußfolgern:
1. Je tiefer die Kluft zwischen realen Bedürfnissen und der Möglichkeit, sie auch real zu befriedigen, desto fiktiver die Einstellung und das Verhalten.
2. Gleichzeitig muß aber die Fiktion unmittelbar die reale Frustration erfolgreich kompensieren, um vom Konsumenten als Scheinbefriedigung empfunden zu werden.

Die Kulturindustrie versteht dieses Kompensationsbedürfnis sehr genau. Darum verkauft sie ihre Produkte mit zunehmendem Erfolg. Sie entdeckte rechtzeitig mit Film, Radio, Fernsehen und Video, daß der Markt für Fiktionen mit der materiellen und psychischen Verelendung sich explosiv erweitert.

Die Frage lautet also:
Wie wird dieser Markt erweitert und über welche Gruppen ausgeweitet, wie geht die soziale Penetration vonstatten?

Betrachten wir zuerst die soziale Gruppe, auf die sich der Verkauf von elektronischer Hardware in erster Linie konzentriert. Sie setzt sich zusammen aus der höheren Einkommensgruppe, einer kleinen städtischen Minderheit aus Handel, Verwaltung und Militär, einer inländischen oder ausländischen Machtelite. Diese Leute erhalten ihre Erziehung und Bildung nach westlichem Muster. Das heißt, daß ihr Ziel ist, aktive Konsumenten zu sein nach den Statusvorstellungen der politischen und wirtschaftlichen Herrschaftszentren der industriellen Welt. Sie haben aber keine Möglichkeit, den realen Status an Initiative und Macht in den Metropolen zu erreichen. Sie werden niemals die Bedeutung der Manager, Politiker, Generäle, Wissenschaftler oder Künstler von New York, London, Paris oder Tokyo erlangen. Aber dank ihrer materiellen Lage können sie diese Frustration dadurch kompensieren, daß sie sich kleiden wie dort, daß sie die gleichen Autos fahren, Golf spielen, ihre Kinder in exklusive Schulen schicken, und vor allem dadurch, daß sie all die Informationen, die Literatur und Unterhaltung, die die Kulturindustrie produziert, zu ihrer „conspicious comsumption" machen. Indem sie Fernseh- und Videoprogramme „beglotzen", leben sie in Bogotá, Dakar oder Jakarta im Hochgefühl, am aktiven Leben derer teilzuhaben, die in New York, London oder Tokio das 'Sagen' haben. Sie ähneln jenen europäischen und amerikanischen Kindern und Jugendlichen, die deshalb von Horrorfilmen und Weltraumschiffkommandos so fasziniert sind, weil ihnen vorenthalten wird, ihr eigenes Leben aktiv zu gestalten.

Aber das ist noch nicht die ganze Geschichte. Der Fernsehempfänger und mehr noch ein Videorekorder sind gesellschaftliche Statussymbole. Sie erheben die „happy few", die sie besitzen, über die unzähligen „Habenichtse" hinaus, unter denen sie leben. Für den Eigentümer technischer Gadgets in der Dritten Welt ist schon allein die Tatsache, daß er ein kompliziertes Produkt der Industriekultur besitzt – ob Auto oder Farbfernseher – eine Selbstbestätigung seines sozialen Erfolges, seines gesellschaftlichen Status. Ein Fernseher oder ein Videogerät stellt so etwas wie eine soziale Urkunde aus, die man vorzeigt, um zu beweisen, daß man zur erfolgreichen Elite gehört, zumindest im eigenen Lande, denn von der wirklichen in London, Paris oder Tokio weiß man sich ausgeschlossen.

Wenden wir uns aber nun den Bedürfnissen der viel größeren Gruppe zu, die in der Dritten Welt um ihr Überleben kämpft, insbesondere der unterprivilegierten Jugend. Diese jungen Leute, die dort nach Fernsehen und Video verlangen, stammen noch aus den Verhältnissen, Vorstellungen und Bedürfnissen des traditionellen Dorfes, auch wenn sie schon in den Slums der Mammutstädte geboren wurden. Gleichzeitig sind sie täglich konfrontiert mit den Bedürfnissen und Angeboten der modernen Industriekultur.

In den vorindustriellen Kulturen wurden die Bedürfnisse der Gruppe und des Individuums innerhalb eines traditionellen Rahmens von Kommunikation und Interaktion internalisiert; so auch die kompensatorischen Mechanismen. Daher wirkten die fiktiv kompensatorischen Bilder, Gedanken, Riten und Feste als wirklicher Ausgleich für die reale Beschränktheit des natürlich und gesellschaftlich Machbaren. So stimmte z. B. die Erwartung eines Mädchens aus einer afrikanischen Stammeskultur überein mit ihren realen und kompensatorischen Möglichkeiten, die internalisierten Ziele zu erreichen und so ihre Grundbedürfnisse zu befriedigen. Das ist nicht mehr so von dem Augenblick an, in dem ihre Bedürfnisse, die sie im afrikanisch-traditionellen Kontext zu internalisieren gelernt hat, zusammenprallen mit denen, die durch die industrielle Kultur um sie herum erzeugt wurden. In die Tradition von Kommunikation und Interaktion ihrer Familie und ihres Dorfes brachen – über die Produktionsweisen und -verhältnisse der Industriekultur – die Bedürfnisse ein, die der Transistor, das Nylonkleid, die westliche Musik und Sprache, die Schule symbolisieren, dieselben also, die ihre Brüder dazu bringt, in der Stadt Arbeit und Geld zu suchen. In seiner Selbsteinschätzung hat dieses Mädchen weit weniger Vertrauen in seine Fähigkeit, mit diesen neu erweckten Bedürfnissen aktiv fertig zu werden, als Hoffnung, sie über den Markt der Fiktionen zu befriedigen. Je geringer sie ihre Chancen einschätzt, mit Hilfe ihrer traditionellen Verhaltenstechnik zurecht zu kommen, um so anfälliger wird sie für die industriellen Angebote fiktiver Befriedigung.

Das wirksamste Mittel fiktiver Kompensation, das auf dem Markt angeboten wird, sind audio-visuelle Geräte. Die Bilder und Geräusche, die sie produzieren, ermöglichen die emotionale Teilnahme an einer fiktiven „Wirklichkeit" von Überfluß, Ehrgeiz und von Konfliktbewältigung durch „sex and crime". Je frustrierender das afrikanische (oder lateinamerikanische bzw. südostasiatische) Mädchen die Kluft zwischen seiner wirklichen Beschränktheit und Armut einerseits und den Möglichkeiten modernen Lebens andererseits erlebt, umso unwiderstehlicher reizt sie das Spektakel solcher „Möglichkeiten" am Bildschirm. Was sie da sieht, wird ihr unerreichbar scheinen, aber es zu sehen, d. h. ihre Frustration über den Bildschirm zu kompensieren, liegt im Bereich ihrer Möglichkeiten, und sei es über Prostitution oder Verschuldung, um sich das Spektakel leisten zu können. (Siehe Dokument im Anhang)

Ein weiterer Gesichtspunkt bleibt zu berücksichtigen, um die Dynamik dieses Marktes der Fiktionen in der Dritten Welt richtig einzuschätzen. So fiktiv die Fernseh- und Videohelden im Stil der Vereinigten Staaten, Europas und Japans, verglichen mit der täglichen Wirklichkeit der Dritten Welt, auch sein mögen, sie repräsentieren irdische Lebewesen und Situationen irdischer Existenz, nicht Götter und Helden der traditionellen Mythologie. Ihrem Auftreten und Gebaren, ihren schnellen Autos, ihren Liebesaffären, wie ihrem Kampf um Geld, Einfluß und Macht begegnen sich die Massen der Dritten Welt nicht nur vor dem Bildschirm. Ähnliche Menschen und ähnliches Verhalten finden sie vor ihren eigenen Augen in ihren Dörfern und Städten jedesmal, wenn sie es mit ihren Herren aus Wirtschaft, Politik und Militär zu tun haben.

In den traditionellen Kulturen waren die Helden und Meister überirdische Götter und Göttinnen, die außerhalb menschlicher Erfahrung standen. Die Gestalten des Gilgamesch, die Helden des trojanischen Krieges, die des Mahabarata oder Ramajana waren Wesen mit übermenschlichen Fähigkeiten und Möglichkeiten. Sie kämpften mit magischen Waffen, konnten sich schneller als andere Lebewesen bewegen, flogen höher als jeder Vogel und konnten Dinge außerhalb ihrer Sichtweite sehen. Die religiös-ethischen Dichtungen, die um die Taten dieser außerordentlichen Wesen gesponnen wurden, befriedigten ihre Hörer bzw. Zuschauer u. a. deshalb, weil das Ritual der Vermittlung eine emotionale wie kognitive Teilhabe an der sagenhaften Macht, an der übermenschlichen Tugendhaftigkeit oder Schurkerei der Helden ermöglichte.

Die Helden der modernen Welt, wie sie im Fernsehen erscheinen, sind dagegen sowohl mit vulgär-menschlichen als auch mit den Kräften der alten Gottheiten ausgestattet. Sie lieben, kämpfen, töten und sind erfolgreich nicht nur durch magische Ausstattung ihrer Natur, sondern über die Produkte ihrer Technik, d. h. über ihre kollektive und individuelle Leistung. Zu ihr scheint aber dem bewundernden Zuschauer der Zugang versperrt. Die Fiktion, die über den Bildschirm ausgestrahlt wird, liefert kein Ritual der Teilhabe am Geschehen, das sie vorstellt, außer der hilflosen Imitation von Gesten und Gewohnheiten der weißen Helden, außer den Talmisymbolen der T-Shirts, Pepsi-Cola-Drinks und Porno-Illustrierten.

Die aktive Kommunikation, die in den traditionellen Medien in der Form der figurativen Kunst, des Geschichtenerzählens und des Theaters, die als Tanz und Musik den Vermittler mit dem Zuschauer verband, war ein wirksames Mittel, um das sozio-psychologische Gleichgewicht der Individuen wie der Gesellschaftssysteme zu erhalten. Die traditionellen Medien stellten eine sehr wirksame Kompensation für eine Existenz dar, die von Elend, Krankheit, Grausamkeit und Unterdrückung gekennzeichnet war.

Im Unterschied dazu produzieren die modernen Medien, insbesondere die audio-visuellen, eine ständig wachsende sozio-psychologische Instabilität. Nicht nur, daß die kompensatorische Flucht vor den Bildschirm keine Möglichkeit für das Ausagieren eigener Bedürfnisse bietet, es vertieft im Gegenteil das Gefühl von unbefriedigbarem Verlangen und von Frustration. Darum werden die modernen Medien – gegen die Absicht ihrer Produzenten – zum Instrument der Zerstörung des traditionellen Gleichgewichts von sozialer Interaktion. Sie fördern das Vordringen der Ellbogenmoral in den Beziehungen zwischen den Generationen, den Geschlechtern, den sozialen Gruppen und den Individuen. Sie lassen keine tradierten Werte und Normen, keine überkommene Autorität bestehen und fördern damit die Orientierungs- und Hoffnungslosigkeit der Massen.

Mit jedem Fernsehapparat oder Videorekorder, der auf der wirtschaftlich-technischen Einbahnstraße in die Dritte Welt dringt, mit jeder Unterhaltungsserie und jeder Porno-Kassette, wird der Bazillus, der Unruhe, Instabilität, Revolte, Kriminalität und Gewalt verbreitet (siehe Dokument im Anhang), solange die Medien nicht gleichzeitig mit den fiktiven Vorbildern auch Vorstellungen der aktiven Existenzbewältigung liefern. Besteht denn dafür irgendeine begründete Hoffnung?

Mögliche Perspektiven

Die neuen Medien, das hochentwickelte Instrumentarium der Kommunikations- und Informationstechnologie, bringen gleichzeitig mit ihren zerstörerischen Wirkungen auch materielle Voraussetzungen für kreatives Denken und Handeln der armen Bevölkerung der Dritten Welt.

Um das zu belegen, müssen wir uns fragen, welche zukunftsweisenden Tendenzen mit der modernen Mythologie der Bildschirmwelt verbunden sind, die weder geographisch, stammeskulturell, noch national gebunden sondern in Ursprung und Orientierung kosmopolitisch ist. Kennzeichnend ist schon auf den ersten Blick, daß diese Bildwelt die ethnische Beschränktheit sprengt. Die Kulturindustrie der Medien produziert die gleichen Erwartungen, Hoffnungen, Einstellungen und Verhaltensweisen, den gleichen Stil in Musik und Tanz, identische Statussymbole, wo immer sie aktiv wird. Von Lima bis Rio, von Lagos bis Nairobi, von Bombay bis Jakarta und Manila wird die gleiche Sprachwelt der Symbole gesprochen, wird in gleichen Begriffen kommuniziert.

Viele Drittweltpolitiker geben vor, diese Entwicklung zu bedauern. Sie versuchen, die traditionellen Bilder und Riten ihrer nationalen Kultur museal zu konservieren. Diese Versuche sind insgesamt fruchtlos und zu einem großen Teil heuchlerisch, weil Regierung, Militär und Beamte nicht selbst dieser ethnisch beschränkten Vorstellungswelt der Tradition verbunden sind, sondern der der transnationalen Gesellschaft. Sie selbst haben längst aufgehört, an die magische Kraft ihrer Traditionen zu glauben. Wenn sie daher vorgeben, für eine bodenständige Kultur zu kämpfen, so eher, um die wirtschaftlichen, technologischen und politischen Kommandohöhen nicht an die Unterprivilegierten abtreten zu müssen. Der Grund für die schließliche Unwirksamkeit ihrer folkloristischen Medienprogramme liegt darin, daß die Massen bereits die neue Mythologie der Industriekultur adoptiert und ihr Vertrauen deren Göttern geschenkt haben. Die Gottheiten Coca-Cola und Mercedes haben bereits weitgehend den Platz der einheimischen Geister eingenommen.

Wie kann es nun möglich werden, daß aus dem Prozeß internationaler Uniformierung des Weltbildes gerade über die neuen Medien Ansätze zu einer alternativen Kultur erwachsen?

Eine Grundidee, wie pervertiert sie auch immer transportiert wird, macht ihren Weg in die Herzen und Köpfe der Massen der Dritten Welt: *Die individuelle wie die kollektive Existenz verändert sich schnell, nicht durch den Einfluß allmächtiger Gottheiten, sondern durch die Macht oder die Leistung von Menschen.* So ist die unausweichliche Wirkung des Bildschirms, daß die verelendeten Zuschauer zu fragen beginnen, ob die krassen Widersprüche zwischen dem Fernsehglück und der täglichen Wirklichkeit nicht auch durch eigene Anstrengung aufgehoben werden können, daß ihre Lebensverhältnisse nicht schicksalhaft festgelegt, sondern veränderbar sind, daß das menschliche Potential über sie entscheidet. Es sind gerade die neuen Medien der Kommunikationstechnologie, die solche progressiven Perspektiven erlauben, falls sie sozial-kreativ entwickelt werden. Z. B. ermöglichen Videorekorder einer Basisgruppe, ihre Aktivität anderen zu vermitteln und die eigenen Gefühle und Gedanken zu reflektieren, aber auch ein Produkt der Kulturindustrie kritisch anzuschauen und in Spiel und Gespräch über dieses Erleben neue Einstellungen zu lernen. Einige Videoaufzeichnungen machen den Weg frei für Gruppenlernen, Gruppendynamik und neue Lösungsversuche. Die jüngsten technologischen Neuerungen im Kommunikationsbereich erlauben Zuschauern, die geographisch oder sozial voneinander getrennt leben, dieselben Bilder zu sehen, dieselben Informationen zu hören und ähnliche Einstellungen zu entwickeln. Mit einem Wort, die neuen Medien ermöglichen technologisch die Überwindung von Isolation und Hoffnungslosigkeit, die eines der Haupthemmnisse für eine autozentrierte Entwicklung darstellen.

Um die Möglichkeit des Einsatzes der neuen Medien Wirklichkeit werden zu lassen, müssen die Machtstrukturen von Produktion und die Verbreitung der Kulturindustrie weitreichende Veränderungen erfahren. So müssen Wissen und Beherrschen der Produktion von Hardware und Software durch gleichberechtigte wissenschaftliche und wirtschaftliche Zusammenarbeit zwischen den Metropolen und peripheren Nationen entwickelt werden. Nicht die kuzsichtigen, profitorientierten Interessen von multinationalen Unternehmen oder Regierungsvertretungen sollten die Ziele von Wissenschaft und ihren technologischen Ergebnissen bestimmen, sondern die langfristigen Perspektiven der Überwindung des materiellen und psychischen Elends.

Falls es mit Hilfe der neuen Medien auf örtlicher und nationaler Ebene möglich wird, den pakistanischen Landarbeiter mit dem brasilianischen Stadtbewohner in Verbindung zu setzen und dadurch neue Lösungen zur Befriedigung ihrer ökonomisch-sozialen und politischen Bedürfnisse zu finden, könnte der Bedarf an den neuen Technologien zum Motor einer humaneren Weltwirtschaft werden.

Diese Perspektive ist erfreulicherweise mehr als nur die Utopie eines westlichen Intellektuellen. Sie wird zur Zeit in der Dritten Welt konkret entwickelt und eingesetzt. Dafür zum Schluß zwei Beispiele von Mattelart und Schmucler : [14]

„Within the alliance between technicians and different organizations let us take the example of the initiative of IBASE (Instituto brasileiro de analisis sociais e economicas). A group of researchers in Social Sciences with assistance from engineers of informatics and with the help of a mini-computer have tried to systematize and disseminate the basic information on the Brazilian and international reality. This information is spread and addressed in particular to base movements and organizations, such as trade unions, professional associations and local voluntary groups. But at the same time it is meant for institutions like the universities, the political parties and the churches which are all linked to social development and to the aim for the „democratization of information" tries to collect the socio-economic information produced by already existing agencies and by popular currents or movements. „We aim", they declare, „to integrate, generalize, transform such information into practical knowhow. We will translate it into accessible language in order that it be made available to base movements who can use it in seeking political alternatives and in guiding action..."

Some Venezuelan engineers in the professional movement, Antonio José de Sucre, reflected in 1976 on the attitudes of professionals towards society and the state: „We believe that the scientist and technician can adopt a style of life, in which money is not the parameter of success and where administrative corruption and the distortion of values – so rampant today – are absent. We believe that the governmentally run enterprises inside an economic and social system which tends to accord them quite a new importance are able to and should demonstrate their technical development that responds to the real needs of humanity and to all humans is possible."

Anhang

Fragebogen unseres Instituts (Professur Pädagogik i. d. 3. Welt, J.W.G.-Universität, Frankfurt)

1) Zahl der Fernsehgeräte pro Einwohnerzahl, wo möglich, getrennt nach Stadt und Land.
2) Zuwachsrate für Fernsehgeräte pro Jahr, über die letzten 5 Jahre
3) Zahl der Videorekorder pro Einwohnerzahl, wenn möglich auf der gleichen Basis wie 1) und 2).
4) Anschaffungskosten eines Fernsehgerätes im Vergleich mit dem Durchschnittseinkommen eines Landarbeiters und eines Lehrers.
5) Wie 4) – auf Videorekorder bezogen.
6) Wie hoch ist der Prozentsatz von westlich produzierten Programmen im Vergleich mit einheimischen Programmen, entweder pro Woche oder pro Jahr?
7) Wie 6) – auf Videorekorder bezogen.
8) Umfang und Art von nationalen Fernseh- und Kassettenproduktionen in regierungseigenen oder anderen Studios.
9) Sendezeiten in Prozent für die folgenden Programme:
   – Information, Dokumentation, Erziehung
   – Abenteuerfilme, Theater, Folklore, Kriminalfilme
   – Sport
10) Wie 9) – auf Videokassetten bezogen.
11) Wieviel Stunden täglich werden im Durchschnitt Fernsehprogramme angesehen?
    Welche Programme sind am beliebtesten?
12) Wie unterscheiden sich Fernsehgewohnheiten nach Einkommen, Geschlecht und Alter?
13) Welche Videokassetten verkaufen sich am besten?

Dokument (Indonesische Studie über TV und verelendete Jugend in Jakarta)

Eine der ensthaftesten Studien über die Verbindung zwischen verelendeter Jugend und Kommunikationssystemen wurde von zwei indonesischen Sozialwissenschaftlern durchgeführt und in der englischen Ausgabe des einflußreichen indonesischen Magazins „Prisma" publiziert.Die untersuchte Gruppe waren Jugendliche aus den Armenvierteln von Jakarta. Was sie als „arm" betrachteten, wurde wie folgt herausgestellt:
„Of a poulation of 4,.5 millions, more than one fifth belongs to the younger age brackett (15 - 24 years). What we mean here by a poor kampong in an area... with minimum living facilities; poor health and sanitation facilities; of kampong paths and sewage; overcrowded houses, among which are mere old shanties with very poor inhabitants, or clusters or il-

legally occupied shacks..."

Um in der niedrigeren Einkommensgruppe klassifiziert zu werden, hatte die Zielgruppe der Studie Fragen zu folgenden Kriterien zu beantworten:
1. Leben in Gegend mit illegal errichteten Häusern
2. Leben in der Nähe von Eisenbahnlinien, Flußufern, unter Brücken, usw.
3. Leben in Stadtteilen mit minimaler Ausstattung, in engen Wohnverhältnissen und ohne Sanitäranlagen
4. Arbeitslose, egal ob sie einen Wohnsitz haben und von anderen unterstützt werden oder nicht.

Es folgt ein Auszug der Ergebnisse der Studie, wie er im „Prisma"-Journal publiziert wurde:

Film and Television
Due to the economic condition, television is a most unlikely thing to own for the people in the poor kampongs. Nevertheless, many TV programs in the kampongs are watched by the kampong youth. The TV programs are not continuously followed: only programs suitable for their interest and taste are selected. There is also a correlation between the frequency of TV watching and age. In the Kelurahan of Kebon Melati for example, most of the elder people (70 %) never enjoy or watch TV; most of the youth are interested in TV serials and sports; and almost all children watch and enjoy serial films made for children. During the hours when programs they favor are shown, the youth usually gather at the homes of TV set owners. These homes often become very crowded and some of the young people watch television through open windows and even from outside the fence. On the other hand, serious programs like news, reportages on development, inaugurations by high officials and speeches do not capture their attention. We can see this when the film ends; young people and children would immediately disperse. According to observations, this happens commonly in all poor kampongs, almost without any exception. Repeated advertisements accompanied by sound and music, dunny tunes and voices, are subject to quick imitation – sometimes in unison – when the jingle of the advertisement is sounded.

The frequency of watching TV or watching movies in favorite theaters and the influence of the film on the youth have been insufficiently studied. The Kelurahan of Funtur is the only area surveyed that has a roofless folk theatre with relatively low admission fee and old films. Observations indicate that there is a connection between age and preference for film genres; elders and women enjoy national and Indian films with maudling themes or those that show luxurious scenes in exotic places, and funny movies, while young people seem to prefer Western and recently Italian or American Westerns or spy-films full of stories about heroism and virility or sex and violence. Age limitation is not rigidly observed so that the regulation of „17 years and up" or „ 15 years and up" is automatically viewed as for „ 17 years and up and down".

Several conclusions can be drawn from this conclusion; that there is a consistency between the preference for radio broadcast, reading material, film and television, mainly or solely as *media of entertainment* on the one hand, and the tendency to be different about, or to dislike serious programs that could serve as means of education. It is furthermore obvious that the influence of film and television on attitudes and behaviour is greater than the influence of other media such as the radio, newspaper and other reading matter. This is partly due to the audio-visual techniques of the film; in contrast with the radio that only offers the voice of the crooner, or the music in a radio play, movies and televisions show how the crooner sings, his style, his dress, his hairdo and pose, or they show how shooting battle ensues, how the hero tortures or kills the bad man – or the other way around – and how they dress and act.

But it is obvious that this means of communication does not or has not taken root in the culture of the youth of poor kampongs. Television is only owned by the well-to-do who are usually of a higher education level and social relationship and of more flexible attitude. On the other hand, as we mentioned above, most of the poor elders have never watched television. If the assumption was true that compared to that of other media the impact of television is relatively greater among the youth and that much of the behaviour of the youth is influenced by information sources such as movies and television,, there would be a good reason to say that there is a widening cultural gap between the youth and the well-to-do on the one hand, and the elders on the other hand. This asymmetrical cultural growth may be able to explain the increasing alienation of the youth, the formation of limited groups, the widening generation gap and the conflict between generations. The alienation of the youth is also noticeable from their participation in religious activities and their views on these activities. Generally speaking, the youth relatively seldom attend the mosque or *langgar* together with their elders except on special occasions during religious festivities.

The most obvious impact of communication with the metropolitan centers around the poor kampongs is the formation of a certain pattern of consumption among the poor youths. The discrepancy between the ever-increasing hope and the ugly daily reality surrounding the youth is being bridged by various forms of emulation of sumptuous conditions they notice of their neighbour, the modern metropolitan center. This consumption pattern manifests itself in the imitation of the newest thing in fashion, in talks about luxurious topics or things and in the emulation of attitudes they see around them. The emulation is frequently overdone and is more for demonstration effect than to reflect the reality of their daily lives. For example, the imitation of dressing with such conspicuous colors, thick powder and cosmetics, long hair, the use of symbols of youth like necklaces, bracelets, chains or expressive scribblings, pictures and attitudes. The increasing use of marijuana and narcotics among the youth of poor kampongs for example is rather a form of emulation and demonstration effect than the reflection of a conscious desire. In a few cases we can use the emulated social group, namely the

214

rich group and the „owners of luxuries" as barometer for this excessive emulation and demonstration effect: at the point where the fashion of clothes has touched and has been excessively imitated by the poor youth of the kampongs, the rich group tends to „ change the fashion of clothes they are wearing". Phrases and derisions like "you kampungan!" often heard among the rich is mainly directed toward the „imitators from the kampongs". This phenomenon of „culture shock" tends to widen the generation gap between the youth and the elders and their families, and does not take them closer to the rich.

It could be concluded from the styles, methods and behaviour, that the influence of films and televisions affects their virile actions or sadistic behaviour that are sometimes overdone and tending toward elements of so-called „juvenile delinquency". As we have mentioned it is of course difficult to distinguish which is influenced by the mass media, which by the radio and which by the television, although it can be said that almost everything has been influenced by communication and interactions in its broad sense with „cultural" elements from outside their kampongs. Whatever the case, the obvious phenomenon is that·emulation is often done on its superficial aspects and in a simple form without being digested or even out of the media context supposed to have influenced them. From an observation on the limited number of youths, it is apparent that a gap between the communicant and comunicator does exist – in this case among the audience of TV films. In general they are films with protagonists and contexts way beyond the reach of the kampong youth: foreign films in foreign languages (English) that are not understood by the kampong youth with their low education levels. Introductions offered by the announcer about the synopsis are usually ignored ore not heard – in the case of the crowd or audience observed – owing to the distance from where they are watching to the television set. It is of course more difficult to comprehend the theme of „ truth will prevail" often implied in the films. What they perceive are only how a fist fight is carried out, how a rape is performed, how the bandits rob or torture; and the response to the morality that at the end truth will vanquish is negligible – this is partly due to the way the story unfolds. In the popular Italian and American westerns, the moral is indeed the victory of virtue over evil; but this morality is often uncovered only at the very end of the picture, after all the cruelties dominated the entire film. This fact may have contributed to the emerging new forms of violence among the youth of the rich group – whose delinquencies closely relate to their possession of power and riches – but from the surveyed group it is apparent that the poor youth tend to be isolated from their wealthier comtemporaries. This might have been caused by the latter's better economic position or their higher aspirations and relationship or the milder reaction toward the outside community owing to of their relatively higher education."

Amit Karamoy and Achmad Sablie: „The Communication Aspect and its impact on the Youth of Poor Kampongs in the City of Jakarta" in: Prisma Indonesian Journal of Social and Economic Affairs. May 1975 Vol. 1. No. 1

Teil IV | Realität und Fiktion in der politischen Strategie

»Läßt sich das ändern?«

1

Die geistige Linke und die Dritte Welt

Als kleine Warnung vorweg:
Der folgende Beitrag beruft sich auf keine dokumentierte Untersuchung. Er kann nichts beweisen. Mithin gehört er in die Kategorie des psycho-politischen Essays. Als solcher setzt er sich dem Vorwurf aus, persönliche Eindrücke, Beobachtungen und Überlegungen leichtfertig zu verallgemeinern, ohne sich die Mühe gemacht zu haben, sie empirisch und kritisch zu verifizieren. Der Autor hält eine solche empirisch-kritische Studie für mehr als wünschenswert, falls Lehrern und Studenten überhaupt an einer Analyse liegt, die zu den gleichen Schlußfolgerungen gelangen könnte wie dieser Essay, nämlich daß die politisch-progressive Orientierung von Lehrern und Pädagogen vielen Fiktionen nachhängt. Da wir aus der politischen wie aus der individualtherapeutischen Psychologie wissen, welche Widerstände gegen die Aufgabe fiktiver Ziele innerlich aufgebaut werden, mag daran gezweifelt werden, daß es zu der dokumentierten Untersuchung überhaupt kommen wird. Inzwischen mag der Essay genügend provokativ wirken, um nachdenklich zu machen.

Es wäre aufschlußreich und mit ausführlichen Quellenbelegen nachzuweisen, warum in der Geschichte aller Weltkulturen die Auflehnung gegen das wirkliche Elend sich an jenseitigen und diesseitigen Eschatologien und Bildern der Erlösung festgemacht hat, die ausgesprochen fiktiven Charakter trugen. Einige dieser Vorstellungen vom grundlegenden Wandel der Gesellschaft und des einzelnen Menschen haben Geschichte gemacht, d. h., daß von ihrer 'unrealistischen' Schau möglicher Erlösung ein wirklicher, tiefgreifender Wandel der Verhältnisse ausging. Nur, daß dieser Wandel nie die von den Sehern offenbarte Erlösung brachte!

Die Ideen, die nach Marx „zur materiellen Gewalt werden, wenn sie die Massen ergreifen", waren noch stets so beschaffen, daß sie zwar die Massen ergriffen, aber nur über die Vermittlung von Aposteln und Khalifen, die sich jener Erlösungsvorstellungen bemächtigten und sie mit den durchaus realistischen, diesseits – und – gegenwartsbezogenen Zielen verbanden. Zu ihrer Verwirklichung dienten eben die Massen, die – in der Hoffnung auf Erlösung von ihrem sehr wirklichen Elend – den paradiesischen Bildern ihre Träume, ihre Kraft und ihr Blut anvertrauten und sich damit konkret den Aposteln, Dogmatikern, Kirchengründern und revolutionären Feldherren überantworteten.

So geschah es immer wieder mit den alttestamentarischen Propheten und Jesus, von Gautamah Buddha und Mohamed bis zu Huss und Savonarola, zu Luther und Thomas Münzer, bis hin zu den sunnitischen und schiitischen Khalifen, Ayatollahs und anderen Führern heiliger Kriege.

Bei diesen Erlösungssehnsüchten und den ihnen entspringenden Vorstellungen, Bildern, dogmatischen Aussagen, lag der Wahrheitsgehalt nicht in ihrer Logik, nicht in einer irgendwie empirisch verifizierbaren Erkenntnis, sondern in ihrer sozial-psychologischen Wirkung. Sie mußten so beschaffen sein, daß sie der Existenz von instrumentalisierten Knechten Trost, Sinnhaftigkeit leidender Existenz und Hoffnung auf ein sicheres Paradies auf Erden oder im Himmel vermittelten und sie damit aus traurigen Sklaven zu freudigen Kämpfern und Märtyrern zu machen vermochten.

Die grundlegenden Elemente dieser Bedürfnisse nach Vorstellungen, die diese fundamentalen Funktionen erfüllen, bestehen in der Gegenwart weiter, weil die Wirklichkeit der Instrumentalisierung, Ausbeutung und der relativen oder absoluten Armut der Massen sich weder in den industrie-kapitalistischen noch in den Dritte-Welt-Ländern geändert hat. Der Kern dieser Bedürfnisse nach einer funktional wirksamen Fiktion lag und liegt in der vorgestellten Unmöglichkeit, die Verhältnisse der Instrumentalisierung und des Leidens durch rational geleitetes Handeln zu verändern. Insofern eben Arbeit als ein vom Bewußtsein gesteuerter Prozeß der Erzeugung von Gütern und Dienstleistungen ebenso aber die bewußten Leistungen der Interaktion im Rahmen der Primargruppen (Familie – Altersgruppe – andere Tätigkeits- und Lebensgemeinschaften) grundlegende materielle und psychische Bedürfnisse unbefriedigt lasssn, reicht die *wirklichkeitsbezogene Rationalität als Instrument der Daseinsbewältigung nicht aus, um Entbehrungen, Leiden, Ängste, Enttäuschung, Bitterkeit und Haß* aufzufangen und um die unerläßliche tägliche Kooperation, Zuwendung, Geduld und Empathie zu lenken. *So darf die Fiktion auch nicht mit dem Instrumentarium der Ratio und der kritischen Überprüfung angegangen werden, soll sie ihre Funktion erfüllen,* nämlich für das Versagen des Rationalen gegenüber den Erwartungen und Ängsten eine sozial und individuell wirksame Kompensation zu leisten. Das historisch-gesellschaftlich bedingte Bedürfnis, sich gegenüber der erfahrenen Wirklichkeit rational begründbare und vom Zweifel der Vernunft unzersetzbare Hoffnungen und Sicherheiten zu bewahren, bildet die Grundlage der Produktion all jener Bilder, Visionen, Ideen und Ideologie, die zu allen Zeiten und zu allen Kulturen es dem Menschen ermöglicht hat, eben diese Wirklichkeit zu verarbeiten und zu transzendieren.

Als erste haben die Griechen, ihre Dichter und Philosophen, später die Denker und Künstler des Bürgertums der Renaissance und des Humanismus Grundlegendes an den Bedingungen der Entstehung und den Formen der kompensatorischen Fiktion geändert. Dieser fundamentale Wandel beruht auf der Entdeckung der explosiven Macht rationalen Denkens. Der natürlichen und gesellschaftlichen Vorgegebenheit wird mit den Mitteln der logisch interpretierten Erfahrung entgegengetreten. Dies war historisch nur möglich, weil diese Erfahrung von der solonischen Verfassung bis zur Natur- und Gesellschaftsphilosophie von Platon und Aristoteles, von den ersten Klassenkämpfen Roms bis zur Gesellschaftskritik des Sallust und des Tacitus und bis zur Interpretation des Einzelschicksals und der Menschheitsbestimmung durch Ovid und Horaz gegenüber allen „barbarischen" Kulturen eine noch nie vorher gekannte Effizienz entwickelt hatte. Ohne diese – Natur und Gesellschaft umwälzende – Effizenz des rational tätigen, unternehmenden, planenden Individuums in der Polis und in der res publica sind Alexander und der Hellenismus, sind Rom, seine Ausbreitung und materielle Kultur, Technik und weltumspannende, imperiale Macht nicht denkbar.

Renaissance, Humanismus und Aufklärung haben diese Tradition durch das der Antike vergleichbare, städtisch-urbane Bürgertum wiederaufnehmen lassen und der Grundhaltung rationeller Machbarkeit der Verhältnisse, ob in Natur oder Gesellschaft, zu einer Effizienz verholfen, die wahrhaft weltumwälzend wurde.

Vom Auftreten Machiavellis und den Utopien des Campanella und Thomas Morus an müssen die Ideologien der Macht, wie die der „Erlösung", sich rational und kritisch-empirisch legitimieren. *Von nun an müssen Glaube und Hoffnung ebenso wie erbarmungslose Unterdrückung und Ausbeutung im Gewand der Logik auftreten,* der Vernunft und der dauernden Ausbreitung der Macht der Gesellschaft und des Individuums über die natürlichen und historisch-gesellschaftlichen Beschränkungen. Die Grundlagen solch „linker" Einstellung, die Quellen des „wissenschaftlichen Sozialismus" sind somit nicht erst in der englischen Ökonomie, dem französischen Sozialismus und der deutschen Philosophie des 18. und 19 Jahrhunderts zu suchen (worauf Marx sein eigenes Werk zurückführt), sondern in Leonardo da Vincis und Galileis Denken und Wirken, in dem eines Erasmus und eines Montesquieu, bei Descartes, Hobbes, Locke und Spinoza.

Diese Notwendigkeit, die kontrafaktischen Modelle der Überwindung von kollektivem und individuellem Elend sowohl vernüftig als auch faktisch begründet zu entwickeln, hat dazu geführt, daß alle entsprechende kreative Vorstellungskraft mit Bildern und Beispielen aufwarten mußte, die in einer als wirklich dargestellten historisch oder geographisch „anderen Welt" angesiedelt wurden. Für die Kritik an der eigenen, schmerzhaft erlebten gesellschaftlichen und individuellen Gegenwart, für den Kampf um eine bessere Zukunft wurde von nun an keine Offenbahrung angeführt, sondern *die eschatologische Hoffnung wurde mit Verhältnissen anderer Geschichtsepochen oder ferner Kulturen belegt.*

Gleichzeitig mit dem furchtbar zerstörerischen Ausgriff des kapitalistischen Kolonialismus auf die außereuropäischen Kontinente und ihre Kulturen ergreift das gebildete, das lehrende und lernende Westeuropa ein wahres Fiebern, ein Hunger nach Darstellungen von Natur und Mensch in geographischer oder historischer Ferne. Gerade die Welt, die die spanisch-portugiesischen Conquistadoren, die englischen, holländischen und französischen Handelskompagnien mit der Unterstützung der technisch überlegenen militärischen Gewalt auszurauben, zu zerstören oder dem aufstrebenden kapitalistischen Markt anzugleichen unternahmen, sollte die Bilder liefern, an denen sich die Träume eines vernünftigen, emanzipierten Europa festmachen konnten. Nicht mehr in einem außerirdischen Paradies, sondern in Amerika und im Orient wurden die Hoffnungen und Träume angesiedelt, wurden die tröstenden, die beflügelnden Fiktionen vom guten, unverdorbenen, schönen Menschen, von genügsamen, glücklichen, natürlichen Völkern ausgebildet.

So projizieren die literarischen und philosophischen Lehrmeister der Emanzipation des 18. Jahrhunderts, insbesondere Rousseau, einen großen Teil ihrer Ideen in eine „Natur des Menschen", für die die „Wilden" Amerikas und die „Weisen" des Orients ein lebendiges Beispiel liefern sollten. Bereits vor 200 Jahren wurde mithin die kritische Erforschung der eigenen Geschichte und der „fremden Völker" überlagert von den Bedürfnissen nach kompensatorischen und ethnozentrischen Fiktionen, wie sie aus den leidvollen Verhältnissen des kapitalistischen Europa hervorgingen.

Die enttäuschten Hoffnungen der Französischen Revolution, die zynisch-effiziente Ausformung, die die napoleonische Herrschaft der zweckrationalistischen Organisation der Gesellschaft gegeben hatte, lieferten der europäischen Linken nur noch verstärkte Gründe, derartige Fiktionen zu nähren.

Wie heftig ironisch, scharfsinnig und wissenschaftlich-kritisch sich auch Marx und Engels, insbesondere in der „Deutschen Ideologie" und in den „Pariser Manuskripten", mit den „vernünftigen" Fiktionen eben dieser Romantik der Jung-Hegelianer, der utopischen Sozialisten und später Bakunins auseinandersetzten, auch ihr wissenschaftlich-kritischer Humanismus blieb von solchen fiktiven Projektionen nie frei. Mögen sie noch so nachdrücklich die Zerstörung aller vorkapitalistischen „Idylle", ob in Europa oder in Indien, für eine notwendige Etappe der sozialistischen Emanzipation ansehen, sie projizieren die „Idylle" ihrerseits in ihre Sicht von der Arbeiterklasse, von den Kolonialvölkern und deren Kämpfen. So unbarmherzig scharfsinnig und unbestechlich radikal („an die Wurzel gehend", Marx) sie auch die kapitalistische Wirtschaft, Gesellschaft und ihre Kultur analysieren, so wissenschaftlich klar und überprüfbar auch ihre Aussagen über das Wesen des Menschen, seine geschichtlich bedingten Bedürfnisse und Möglichkeiten ausfallen, auch sie bedürfen der rational verkleideten Fiktion des Proletariats als des radikal neuen Menschentyps. „Mit seiner Befreiung wird es die ganze Menschheit befreien", eine Sicht, die sich als Fiktion erweist, sobald die wirkliche Arbeiterklasse in Aktion tritt, sobald die wirklichen Kolonialvölker gegen Kolonialismus und Imperialismus den Kampf aufnehmen.

So war weder die Pariser Kommune eine zukuftsweisende neue Form direkter Volksherrschaft, eine erste „Diktatur des Proletariats", noch der englische und deutsche Reformismus ein Verrat an der objektiv-historischen Mission der Arbeiterklasse; weder erwies sich der Zusammenbruch der 2. Internationale bei Ausbruch des Ersten Weltkriegs lediglich als mangelndes Klassenbewußtsein, noch kann die Entwicklung des „realen Sozialismus" nach der Oktoberrevolution, können Stalinismus oder Maoismus als historischer „Irrtum", "Verrat" oder nur als „fehlerhaft" analysiert werden. Die Wirklichkeit der Entwicklung hat gezeigt, daß die strikt rationale Wissenschaftlichkeit von Marx und Engels ganz ähnlich humanistische Fiktionen einschloß und verkleidete wie die „befreiende Vernunft" der Aufklärung.

Auch weit mehr als 100 Jahre nach den epochalen und bis heute unübertroffenen ökonomischen und ·gesellschaftlichen Analysen der „Kritik der politischen Ökonomie" und des „Kapital", trotz der meisterhaft gelungenen Entmystifizierung pseudo-wissenschaftlicher Ideologien und ihre Rückführung auf die ihnen zugrunde liegende gesellschaftliche Dynamik, hat sich an der Entwicklung linker Fiktionen nichts geändert.

Gerade die *Entwicklung der industriellem Gesellschaft in den U.S.A. , Westeuropa und in den Ländern des realen Sozialismus hat im Gegenteil die Tendenzen zur rational verkleideten Mystifizierung noch verstärkt.* Je unüberschaubarer die Herrschaftsverhältnisse ökonomisch, sozial und politisch im eigenen Land werden, je tiefer die Bedürfnisse nach selbstbestimmtem Handeln vom ökonomischen und bürokratischen Management enttäuscht werden und nach Befriedigung im planenden, zukunftsweisenden Handeln drängen, je zynischer der Widerspruch erscheint zwischen den Etiketten von Demokratie oder Sozialismus und der politischen Wirklichkeit, um so unwiderstehlicher wird die Anziehungskraft rational begründeter Fiktionen. So wechseln sich seit Beginn der sechziger Jahre linke Theorien schnell ab, die von der gesellschaftlichen Wirklichkeit jeweils nur so viel wahrnehmen, wie es das jeweilige Bedürfnis ihrer Autoren nach einer alternativen Orientierung des privaten und öffentlichen Lebens zulassen.

In dieser rationalen Fiktionsproduktion nimmt die Dritte Welt einen ganz besonderen Platz ein. Sie kann in Europa und in den U.S.A. nur über globale und abstrakte Bilder wahrgenommen werden. Das ist für all die, die unter der analytischen Unentwirrbarkeit daheim leiden, ein gewaltiger Vorteil, weil aus genügend sozio-kultureller Entfernung die Überschaubarkeit und Einfachheit der geschichtlichen Dynamik entscheidend zuzunehmen scheint. Hinzu kommt, daß in der Dritten Welt der Widerspruch zwischen Armut, brutaler Ausbeutung und blutiger Unterdrückung der Massen auf der einen Seite versus ökonomisch-politischer Machtkonzentration in den

Zentren des westlichen Imperialismus auf der anderen so kraß als objektive Wirklichkeit ins Blickfeld tritt, daß sich Empathie und Empörung daran in ganz anderer, viel intensiverer Weise entwickeln und entfalten können, als an den vergleichsweise friedlich-ruhigen Kräuselungen an der Oberfläche der Industriekultur des Westens. Vor allem aber bot und bietet die Dritte Welt seit Ende des Zweiten Weltkrieges eine ununterbrochene Kette heroischer und wirksamer Kämpfe gegen den Imperialismus, dessen Haupt und todbringende Gliedmaßen die Linke völlig realistisch im eigenen Land als ihren Gegner erlebt. Der Kongo Lumumbas, die Erhebung Madagaskars, Indochinas, Tunesiens, Marokkos und schließlich Algeriens gegen den französischen Imperialismus, Kubas gegen den amerikanischen, der Vietnam-Krieg, seine Napalm-verbrannten Kinder und sein Sieg über die Weltmacht U.S.A., Angola, Mozambik gegen Portugal, die Mau-Mau in Kenia gegen den britischen Kolonialismus, so kämpfen, opfern sich, siegen oder werden gemordet und geschändet die Völker Lateinamerikas, Afrikas und Asiens. Helden und Märtyrer werden in diesem Kampf sichtbar: Fidel Castro und Che Guevara, Lumumba und Nyere, Ho Chi Minh und Sokarno. Auf jeden dieser anti-imperialistischen Kämpfe paßt die gleiche, global-rationale Sicht vom politisch Guten und Bösen, und ihre fiktive beflügelnde Geltung wird nicht von Chinas Kulturrevolution, nicht von Sokarnos Demagogie, nicht von Fidel Castros Verfolgung seiner Waffengefährten berührt, nicht vom Biafra-Krieg, nicht von der Todfeindschaft der beiden „sozialistischen" Baath-Richtungen in Syrien und im Irak gestört, nicht von der westlich orientierten politischen Bestie Idi Amin in Uganda noch von dem Völkermord Pol Pots in Kambodscha.

Daß das Iran des Schah, an dem sich gerade in der BRD die Studentenbewegung entzündete, zum Iran der Mullahs und der blutigen Verfolgung des größten Teils der islamischen Linke wurde, findet in den rationalen Fiktionen keine wirklichkeitsbezogene Antwort. Nur auf die unterlegenen, unterdückten, gemordeten Bewegungen der Dritten Welt, auf Chile, Guatemala, El Salvador oder auf die anti-imperialistische Revolution in statu nascendi, wie die Nicaraguas, paßt die globale Schau und ermöglicht, sich hingebungsvoll aus sicherer Ferne zu mobilisieren und zu solidarisieren, nicht aber auf Pakistan contra Bangla Desh, nicht auf China gegen Vietnam, nicht auf die Sowjetunion gegen die afghanischen Moslems, nicht auf die Diktaturen Nord- und Südkoreas.

Wie kann man nur mit diesem global-schematischen Anti-Imperialismus sich rational und mit dem Mut, die Wirklichkeit wahrzunehmen, mit der kommunistischen Militärdiktatur in Addis Abeba auseinandersetzen oder sich mit ihr solidarisieren, wenn sie die gerade noch gefeierte eritreische Befreiungsfront niederschlägt oder mit kubanischer Hilfe dem Somalia, das mit rotem Banner und Sowjetstern angetreten, Ogadens Anschluß mit blutigem Krieg verbietet?

Nicht wahrnehmbar sind die dialektisch-antagonistischen Beziehungen zwischen dem uralten und so neu erwachten Islam und der westlich-imperialistischen Modernisierung, zwischen hinduistisch-buddhistischen, christlichen Alternativen zur einheimisch nationalen Politik der Modernisierung und der Einführung westlicher Technologie und ihrem potentiell umwälzenden fortschrittlichen Charakter. Ungelesen muß bleiben, was Dritte-Welt-Soziologen, Pädagogen, Theologen und Philosophen über die Gesamtwirklichkeit in Nord und Süd erarbeiten, mit welcher Bitterkeit sie die fiktiven Linken einschätzen.

Es bleibt also nur die romantische Endflucht aus der Rationalität schlechthin, die Reise nach Poona und die eskapistische Selbsterlösung, der Glaube an die Schönheit und Güte subsistenzwirtschaftlicher Dorfkulturen trotz Klitorisbeschneidung und endemischer Seuchen, trotz unendlicher Arbeitsqual und Hunger. Es läßt sich so träumen und fiktiv solidarisieren, solange es Flugzeuge für Hin- und Rückflug gibt, Stiftungen, die sie bezahlen, Impfungen und Konsulate gegen ihre Bedrohlichkeit. Aber wie die Fiktionen der Neurose auch führen die „Linken" nur zur Reaktion und eigenen Verzweiflung, zu den „Nouveau Philosophes" oder den frisch bekehrten Reagan-Ideologen, die noch vor fünf Jahren im linken Lager der U.S.A. agitierten.

Erst der Abschied von der Produktion fiktiver Erlösungsideologie, nur eine Einstellung, die Alfred Adler *sachlich* nennt und die wirklichkeitsbezogen mutig ist, können Linke heute zu Verteidigern der Menschen machen, ihren Hoffnungen und ihrem jeweils vorläufigen Sieg über Gewalt, Unterdrückung, Identitätszerstörung und Krieg die solidarisch wirksame Hilfe kritischer Vernunft zukommen lassen.

Anmerkungen und Literatur

Bildung – Blendwerk der Herrschaft

(1) Ich glaube nicht, daß es eine internationale Erziehung geben kann, die die hintergründigen politischen und kulturellen Antagonismen zwischen verschiedenen Menschen außer acht läßt. Das ist für mich der entscheidende Punkt. Was heißt denn zum Beispiel internationale Erziehung in Kuba oder in den USA? Ist es vorstellbar, dabei an ein gleiches Programm und an gleiche Ziele zu denken? Aus der Sicht der Vereinigten Staaten geht es bei internationaler Erziehung genau um die Erhaltung der Überlebensbedingungen eines kapitalistischen Systems. Ich kann mir nicht vorstellen, daß eine kapitalistische Gesellschaft eine Form von internationaler Erziehung hervorbringt, die auf die Abschaffung des Kapitalismus zielt." (FREIRE 1979, unveröffentlichtes Manuskript) – „Das berufliche, politische und finanzielle Monopol der Wohlfahrtsbürokratien (für soziale Phantasie, Erfindungsreichtum) ist der tiefergehende Grund für die neuen Formen der Armut. Jedes einfache Bedürfnis, für das eine Antwort institutionell gefunden worden ist, hat eine neue und unvorhergesehene Qualität von Armut im Gefolge. Vor zehn Jahren war es in Mexiko üblich, im eigenen Haus zu sterben und von seinen Freunden begraben zu werden. Nur die Bedürfnisse der Seele wurden von institutioneller Seite, der Kirche, betreut. Dasselbe Phänomen ist heute ein Zeichen von Armut oder überdurchschnittlicher Privilegien. Tod und Sterben werden jetzt institutionell verwaltet." (ILLICH 1970, unveröffentlichtes Manuskript; vgl. auch ILLICH 1971) – „Ein Mensch entwickelt sich, wenn er sich bildet – ganz gleich, was er lernt; er „wird" aber nicht entwickelt, wenn er lediglich Befehle von jemandem, der besser ausgebildet ist als er, ausführt ohne zu verstehen, warum diese Befehle gegeben wurden. Ein Mensch entwickelt sich, wenn er sich an einer freien Diskussion über ein neues Vorhaben beteiligt und wenn er an den daraus folgenden Entscheidungen teilhat – aber er „wird" nicht entwickelt, wenn er wie ein Herdentier in das neue Vorhaben hineingetrieben wird. Die Entwicklung dieses Menschen kann in der Tat nur von eben diesem Menschen allein bewerkstelligt werden; die Entwicklung des Volkes kann nur bewerkstelligt weden vom Volk" (NYERERE 1975, S. 15 f.)

(2) „...in den Entwicklungsgesellschaften gibt es, genau genommen, weder die Kapitalquellen, über welche die frühkapitalistischen Staaten verfügten (innere und äußere Exploitation), noch die traditionelle akkumulierende Klasse (Bourgeoisie) ... Die in Frage kommende Oberschicht vieler Entwicklungsländer hat zu sehr (und notwendigerweise) die Tendenz, die jeweils erzielten Profite entweder direkt zu konsumieren, um sie ihren Lebensstandard dem der ehemaligen Herren anzugleichen, oder aber sie ins kapitalistische Ausland zu transferieren ..." (GÄNGE/REICHE 1971, S. 257) – Zur Problematik der Entwicklung der Bedürfnisstruktur in der Dritten Welt vgl. SIMSON 1978 und SCHWEFEL 1978.

(3) „Hier stellt sich nun die Frage, ob nicht jenseits konkurrierender Gesellschaftsordnungen oder einer besonderen kapitalistischen oder sozialistischen Modernitätsteleologie ein allgemeiner verpflichtender Satz von Zielen und Verhaltensnormen notwendig ist, um überhaupt eine agrarische oder industrielle Entwicklung einleiten und vorantreiben zu können." (NUSCHELER 1978, S. 32)

(4) Zuvor heißt es an der gleichen Stelle: „Es stellt sich also die Frage, ob die inzwischen übliche Pauschal- und Totalkritik an den Modernisierungstheorien nicht auch

brauchbare oder gar unverzichtbare Theorieelemente zu verschütten droht und die angebotenen theoretischen Alternativen also nicht nur ihre Schwächen überwinden, sondern selbst wiederum neue Schwächen und Lücken hinterlassen. Daran muß die Frage anschließen, ob nicht durch eine Kombination von bisher rivalisierenden Entwicklungstheorien eine Synthese mit höherer theoretischer Erklärungskraft gefunden werden kann, die Modernisierungstheorien also in einer komplexen und zugleich kritischen Entwicklungstheorie aufgehoben werden können."

(5) „Wie schon Zawadzki und Lazarsfeld gezeigt haben, verhindert die ausschließliche Beschäftigung mit dem physischen Überleben ..., daß sich ein Zusammengehörigkeitsgefühl und ein Konsens über gemeinsames politisches Handeln entwickelt; beides ist aber notwendig, wenn sich ein revolutionäres Bewußtsein bilden soll. Armut macht mitnichten Revolutionäre aus den Menschen... Ein revolutionäres Bewußtsein erfordert die beständige, habitualisierte, aber dynamische Erwartung, daß die grundlegenden Bedürfnisse immer besser befriedigt werden können; angefangen mit rein physischen Bedürfnissen (Nahrung, Kleidung, Wohnung, Gesundheit und Sicherheit für Leib und Leben) über soziale (affektive Bindungen an Familie und Freunde) bis hin zu den Bedürfnissen nach Menschenwürde und Gerechtigkeit." (DAVIES 1969, S. 401; Hervorhebung hinzugefügt) - „Es ist in der Tat nachweisbar, daß nicht das Elend an sich emanzipatorisch wirkt, sondern erst die materielle Möglichkeit, es durch die Entfaltung der gesellschaftlichen Produktivkraft als überwindbar anzusehen. Dazu gehört mithin ebenso die Entfaltung der historisch entwickelten Fähigkeiten der herrschenden Klassen, durch neue Technologien und Organisationsformen der abhängigen Arbeitskraft die geistige und materielle Produktion auf eine höhere Stufe zu heben, wie auch das Bewußtsein der Abhängigen, daß sie selbst ohne ihre Herren diese Fähigkeiten entwickeln und anwenden können. Die Entwicklung dieses Bewußtseins ist die Folge von Erziehung und Bildung im Schoß der jeweiligen Herrschaftsverhältnisse und ihrer dominanten bzw. kritischen Ideologien ... Wir behaupten, daß in relativ kurzer Zeit die Entwicklung des Bewußtseins mehr zur Entwicklung der Produktion beiträgt als der materielle Anreiz ..." (CHE GUEVARA 1969).

BOHNET, M. (Hrsg.): Das Nord-Süd-Problem, München 1971
BOSSE, H.: „Die „weiße Schule" macht die Afrikaner krank". Westliche Bildung in einer fremden Kultur. In: Materialien zur Politischen Bildung 5 (1977), H. 4, S. 54-59
CABRAL, A.: Die Revolution der Verdammten. Berlin 1974
CHE GUEVARA, E.: Ökonomie und neues Bewußtsein. Berlin 1969
DAVIES, J. C.: Eine Theorie der Revolution. In: ZAPF, W. (Hrsg): Theorien des sozialen Wandels Köln/Berlin 1969, S. 484 - 499
ENGELS, F.: Brief an Bloch. In: MARX, K./ENGELS, F.: Ausgewählte Schriften. Bd. 2. Berlin (DDR) 1953, S. 456 f.
FREIRE, P.: Ökonomisches und ökologisches Lernen - ein Gespräch mit Skripad Dabholkar und Paolo Freire. Unveröffentlichtes Protokoll des „Workshop „Science for Development". Gesamthochschule Kassel, Fachbereich Internationale Agrarwirtschaft, Kontaktstudienzentrum Witzenhausen, 5. - 7. März 1979.
GÄNG, P./REICHE, R.: Dörfer und Städte und Weltrevolution. In: BOHNET 1971, S. 246 -264.
ILLICH, I.: Bildungsanleihe - ein Tropfen, der den heißen Stein erhitzt. In: BOHNET 1971, S. 197 - 205.

HANF, T./AMMAN, K./DIAS, P./FREMEREY, M./WEILAND, H.: Erziehung -
ein Entwicklungshindernis? In: Zeitschrift für Pädagogik 23 (1977), S. 9 - 33.
LEYS, S.: Chinesische Schatten. In: Merkur 31 (1977), S. 975 - 891
NUSCHELER, F.: Formen, Wirkweisen und Indikatoren von Abhängigkeit. In:
Handbuch der Dritten Welt, Bd. 1. Hamburg 1974, S. 139 - 161
NUSCHELER, F.: Modernisierung - Entwicklung -Industrialisierung. In: Grundpro-
bleme der Entwicklungsländer (II), Vortragsreihe des Akademischen Ausland-
samtes der TU Berlin, TUB-Dokumentation aktuell 3 (1978), S. 26 ff.
NYERERE, J.: Freiheit und Entwicklung. (texte 10) A.G. ev. Kirchen in Deutschland.
Stuttgart 1975.
SCHWEFEL, D.: Grundbedürfnisse und Entwicklunspolitik. In: Entwicklung und
Zusammenarbeit 19 (1978), H. 6, S. 5 - 8.
SENGHAAS, D.: Weltwirtschaftsordnung und Entwicklungspolitik. Frankfurt/M.
1977
SIMSON, U.: Bedürfnisorientierung in der Entwicklunspolitik. In: Entwicklung und
Zusammenarbeit 19 (1978), H. 6, S. 3 - 4.

Urbane Rationalität und ruraler Glaube

(1) Vergleiche: Stanley Diamond: „Kritik der Zivilisation",Frankfurt 1976, insbes. S.
6/7, - 127/128 und 217
Darcy Ribeiro: „Der zivilisatorische Prozeß" Frankfurt 1971 insbesondere S. 55 ff

(2) Vergleiche: Kurt Lewin: „Grundzüge der topologischen Psychologie, 1969.

(3) Vergleiche: Claude Levi-Strauss: Strukturale Anthropologie, 1958

(4)Ferdinand Tönnies: „Gemeinschaft und Gesellschaft" 1887

(5) Siehe: „rural relationships" in: Encycl. Brit. Macropaedia 16, S. 2

(6) St. Diamond: op. cit. insbesondere S. 14

(7) Vergleiche: E. Jouhy: Ideen als Instrumente der Herrschaft und der Anfechtung,
in: „Elend, Gedanken und Texte zum Umgang mit der Macht von Natur und Geschichte" (mit L. Kauffeld), unveröff. Manuskript 1983, Teil 2; 5

(8) Vergleiche: Brigitte Erler: „Tödliche Hilfe", Freiburg/Br. 1985

Sprachen derer im Licht und derer im Dunkeln

(Der überwiegende Teil der Materialen und Gedanken wurden in einem Seminar der
„Professur Pädagogik der Dritten Welt" an der Frankfurter Universität im SS 1980
erarbeitet.)

(1) M. Landmann, 'Sprache' in: Bernstdorf, Wörterbuch der Soziologie, Stuttgart
1969, S. 1103

(2) H. Hoyer, Die Sapir-Whorf Hypothese, in: Holzer/Steinbacher, 'Sprache und Gesellschaft', Hamburg 1972, S. 261

(3) „Die Produktionsweise des materiellen Lebens bedingt den sozialen, politischen und geistigen Lebensprozeß überhaupt. Es ist nicht das Bewußtsein der Menschen, das ihr Sein, sondern umgekehrt ihr gesellschaftliches Sein, das ihr Bewußtsein bestimmt."(K. Marx: Vorwort zur Kritik der politischen Ökonomie, in: Marx-Engels, Ausgewählte Schriften, Berlin 1953, S. 338

(4) Wygotsky, 'Sprache und Denken', in: Holzer/Steinbacher, op. cit. S. 111

(5) J. Habermas, 'Vorbereitende Bemerkungen zu einer Theorie der kommunikativen Kompetenz, in: op. cit. S. 215

(6) K. Marx, 'Das Kapital', Bd. 1, Berlin 1962, S. 193

(7) F. Rossi-Landi, 'Die Sprache als Arbeit und als Macht', München 1972, S. 181/182

(8) „Die Kooperation der Lohnarbeiter ist ferner bloße Wirkung des Kapitals, das sie gleichzeitig anwendet. Der Zusammenhang ihrer Funktion und ihre Einheit als produktiver Gesamtkörper liegen außer ihnen, im Kapital, das sie zusammenhält und zusammenbringt. Der Zusammenhang ihrer Arbeiten tritt ihnen daher ideell als Plan, praktisch als Autorität des Kapitalisten gegenüber als Macht eines fremden Willens, der ihr Tun seinem Zweck unterwirft..." K. Marx: Das Kapital, op. cit. S. 351

(9) H. Hoyer, Die Sapir-Whorf Hypothese, op. cit. S. 261

(10) Watzlawick u. a.: Menschliche Kommunikation. Formen, Störungen, Paradoxien. Bern 1969

(11) zitiert nach D. Burkert: Texte z. Sprachtheorie, München 1974, S. 22

(11a) Der Inkoa Tupac Yupanqui: „Das Wissen ist nicht für das Volk bestimmt, sondern für die aus edlem Blut Entsprossenen. Personen niederen Standes werden durch dieses eitel, aufgeblasen und anmaßend gemacht. Auch dürfen sie sich nicht in Regierungsangelegenheiten mischen, denn das würde die hohen Ämter um ihr Ansehen und dem Staat Schande bringen..." Zitiert aus 'Herrscher und Untertan', Ffm 1973, S. 163

(12) Die Geschichte der deutschen Sprache, ihr Werden als Schrift- und Hochsprache diene hier wiederum, um die Beziehung von Herrschaft und Sprache zu verdeutlichen.
Während die von Jakob Grimm eingeleitete wissenschaftliche Erforschung der deutschen Sprachgeschichte sich vornehmlich der Lautbezogenheit als Forschungsmethode bediente und die Beziehungen geschichtlich politischer Natur weitgehend außer acht ließ, sind heute eben diese historischen Machtverschiebungen als grundlegend für die Entwicklung des Neuhochdeutschen aus dem Germanischen angesehen und wesentlicher als die Lautverschiebungen
Die Völkerwanderung bewirkte eine Annäherung und teilweise Vermischung der Mundarten mit sehr unterschiedlichem Sprachursprung.
„Die fränkischen Mundarten entspringen wesentlich anderen germanischen Grundlagen als die baierisch-alemannischen oder die sächsischen Mundarten...So lassen

sich auch kaum gemeinsame Merkmale angeben, durch die das Deutsche sich aus dem Westgermanischen herausgelöst hätte; und selbst eine so wesentliche Neuerung wie die hochdeutsche Lautverschiebung ist nicht als Vorbedingung, sondern als Ausschnitt der deutschen Sprachgeschichte zu betrachten..." .(13)

Da wo germanische Völker im Verlauf der Völkerwanderung die ost-bzw. weströmischen Provinzen beherrschten, benutzten sie Griechisch und Latein als Verwaltungs- und Kultursprachen. Daneben entwickelte die Kirche, als eigenständiger gesellschaftlicher Herrschaftsbereich, eine deutsche, schriftsprachliche Übersetzung solcher griechischer oder lateinischer Werke, die für die Durchsetzung der Missionen von Bedeutung war. (die gothische Wulfilabibel als Ergebnis der Flucht des Bischofs Ulfila vor oströmischer Verfolgung in ostgotisches Missionsgebiet, der 'Abrogans', ältestes Schriftdenkmal der deutschen Sprache, eine Übersetzung eines lateinischen Synonimenglossars, im lombardischen Herrschaftsbereich entstanden, wird im baierischen Freising zum Kennzeichen der relativen Vorherrschaft alemannisch-baierischer Fürsten und Kirchenfürsten über weite Teile Süd- und-Mitteldeutschlands.) Die Machtentfaltung der Frankenkönige läßt im 8. Jh. Ansätze einer deutschen Hoch-und-Herrschaftssprache entstehen (theodisca lingua), ähnlich der Entstehung des Altfranzösischen, die den Volkskirchen als Gerüst von Verwaltung, Kultur, Technik nach den zivilisatorischen Verheerungen der Völkerwanderung eine tiefere Verwurzelung ermöglichen sollte. Doch das Ende des Frankenreiches, der Normannen- und der Ungarnsturm ließen diese Ansätze verkümmern. Lateinisch blieb durch das Früh-und-Hochmittelalter hindurch die Hoch-und-Herrschaftssprache im Hl. römischen Reich deutscher Nation.

Eipke von Rebkows Rechtsbuch in sächsischer Sprache, eines der bedeutendsten Sprachwerke in der deutschen Sprachgeschichte vor Luthers Bibelübersetzung, ist Ausdruck eines tiefgreifenden Wandels der Herrschaftsstrukturen im Hl. röm. Reich dt. Nation. Friedrich II. hatte im „statutum in favorem principum" den mächtigsten deutschen Fürsten die Grundlage für die Ausbildung des Territorialfürstentums ermöglicht. Zuvor (letztes Drittel des 12. Jh., hatte Heinrich der Löwe gegen die europäisch-universalistische Politik der Stauferkaiser, mit Italien als Juwele ihres Machtbereichs, die Politik der Ostkolonisation der Slawengebiete durch landlose Bauern, Kaufleute und Handwerker begünstigt, so daß um die Jahrhundertwende die deutsche Sprache in Nord- und Nordostdeutschland, bzw. Mecklenburg, Pommern, Schlesien zum Vehikel der Macht und der Rechtsorganisation der dort aufblühenden Städte und des Bürgertums wurden. Die Kodifizierung des eigenständigen Rechts in deutscher Sprache drückte die erstarkte Bedeutung der deutschsprachigen Bürger und Bauern als Siedler oder Eroberer in Mittel-und-Osteuropa aus. Während fünfzig Jahre früher die großen Dichter des deutschen Minnegesangs noch in die Schule des französischen Adels gegangen waren und für ihre adligen Klassengenossen das christlich-europäische Sitten- und Geistesgut in Mittelhochdeutsch faßten, 'spiegelte' der Sachsenspiegel eine fundamentale Verschiebung der ökonomischen, sozialen und politischen Machtverhältnisse vom Adel auf das städtische Bürgertum. Dies war eine europäische Erscheinung. So gilt die gleiche Gesetzmäßigkeit für den Übergang in Frankreich von der Adligendichtung der Minnesänger zum bürgerlichen 'Roman du renard' (Reineke Fuchs), in England zur Ausbildung der Nationalsprache im Anschluß an die MagnaCharta bis zu Chaucers „Canterbury Tales" , für Italien bis zur Höhe der „Göttlichen Komödie".

Die Ausbildung, Wirkungstiefe und die Entfaltung des Reichtums aller großen europäischen Nationalsprachen erfolgte zeitlich genau in der Reihenfolge der Ausbreitung der Macht des Bürgertums. Unter Nutzung der Konflikte zwischen kirchlicher, national-oder-territorial königlicher Macht und ihren politischen Herrschaftsstruktu-

230

ren entfaltet gesamtgesellschaftlich wie sprachlich das europäische Bürgertum seinen Einfluß als zunehmend herrschende Klasse – wenn auch nicht politisch – und bereitete im Hochmittelalter und in der Renaissance das gedanklich-wissenschaftlichjuristische Instrumentarium in der jeweiligen Nationalsprache vor, mit dem der Ausgriff Spaniens, Frankreichs, Italiens, Englands, Hollands und Deutschlands über die 'Kolonisation' – von der Mittel- und Osteuropas durch die Deutschen bis zu der der Conqistadores und Frankreichs, Hollands und Englands – ermöglicht wurde.
Wiederum ist die deutsche Sprachgeschichte der Neuzeit ein ausgezeichnetes Beispiel für die Beziehung von Herrschaft und Sprache.
Im 16. Jh., mit der deutschen Erfindung des Buchdrucks, liegt die Entwicklung und Bedeutung der deutschen Sprache als Instrument des bürgerlich-kritischen Denkens noch ganz auf der Höhe der übrigen europäischen Nationen, wenn auch vom Territorialfürstentum im Rechts-und-Bildungswesen stärker eingeschränkt als in Spanien, Frankreich, England und Holland. Luthers Bibelübersetzung und damit die Begründung einer einheitlichen deutschen Hoch-und-Herrschaftssprache neben und gegen das Neulatein des M. A. stellt einen beredten Beweis dafür dar.
Doch die ökonomisch-politischen Verwüstungen des 30jährigen Krieges lassen – mit dem Verfall politischer Macht und sozialer Schwerkraft des Bürgertums zu Gunsten der Duodezfürsten und ihrer kulturellen Bedeutung – die deutsche Sprache zum Vehikel der kleinräumigen Innerlichkeit verkommen. Die großen denkerischen Beiträge deutscher Autoren – wie Leibniz z. B. – bedienen sich der lateinischen oder der französischen Hochsprache. Deutsch ist nicht die Sprache des 'gemeinen Mannes', nicht der ökonomischen, politischen und kulturellen Eliten. Im siècle francais' müssen noch Lessing und Herder darum kämpfen, das Deutsche als dem Französischen ebenbürtige Hochsprache durchzusetzen. Bis zu den napoleonischen Kriegen gilt Deutsch als nicht gleichgewichtig mit Latein, Griechisch und Französisch, sei es an den Universitäten und Gymnasien, sei es in den Kanzleien und Zirkeln der 'besseren Gesellschaft'.

(13) Artikel „Deutsche Sprache", Brockhaus Enzyklopädie, (20 Bde.) Bd. 4, S. 577

(14) z. B. Die größte Bibliothek des klassischen griechischen Schrifttums wird im ägyptischen Alexandrien von den Arabern verwertet und führt zu ihrer wissenschaftlich-philosophischen, aber auch technischen Überlegenheit über die europäischen Erben Roms und Griechenlands. Die Kultur der arabischen Weltsprache verdankt der der griechischen einen großen Teil ihrer Geltung und Macht zwischen dem 8. und 13. Jh.

(15) Dieses Erbe ist gleichsam direkt im Vokabular und Satzbau der romanischen Sprachen sichtbar, wird aber auch dort wie im Deutschen und Englischen gezielt durch ein gewaltiges Volumen an Lehn- und Fremdwörtern ergänzt (Renaissance und Humanismus) und drückt sich auch in der Struktur des juristischen, wissenschaftlichen und philosophischen Diskurses aus (Gerichts-, Kanzlei-, PhilosophenDeutsch, -Französisch, -Englisch etc.)

(16) „Für die Zeit des Vor-Inkareiches gibt es nur wenig Informationen. Das bisher Bekannte stammt aus mündlichen Überlieferungen, die erst später schriftlich festgehalten wurden. Denmach existierten eine Reihe unterschiedlicher Völker und Städte im Andengebiet. Im Hochland lebten vorwiegend Ackerbau betreibende Bauern, im Wüstengebiet und in den Niederungen wurde mehr Viehwirtschaft betrieben. Im 12. - 13. Jh. existierten eine Vielzahl von Stadtstaaten, die alle ihre kulturellen und sprachlichen Eigenheiten aufwiesen. Erst im 13. und 14. Jh. konnten im Stadtstaat

Cusco durch tiefgreifende Verbesserungen der landwirtschaftlichen Produktion und der administrativen Organisation größere Kontingente an Arbeitskräften freigesetzt werden. Damit begann eine bis dahin unbekannte Expansion; innerhalb von 50 Jahren, von 1420 - 70, erfolgte eine enorme räumliche Ausdehnung durch Eroberungen, die sich teilweise auf 6000 km erstreckten.

Lediglich in den südlichen Teilen, im Gebiet des Titicacasees, war die Expansion behindert durch das Volk der Collas, deren Sprache, das Aymare, sich auch später gegen das Kechua behaupten konnte.

Im 14. Jh. war Kechua eine expandierende Sprache. Mit zunehmender Differenzierung in der landwirtschaftlichen Produktion, der expandierenden Bevölkerung, die komplexere Organisationsformen erforderten, eignete sich Kechua gut die gesellschaftlichen Anforderungen auch sprachlich zu erfüllen.

Mit der Ausdehnung des Inkareiches wird das Kechua von Cusco die wichtigste Sprache zunächst im zentralen Gebiet des Chinchay-Reiches.

Das Vorgehen der Inka-Herrscher zur Infiltration der unterworfenen Stämme mit ihrer Sprache und Kultur ist ein indirektes. Zum einen zwingen sie die Söhne der unterworfenen Herrscherhäuser zur 'Zivilisierung' in die Hauptstadt Cusco; zum anderen wurden vom zentralen Chinchay-Reich ganze Völkerstämme, die Mitimays ausgesiedelt, um als Kulturträger auf die Unterworfenen einzuwirken.

Das Kechua ist nur eine gesprochene Sprache, d. h. sie unterliegt ausschließlich der mündlichen Überlieferung. Lediglich der Quipus, gebündelte und unterschiedlich gefärbte Knotenschnüre, diente als Hilfsmittel zur Speicherung von Information. Diese Art der Speicherung ist mit dem Digitalsystem zu vergleichen, d. h. Anzahl und Distanz der Knoten sind die einzigen Möglichkeiten zur Kodierung der Information. Wichtig dabei ist aber, daß nur diejenigen den Inhalt richtig interpretieren konnten, die den Entstehungszusammenhang des Quipus kannten, oder die die notwendige gesellschaftliche Erfahrung besaßen. Andererseits hatte das Kechua vielleicht gerade dadurch, daß es nicht an eine schriftliche Form gebunden war, die notwendige Flexibilität, um sich an verändernde gesellschaftliche Bedingungen anzupassen. D. h. es erfolgte eine Assimilierung des Kechua an die alten Stammessprachen, wobei Kechua als allgemeine Hochsprache akzeptiert wurde."

Als die Spanier 1532 in das legendäre Inka-Reich eindringen, hat dieses den Höhepunkt seiner Machtentfaltung schon überschritten. Innerhalb dieses Reiches hatten sich schon zwei Subzentren, Cusco und Kita, gebildet, die um die Alleinherrschaft im Gesamtreich rangen. Die Spanier spielten die beiden Parteien gegeneinander aus, indem sie sich zunächst auf die Seite der Cusco-Partei schlugen und später, durch wechselnde Unterstützung beider, ihre zunächst geringe direkte Macht ausbauen konnten. Trotzdem war der Einfluß der Spanier groß genug, um Kechua zu einer ihrer politischen Macht dienenden Sprache zu degradieren. Sie waren es, die die von den Inkas eroberten Völker zwangen, Kechua als Landessprache zu akzeptieren; und sie taten dies nicht wie die Inkas auf indirektem, sondern auf direktem Weg unter Gebrauch von Gewalt. Der Riß, oder besser die Identitätsspaltung, die damit für die betroffenen Stämme erfolgte, kulminiert in dem Ausspruch „ Mitten am Tage wurde es Nacht", der die Hinrichtung des Inkagottes Atawalpa durch die Spanier um die Mittagszeit bezeichnet.

Die Verwendung der Kechua-Sprache eignete sich für die spanischen Interessen sehr gut. In ihr konnten durch die Bildung neuer Wörter, z B. durch Anhängen von Pronomina, sehr differenzierte und komplexe Formen gebildet werden, die adäquater Ausdruck des differenzierten sozialen Gebildes, und förderlich für dessen Beherrschung waren.Daneben setzte sich das Spanisch, zunächst in der Oberschicht der Indios, immer mehr durch. Beide Sprachen wurden mit Teilen der jeweils anderen durchsetzt, und es erfolgten sogar Hybridbildungen.Zunächst setzte sich das Spanisch

232

langsam durch. Es wurde als Regierungs- und Herrschaftssprache verwendet, unter anderem, weil es über die Schrift verfügte.

„40 Jahre nach dem Eindringen in das Inka-Reich hatten die Spanier ihre Macht soweit ausgebaut und gefestigt, daß sie ihre eigene Sprache und Kultur als dominant durchsetzen konnten. Dies erfolgte zuerst in den Küstenregionen, in denen – wegen der Gold- und Silbervorkommen – vorerst die Hauptinteressen der Spanier lagen, und in denen erleichternd hinzukam, daß sich dort das Kechua nicht so stark durchgesetzt hatte wie im Hochland. Ein weiterer wichtiger Grund für die schnelle Verbreitung des Spanischen im gesamten Reich dürfte die starke Dezimierung de Bevölkerung durch eingeschleppte Seuchen, Ausbeutung und Ausrottung sein, die innerhalb eines Jahrhunderts die Bevölkerung um 90 % verringerten. Damit begann eine neue Phase der Entfremdung. Die Führungsschicht der Inkas war inzwischen assimiliert und bediente sich der spanischen Sprache. Eine Verdrängung des Kechua wurde im Land von den Spaniern erzwungen, lediglich die Bauern im Hochland konnten sich teilweise diesem Prozeß entziehen. Neben dieser regionalen Einengung erfolgte noch eine lokale, indem Kechua nur innerhalb der Haziendas gesprochen werden durfte und nicht über diese enge räumliche Begrenzung hinaus Verwendung fand."

(17) Als abschließendes Beispiel für die Verbindung von Mutter-bzw.-Hochsprachen mit den politischen Machtkämpfen in einem Kulturraum sei hier ein Auszug eines unveröffentlichten Seminarbeitrags des afghanischen Wissenschaftler Janan Sarif wiedergegeben (Seminar: „Muttersprache, Hochsprache und Identität in der 3. Welt", Univ. Frankfurt, 1980):

„Es darf daran erinnert werden, daß die in Persien und Afghanistan geläufigen Hauptsprachen zur indogermanischen Sprachenfamilie zählen. Während sich die neue persische Sprache aus dem Altpersischen, das auf die Keilschriften der Achämeniden um das 6. Jh. vor Christus zurückgeht, und dem Mittelpersisch bzw. Pahlewie entwickelte, hat sich das in Afghanistan gesprochene Paschtu aus dem Sanskrit, der Sprache der heiligen Schriften des Brahmanismus (die Veden) aus der Zeit um etwa 6000 Jahre v. Chr. und der Sprache der Avesta, der heiligen Schrift des Zarathustrismus aus der Zeit vor 1000 v. Chr. herausgebildet, wobei zwischen der Schrift- bzw. Hochsprache und der gesprochenen bzw. Umgangssprache immer Unterschiede bestanden. Einen tiefgreifender Einschnitt in die sprachliche Entwicklung und religiöse Einstellung der Bevölkerung Persiens und Afghanistans stellt die Eroberung Persiens und der Angriff auf Afghanistan durch die Araber im 7. Jh. n. Chr. und der damit einhergehende Einbruch des Islam in diese Region dar, denn es wurde nicht nur ein Wechsel der Religion eingeleitet, sondern es gerieten auch die Landessprachen unter den starken Druck und Einfluß der arabischen Sprachen, wobei ein noch stärkerer Einfluß auf Persisch als auf Paschtu zu beobachten ist.

Diese nachhaltige Wirkung des Arabischen war, worauf an anderer Stelle bereits verwiesen wurde, von der Änderung der politischen Machtverhältnisse, dem Religionswechsel und der engen Verbindung der islamischen Religion mit der arabischen Sprache getragen und geprägt. Eine nicht unwesentliche Rolle spielte dabei auch die Koppelung der Stellenbesetzungen und Aufstiegschancen mit dem Erwerb der arabischen Sprache. Daß es in Persien und Afghanistan jedoch nicht zur völligen Verdrängung der Landessprachen kam, wie dies beispielsweise in Syrien , Ägypten, Sudan, Lybien, Tunesien oder Algerien geschah, dürfte zum einen auf den hohen geistig-kulturellen Entwicklungsstand dieser Länder und zum anderen auf das fortwirkende Bewußtsein von der nationalen Macht und Größe sowie auf das fortwährende Bestreben nach nationaler Unabhängigkeit zurückzuführen sein. Aus der gleichen Motivation heraus lassen sich auch zum Teil die unterschiedlichen konfessionellen

Orientierungen zwischen Persern und Arabern als auch zwischen Persern und Paschtunen (Afghanen) erklären. Man kann etwas vereinfacht sagen, daß Perser überwiegend Anhänger der schiitischen Konfession sind, während Araber und Afghanen mehr der sunnitischen Glaubensrichtung des Islam zuneigen und angehören. Diese Divergenzen zwischen Persien und Afghanistan erklären sich zum Teil daraus, daß ebenso wie die Perser, die nicht bereit waren, sich der Herrschaft und dem Hegemoniestreben der Araber zu beugen, auch die Bevölkerung Afghanistans sich der Bevormundung und Beherrschung seitens Persiens ebenso widersetzte und ebenso wenig bereit war, eine Vorherrschaft Persiens oder anderer Mächte und Staaten hinzunehmen wie sie dies auch heute noch tut, unter welchen Vorwänden diese Beherrschung und Bevormundung auch geschehen mag.

Heute wird noch in Afghanistan von der überwiegenden Mehrheit der Bevölkerung Paschtu gesprochen und Paschtu zählt als eine der Amtssprachen, aber in der Tat wird der Schriftverkehr in Persisch abgewickelt und an den Bildungseinrichtungen, insbesondere im universitären Bereich, ist Persisch als Instruktionsmedium maßgebend...

An der bevorzugten Stellung der persischen Sprache war nicht nur die herrschende Schicht in Afghanistan interessiert, sondern gleichermaßen – wenn nicht mehr – auch die Nachbarn Afghanistans, sei es Persien oder Groß-Britannien bzw. dessen Nachfolgestaat Pakistan, sei es das russische Zarenregime oder das sowjetische Regime. Denn diese Situation erschwerte nicht nur die Kommunikation zwischen dem Machtzentrum und der überwiegendem Mehrheit der Bevölkerung, sondern schwächte auch den Zusammenhalt und die Solidarität der Bevölkerung und versprach daher mehr Einflußmöglichkeiten.

Aus dieser besonderen Sprachregelung in Afghanistan ergibt sich eine Reihe weiterer Implikationen. Alle anderen Sprachgruppen im Lande außer der persischen sind gezwungen, die Amtssprachen, insbesondere Persisch zu lernen. Dabei ergeben sich für die Bevölkerungsgruppen, deren Muttersprache nicht eine der Amtssprachen ist, besondere Schwierigkeiten dadurch, daß selbst in der Grundstufe der Schulen der Unterricht in ihrer Muttersprache angeboten wird und sie ihren Kindern schon vor dem Eintritt in das Schulalter eine für sie fremde Sprache vermitteln müssen, um in der Schule erfolgreich mitarbeiten zu können. In der Mittelstufe haben die Kinder ferner Arabisch (in Grundkenntnissen) und eine der europäischen Sprachen zu erlernen und zwar unter den bereits angesprochenen offenkundig ungünstigen familialen und schulischen Bedingungen. Dies impliziert, daß ihnen häufig der Schulerfolg und zumeist die Aufnahme in eine Schule versagt bleibt. Ähnlich große Schwierigkeiten haben auch jene paschtu-sprechenden Schüler und Studenten zu überwinden, die aus vorwiegend ländlichen Gebieten stammen, in denen kaum persisch gesprochen wird, und in den höheren Bildungseinrichtungen hauptsächlich in Persisch instruiert werden. Während Schüler und Studenten der anderen Sprachgruppen eine oder mehrere Landessprachen zu erlernen haben, können sich die persisch-sprechenden mit dem Erlernen europäischer Sprachen befassen. Bei der Besetzung höherer Positionen, beispielsweise im Außenministerium, ist die Beherrschung mindestens zweier europäischer Sprachen neben den Landessprachen eine wichtige, wenn freilich auch nicht unabdingbare, Voraussetzung.

Dieses Beispiel möge auch die Rolle der Sprache und ihre Bedeutung bei der Erlangung von Bildungsmöglichkeiten, von ökonomischen Privilegien, Aufstiegschancen, sozialen Sicherungen, von mehr Freizeit und Erholung bzw. größerer Informations-, Interaktions- und Partizipationsmöglichkeiten, also von mehr Rechten verdeutlichen. Es sei auch vermerkt, daß für die persische Amtssprache in Afghanistan der Kabuler Dialekt maßgeblich ist, der sich von den persischen Mundarten anderer Gegenden unterscheidet. Bei Paschtu spielt die im westlichen Teil des Landes, besonders in

Kandahar, übliche Mundart eine größere Rolle.
Zu ähnlichen Ergebnissen führt auch die Betrachtung der Sprachsituation in Persien.
Hier ist Persisch Amtssprache, die von den über 50 % der Gesamtbevölkerung ausmachenden persisch-sprechenden Bevölkerungsgruppen (Persern), den etwa 8 % Hasareh (Berberis) und anderen kleinen Bevölkerungsgruppen als Muttersprache gesprochen wird. Außerdem zählen Kurdisch, Balutschi, Arabisch und die dem Türkischen verwandten Sprachen wie Asari, Qaschqai und Turkmenisch zu den wichtigsten Sprachen des Landes. Keine dieser Sprachen ist jedoch als Amtssprache zugelassen.
Damit ergibt sich eine noch weit dominante Stellung der persischen Sprache im Iran, mit entsprechenden Vorteilen für die persisch-sprechenden Bevölkerungsgruppen, wie sie schon im Falle Afghanistans im einzelnen dargestellt wurden.

Neue Medien in der Dritten Welt

(1) Vgl.:Ribeiro, Der Prozeß der Zivilisation, Frankfurt 19871
(2) Armand Mattelart, Hector Schmucler: L'ordinateur et le Tiers Monde, Maspero ed. Paris 1983
(3) Donald McGraham is director of the United Nations Research Institute for Social Development in Geneva (UNRISD)
(4) Mit einigen Drittweltkorrespondenten unseres Instuts wurde Kontakt aufgenommen. Wir baten sie um statistische Unterlagen oder eigene Schätzungen (siehe Anhang). In der sehr kurzen Zeit, die zur Verfügung stand, bekamen wir Antwort aus Singapur mit sehr wertvollem statistischen Material von der „Survey Research Group", die unter Vertrag stehen mit dem „Asian Mass Communication Research and Information Center", Singapur. Es wurde zusammengefaßt in „General Report, 1982, on Cinema and Television", und umfaßt Singapur, Malaysia und Indonesien. Eine andere Antwort erhielten wir per Telex aus Jakarta, mit kurzen, aber signifikanten Daten bezüglich unserer Anfrage. Schließlich erhielten wir Daten von unserem senegalesischen Korrespondenten: er sandte einen kurzen Kommentar über allgemeine Aspekte von Fernsehen und Video in Dakar. Für Lateinamerika beziehen wir uns auf zwei Veröffentlichungen von Mattelart und persönliche Darstellungen von Kontaktpersonen in Peru und Kolumbien.
(5) siehe die Studie im Anhang.
(6) siehe den Fragebogen im Anhang.
(7) Offensichtlich können Videoaufnahmen niemals die Nachrichten so wiedergeben, wie Fernsehen das tut. Weiterentwickelt in der gleichen Richtung wie Fernsehen, ohne Nachrichtenübertragung, kann Video der Tendenz zur Produktion von Gegenwartsunterhaltung nicht ausweichen.
(8) Mattelart, op. cit.
(9) Tirado: Analisis de la industria electronica y de telecommunicaciones en Venezuela. CENDES Universidad Central de Venezuela, polycopied in 1976 in Mattelart, op cit.
(10) Das gilt in höherem Maß für die Produktion von Videokassetten, insbesondere, was ihre Themen angeht.
(11) Mercado and Buch: „ Media Asia" 1981 vol. 8 (7)
(12) H. J. Schiller: Transnational Media and National Development, from: J. Richstadt (Ed.): New Perspectives in International Communications. Honolulu 1977 pp. 33 - 43
(13) Mattelart: op cit. p. 58

(14) Armand Mattelart, Hector Schmucler: L'ordinateur et le Tiers Monde. Maspero Paris 1983 p. 145,146